人文传统经典

孟子详解

白平 注译

人民文学出版社

图书在版编目（CIP）数据

孟子详解/白平注译. —北京：人民文学出版社，2021
（人文传统经典）
ISBN 978-7-02-011652-2

Ⅰ.①孟… Ⅱ.①白… Ⅲ.①儒家②《孟子》—注释 Ⅳ.①B222.5

中国版本图书馆 CIP 数据核字（2016）第 109344 号

责任编辑　李　俊
装帧设计　陶　雷
责任印制　任　祎

出版发行　人民文学出版社
社　　址　北京市朝内大街 166 号
邮政编码　100705

印　　刷　三河市鑫金马印装有限公司
经　　销　全国新华书店等

字　　数　325 千字
开　　本　880 毫米×1230 毫米　1/32
印　　张　15.125　插页 2
印　　数　1—8000
版　　次　2014 年 3 月北京第 1 版
印　　次　2021 年 4 月第 1 次印刷

书　　号　978-7-02-011652-2
定　　价　55.00 元

如有印装质量问题，请与本社图书销售中心调换。电话:010-65233595

目　录

前言 ………………………………………………… *1*

梁惠王上 …………………………………………… *1*
梁惠王下 …………………………………………… *26*
公孙丑上 …………………………………………… *62*
公孙丑下 …………………………………………… *94*
滕文公上 …………………………………………… *127*
滕文公下 …………………………………………… *161*
离娄上 ……………………………………………… *194*
离娄下 ……………………………………………… *231*
万章上 ……………………………………………… *270*
万章下 ……………………………………………… *300*
告子上 ……………………………………………… *328*
告子下 ……………………………………………… *359*
尽心上 ……………………………………………… *392*
尽心下 ……………………………………………… *437*

前　言

孟子(前385？—前304？)名轲,邹国(今山东省邹城市)人,其老师是孔子的孙子子思的一个学生。孟子特别崇拜孔子,自觉地向孔门后学学习孔子的思想,最终成了儒家学派的第二个里程碑式的人物,被后世尊为亚圣。

《史记·孟子荀卿列传》记载的孟子事迹过于简略,关于他的生平情况,可以根据《孟子》中的一些有关记述,从而知道其梗概。

生活在战国时期的孟子,是一位名望很高的学者型政治活动家。他曾经"后车数十乘,从者数百人",带着众多门徒先后到过齐、宋、滕、魏、鲁等国,希望能找到一个支持自己的君主,实现其治国平天下的政治理想。在齐国,他曾经长期担任"卿"的官职,地位不能算低,却并没有受到齐宣王真正的信任和倚重,只能算是对他很优待。在滕国,滕文公很赏识他,曾经推行他设计的"圣人之政"。滕国推行儒道的详情已不得而知,总归是没有能像孟子所期望的那样发展兴盛起来。

战国时期是乱世,诸侯靠武力兼并,而孟子则主张依靠仁政统一天下,诚如司马迁所评,是"持方枘欲内圆凿",所以不能被诸侯接受。孟子奔波一生,其政治理想最终不能实现,便和学生们一起著书立说,给后世留下了《孟子》七篇。

孟子是继孔子之后的又一位大师,对儒家思想的继承和发展做出了卓越的贡献,《孟子》中到处闪耀着智慧的光芒。

"仁政"是孟子政治思想的核心,比起《论语》来,孟子对"仁政"的叙述更加丰富具体。他主张君主应该为民父母,与民同乐;如果他们荒淫奢侈,则是"率兽而食人",是造成民众苦难的罪魁祸首。

孟子响亮地提出了"民为贵,社稷次之,君为轻"的民本思想,论述了"得民心则得天下"的道理。为了民生,他提出实行井田制。这一主张的正义性,在于使民众获得"恒产",有"恒产"方能葆有善良的"恒心"。此外,他还提出减轻税负的主张,通过富民达到强国的目标。

孟子说:"国君进贤,如不得已,将使卑逾尊,疏逾戚,可不慎与?左右皆曰贤,未可也;诸大夫皆曰贤,未可也;国人皆曰贤,然后察之;见贤焉,然后用之。左右皆曰不可,勿听;诸大夫皆曰不可,勿听;国人皆曰不可,然后察之;见不可焉,然后去之。左右皆曰可杀,勿听;诸大夫皆曰可杀,勿听;国人皆曰可杀,然后察之,见可杀焉,然后杀之。故曰国人杀之也。如此,然后可以为民父母。"(见正文2.7)在重要政务方面,要以"国人皆曰"为取舍准则,这一主张闪耀着现代民主思想的光辉。

《论语》一书对"君子"形象进行了全面的刻画,《孟子》则使这一形象显得更加生动具体。孟子也以他个人的言行彰显了这一形象。他在齐国担任重要官职,但其政治主张却不被重视,因此也多年不肯领受俸禄,前后累计达十万钟谷米。

在各国君主面前,孟子坚持既不失礼貌又不降格调的原则。他认为士人是诸侯之师,应该受到应有的礼遇,决不可向权势者阿谀屈节,处处体现出一股骨鲠之气。齐宣王想让他主动到朝廷去拜见,他辗转拒绝,表达了这样的观点:"彼以其富,我以吾仁。彼以其爵,我以吾义。吾何慊乎哉?"他认为:"天下有达尊三:爵一,齿一,德一。朝廷莫如爵,乡党莫如齿,辅世长民莫如

德,恶得有其一以慢其二哉?"(见正文4.2)

孟子关于"养气"的思想也颇值得重视。他说:"我善养吾浩然之气。""其为气也,至大至刚,以直养而无害,则塞于天地之间。其为气也,配义与道。"(见正文3.2)他认为自己的勇敢是最高层次的,因为它有道义和智慧的制约,是一种君子气概,是一种高大无比的理想的精神状态。

《孟子》是儒家思想宝库中的一颗明珠,属于中华文化的源头典籍。尤其在后来成为"四书"之一以后,更是深刻地影响着人们的思想和行为。孟子长于论辩,善于修辞,其文章在先秦散文中独树一帜,备受后人的推崇。

在中国古代帝制时期,儒家思想一直承载着中国社会的主流价值观。这种情形直到现当代才有所转变。伴随着中国近代以来近百年的风雨沧桑,儒家的形象发生了巨大的变化,原来的西施成了嫫母,儒家思想不仅一无是处,甚至成了诸恶之源。在这一百多年里,儒家思想被污名化,经历时间之久,波及范围之广,造成的后果之严重,远远超出当初批评儒家思想的前贤们所设想的目标。平心而论,儒家思想所包涵的诸多优秀的文化思想,对于改善当前的恶劣文化氛围,提升我们的文化素养,仍具有不可忽视的作用,因此,对现在社会上流行的有关儒家的误解和不公正的批评,学术界有责任加以澄清。当然,这一工作其实是一个庞大的系统工程,不是轻而易举的事情,不可能一蹴而就。笔者认为,实现这一目标的首要步骤莫过于准确地解读原典,还原儒家思想的本来面目,看看他们到底说了些什么,是怎样说的。只有听懂了人家的意思,才能判断其是非。

为了继承优秀的传统文化,中国历代学者在古籍整理方面进行了不懈努力,取得了丰厚的成果。清代是研究中国传统文化的鼎盛时期,成果最为辉煌。清代学者在正本清源方面打下了坚实的基础,仅就先秦最为重要的三部儒家著作而言,就有刘宝楠的《论语正义》、焦循的《孟子正义》、王先谦的《荀子集解》这样具有集大成之功的不朽著作。不过,他们的书是写给清代人看的,针对的是当时的语境。如今社会环境已发生了巨大的变化,学术界也应与时俱进,适时推出一些适应当今普通读者要求的解读原典的作品。然而,晚清以后,研究中国传统文化的优良传统没有被很好地继承,学术界的有关工作做得并不好,甚至连前人已经做出的优秀成果也没有很好地吸收,推陈出新多少近于奢谈。基于这种情况,笔者不揣浅陋,决定在这方面做些工作,贡献一份力量,至于优劣好坏,还请读者多多批评。

2010年,笔者在外语教学与研究出版社出版了《论语详解》。2012年,在北岳文艺出版社出版了《杨伯峻〈论语译注〉商榷》,在求真出版社出版了《孔子传》。这三本书互为表里,表达了我对孔子和《论语》的基本看法。在此之后,笔者又以《孟子》为中心,做了一些研究。

当今学术界对《孟子》的关注不及《论语》,相应的解读著作也不多,杨伯峻先生的《孟子译注》是影响最大的。但该书还是存在诸多不足和讹误,对于其中的问题,笔者在北岳文艺出版社即将出版的拙著《杨伯峻〈孟子译注〉商榷》中做了较为系统的评议。

孟子说"以意逆志",这其实也是训释古书的良方。关于语词的解释,笔者根据语理、事理、文理,努力细致地推考《孟子》原文和前人的注释,获得了许多关于《孟子》文本校勘的新见解。例如《孟子·梁惠王下》:"士师不能治士,则如之何?"赵岐注:"士师,狱官吏也。不能治狱,当如之何?"据赵注,"治士"当作"治狱",因为"士师"是治狱之官,本来就不是治士之官。再例如《孟子·滕文公下》:"牲杀、器皿、衣服不备,不敢以祭,则不敢以宴，亦不足吊乎？"赵岐注："不祭则不宴，犹丧人也，不亦可吊乎？"可见原文的"亦不"当作"不亦"。

在训诂方面，笔者也提出了一些不同于前人的意见。例如《孟子·滕文公上》："舜使益掌火，益烈山泽而焚之，禽兽逃匿。"这里的"烈"字一般解释为"用烈火烧"，但笔者认为此处应为"迾"之假字，意为圈围起来。又，《孟子·万章上》："语云：盛德之士，君不得而臣，父不得而子。舜南面而立，尧帅诸侯北面而朝之，瞽瞍亦北面而朝之。舜见瞽瞍，其容有蹙。孔子曰：'于斯时也，天下殆哉！岌岌乎！'不识此语诚然乎哉？"这里的"语"，笔者觉得应该指"当时记载事情的一些书籍，有的叫传，有的叫记，有的叫语"。

本书的《孟子》正文以清人阮元主持校刻的《十三经注疏》为底本，其中不同于前人的注释则以《杨伯峻〈孟子译注〉商榷》为依托，反映了笔者对《孟子》的理解。在形式上，为了照顾当下普通读者的阅读习惯，因而舍弃了繁琐的论证过程，读者若有疑义，可以《商榷》参考其详。

最后，十分感谢人民文学出版社的周绚隆、葛云波、李俊等各位老师，他们对本书的内容进行了严肃的审读把关，对书稿提出了大量珍贵的修改意见。感谢友人吴岫原，她也指出了本书初稿中的许多失误。还要感谢学生孙冰洁，她的毕业论文是与杨伯峻《孟子译注》进行商榷的，其中有几则研究成果被本书采用，因而减少了疏误。

欢迎大家批评！

白　平
2013 年 5 月 1 日

梁惠王上

1.1 孟子见梁惠王[1],王曰:"叟不远千里而来[2],亦将有以利吾国乎[3]?"孟子对曰:"王何必曰利?亦有仁义而已矣[4]。王曰'何以利吾国',大夫曰'何以利吾家',士、庶人曰'何以利吾身',上下交征利而国危矣[5]。万乘之国[6],弑其君者必千乘之家[7];千乘之国,弑其君者必百乘之家。万取千焉[8],千取百焉,不为不多矣。苟为后义而先利[9],不夺不餍[10]。未有仁而遗其亲者也[11],未有义而后其君者也。王亦曰仁义而已矣,何必曰利?"

【注释】

〔1〕梁惠王:魏国国君,姓毕,名罃(yīng),死后谥为"惠"。在位时并未称王,其子襄王即位后,追称他为王。公元前362年,魏将国都从安邑迁到大梁(今开封西北),故魏也被称为梁。据《史记·魏世家》记载,孟子见梁惠王,事在公元前336年。

〔2〕叟:对老年人的称呼。远:嫌路远。

〔3〕以:用来……的办法。利:使……获得财利。

〔4〕亦:唯,只。

〔5〕交:全,都。征:求取。

〔6〕万乘(shèng)之国:拥有一万辆兵车的国家,指当时的大诸侯国。乘:车辆。

〔7〕弑:臣民杀死君主,子女杀死父母。家:大夫拥有的领地或行政机构。

〔8〕取:拥有。

〔9〕苟:如果。后:看轻,放在次要地位。先:看重,优先。

〔10〕餍(yàn):满足。

〔11〕遗:遗弃。亲:父母。

【译文】

　　孟子去见梁惠王,惠王说:"老先生不嫌奔波上千里的远路而来,也将能提出使我国获得财利的办法吗?"孟子回答说:"君王为什么总要说财利呢?治理国家只有仁义一条正道。君主说'用什么办法使我的国获利',大夫说'用什么办法使我的家获利',士人和民众说'用什么办法使我获利',从上到下都想着发财,国家就危险了。拥有一万辆兵车的大国,杀害其国君的人一定是拥有一千辆兵车的大夫。拥有一千辆兵车的中等国家,杀害其国君的人一定是拥有一百辆兵车的大夫。拥有一万辆兵车的大国,大夫拥有一千辆兵车;拥有一千辆兵车的中等国家,大夫拥有一百辆兵车;大夫的财产不能算不多了。如果他们不顾道义而唯利是图,不侵夺国君的财富就不能罢休。从来没有讲仁德却遗弃了自己的父母的人,从来没有讲道义却不顾自己的君主的人。君王只讲仁义就行了,为什么总要谈财利呢?"

【讲解】

　　人原本是动物,"征利"是其自然属性。无节制的"征利"表现为丛林法则,弱肉强食,会造成社会的灾难,所以人们希望"征利"行为能在合理而有序的情况下进行,这就产生了政治。政治的宗旨就是对人的"征利"行为予以规范,规范的纲领就是仁义。

　　对于"征利"问题,孔子发表过许多意见。《论语·里仁》:"放于利而行,多怨。"唯利是图,会招致怨恨。《论语·里仁》:

"君子喻于义,小人喻于利。"统治者"喻于义"是应该而必须的,民众"喻于利"是正常的,是无可指责的。《论语·尧曰》:"因民之所利而利之,斯不亦惠而不费乎?"统治者应该顺应百姓的财利诉求,帮助他们获得财利。《论语·颜渊》:"百姓足,君孰与不足?百姓不足,君孰与足?"这话是孔子的学生有若说的,表达了儒家富民才能富君的思想。《论语·里仁》:"富与贵,是人之所欲也。不以其道得之,不处也。"《论语·述而》:"不义而富且贵,于我如浮云。"《论语·宪问》:"见利思义,见危授命,久要不忘平生之言,亦可以为成人矣。"《论语·子罕》:"子罕言利,与命与仁。"这些论述都明确地表述了儒家"先义后利"的执政思想和为人理念。

孟子这里主张先仁义后财利,与孔子等人的思想一脉相承,指出了"上下交征利"的危险。

1.2 孟子见梁惠王,王立于沼上[1],顾鸿雁麋鹿[2],曰:"贤者亦乐此乎?"孟子对曰:"贤者而后乐此,不贤者虽有此,不乐也。《诗》云[3]:'经始灵台[4],经之营之[5],庶民攻之[6],不日成之[7]。经始勿亟[8],庶民子来[9]。王在灵囿[10],麀鹿攸伏[11]。麀鹿濯濯[12],白鸟鹤鹤[13]。王在灵沼[14],於牣鱼跃[15]。'文王以民力为台为沼,而民欢乐之,谓其台曰灵台,谓其沼曰灵沼,乐其有麋鹿鱼鳖。古之人与民偕乐[16],故能乐也。《汤誓》曰[17]:'时日害丧[18]?予及女皆亡[19]!'民欲与之皆亡,虽有台池鸟兽,岂能独乐哉?"

【注释】

〔1〕沼:水池。

〔2〕顾:看着。麋(mí):哺乳动物,比牛大,毛淡褐色,雄的有角,角像鹿,尾像驴,蹄像牛,颈像骆驼,但从整体看,哪种动物都不像,故俗称"四不像"。

〔3〕诗:《诗经》。下文引述的内容出自《诗经·大雅·灵台》。

〔4〕经:规划度量。始:初始。灵台:周文王时建造的一座方台。灵:善。褒美之辞。

〔5〕营:划定位置。

〔6〕攻:建造。

〔7〕日:限定日子。

〔8〕亟(jí):赶快。

〔9〕子:像儿子为父亲办事一样积极地。

〔10〕灵囿:灵台所在的苑囿名。囿:畜养禽兽以供观赏的园林。

〔11〕麀(yōu)鹿:母鹿。攸:所。伏:卧着。

〔12〕濯(zhuó)濯:肥美。

〔13〕鹤鹤:洁白。

〔14〕灵沼:灵台附近的水池名。

〔15〕於(wū):感叹词。牣(rèn):满。

〔16〕偕:一起,共同。

〔17〕《汤誓》:《尚书》中的一篇,内容是商汤讨伐夏桀的文告。

〔18〕时:这。日:太阳,指夏桀。害(hé):何,什么时候。丧:死亡。

〔19〕女:汝,你。皆:偕,一起。亡:死。

【译文】

孟子去见梁惠王,惠王站在水池边,看着园中的天鹅、大雁、麋鹿等,对孟子说:"贤明的人也喜欢观赏这些吗?"孟子回答说:"成为了贤明的人,才能享受它们带来的快乐;不贤明的人虽然拥有这些,也不能享受。《诗经》上说:'文王最初要建灵台,进行了规划度量,确定了台的位置。众百姓进行建造,文王不限定竣工日期。当初并不督促,众百姓像儿子给父亲干活一样积极地前来。文王在灵囿边观赏,母鹿卧在那里并不害怕。母鹿很肥壮,白色的鸟儿毛色很鲜亮。文王在灵沼边观赏,啊!池中满是鱼儿跳跃。'文王利用百姓的劳动来建台挖池,而百姓高兴做这些事,把他的台叫作灵台,把他的池叫作灵沼,喜欢他有麋鹿鱼鳖。古代的君主和百姓一起享乐,所以自己也能享乐。《汤誓》上说:'这太阳什么时候死亡?我愿意和你一起死掉!'百姓要和他同归于尽,他虽然有台池鸟兽,哪能独享观赏的乐趣呢?"

【讲解】

所谓"与民偕乐",就是将资源与百姓分享,不得独霸。这一理念实际上是对君主物质享受特权的限制。《孟子·梁惠王下》云:"文王之囿方七十里,刍荛者往焉,雉兔者往焉,与民同之。"这是主张苑囿对百姓开放,消弭了君主与民众间物质享受等级的差异,从而也消弭了民众对君主特权的不满,实现了和谐相处。文王"与民偕乐"而获得民众拥护,国家昌盛;夏桀"独乐"而被民众唾弃,终于灭亡;正反两方面的例证,是非十分明确。

远在当时,孟子就提出了"与民偕乐"的理念,这一思想是十分珍贵的。即使在今天,上下之间能否在物质享受方面"偕乐",仍然是社会需要积极改进的问题。

1.3 梁惠王曰:"寡人之于国也[1],尽心焉耳矣[2]。河内凶[3],则移其民于河东[4],移其粟于河内[5]。河东凶亦然[6]。察邻国之政,无如寡人之用心者。邻国之民不加少[7],寡人之民不加多,何也?"孟子对曰:"王好战,请以战喻。填然鼓之[8],兵刃既接[9],弃甲曳兵

5

而走[10]。或百步而后止[11]，或五十步而后止。以五十步笑百步[12]，则何如？"曰："不可。直不百步耳[13]，是亦走也。"曰："王如知此，则无望民之多于邻国也[14]。不违农时[15]，谷不可胜食也[16]。数罟不入洿池[17]，鱼鳖不可胜食也。斧斤以时入山林[18]，材木不可胜用也[19]。谷与鱼鳖不可胜食，材木不可胜用，是使民养生丧死无憾也[20]。养生丧死无憾，王道之始也[21]。五亩之宅，树之以桑[22]，五十者可以衣帛矣[23]。鸡豚狗彘之畜无失其时[24]，七十者可以食肉矣。百亩之田勿夺其时[25]，数口之家可以无饥矣。谨庠序之教[26]，申之以孝悌之义[27]，颁白者不负戴于道路矣[28]。七十者衣帛食肉，黎民不饥不寒[29]，然而不王者[30]，未之有也。狗彘食人食而不知检[31]，涂有饿莩而不知发[32]，人死，则曰'非我也，岁也[33]'。是何异于刺人而杀之，曰'非我也，兵也'？王无罪岁[34]，斯天下之民至焉。"

【注释】

〔1〕寡人：诸侯国君主的谦称，意为"寡德之人"，即德行不足的意思。于：对于。

〔2〕焉：（对）它。

〔3〕河内：指黄河北岸，今河南沁阳至淇县一带。凶：灾荒。

〔4〕其：那里。指河内。河东：黄河以东，即今山西的西南部。

〔5〕其：那里，指河东。粟：粮食。

〔6〕然：这样的方法。

〔7〕加：更加。

6

〔8〕填:象声词,表示鼓声,其本字当为"殿"。《说文解字》:"殿,击声也。"鼓:击鼓。

〔9〕接:指交锋。

〔10〕曳(yè):拖着。兵:兵器。走:逃跑。

〔11〕或:有人。

〔12〕以:根据,凭着。

〔13〕直:只,仅仅。

〔14〕无:勿,不要。

〔15〕违:违背。农时:农业生产的时令。这里指农忙时节不安排劳役。

〔16〕胜(shēng):尽。

〔17〕数(cù):密。罟(gǔ):网。洿(wū)池:池塘。

〔18〕斤:斧。《说文解字》:"斤,斫木斧也。"以:按照。时:季节。指秋冬之时方可伐木。

〔19〕材木:成材的木料。

〔20〕养生:供养活着的人。丧死:为死者办丧事。

〔21〕王道:凭仁义取胜的政治。

〔22〕树:栽种。

〔23〕衣(yì):穿戴。据说当时只有养蚕的人家在五十岁以后才能穿帛,否则只能穿麻。

〔24〕豚:小猪。彘(zhì):猪。畜(xù):饲养。失其时:错过其繁殖的时节。

〔25〕夺其时:指将国家劳役安排在农忙时节。

〔26〕谨:认真做好。庠(xiáng)序:学校。商代称为序,周代称为庠。教:教化。

〔27〕申:反复进行。悌(tì):顺从年长者。义:道理。

〔28〕颁白:斑白,头发花白。

〔29〕黎:众。

〔30〕然:这样,如此。王(wàng):用王道统一天下而当君主。

〔31〕检:敛,收积储藏。此指丰收年景。

〔32〕涂:途。饿莩(piǎo):饿死的人。发:开仓发放救济粮。

〔33〕岁:年成,收成。

〔34〕罪:责怪,归罪。

【译文】

梁惠王说:"我对于国家,可谓尽心竭力了。河内遭了灾,就把那里的百姓转移到河东,把河东的粮食运送到河内。河东遭了灾,也是采取这样的措施。观察邻国的政治,没有能像我这样尽心的。邻国的百姓不见减少,我的百姓也不见增多,为什么呢?"孟子回答说:"您喜欢打仗,请让我用打仗作比喻。咚咚的战鼓响了起来,双方已经交锋,士兵们扔掉铠甲倒拖着兵器而逃跑。有人跑了一百步而停下来,有人跑了五十步而停下来,凭着自己只跑了五十步而讥笑跑了一百步的,怎么样?"惠王说:"不可以。他仅仅是没跑到一百步而已,其行为也是逃跑。"孟子说:"您如果懂这个道理,就不要指望您的百姓比邻国多起来了。不在农忙季节征用百姓服劳役,粮食就吃不完。不用密网从池塘中捕捞,鱼鳖就吃不完。在适当的季节进入山林砍伐,木材就用不完。粮食和鱼鳖吃不完,木材用不完,就能使百姓无论是供养活着的还是安葬死去的都没有遗憾。做到供养活着的和安葬死去的都没有遗憾,就是美好政治的开端。让百姓在自己五亩大的宅院里种上桑树,五十岁以上的人就可以穿上丝帛。鸡鸭猪狗等家畜的喂养不要错过其繁殖的季节,七十岁以上的人就可以吃到肉。每家人一百亩土地,不要占用了他们的农忙季节,几口人的家庭就可以不挨饿。认真办好学校教育,反复用孝悌的道理教化人们,老年人就不会在路上扛着重东西走了。七十岁以上的人能穿帛吃肉,百姓不挨饿受冻,实现了这些而不能靠仁政统一天下的情况,是从来没有过的。丰收年景人们拿粮食喂猪狗,国家不懂得在这时收购储备余粮;灾荒年景路上有饿死的人,国家不愿意开仓救济,人饿死了,却说'不是因为我,是收成不好',这与拿刀刺死了人却说'不是我杀的,是刀杀的'有什么不同?您不要怪罪收成,天下的百姓就会来投奔了。"

【讲解】

当时的社会地广人稀,国君都希望本国的人口多起来,这样才可以获得兵员和劳力。在鼓励生育的同时,也会千方百计地招诱其他国家的百姓来投奔。梁惠王"尽心"地治理国家,目的也是改善国民生活状态,从而吸引邻国百姓到魏国来。

孟子认为魏国与邻国的政治,不过是五十步与百步的差别,梁惠王"尽心"得还远远不够。因为他只是被动地救灾,并没有主动地防灾,更没有积极地发展生产而改变民众生活水平,也没有兴办教育而提高民众的道德素质。

《论语·子路》:"子适卫,冉有仆,子曰:'庶矣哉!'冉有曰:'既庶矣,又何加焉?'曰:'富之。'曰:'既富矣,又何加焉?'曰:'教之。'"孔子主张对百姓要"富之"和"教之",孟子的主张和孔子一致。他要求国家要积极而合理地发展生产,使百姓的生活实现"养生丧死无憾",并且要办好学校教育,让人们懂得孝悌的道理,最终实现以仁政赢得人心。

"狗彘食人食而不知检"是不舍得花钱为百姓储粮备荒,"涂有饿莩而不知发"是不舍得拿自己的粮救百姓的命。百姓在灾荒年景被饿死,显然都是统治者能救而不救造成的恶果。孟子指出百姓被饿死无异于是被统治者"刺而杀之",这一提法是十分尖锐的。

1.4 梁惠王曰:"寡人愿安承教[1]。"孟子对曰:"杀人以梃与刃[2],有以异乎?"曰:"无以异也。""以刃与政[3],有以异乎?"曰:"无以异也。"曰:"庖有肥肉[4],厩有肥马[5],民有饥色[6],野有饿莩[7],此率兽而食人也。兽相食,且人恶之[8];为民父母行政[9],不免于率兽而食人,恶在其为民父母也[10]?仲尼曰[11]:'始作俑者[12],其无后乎[13]!'为其象人而用之也。如之何其使斯民饥而死也[14]?"

【注释】

〔1〕安:诚心,乐意。承:接受。

〔2〕以:用。梃(tǐng):棍棒。刃:刀剑。

〔3〕政:政治。

〔4〕庖(páo):厨房。

〔5〕厩(jiù):马圈。

〔6〕饥色:因吃不饱饭而面黄肌瘦的样子。"饥"指吃不饱,"饿"则指吃不到东西,程度比"饥"严重。

〔7〕饿莩(piǎo):饿死的人。

〔8〕且:尚且。恶(wù):反对,不愿意看到。

〔9〕为民父母:古代认为君主和官吏应该像父母爱护子女一样爱护百姓。行政:实行政治。

〔10〕恶(wū):何,表示诘问。

〔11〕仲尼:孔子名丘,字仲尼。

〔12〕作:创制。俑:用于陪葬的陶偶或木偶。

〔13〕其:应当。后:后代。

〔14〕如之何:怎么。其:可以。斯:这些。

【译文】

梁惠王说:"我愿意诚心地接受你的指教。"孟子回答说:"用棍棒和刀剑杀人,有所不同吗?"惠王说:"没有什么不同。"孟子说:"用刀剑和政治杀人,有所不同吗?"惠王说:"没有什么不同。"孟子说:"自己厨房里有肥肉,圈里有肥马,百姓却面黄肌瘦,野外有饿死的人,这是在率领着野兽而吃人啊!野兽吃野兽,人们还不愿看到,作为民众的父母官实行政治,却不能避免率领野兽而吃人,他们作为父母官的美德在哪里?孔子说:'最初制作偶人来陪葬的人,应当断子绝孙吧!'因为他用模拟人的形体的东西来陪葬。怎么可以使这些百姓被活活饿死呢?"

【讲解】

君主无视民众的生存权,榨干了百姓血汗,自己花天酒地,积财如山,导致了百姓被活活饿死。他们号称是百姓的父母,其行为却无异于吃人的猛兽。孟子对这一现象进行了猛烈的抨击。

统治者应该"为民父母",这是儒家对官民关系的理想定位。《尚书·泰誓上》:"惟天地万物父母,惟人万物之灵。亶聪明,作元后,元后作民父母。"从周武王到孔子、孟子,都一脉相承地强调这一原则。所有的统治者都打着"民之父母"的旗号,以标志其政权的合法性,但其实际行为却往往是"率兽而食人"。

"始作俑者,其无后乎",体现了儒家"以人为本"的思想,是维护人权的最强烈的呼吁。

1.5 梁惠王曰:"晋国[1],天下莫强焉[2],叟之所知也。及寡人之身,东败于齐,长子死焉[3];西丧地于秦七百里;南辱于楚。寡人耻之[4],愿比死者壹洒之[5],如之何则可[6]?"孟子对曰:"地方百里而可以王[7]。王如施仁政于民,省刑罚[8],薄税敛[9],深耕易耨[10],壮者以暇日修其孝悌忠信[11],入以事其父兄[12],出以事其长上，可使制梃以挞秦[13]、楚之坚甲利兵矣[14]。彼夺其民时[15]，使不得耕耨以养其父母。父母冻饿，兄弟妻子离散。彼陷溺其民[16]，王往而征之，夫谁与王敌[17]？故曰仁者无敌。王请勿疑。"

【注释】

〔1〕晋国：指魏国。魏国原来是晋国的一部分。

〔2〕莫：没有一个国家。强：强大，胜过。焉：(于)它。

〔3〕长子：指梁惠王的太子，名申。公元前341年，太子申率魏军与齐军作战，在马陵大败，太子申被俘。

〔4〕耻：觉得羞耻。

〔5〕比：为，替。壹：全部。洒(xǐ)：洗，洗雪。

〔6〕如之何：怎样。

〔7〕方：方圆。王(wàng)：靠仁政征服天下。

〔8〕省：减轻。

〔9〕薄：减少。

〔10〕易：及早地。耨(nòu)：锄草。

〔11〕暇日：空闲的时候。修：学习进步。

〔12〕入：在家。事：事奉。

〔13〕制：掣，拿着。梃(tǐng)：棍棒。挞(tà)：打。

〔14〕坚甲利兵：坚固的铠甲和锐利的兵器。

〔15〕夺：指占用。时：农忙的季节。

〔16〕陷溺：使人陷入灾难。

〔17〕夫：那，发语词。

【译文】

梁惠王说："魏国，天下没有任何国家能比它强大，这是您所知道的。到了我手里，东面被齐国打败，大儿子死了；西面有七百里国土落到秦国手里；南面被楚国欺负。我觉得很丢人，想替死者全部雪耻,怎么样就能实现呢?"孟子回答说:"拥有方圆百里的国土就能够凭仁政征服天下。如果您对百姓施行仁政,减轻刑罚,减少赋税,让百姓好好耕种,强壮的人在农闲时学习孝悌忠诚的道理,在家用孝悌忠诚的态度事奉父亲和哥哥,在外用孝悌忠诚的态度事奉上级,这样的百姓,就可以让他们拿着棍棒去打秦国和楚国的精锐军队。别的国家在农忙时节强行让百姓服役,使人们不能耕种来养活父母,父母挨冻受饿,哥哥弟弟和妻子儿女离散逃难。他们让百姓陷入灾难之中,您前去讨伐他们,那谁还能和您作对呢?所以说仁义的人是无敌的,请您不必疑虑。"

【讲解】

孟子讲"地方百里而可以王",其事实根据是商汤和周武。《战国策·楚策四》:"臣闻昔汤、武以百里昌,桀、纣以天下亡。"说的就是这种情况。貌似弱小的正义军队,可以打败貌似强大的不义军队,人的因素是第一位的,武器的因素是第二位的,这是孟子所阐述的观点,也被历史所反复证明。"仁者无敌",正义最终能战胜邪恶,这是儒家所坚持的信念。所谓正义,就是要实行仁政,通过利民而利国,反对溺民而强国。

1.6 孟子见梁襄王[1],出,语人曰[2]:"望之不似人君[3],就之而不见所畏焉。卒然问曰[4]:'天下恶乎定[5]?'吾对曰:'定于一[6]。''孰能一之?'对曰:'不嗜杀人者能一之[7]。''孰能与之[8]?'对曰:'天下莫不与也。王知夫苗乎?七八月之间旱,则苗槁矣[9]。天油然作云[10],沛然下雨[11],则苗浡然兴之矣[12]。其如是[13],孰能御之[14]?今夫天下之人牧[15],未有

13

不嗜杀人者也。如有不嗜杀人者,则天下之民皆引领而望之矣〔16〕。诚如是也,民归之,由水之就下〔17〕,沛然谁能御之?'"

【注释】

〔1〕梁襄王:梁惠王之子,名嗣,死后谥为"襄"。

〔2〕语(yù):告诉。

〔3〕人君:君主。

〔4〕卒(cù):猝,突然。

〔5〕恶(wū):何,怎么。乎:于。定:安定。

〔6〕一:统一。

〔7〕嗜(shì):喜好。

〔8〕与:帮助,支持。

〔9〕槁(gǎo):干枯。

〔10〕油然:乌云密布的样子。作:出现。

〔11〕沛然:水大的样子。

〔12〕浡(bó)然:一下子盛壮起来的样子。兴:起来。

〔13〕其:如果。如:像。

〔14〕御:抵御,阻挡。

〔15〕夫:那。人牧:君主。

〔16〕引:伸长。领:脖子。

〔17〕由:犹,如同。下:低处。

【译文】

孟子见到了梁襄王,出来后对别人说:"远看他不像个君主,靠近他也看不出有什么可怕之处。他突然问道:'天下怎么能安定下来?'我回答说:'统一以后就能安定。'他说:'谁能统一天下?'我回答说:'不喜好杀人的人能统一天下。'他说:'谁会支持他?'我说:'天下没有人不支持他。您

14

知道那庄稼吧?七八月之间天旱,庄稼就干枯了。这时候如果天上出现了乌云,哗哗地下起大雨来,禾苗就一下子都变得茂盛起来了。如果像这样,谁能阻挡得了?现在那些天下的君主,没有不喜好杀人的,如果有不喜好杀人的,天下的民众就都会伸长脖子而企盼他了。如果能像这样,百姓投奔他,就会像水往低处流,汹涌澎湃,谁能阻挡得住?'"

【讲解】

　　从孟子的叙述来看,当时天下的君主"未有不嗜杀人者"。所谓杀人,一是敲骨吸髓地横征暴敛,致使本国百姓大量饿死;一是发动掠夺战争,既大量地屠杀外国民众,也大量地使本国民众阵亡;这就使百姓没有了活路。在这种情况下,如果有君主能反其道而行之,实行"保民"政策,就会得到天下百姓的爱戴与拥护。得民心者得天下,自然就能靠仁政而使天下统一。

　　1.7 齐宣王问曰[1]:"齐桓[2]、晋文之事可得闻乎[3]?"孟子对曰:"仲尼之徒无道桓、文之事者,是以后世无传焉,臣未之闻也,无以[4],则王乎[5]。"曰:"德何如则可以王矣?"曰:"保民而王,莫之能御也[6]。"曰:"若寡人者,可以保民乎哉?"曰:"可。"曰:"何由知吾可也?"曰:"臣闻之胡龁曰[7]:王坐于堂上,有牵牛而过堂下者,王见之,曰:'牛何之[8]?'对曰:'将以衅钟[9]。'王曰:'舍之[10],吾不忍其觳觫[11],若无罪而就死地。'对曰:'然则废衅钟与[12]?'曰:'何可废也?以羊易之。'不识有诸[13]?"曰:"有之。"曰:"是心足以王矣。百姓皆以王为爱也[14],臣固知王之不忍也[15]。"王曰:"然,诚有百姓者[16]。齐国虽褊小[17],吾何爱一

15

牛?即不忍其觳觫,若无罪而就死地,故以羊易之也。"曰:"王无异于百姓之以王为爱也。以小易大,彼恶知之[18]?王若隐其无罪而就死地[19],则牛羊何择焉[20]?"王笑曰:"是诚何心哉?我非爱其财,而易之以羊也,宜乎百姓之谓我爱也。"曰:"无伤也[21],是乃仁术也[22],见牛未见羊也。君子之于禽兽也,见其生不忍见其死,闻其声不忍食其肉,是以君子远庖厨也[23]。"王说[24],曰:"《诗》云[25]:'他人有心,予忖度之[26]。'夫子之谓也[27]。夫我乃行之[28],反而求之,不得吾心。夫子言之,于我心有戚戚焉[29]。此心之所以合于王者,何也?"曰:"有复于王者曰[30]:'吾力足以举百钧而不足以举一羽[31],明足以察秋毫之末而不见舆薪[32]。'则王许之乎[33]?"曰:"否。""今恩足以及禽兽而功不至于百姓者[34],独何与[35]?然则一羽之不举为不用力焉,舆薪之不见为不用明焉,百姓之不见保为不用恩焉,故王之不王,不为也,非不能也。"曰:"不为者与不能者之形何以异[36]?"曰:"挟太山以超北海[37],语人曰'我不能',是诚不能也。为长者折枝[38],语人曰'我不能',是不为也,非不能也。故王之不王,非挟太山以超北海之类也,王之不王,是折枝之类也。老吾老[39],以及人之老[40];幼吾幼[41],以及人之幼;天下可运于掌[42]。《诗》云[43]:'刑于寡妻[44],至于兄弟,以御于家邦[45]。'言举斯心加诸彼而已[46]。故推恩足以保四海[47],不推恩无以保妻子。古之人所以大过人者,无他焉[48],善推其所为而已矣。今恩足以及禽兽而功不至于百姓者,独何与?权然后知轻重[49],度然后知长短[50],物皆然,心为甚,王请度之。抑王兴甲兵[51],危士臣,构怨于诸侯[52],然后快于心与?"王曰:"否。吾何快于是?将以求吾所大欲也。"曰:"王之所大欲,可得闻与?"王笑而不言。曰:"为肥甘不足于口与?轻暖不足于体与?抑为采色不足视于目与[53]?声音不足听于耳与[54]?便嬖不足使令于前与[55]?王之诸臣皆足以供之,而王岂为是哉?"曰:"否。吾不为是也。"曰:"然则王之大欲可知已,欲辟土地[56],朝秦[57]、楚,莅中国而抚四夷也[58]。以若所为求若所欲[59],犹缘木而求鱼也[60]。"王曰:"若是其甚与[61]?"曰:"殆有甚焉[62]。缘木求鱼,虽不得鱼,无后灾。以若所为求若所欲,尽心力而为之,后必有灾。"曰:"可得闻与?"曰:"邹人与楚人战[63],则王以为孰胜?"曰:"楚人胜。"曰:"然则小固不可以敌大,寡固不可以敌众,弱固不可以敌强。海内之地方千里者九,齐集有其一[64],以一服八,何以异于邹敌楚哉?盖亦反其本矣[65]。今王发政施仁,使天下仕者皆欲立于王之朝[66],耕者皆欲耕于王之野,商贾皆欲藏于王之市[67],行旅皆欲出于王之涂[68],天下之欲疾其君者皆欲赴愬于王[69]。其若是,孰能御之?"王曰:"吾惛[70],不能进于是矣。愿夫子辅吾志,明以教我。我虽不敏[71],请尝试之。"曰:"无恒产而有恒心者[72],惟士为能。若民,则无恒产,因无恒心。苟无恒心,放辟邪侈无不为已[73]。及陷于罪,然后从而刑之[74],是罔民也[75]。焉有仁人在位,罔民而可为也?是故明君制民之产[76],必使仰足以事父母,俯足以畜妻子[77],乐岁终身饱[78],凶年免于死亡。然后驱而之善[79],故民之从之也轻。今也制民之产,仰不足以事父母,俯不足以畜妻子,乐岁终身苦,凶年不免于死亡。此惟救死而恐不赡[80],奚暇治礼义哉[81]?王欲行之,则盍反其本矣[82]。五亩之宅树之以桑[83],五十者可以衣帛矣。鸡豚狗彘之畜无失其时,七十者可以食肉矣。百亩之田勿夺其时,八口之家可以无饥矣。谨庠序之教,申之以孝悌之义,颁白者不负戴于道路矣。老者衣帛食肉,黎民不饥不寒,然而不王者,未之有也。"

【注释】

〔1〕齐宣王:齐国国君,姓田,名辟疆,死后谥为"宣"。

〔2〕齐桓:指齐桓公,春秋时齐国国君,姓姜,名小白,死后谥为"桓"。他当过诸侯的霸主。

〔3〕晋文:指晋文公,春秋时晋国国君,姓姬,名重耳,死后谥为"文"。他在齐桓公之后成为诸侯的霸主。

〔4〕无以:不能。以:能。

〔5〕王(wàng):指用王道统一天下的道理。

〔6〕莫:没有人。御:阻挡。

〔7〕胡龁(hé):宣王的一名近臣。

〔8〕之:到……去。

〔9〕以:用来。衅(xìn):杀牲取血,涂于钟鼓,是一种祭礼。

〔10〕舍:放掉。

〔11〕觳(hú)觫(sù):吓得发抖。

〔12〕废:取消。

〔13〕识:知道。诸:之。

〔14〕爱:吝啬。

〔15〕固:则,却。

〔16〕诚有百姓者:这句话费解。

〔17〕褊(biǎn)小:狭小。

〔18〕恶(wū):哪里。

〔19〕隐:同情,心疼。

〔20〕择:区别。

〔21〕伤:妨碍。

〔22〕仁术:仁道,仁义范畴的内容。

〔23〕庖厨:厨房,那里会宰杀禽畜。

〔24〕说(yuè):悦,高兴。

〔25〕《诗》:指《诗经》。下文引述的诗句出自《诗经·小雅·巧言》。

〔26〕予:我。忖(cǔn)度(duó):揣测,推测。

〔27〕夫子:对孟子的敬称。

〔28〕夫:若。乃:仅。

〔29〕戚戚:心有触动的样子。

〔30〕复:告诉。

〔31〕钧:一钧为三十斤。

〔32〕明:视力。察:分辨。秋毫:兽类在秋天生出的绒毛,很细。末:尖端。舆:车。薪:柴。

〔33〕许:相信。

〔34〕功:功德,政绩。

〔35〕独:到底。

〔36〕形:表现。异:区别。

〔37〕挟:夹在胳膊下。太山:大山。超:跳过。北海:渤海。

〔38〕折枝:按摩。折:曲折。枝:肢。

〔39〕老吾老:敬奉我的长辈。

〔40〕及:推及。

19

〔41〕幼吾幼:爱护我的晚辈。

〔42〕运:转动。

〔43〕《诗》云:下文引述的诗句出自《诗经·大雅·思齐》。

〔44〕刑:型,示范,作出表率。寡妻:寡德之妻,对妻子的谦称。

〔45〕御:治,管理。家邦:大夫的领地为家,诸侯的领地为邦。

〔46〕举:拿着。诸:之。

〔47〕推恩:推广恩德。

〔48〕他:别的。

〔49〕权:用秤称东西。

〔50〕度(duó):用尺子量东西。

〔51〕抑:或许。兴:出动。甲兵:军队。

〔52〕构:结。

〔53〕采色:彩色,此指美女。

〔54〕声音:指音乐。

〔55〕便(pián)嬖(bì):左右亲近的人。使令:役使。

〔56〕辟:开辟,拓展。

〔57〕朝:使……朝见。

〔58〕莅(lì):临,指据有。抚:领有。四夷:四方的少数民族。

〔59〕若:这样的。

〔60〕缘:攀登。

〔61〕其:地。

〔62〕殆:必定。有(yòu):又,更加。

〔63〕邹:小国名,在今山东省邹城市东南。

〔64〕集有:占有,取得。

〔65〕盖:确实。反:违背。本:根本,正确的做法。

〔66〕仕者:指谋求做官的人。朝:朝廷。

〔67〕商贾(gǔ):商人。藏:储藏货物。

〔68〕行旅:外出的人。

〔69〕疾:责备。愬(sù):诉,诉说。

〔70〕惛(hūn):头脑不清。

〔71〕敏:精明。

〔72〕恒:恒常的,稳定的。心:思想观念。

〔73〕放辟邪侈:放纵胡来。辟:僻,行为不端。

〔74〕刑:用刑罚惩治。

〔75〕罔民:逼民众陷入罗网。罔:网,指法网。

〔76〕是故:因此。制:规定。

〔77〕畜(xù):养活。

〔78〕乐岁:丰收年景。终:长久。

〔79〕驱使。之:到……去,向着。

〔80〕赡:足,够。

〔81〕奚:哪里。暇:空闲时间。治:从事。

〔82〕盍:盖,确实。

〔83〕此下的内容,可参看前面"寡人之于国也"章(1.3)的注解。

【译文】

齐宣王问道:"齐桓公和晋文公称霸天下的事情,能听您说说吗?"孟子回答说:"孔子的学生们没有人谈论齐桓公和晋文公的事迹,因此后世也没有相关的传授,我没有听到过这些,不能讲给您听,就谈谈用仁政征服天下的道理吧。"宣王说:"具备什么样的德行就可以用仁政而征服天下呢?"孟子说:"保护好百姓而用仁政征服天下,没有人能阻挡得了。"宣王说:"像我这样的人,能保护好百姓吗?"孟子说:"能。"宣王说:"根据什么而知道我能行呢?"孟子说:"我听胡龁说,您坐在堂上,有人牵着牛经过堂下,您看到了,就说:'牛牵到哪里去?'那人回答说:'将要用它的血来涂钟。'您说:'放了它吧,我不忍心它吓得发抖,这样没有罪过而走向死地。'那人说:'这样的话,就不要用血涂钟了吗?'您说:'怎么可以不涂钟呢?用一只羊代替它。'不知道有没有这事?"宣王说:"有。"孟子说:"有这样的心肠就

21

完全可以靠仁政征服天下了。百姓都认为您是吝惜,我却知道您是出于不忍心。"宣王说:"是啊,确实有百姓这样看。齐国虽然狭小,我怎么会吝惜一头牛?本来就是不忍心它吓得发抖,像是没有罪的人走向刑场,所以才用羊代替了它。"孟子说:"您不要怪百姓认为您是吝惜,您用小的羊换了大的牛,他们怎么能知道您本来的想法?您如果同情牛像无罪的人走向刑场,那么牛和羊有什么区别呢?"宣王笑着说:"这到底是怎么想的啊?我确实不是吝惜牛值钱,但我用羊代替了它,这就活该百姓认为我是吝啬了。"孟子说:"没有关系,这就是有仁义思想的表现,因为您看见牛而没有看见羊。君子对于禽兽,看见它活着的样子就不忍心看见它死去,听到它的叫声就不忍心吃它的肉,所以君子总是远离厨房。"宣王说:"《诗经》上说:'别人有想法,我能揣度出来。'说的就是您这样的人啊。像我,只是那样做了,反过来找原因,却从自己心里得不到答案。你说了这些,在我心里有所触动。我的这种心理能够和靠仁政征服天下的道理契合,是为什么呢?"孟子说:"有人告诉您说:'我的力气能举起三千斤,但不能举起一根羽毛。视力能看清秋天动物的绒毛的末端,却看不见一车柴草。'您相信他的话吗?"宣王说:"不信。"孟子说:"现在您的恩惠能用在禽兽身上,而对百姓却不施惠政,到底是为什么呢?这说明一根羽毛举不起来是不用力,一车柴草看不见是不去看,百姓不被保护是不施恩惠。所以您没有靠仁政征服天下,是不做,不是做不到。"宣王说:"不做和做不到的表现怎么区别?"孟子说:"用胳膊夹着大山跳过渤海,告人说'我做不到',这是真做不到。给年长者按摩四肢,告人说'我做不到',这是不做,不是做不到。所以您没有靠仁政征服天下,不是用胳膊夹着大山跳过渤海之类的事;您没有靠仁政征服天下,是为长者按摩之类的事情。孝敬自己的长辈,把同样的行为也用到别人的长辈身上;爱护自己的晚辈,把同样的行为也用到别人的晚辈身上。有了这种精神,征服天下的事情就可以像手掌上转小球一样容易。《诗经》上说:'给妻子做出仁义的表率,影响到兄弟,用这种精神治理国家。'说的就是把这种仁义的精神施加到一切人身上而已。所以广施恩惠可以保护好天下的一切人,不广施恩惠则不能保护好妻子和儿女。古人远超别人的地方,没有别的,就是善于推广他们的仁义行为而已。现在您的恩惠能用在禽兽身上,而对百姓却不施惠政,到底是为什么呢?称一下就能知道轻重,量一下就能知道长短,物体都是这样的,心肠更是这样,请您衡量一下自己的心肠。或许您出动军队打仗,让士卒和臣民陷入危险,和诸侯结上仇恨,然后心里就快乐了吗?"宣王说:"不。我怎么会喜欢这样?是要实现我的大愿望。"孟子说:"您的大愿望,我能听听吗?"宣王笑着不回答。孟子说:"是因为口中好吃的不够吃吗?是因为身上好衣服不够穿吗?或者是因为眼中的美色不够看吗?耳中的音乐不够听吗?跟前的下人不够使唤吗?这些东西,您的众臣都能够给您提供,您难道是为了这些吗?"宣王说:"不。我不是为了这些。"孟子说:"这样的话,您的大愿望就可以知道了,你是想开疆拓土,让秦、楚这样的大国来臣服,统治中国,控制四方的少数民族。用这样的行为实现这样的愿望,就像是爬到树上找鱼。"宣王说:"情况像这样地严重吗?"孟子说:"必定比这还严重。爬到树上找鱼,虽然找不到鱼,但结果不会有灾难。用这样的行为实现这样的愿望,尽心尽力地去做,结果一定有灾难。"宣王说:"能听听原因吗?"孟子说:"邹国和楚国打仗,您认为谁会胜?"宣王说:"楚国会胜。"孟子说:"这就说明小的确实敌不过大的,少的确实敌不过多的,弱的确实敌不过强的。海内的地盘,方圆一千里的有九块,齐国占有其中的一块。用一块来制服八块,这和邹国对付楚国有什么不同？确实也背离了正确的轨道了。假如您施行仁政，使天下要当官的人都想站在您的朝廷上，农民都想在您的土地上耕作，商人都想把货物储存在您的市场上，旅行的人都愿意走齐国的路，天下想责备自己君主的人都想来向您诉说，如果出现了这样的局面，谁能阻挡您征服天下？"宣王说："我老迈糊涂，不能实现这样的境界了。希望您帮我实现理想，明白地教我。我虽然不精明，但也要试试看。"孟子说："没有稳定的产业却有坚定不移的正确思想的人，只有士人才能做到。像百姓那样的人，则是没有稳定的产业，因而也没有坚定不移的正确思想。如果没有坚定不移的正确思想，就会放纵胡来，无所不为。到他们犯了罪时，国家便跟着用刑罚惩处，这是张开法网把百姓往里赶啊。哪有仁义的人当国君，却可以做这种逼着百姓犯罪的事呢？所以贤明的君主规定百姓的产业，总是使他们对上可以供养父母，对下可以养活妻子儿女。好的年景总能吃饱，灾荒年景不会饿死。然后督促他们学好，他们就容易听从了。现在您规定的百姓的产业，对上不能够供养父母，对下不能够养活妻子儿女。好的年景还总是吃苦，灾荒年景不能不被饿死。这只是救命都怕不足，哪有功夫从事礼义方面的学习进步呢？您要推行仁政，这样的状况确实也背离了正确的做法了。让百姓在自己五亩大的宅院里种上桑树，五十岁以上的人就可以穿上丝帛了。鸡鸭猪狗等家畜的喂养不要错过其繁殖的季节，七十岁以上的人就可以吃到肉了。每家人一百亩土地，不要占用了他们的农忙季节，八口人的家庭就可以不挨饿了。认真办好学校教育，反复用孝悌的道理教化人们，老年人就不会在路上扛着重东西走了。老人们能穿帛吃肉，百姓不挨饿受冻，实现这一步而不能实行仁政而统一天下的情况，是从来没有过的。"

【讲解】

　　儒家不主张以齐桓公、晋文公为代表的霸道,提倡凭仁政而征服天下的王道。王道的开端是"保民",孟子提出了"推恩"的主张,认为统治者应该以待家人之心待天下人。他提倡统治者施行仁政,实现天下归心,用合理的方式统一四海。

　　仁政的基础是保证百姓有"恒产",积极发展物质生产,在生活水平大幅度提高的前提下,推行礼义教化,提高民众的素质。在当时的社会情况下,要让百姓实现"老者衣帛食肉,黎民不饥不寒",国家对民众有"庠序之教"的目标,是很不容易的。

　　孟子指出,百姓犯罪的根本原因是统治者剥夺了他们的恒产,连丰收年景都"终身苦",过的是"救死而恐不赡"的悲惨日子,这是对统治者残酷剥削压榨民众的暴行的揭露和控诉。

梁　惠　王　下

2.1 庄暴见孟子[1]，曰："暴见于王[2]，王语暴以好乐[3]，暴未有以对也[4]。"曰[5]："好乐何如？"孟子曰："王之好乐甚，则齐国其庶几乎[6]！"

他日见于王[7]，曰："王尝语庄子以好乐，有诸[8]？"王变乎色[9]，曰："寡人非能好先王之乐也[10]，直好世俗之乐耳[11]。"曰："王之好乐甚，则齐其庶几乎！今之乐犹古之乐也。"曰："可得闻与？"曰："独乐乐[12]，与人乐乐，孰乐？"曰："不若与人。"曰："与少乐乐，与众乐乐，孰乐？"曰："不若与众。""臣请为王言乐。今王鼓乐于此[13]，百姓闻王钟鼓之声、管籥之音[14]，举疾首蹙頞而相告曰[15]：'吾王之好鼓乐，夫何使我至于此极也[16]？父子不相见，兄弟妻子离散。'今王田猎于此[17]，百姓闻王车马之音，见羽旄之美[18]，举疾首蹙頞而相告曰：'吾王之好田猎，夫何使我至于此极也？父子不相见，兄弟妻子离散。'此无他[19]，不与民同乐也。今王鼓乐于此，百姓闻王钟鼓之声、管籥之音，举欣欣然有喜色而相告曰[20]：'吾王庶几无疾病与[21]？何以能鼓乐也？'今王田猎于此，百姓闻王车马之音，见羽旄之美，举欣欣然有喜色而相告曰:'吾王庶几无疾病与？何以能田猎也？'此无他,与民同乐也。今王与百姓同乐,则王矣。"

【注释】

〔1〕庄暴:齐宣王之臣。

〔2〕王:指齐宣王。

〔3〕语(yù):告诉。乐(yuè):音乐。

〔4〕以:用来。

〔5〕曰:此下的话也是庄暴说的。

〔6〕其:将,会。庶几(jī):差不多,近于成功。

〔7〕他日:后来的某一天。

〔8〕诸:之。

〔9〕乎:于。色:表情。

〔10〕先王:先代的君王,指尧、舜、禹、汤等古代君主。

〔11〕直:只,仅。

〔12〕独乐(yuè)乐(lè):独自欣赏音乐快乐。

〔13〕今:假如。鼓:演奏。

〔14〕管:笙。籥(yuè):箫。

〔15〕举:全,都。疾首:头痛。蹙(cù):皱缩。頞(è):鼻梁。

〔16〕夫:他。极:困苦。

〔17〕田猎:打猎。

〔18〕羽旄(máo):古代用鸟羽和旄牛尾装饰旗帜,所以称旌旗为"羽旄"。

〔19〕他:别的。

〔20〕欣欣然:高兴的样子。

〔21〕庶几(jī):或许。

【译文】

庄暴见到了孟子,对孟子说:"我被君王召见,君王告诉我说喜好音乐,我不知道该怎样回答。"他又问孟子:"喜好音乐好吗?"孟子说:"君王特别喜好音乐,齐国政治就将差不多成功了。"

后来有一天,孟子见到了齐王,对他说:"您曾经告诉庄先生说喜好音乐,有这事吗?"齐王沉下了脸说:"我不能喜好古代君王的音乐,只喜好今天世俗的音乐而已。"孟子说:"君王特别喜好音乐,齐国政治就将差不多成功了。今天的音乐和古代的音乐是一样的。"齐王说:"能听听你的见解吗?"孟子说:"独自观赏音乐快乐,还是和别人共同观赏音乐快乐?"齐王说:"独自观赏不如和别人一起观赏。"孟子说:"与少数人观赏音乐的快乐,和与更多的人观赏音乐的快乐,哪一种更快乐?"宣王说:"不如和更多的人观赏。"孟子说:"让我给您谈谈娱乐的事情。假如您在这里演奏音乐,百姓听到了您这里钟鼓和笙箫的声音,全都痛心疾首地互相谈论说:'我们的君王喜欢演奏音乐,他为什么要使我们困苦到这个地步呢?父亲和儿子不能见面,哥哥弟弟妻子儿女离散逃荒。'假如您在这里打猎,百姓听到了您的车马的声音,看到了您的美丽的旌旗,全都痛心疾首地互相谈论说:'我们的君王喜欢打猎,他为什么要使我们困苦到这个地步呢?父亲和儿子不能见面,哥哥弟弟妻子儿女离散逃荒。'这没有别的原因,因为您不和百姓一起过好日子。假如您在这里演奏音乐,百姓听到了您这里钟鼓和笙箫的声音,全都眉开眼笑地有了高兴的表情,互相谈论说:'我们的君王可能没有疾病吧?要不怎么能演奏音乐呢?'假如您在这里打猎,百姓听到了您的车马的声音,看到了您的美丽的旌旗,全都眉开眼笑地有了高兴的表情,互相谈论说:'我们的君王可能没有疾病吧?要不怎么能出来打猎呢?'这没有别的原因,因为您和百姓一起过好日子。假如您和百姓一起过好日子,就能靠仁政征服天下了。"

【讲解】

"王之好乐甚,则齐国其庶几乎",赵岐注:"王诚能大好古之乐,齐国其庶几治乎!"赵氏将"王之好乐甚"译述为"王诚能大好古之乐",注文比原文多出了"古"字,因此可疑原文"王之好乐甚"本当作"王之好古乐甚","古"字在东汉赵氏当时尚未脱落,故齐王说"寡人非能好先王之乐也,直好世俗之乐耳"。从逻辑上讲,儒家讲"礼乐",其中的"乐"指的就是古乐,他们其实是反对今乐的。"好古乐",自然齐国政治就"庶几"了。孟子讲"今之乐犹古之乐也",其实与儒家的一贯讲法不合,这可能是他为了对话能够进行下去而采取的权宜说法。

如果原文本来就没有"古"字,则"王之好乐甚,则齐国其庶几乎"是不合事理的。政治好不好,关键在能否"与民同乐",与齐王好不好音乐没有关系。同样是"好乐",民可能憎恶,也可能喜悦,孟子下文说得非常明白。

孟子希望君主要"与民同乐","同"到什么程度呢?"同"到君主享乐时,民众感到欣慰,对君主十分爱戴。要实现民众对君主的享乐不反感,反而欣慰,变痛心疾首为眉开眼笑,就得实现民众的生活是"乐"的而不是困苦的,这对君主仁政的要求是很高的,直到今天也难以做到。当时政治的实际情况是民众苦到"父子不相见,兄弟妻子离散",孟子对此予以了揭露。

2.2 齐宣王问曰:"文王之囿方七十里[1],有诸[2]?"孟子对曰:"于传有之[3]。"曰:"若是其大乎[4]?"曰:"民犹以为小也。"曰:"寡人之囿方四十里,民犹以为大,何也?"曰:"文王之囿方七十里,刍荛者往焉[5],雉兔者往焉[6],与民同之。民以为小,不亦宜乎[7]?臣始至于境,问国之大禁[8],然后敢入。臣闻郊关之内有囿方四十里[9],杀其麋鹿者如杀人之罪[10],则是方四十里为阱于国中[11]。民以为大,不亦宜乎?"

【注释】

〔1〕文王:周文王,是古代贤明君主的典型。囿:畜养禽兽以供观赏的园林。方:方圆。

〔2〕诸:之。

〔3〕传(zhuàn):古书。

〔4〕其:地。

〔5〕刍(chú):割草。荛(ráo):柴。这里用为动词,指打柴。

〔6〕雉兔:野鸡和兔子。这里用为动词,指打猎。

〔7〕亦:很。宜:合理。

〔8〕禁:禁令。

〔9〕郊关:郊外的关卡。

〔10〕麋(mí):哺乳动物,比牛大,毛淡褐色,雄的有角,角像鹿,尾像驴,蹄像牛,颈像骆驼,但从整体看哪种动物都不像。

〔11〕阱(jǐng):陷阱。

【译文】

齐宣王问道:"周文王的苑囿方圆七十里,有这事吗?"孟子回答说:"古书上有这样的记载。"宣王说:"像那样地大吗?"孟子说:"百姓还认为太小了呢。"宣王说:"我的苑囿方圆四十里,百姓还认为太大了,为什么呢?"孟子说:"文王的苑囿方圆七十里,割草打柴的人可以去,打野鸡和兔子的人可以去,和百姓共同利用它。百姓觉得它小,不很合理吗?我初到达齐国边境时,打听了齐国最大的禁令,然后才敢进来。我听说郊外的关卡以内有方圆四十里的苑囿,杀死其中麋鹿的人,等同于犯了杀人的罪,这等于是在国家中设了个方圆四十里的陷阱,百姓觉得它太大,不很合理吗?"

【讲解】

所谓"与民同之",就是和百姓分享利益,君主不能刻薄百姓,与百姓之间保持着友善互爱的关系。孟子对理想社会的期望是很高的,他通过文王与百姓的和谐关系,揭露了齐宣王与百姓的水火关系,遣责了宣王自私暴戾的无道表现,宣传了自己的政治理想。

2.3 齐宣王问曰:"交邻国有道乎[1]?"孟子对曰:"有。惟仁者为能以大事小[2],是故汤事葛[3],文王事混夷[4]。惟智者为能以小事大,故太王事獯鬻[5],勾践事吴[6]。以大事小者,乐天者也[7]。以小事大者,畏天者也[8]。乐天者保天下[9],畏天者保其国。《诗》云[10]:'畏天之威[11],于时保之[12]。'"王曰:"大哉言矣[13]!寡人有疾[14],寡人好勇。"对曰:"王请无好小勇。夫抚剑疾视曰[15],'彼恶敢当我哉[16]?'此匹夫之勇[17],敌一人者也[18]。王请大之[19]。《诗》云[20]:'王赫斯怒[21],爰整其旅[22],以遏徂莒[23],以笃周祜[24],以对于天下[25]。'此文王之勇也。文王一怒而安天下之民。《书》曰[26]:'天降下民[27],作之君[28],作之师[29],惟曰其助上帝宠之[30]。四方有罪无罪惟我在[31],天下曷敢有越厥志[32]?'一人衡行于天下[33],武王耻之[34],此武王之勇也,而武王亦一怒而安天下之民。今王亦一怒而安天下之民[35],民惟恐王之不好勇也。"

【注释】

〔1〕交:交往。道:原则。

〔2〕以:凭着,在……的情况下。事:服从,奉事。

〔3〕是故:因此。汤:商代的开国君主,最初是夏朝的诸侯。葛:夏朝的一个诸侯,是汤的邻国。据《孟子·滕文公下》记载,葛国国君无道而不肯祭祀鬼神,汤派人去问他为什么不祭祀,他说是没有牛羊作祭品。汤派人送给他牛羊,他把牛羊吃了,不用来祭祀。汤又派人去问他为什么不祭祀,他说是没有粮食作祭品。汤让自己的百姓到葛国去给他种地,年老体弱的人给种地的人送饭。葛国国君率领着本国百姓拦截,夺取送饭者的酒食,不肯交出者就被杀掉。有个小孩给种地的人送饭,被杀掉而夺走了食物。汤便出兵征伐葛国,最终夺取了天下。

〔4〕文王:指周文王姬昌,最初是商朝的诸侯。混夷:当时西部的一个国家,是周的邻国。据《帝王世纪》记载,混夷侵略周国,进攻国都的东门,文王不开门应战,只是努力搞好自己国家的政治。不但如此,他还以德报怨,派使者以睦邻的态度访问混夷,希望能感化他们。

〔5〕太王:指周文王的祖父,史称其为"古公亶父",是当时周部族的君主。獯(xūn)鬻(yù):即后来的匈奴,是北方的一个民族。据《史记·周本纪》记载,当时太王的领地在豳,薰育(即獯鬻)来侵略,要得到财物,太王满足了他们的要求。薰育又来进攻,要得到太王的土地与百姓。百姓很愤怒,要和薰育作战。太王说:"天爱护百姓,为他们设立了君主,是要让君主给百姓带来利益。薰育来打仗,是为了得到我的土地和百姓。当我的百姓和当他的百姓有什么不同?百姓为了我而和他们打仗,使大家的父子们战死而维护我的地位,我不忍心。"便带领着属下离开豳而迁到了岐山下,将地盘让给了薰育。豳地的百姓又都到岐山下来投奔,邻国的人们也纷纷归附。

〔6〕勾践:春秋时越国的国君,他被吴国打败后,忍辱负重,向吴国称臣,对内则施行仁政,获得民心,最终灭了吴国。

〔7〕乐天:乐于奉行天道,即奉行仁义的原则。

〔8〕畏天:敬畏天威,即谨慎认真地审时度势,不违背天的安排。

〔9〕保:保护好。

〔10〕《诗》:指《诗经·周颂·我将》。

〔11〕威:威严,神威。

〔12〕时:是,这。保:保护好,实行好。

〔13〕大:夸大,迂远,不切实际。

〔14〕疾:毛病,指癖好。

〔15〕抚:按着,摸着。疾:怒,狠。

〔16〕恶(wū):哪。当:抵挡。

〔17〕匹夫:普通人,个人。

〔18〕敌:对付。

〔19〕大:加大,改为大的。

〔20〕《诗》:指《诗经·大雅·皇矣》。

〔21〕王:天子,这里指周文王。赫:十分生气的样子。斯:……的样子。

〔22〕爰:于是。整:整顿。旅:军队。

〔23〕以遏徂莒:今《诗经》作"以按徂旅",郑玄笺:"……以却止徂国之兵众。"遏:阻止。徂:诸侯国名。

〔24〕笃:加大。祜(hù):福,天赐予的利益。

〔25〕对:传扬。

〔26〕《书》:指《尚书》。这里引用的《尚书》文句早已失传。

〔27〕降:降生。下民:天下的百姓。

〔28〕作:为……安排,为……设置。

〔29〕师:长,指各级官员。

〔30〕曰:为了。宠:尊,指提高其生活质量。

〔31〕四方:指天下人。在:察,辨别。

〔32〕曷:何,哪。越:超出,违背。厥:其,指天。

〔33〕一人:指商纣。衡行:横行,胡作非为。

33

〔34〕武王:指周武王。耻:觉得……可耻。

〔35〕今:如果。

【译文】

　　齐宣王问:"和邻国交往,有讲究吗?"孟子回答说:"有。只有仁义的人能以大国的身份善待小国,因此商汤善待葛,周文王善待昆夷。只有聪明的人能以小国的身份服从大国,因此周太王服从獯鬻,勾践服从吴国。以大国的身份善待小国的人,是乐于奉行天道的人。以小国的身份服从大国的人,是敬畏天威的人。乐于奉行天道的人能保护好天下,敬畏天威的人能保护好他的国家。《诗经》上说:'敬畏天的威严,因此奉行天意。'"宣王说:"这个标准太高了。我有毛病,我喜欢武勇。"孟子说:"请您不要喜欢小勇。有的人按着剑瞪着眼对人说:'他哪敢抵挡我呢?'这是匹夫之勇,只能对付一个人。请您提高您的武勇的层次。《诗经》上说:'文王勃然大怒,于是整顿他的军队,用他们阻挡住徂国的兵马,从而加大天赐给周国的利益,因此名声传扬于天下。'此是文王的武勇。文王一发怒而保护了天下的百姓。《尚书》上说:'天降生了百姓,为他们设置了君主,设置了各级官员,只是为了让君主和官员帮助上帝保护好百姓。四方的人们有罪或无罪,由君主和官员来审察,天下的人们哪敢违背天的旨意?'商纣横行于天下,武王认为这是耻辱。这是武王的武勇。武王也一发怒而保护了天下的百姓。如果您也能一发怒而保护好天下的百姓,百姓只怕您不喜欢武勇呢。"

【讲解】

　　战国时期,掠夺兼并是诸侯国政治的主旋律,国君们都想靠武力征服他国,统一天下,这便是所谓"霸道",齐宣王也是一个想实施霸道的人。孟子反对霸道,提倡"王道",即奉行仁义的政治,保护好百姓,以德服人,最终像商汤、周文王、周武王那样征服天下。

孟子认为仁政能保护百姓,在道义上处于优势地位,获得人心,从而壮大自己,孤立暴君。儒家认为天道是爱民的,是惩恶扬善的,仁政是替天行道,所以能得到天的支持。

孟子并不反对使用战争手段,他只是反对不正义的战争。在靠仁政而壮大了自己之后,就可以用正义的战争消灭独夫民贼,实现天下的统一。

2.4 齐宣王见孟子于雪宫[1],王曰:"贤者亦有此乐乎?"孟子对曰:"有。人不得则非其上矣[2]。不得而非其上者,非也;为民上而不与民同乐者,亦非也。乐民之乐者,民亦乐其乐;忧民之忧者,民亦忧其忧。乐以天下[3],忧以天下,然而不王者,未之有也。昔者齐景公问于晏子曰[4]:'吾欲观于转附[5]、朝儛[6],遵海而南[7],放于琅邪[8],吾何修而可以比于先王观也[9]?'晏子对曰:'善哉问也!天子适诸侯曰巡狩[10],巡狩者,巡所守也。诸侯朝于天子曰述职[11],述职者,述所职也。无非事者。春省耕而补不足[12],秋省敛而助不给[13]。夏谚曰[14]:吾王不游,吾何以休?吾王不豫[15],吾何以助[16]?一游一豫,为诸侯度[17]。今也不然,师行而粮食[18],饥者弗食,劳者弗息。睊睊胥谗[19],民乃作慝[20]。方命虐民[21],饮食若流[22]。流连荒亡[23],为诸侯忧。从流下而忘反谓之流[24],从流上而忘反谓之连,从兽无厌谓之荒[25],乐酒无厌谓之亡。先王无流连之乐,荒亡之行。惟君所行也。'景公说[26],大戒于国[27],出舍于郊[28]。于是始兴发[29],补不足。召大师曰[30]:'为我作君臣相说之乐。'盖《徵招》[31]、《角招》是也[32]。其诗曰:'畜君何尤[33]?'畜君者,好君也[34]。"

【注释】

〔1〕雪宫:齐宣王的离宫,据说在临淄县,在当时的齐国国都东北六里处。离宫是建于国都之外的帝王宫室。

〔2〕非:埋怨。上:指君主。

〔3〕以:因为。

〔4〕齐景公:春秋时齐国的一位国君,姓姜,名杵臼,死后谥为"景"。晏子:姓晏,名婴,当时是齐景公的相。

〔5〕转附:山名,不详所在。清代焦循认为即之罘山。

〔6〕朝儛(wǔ):山名,不详所在。焦循认为即召石山。

〔7〕遵:沿着。南:向南。

〔8〕放(fǎng):至。琅邪(yá):山名,在今山东诸城市东南。

〔9〕修:把事情做好。比:等同,比得上。先王:先代的英明君主。

〔10〕适:前往,到……去。巡狩:天子到外地视察。

〔11〕朝:朝拜。述职:诸侯向天子陈述职守。

〔12〕省(xǐng):考察,检点。

〔13〕敛:对农作物的收获与储藏。给(jǐ):充足。

〔14〕夏:指夏朝。谚:谣谚。

〔15〕豫:游玩。

〔16〕助:得到救助。

〔17〕度:法度,榜样。

〔18〕师:军队。粮:远行的干粮。食:吃。

〔19〕睊(juàn)睊:侧目相视的样子,表示不满。胥:都。谗:说坏话,谗毁。

〔20〕乃:便,就。慝(tè):恶,坏事。

〔21〕方:弃,不遵守。命:指天意。

〔22〕流:江河的流水。

〔23〕流连:无节制地游玩。荒亡:无节制地打猎和宴饮。

〔24〕流:河流。反:返回。

〔25〕从:追逐。厌:满足。

〔26〕说(yuè):悦。

〔27〕戒:准备。

〔28〕舍:住。郊:郊外。

〔29〕兴:指施行惠政。发:指开仓济民。

〔30〕大(tài)师:朝廷的首席乐师。

〔31〕盖:即,就是。《徵(zhǐ)招》:大师所作的乐曲名。

〔32〕《角招》:大师所作的乐曲名。

〔33〕畜:爱。尤:过错。

〔34〕好(hào):爱。

【译文】

　　齐宣王在雪宫中接见孟子。宣王说:"贤仁的人也有享受精美住宅的爱好吗?"孟子回答说:"有的。人们得不到这样的享受就会埋怨自己的君主。得不到这样的享受而埋怨君主,是不对的。当百姓的君主却不和百姓共同享受,也是不对的。爱好百姓的追求的人,百姓也爱好他的追求。操心百姓的忧虑的人,百姓也操心他的忧虑。因为天下人的利益而爱好,因为天下人的利益而操心,做到这样还不能凭仁政统一天下的情况,是从来没有过的。过去齐景公问晏子说:'我想游览转附、朝儛,沿着海边向南,到达琅邪,我要怎样修身才可以和过去的英明君主有一样的游览经历呢?'晏子回答说:'您问得真好啊!天子到诸侯国去叫做巡狩,巡狩的意思就是巡视诸侯履行职守的情况。诸侯朝见天子叫做述职,述职的意思就是陈述自己履行职责的

37

情况。无论巡狩还是述职，都是政事。春天考察百姓耕作的情况而接济生活有困难的人，秋天考察百姓收获的情况而救助生活有困难的人。夏朝的谣谚说：我们的君王不出来游览，我怎么能休息？我们的君王不出来玩乐，我怎么能得到救助？君王的每次游览和玩乐，都给诸侯做出了榜样。现在的情况却不是这样，君主出行时带着军队，军人在路上得吃干粮，饥饿的人吃不上饭，劳累的人不能休息。当官的有怨气，互相拆台，百姓就胡作非为了。不遵行天的意愿而虐待百姓，饮食花费像河水一样流淌。无节制地游览，无节制地享乐，成为诸侯的担忧。顺着河流向下游游玩而不记得返回叫做流，顺着河流向上游游玩而不记得返回叫做连，无休止地打猎取乐叫做荒，无休止地饮酒享乐叫做亡。过去的英明君主没有流连的享乐，也没有荒亡的行为。就看您怎么做了。'景公很高兴，在全国大作准备，自己住到了郊外，便开始实行惠政，开仓济民，救助生活贫困的人。他叫来太师说：'你给我创作反映君臣互相爱护的乐曲。'《徵招》和《角招》就是那时创作的，其中的歌词说：'畜君有什么错？'畜君，是爱护君主的意思。"

【讲解】

孟子主张君主要"乐民之乐"、"忧民之忧"，反对他们一举一动都奢侈排场，加重百姓负担，无节制地游玩享乐。

2.5 齐宣王问曰："人皆谓我毁明堂[1]，毁诸[2]？已乎[3]？"孟子对曰："夫明堂者，王者之堂也[4]。王欲行王政[5]，则勿毁之矣。"王曰："王政可得闻与[6]？"对曰："昔者文王之治岐也[7]，耕者九一[8]，仕者世禄[9]，关市讥而不征[10]，泽梁无禁[11]，罪人不孥[12]。

老而无妻曰鳏,老而无夫曰寡,老而无子曰独,幼而无父曰孤,此四者,天下之穷民而无告者[13]。文王发政施仁,必先斯四者。《诗》云[14]:'哿矣富人[15],哀此茕独[16]。'"王曰:"善哉言乎!"曰:"王如善之[17],则何为不行?"王曰:"寡人有疾[18],寡人好货[19]。"对曰:"昔者公刘好货[20],《诗》云[21]:'乃积乃仓[22],乃裹餱粮[23],于橐于囊[24],思戢用光[25]。弓矢斯张[26],干戈戚扬[27],爰方启行[28]。'故居者有积仓[29],行者有裹囊也[30],然后可以'爰方启行'。王如好货,与百姓同之,于王何有[31]?"王曰:"寡人有疾,寡人好色。"对曰:"昔者太王好色[32],爱厥妃[33]。《诗》云[34]:'古公亶父[35],来朝走马[36]。率西水浒[37],至于岐下。爰及姜女[38],聿来胥宇[39]。'当是时也,内无怨女[40],外无旷夫[41]。王如好色,与百姓同之,于王何有?"

【注释】

〔1〕明堂:国家专门宣明政教的一种建筑。

〔2〕诸:之。

〔3〕已:止,不。

〔4〕王者:靠施行仁政而统一天下的人。

〔5〕王政:靠施行仁政而统一天下的政治措施。

〔6〕与(yú):吗,语气助词。后来写作"欤"。

〔7〕文王:周文王,姓姬,名昌。岐:周文王当时的领地,在今陕西岐山县。

〔8〕九一:指井田制,每井九百亩,八家耕种,每家百亩。其余的一

百亩为公田,八家共耕,其收获归公家。

〔9〕仕:当官。世禄:子孙世袭享有俸禄。

〔10〕关:关卡。市:市场。讥:查问,纠察。征:征收,指征税。

〔11〕泽梁:池塘中的一种捕鱼设施。

〔12〕孥(nú):妻子儿女。这里指将罪人的妻子儿女作为奴隶。

〔13〕穷民:困苦的人。告:求告。

〔14〕《诗》:指《诗经·小雅·正月》。

〔15〕哿(gě):表示赞美,嘉许。

〔16〕茕(qióng)独:孤单无依的人。

〔17〕善:认为……好。

〔18〕疾:毛病。

〔19〕货:财物。

〔20〕公刘:周王室的一位祖先,曾经率领其部族多次迁徙,最后在豳定居下来。

〔21〕《诗》:指《诗经·大雅·公刘》。

〔22〕乃:便,就。积:积储粮食。仓:将粮食收藏在仓中。

〔23〕裹:包裹。餱(hóu)粮:干粮。

〔24〕橐(tuó):装东西的一种袋子,两端有底,旁边开口,可以搭在牲口背上。囊:装东西的一种袋子,两边无底,装上东西后将两边扎起来。

〔25〕思:极,大规模。戢(jí):聚敛。用:财物。光:丰多。

〔26〕斯:结构助词,连接提前的宾语和动词。张:拉开弓。

〔27〕干:盾。戈:平头的戟。戚:斧。扬:钺,大斧。

〔28〕爰:于是。方:才。启行:出发。

〔29〕积仓:指粮食。

〔30〕裹囊:指干粮。

〔31〕王(wàng):用王道统一天下而当君主。何有:有什么,意为很容易。

〔32〕太王:即古公亶父,是周文王的祖父。

〔33〕厥:其,他的。妃:配偶。

〔34〕《诗》:指《诗经·大雅·绵》。
〔35〕古公亶父:即周太王。
〔36〕来朝(zhāo):早晨。走:奔驰。
〔37〕率:沿着。浒:水边。
〔38〕爰:于是。姜女:指太王的妻子,姓姜。
〔39〕聿(yù):都,一起。胥:视察,考察。宇:房屋,指居住的地方。
〔40〕怨女:心怀不满的女子,指到了婚龄而没有配偶的女子。
〔41〕旷夫:到了婚龄而没有配偶的男子。旷:空,指家中没有女人。

【译文】

齐宣王问道:"人们都让我拆掉明堂,是拆还是不拆呢?"孟子回答说:"明堂是推行王道者的殿堂,您要推行王道,就不要拆掉它。"宣王说:"关于王道,能听您给我说说吗?"孟子回答说:"过去周文王治理岐,种地的人按井田制纳税,当官的人享受世袭的俸禄。对关卡和市场督察而不征税,不禁止人们在湖泊中捕捞作业。对犯罪的人,不将他们的妻子儿女作为奴隶。年老而没有妻子的男人叫鳏,年老而没有丈夫的女人叫寡,年老而没有子女的人叫独,年幼而死了父亲的人叫孤。这四种人,是天下困苦者中没处求告的人。文王施行仁政,总是优先照顾这四种人。《诗经》上说:'富人的日子很不错,可怜这些孤单无依的人们。'"宣王说:"你说得很好啊!"孟子说:"您如果觉得我说得对,为什么不实行呢?"宣王说:"我有毛病,我爱财。"孟子说:"过去公刘是爱财的。《诗经》上说:'便将粮食收储在仓库里,便将干粮包裹起来,放在橐中和囊中,大规模敛集而物资丰厚。队伍张弓搭箭,举着各种兵器,于是才出发。'所以定居的人有存粮,外出的人有盘缠,然后才可以有大迁移的壮举。您如果爱财,能和百姓共同享有,对于实行王道,有什么不可以的呢?"宣王说:"我有毛病,我喜欢女人。"孟子说:"过去周太王是喜欢女人的,爱他的妻子。《诗经》上说:'古公亶父,早晨奔驰着快马,

41

沿着西面的河边,到了岐山下,于是和妻子姜氏,一起来考察居住的地方。'在那时,家中没有嫁不出去的女人,外边没有娶不到妻子的男人。您如果喜欢女人,使百姓也能正常地男婚女嫁,对于实行王道,有什么不可以的呢?"

【讲解】

孟子希望统治者以古代的贤明君主为榜样,降低税率,减少税种,不与民争利,不垄断资源。他还主张减轻对罪人的刑罚,一人犯罪,不牵连到妻子儿女。

对于鳏寡孤独等弱势群体,孟子主张要优先予以照顾,保障他们的生存权利。

君主爱财是可以的,但要"与民同之";君主好色是可以的,但要保证百姓能正常地婚嫁。

在物质财富的享有上,孟子要求统治者"与民同之",这是他反复强调和一贯坚持的主张。

2.6 孟子谓齐宣王曰:"王之臣有托其妻子于其友而之楚游者[1],比其反也[2],则冻馁其妻子[3],则如之何[4]?"王曰:"弃之[5]。"曰:"士师不能治士[6],则如之何?"王曰:"已之[7]。"曰:"四境之内不治[8],则如之何?"王顾左右而言他[9]。

【注释】

〔1〕托:托付。妻:妻子。子:儿女。之:到。楚:楚国。游:游玩。

〔2〕比(bǐ):及,至。反:返回。

〔3〕馁(něi):饿。

〔4〕如之何:怎样。

〔5〕弃:弃绝,断绝。

〔6〕士师:法官。治士:疑当作"治狱"。赵岐注:"士师,狱官吏也,不能治狱,当如之何。"治:处理。狱:诉讼案件。

〔7〕已:指撤职。

〔8〕四境之内:指全国。治:管理得好。

〔9〕顾:掉头对着。左右:指近臣或侍从。他:别的事情。

【译文】

孟子对齐宣王说:"你的一位臣将妻子儿女托付给朋友照顾,自己到楚国去游玩,到他回来时,他的朋友却使他的妻子儿女挨冻受饿,该怎么办?"宣王说:"和他绝交。"孟子说:"法官不能处理诉讼案件,该怎么办?"宣王说:"撤他的职。"孟子说:"整个国内治理不好,该怎么办?"宣王掉头和左右的人谈起了别的事情。

【讲解】

"四境之内不治",说明国君无能或失职,当负其责,这使宣王感到尴尬,只好避开了这个话题。

2.7 孟子见齐宣王,曰:"所谓故国者〔1〕,非谓有乔木之谓也〔2〕,有世臣之谓也〔3〕。王无亲臣矣〔4〕,昔者所进〔5〕,今日不知其亡也〔6〕。"王曰:"吾何以识其不才而舍之?"曰:"国君进贤,如不得已〔7〕,将使卑逾尊〔8〕,疏逾戚〔9〕,可不慎与?左右皆曰贤,未可也;诸大夫皆曰贤,未可也;国人皆曰贤,然后察之;见贤焉,然后用之。左右皆曰不可,勿听;诸大夫皆曰不可,勿听;国人皆曰不可,然后察之;见不可焉,然后去之。左右皆曰可杀,勿听;诸大夫皆曰可杀,勿听;国人皆曰可杀,然后察之,见可杀焉,然后杀之。故曰国人杀之也。如此,然后可以为民父母。"

【注释】
〔1〕故国:有优秀传统而历史悠久的国家。
〔2〕谓有:惟有,只有。乔木:高大的树。之:结构助词,连接提前的宾语和动词。
〔3〕世臣:有良好传统的世袭之臣。
〔4〕亲臣:可以亲信的臣。
〔5〕进:提拔。
〔6〕亡:妄,虚伪不实。
〔7〕不得已:不能不这样。
〔8〕卑:地位低的。逾:超过。尊:地位尊贵的。
〔9〕疏:关系疏远的。戚:关系亲近的。

【译文】
　　孟子见到了齐宣王,对他说:"通常所说的古国,并不是说只有高大的树,而是说有世袭的良臣。您身边没有可亲信的臣了,过去所提拔的人,到今天还看不出他们的虚伪。"宣王说:"我怎样才能发现他们没有才能而不用他们呢?"孟子说:"国君提拔贤人,如果不得不做,将要使地位低的超过地位高的,使关系疏远的超过关系亲近的,能不慎重吗?左右的人都说某个人好,不能轻信;大夫们也都说这个人好,还是不可轻信;全国的人都说他好,然后考察他,发现他真的好,这才重用他。左右的人都说某个人不好,不要听信;大夫们也都说这个人不好,还是不要听信;全国的人都说他不好,然后考察他,发现他真的不好,这才罢免他。左右的人都说某个人该杀,不要听信;大夫们也都说这个人该杀,还是不要听信;全国的人都说他该杀,然后考察他,发现他真的该杀,这才杀他。所以说这是全国的人杀了他。像这样,才能够当好百姓的父母。"

【讲解】

所谓"世臣",指有世袭资格的臣,有世袭资格的贵族之家称为"世家"。世袭制为现代社会所诟病否定,而孟子则认可世臣,这是需要进行辨析的。在古代,培养一个成熟的高级政治人才,是需要很大的代价的,而"世家"则具备了这样的成长土壤。

首先,世家的始封者往往德才兼备,对国家有过巨大的功勋,是其家族的荣耀。在光宗耀祖、不辱祖先的传统"孝"的原则下,子孙往往能自律自励,从而形成良好的家风。这样的氛围有益于成就优秀的人才。

其次,君主是世袭的,世家的地位是世袭的,这就历史地形成一种巩固的政治联盟和情感纽带,自然而然地导致了世家对其君主的忠诚,勇于承担责任。由于对这种联盟的历史负责,会导致世臣更对其时事负责。

再次,由于世代的财富积累,世家都有优越的物质生活条件,保证了子弟能受到高规格的培养教育。又由于是世袭的贵族之家,有利于子弟养成真正的绅士素质,这些都是高规格的政治人才的必备因素。

在这种背景下,世臣往往比一般的新进之臣更具可靠性,所以受到孟子的认可。在《孟子》上文中(2.5),孟子肯定过周文王时的"仕者世禄";在《孟子》下文中(3.1),他也肯定过商代武丁时的"故家遗俗,流风善政";这都说明在当时的历史环境下,"世臣"的积极意义是不可忽视的。

对于官员的进退奖惩,孟子特别提出不可轻信左右近臣和朝廷大夫们的看法,而是要倾听"国人"的意见,并且要经过"察之"的考核程序,然后再做决定。这一主张具有现代民主思想的因素。

儒家将君主与官吏定位为"民之父母",要求他们像父母爱子女一样爱民,像父母对子女负责一样对民负责,利用这一尺度对君主和官吏进行要求和评价,这实际上是对君主和官吏的一种理想的规制,也有利于最大限度地为民众主张权益。

2.8 齐宣王问曰:"汤放桀[1],武王伐纣[2],有诸[3]?"孟子对曰:"于传有之[4]。"曰:"臣弑其君[5],可乎?"曰:"贼仁者谓之贼[6],贼义者谓之残。残贼之人谓之一夫[7]。闻诛一夫纣矣,未闻弑君也。"

【注释】

〔1〕汤:商代的开国君主,最初是夏朝的诸侯。放:使……逃奔。桀:夏朝的最后一位君主,很暴虐,汤率领诸侯伐桀,桀失败后逃到南巢,最终死在那里。

〔2〕武王:周武王,姓姬,名发,最初是商朝的诸侯。纣:商朝的最后一位君主,暴虐无道,周武王率领诸侯伐纣,纣失败后自杀,周武王将他斩首示众。

〔3〕诸:之。

〔4〕传(zhuàn):指史书。

〔5〕弑:臣民杀死君主,子女杀死父母。

〔6〕贼:危害。

〔7〕一夫:独夫,指没有人拥护的人。

【译文】

齐宣王问道:"商汤驱逐了夏桀,周武王讨伐商纣,有这事吗?"孟子回答说:"在史书上有这样的记载。"宣王说:"臣杀害自己的君主,可以吗?"孟子说:"危害仁德的人叫做贼,危害道义的人叫做残,具有残贼行为的人叫做独夫。听说过武王诛杀了独夫商纣,没有听说过武王杀害了君主。"

46

【讲解】

儒家以"仁义"作为衡量人和事的唯一尺度,主张在仁义面前人人平等,连天子也不能例外。桀、纣无道,汤、武征伐,被视为正义的行为,是"诛"而不是"弑",是非标准十分清楚。对于推翻反动政权的起义战争,孟子予以了充分的肯定。

2.9 孟子谓齐宣王曰:"为巨室,则必使工师求大木[1]。工师得大木,则王喜,以为能胜其任也。匠人斫而小之[2],则王怒,以为不胜其任矣。夫人幼而学之,壮而欲行之,王曰:'姑舍女所学而从我[3]。'则何如[4]?今有璞玉于此[5],虽万镒[6],必使玉人彫琢之[7]。至于治国家,则曰'姑舍女所学而从我',则何以异于教玉人彫琢玉哉?"

【注释】

〔1〕工师:官名,主管营建工程和管理各种工匠。求:寻找。

〔2〕匠人:木工。斫(zhuó):砍削。小:使……变小。

〔3〕姑:请。舍:放弃。女(rǔ):你。从:听从。

〔4〕何如:怎么样。

〔5〕璞玉:未经雕琢加工的玉。

〔6〕镒(yì):重量单位,合二十两,一说为二十四两。用来称量黄金、青铜等钱币。

〔7〕玉人:治玉的工匠。彫(diāo)琢:雕刻琢磨。

【译文】

孟子对齐宣王说:"要建造高大的宫室,就一定会让工师去寻找大的木料。工师找到了大木料,您就会高兴,认为他能胜任工作。如果木匠把大木料砍小了,您就会生气,认为他不能胜任

47

工作。士人从小学习管理政事,成年以后要付诸实践,您对他说:'请放弃你所学到的东西而按我的要求办。'怎么样?假如这里有块玉料,虽然它价值连城,也一定会让玉匠去加工它。在治理国家方面,却说'请放弃你所学到的东西而按我的要求办',这和外行教玉匠加工玉器有什么不同呢?"

【讲解】

士人从小学习从政的道理和方法,所学内容自然都是中规中矩的"先王之道",不会是歪门邪道。当他们将学到的东西付诸实践时,很难使那些不愿意守规矩的君主满意,这些君主往往会要求下属不按规矩办事,而按照他们的意愿办事。这样一来,事情就都办得走了样了。表面上看是外行在指导内行,实际上是要牺牲公理而满足君主的私欲。

2.10 齐人伐燕,胜之。宣王问曰:"或谓寡人勿取[1],或谓寡人取之。以万乘之国伐万乘之国[2],五旬而举之[3],人力不至于此。不取必有天殃[4],取之何如?"孟子对曰:"取之而燕民悦,则取之。古之人有行之者,武王是也[5]。取之而燕民不悦,则勿取,古之人有行之者,文王是也[6]。以万乘之国伐万乘之国,箪食壶浆以迎王师[7],岂有它哉[8]?避水火也。如水益深,如火益热,亦运而已矣[9]。"

【注释】

〔1〕或:有人。取:占有。

〔2〕万乘之国:拥有一万辆兵车的国家,算大的国家。

〔3〕旬:十天为一旬。举:夺取。

〔4〕天殃:天降下的灾祸。

〔5〕武王:指周武王。周武王打败纣,受到商朝民众的欢迎,他就取代纣而当了天子。

〔6〕文王:指周文王。周文王在自己的领地实行仁政,很得人心,但他担心商朝的民众不接受自己,所以没有出兵伐纣。

〔7〕箪(dān)食壶浆:用箪装着饭,用壶盛着浆。箪:装饭的竹器。

〔8〕它:别的原因。

〔9〕运:转。指转身避开。而已矣:语气助词,表示肯定语气。

【译文】

齐国进攻燕国,取得了胜利。宣王问道:"有人劝我不要兼并燕国,有人劝我兼并它。以一个大国进攻另一个大国,五十天就占领了,光靠人的力量不能取得这样的胜利。如果不兼并它,天必定会降下灾祸。兼并它,怎么样?"孟子回答说:"如果兼并了它而燕国的百姓高兴,就兼并它。古代的人有这样做的,周武王便是例子。如果兼并了它而燕国的百姓不高兴,就不要兼并它。古代的人有这样做的,周文王便是例子。以一个大国进攻另一个大国,被进攻的燕国的百姓却用竹筐装着饭食、用壶盛着浆水来欢迎您的军队,哪有别的原因呢?不过是想脱离水深火热的处境。如果您使他们觉得水更深了,火更热了,他们只能是掉头离去而已。"

【讲解】

齐国打败了燕国,齐宣王将原因归结为天助,而孟子则认为是燕国的统治者失去了民心。暴政使百姓过得很苦,他们就会拥护较为宽仁的其他统治者。《尚书·蔡仲之命》:"皇天无亲,惟德是辅。民心无常,惟惠之怀。"讲的就是这个道理。儒家认为,天意与民心是一回事,民心决定着天意,因而民心也能决定政权的命运。

古人有"天与不取,反受其咎"的说法,意思是"天赐给利益而不接受,就会受到天的惩罚"。

2.11 齐人伐燕,取之[1],诸侯将谋救燕。宣王曰:"诸侯多谋伐寡人者,何以待之?"孟子对曰:"臣闻七十里为政于天下者[2],汤是也。未闻以千里畏人者也[3]。《书》曰[4]:'汤一征[5],自葛始[6]。'天下信之,东面而征西夷怨[7],南面而征北狄怨[8],曰:'奚为后我[9]?'民望之,若大旱之望云霓也[10]。归市者不止[11],耕者不变。诛其君而吊其民[12],若时雨降[13],民大悦。《书》曰[14]:'徯我后[15],后来其苏[16]。'今燕虐其民,王往而征之,民以为将拯己于水火之中也[17],箪食壶浆以迎王师[18]。若杀其兄父,系累其子弟[19],毁其宗庙,迁其重器[20],如之何其可也[21]?天下固畏齐之强也,今又倍地而不行仁政[22],是动天下之兵也[23]。王速出令,反其旄倪[24],止其重器,谋于燕众,置君而后去之[25],则犹可及止也[26]。"

【注释】

〔1〕取:占有,兼并。

〔2〕七十里:指方圆七十里。为政:实行政治管理。商汤最初是夏朝的诸侯,据说他的领地只有方圆七十里,靠推行仁政,后来推翻了夏朝,当了天子。

〔3〕以:凭着。千里:方圆千里。齐国当时的领土方圆千里。

〔4〕《书》:指《尚书》,下文所引用的文句可能出自《尚书·汤征》,这篇文献已经失传。

〔5〕征:征伐。

〔6〕葛:夏朝的一个诸侯国。参阅上文(2.3章)的注〔3〕。

〔7〕东面:向着东方。夷:指距离首都四千里的国家。

〔8〕狄:据前人考证,原本当作"夷"。

〔9〕奚:何。后:把……事情放在后面做。

〔10〕霓:虹。过去人们认为虹是将要下雨的征兆。

〔11〕市:市场。

〔12〕吊:对不幸者施以救助安慰。

〔13〕时雨:及时的雨水。

〔14〕《书》:指《尚书》,下文所引用的文句可能也出自《尚书·汤征》。

〔15〕徯(xī):等待。后:君主。

〔16〕其:将,会。苏:变得好起来。

〔17〕拯:救。

〔18〕箪(dān)食壶浆:用箪装着饭,用壶盛着浆。箪:装饭的竹器。

〔19〕系累:捆绑。

〔20〕迁:指从燕国运往齐国。重器:贵重的宝物。

〔21〕如之何:怎么。其:可以。可:认可。

〔22〕倍地:指兼并燕国后,齐国的领地成倍扩大。

〔23〕动:驱动,引发……行动。

〔24〕反:返,放还。旄:耄,指老年人。倪:小孩。

〔25〕置:立。去:离开。

〔26〕犹:尚,还。及:来得及。止:止息,使……中止。

【译文】

　　齐国进攻燕国,将燕国兼并了,其它诸侯国打算救燕国。齐宣王说:"许多诸侯都打算攻打我,怎么对付呢?"孟子回答说:"我听说有凭着方圆七十里的领地而最终能统治天下的人,商汤就是这样的例子。没有听说凭着方圆千里的领地而害怕别人的。《尚书》上说:'汤第一次征伐,从葛国开始。'天下人信任他,他向东征伐,西方的人就埋怨;向南征伐,北方的人就埋怨;都说:'为什么先救他们后救我们?'百姓盼望他来征伐,就像大

51

旱时盼望出现云和虹一样。买卖东西的人照常到市场上去,农民不停止耕作。汤诛杀了别国的暴君而救助那里的百姓,就像天旱降下了及时雨,百姓十分高兴。《尚书》上说:'等待我们的新君主,他来了就好了。'现在燕国残害自己的百姓,您前去征伐,百姓认为您将要把他们从水深火热中救出来,所以用竹筐装着饭食、用壶盛着浆水来欢迎您的军队。如果您杀死了他们的父亲和哥哥,掳掠他们的儿子和弟弟,毁掉他们的宗庙,夺取了他们的国宝,他们怎么能认可您的行为呢?其他国家本来就害怕齐国的强大,现在齐国的领土又扩大了一倍而不实行仁政,这就会招致其他国家前来攻打。您应当赶快发布命令,放还掳来的燕国老小,不要再拿人家的宝物,征求燕国人的意见,为他们立一个新的君主,然后从燕国撤兵,这样做还来得及使各国放弃攻打齐国的打算。"

【讲解】

孟子支持以除暴安良为目的的正义战争,商汤和周武王是其榜样;反对以掠夺兼并为目的的侵略战争,所以劝齐宣王悬崖勒马,改正做法。

2.12 邹与鲁哄[1],穆公问曰[2]:"吾有司死者三十三人[3],而民莫之死也[4]。诛之则不可胜诛[5],不诛则疾视其长上之死而不救[6],如之何则可也[7]?"孟子对曰:"凶年饥岁[8],君之民老弱转乎沟壑[9],壮者散而之四方者[10],几千人矣[11]。而君之仓廪实[12],府库充[13],有司莫以告[14],是上慢而残下也[15]。曾子曰[16]:'戒之戒之[17],出乎尔者[18],反乎尔者也[19]。'夫民今而后得反之也,君无尤焉[20]。君行仁政,斯民亲其上〔21〕,死其长矣。"

【注释】

〔1〕邹:国名,在山东邹县东南。哄(hòng):打仗。
〔2〕穆公:邹国的一位国君,死后谥为"穆"。
〔3〕有司:有关官员。死:主动为……而死。
〔4〕莫:没有人。
〔5〕胜(shēng):尽,全部。
〔6〕疾:恨,嫌。长上:上级。
〔7〕如之何:怎样。
〔8〕凶:灾荒。饥:粮食没有收成。
〔9〕转:抛弃,指死后无力埋葬,尸体被弃于沟壑中。
〔10〕之:到,往。
〔11〕几(jī):近。
〔12〕仓廪:粮食仓库。
〔13〕府库:财物仓库。
〔14〕以:把。
〔15〕慢:骄横。残:害。
〔16〕曾子:指曾参,是孔子的学生。
〔17〕戒:谨慎,提防。
〔18〕尔:你。
〔19〕反:返。
〔20〕尤:责怪。
〔21〕斯:则。亲:爱。

【译文】

邹国和鲁国打仗,邹穆公问道:"我率兵的官员作战牺牲的有三十三个人,而百姓没有人肯为救他们而战死的。要诛杀他们,又不能都处死;不诛杀他们,又恨他们看着自己的上级战死而不援救,怎么办才对呢?"孟子回答说:"灾荒年景,您的百姓

53

年老体弱的饿死而尸体被抛弃到沟壑中,壮年人四散外出而逃荒,接近一千人。而您的粮仓装满了粮食,库房装满了财物,官员们没有人把这种情况向您报告,这是官员骄横而残害民众。曾子说:'要谨惕,要谨惕,你对人的态度,别人也会同样反过来对待你。'百姓现在正好能用官员对他们的态度反过来对待官员了,您不必责怪他们。您实行仁政,百姓就会爱他们的上级,肯为上级而牺牲了。"

【讲解】

官员像爱护子女一样爱护百姓,百姓就会像爱护父母一样爱护官员。官员视百姓的性命如草芥,百姓就视官员如仇敌。贪财聚敛,不顾百姓的死活,自然会导致百姓离心离德。

2.13 滕文公问曰[1]:"滕,小国也,间于齐、楚[2],事齐乎[3]?事楚乎?"孟子对曰:"是谋非吾所能及也[4]。无已[5],则有一焉,凿斯池也[6],筑斯城也[7],与民守之,效死而民弗去[8],则是可为也。"

【注释】

〔1〕滕文公:滕国的一位国君,死后谥为"文"。滕国在山东滕县西南。

〔2〕间(jiàn):处在……中间。

〔3〕事:事奉,听命于。

〔4〕及:涉及。

〔5〕无已:不行。

〔6〕斯:这。池:护城河。

〔7〕城:城墙。

〔8〕效:献出。去:离开。

【译文】

滕文公问道:"滕国是一个小国,夹在齐国和楚国的中间,是依附齐国呢,还是依附楚国呢?"孟子回答说:"这类的打算不是我能多嘴的。不行的话,只有一个做法,挖深护城河,筑高城墙,和百姓一起守卫,百姓宁肯献出生命也不离去,这才是应该做的。"

【讲解】

弱小的国家采取依附大国的政策,是一种没有骨气的表现,会成为别人的附庸。孟子主张不屈服于压力,誓死捍卫国家的独立主权。

2.14 滕文公问曰:"齐人将筑薛[1],吾甚恐,如之何则可[2]?"孟子对曰:"昔者大王居邠[3],狄人侵之[4],去,之岐山之下居焉[5]。非择而取之,不得已也。苟为善[6],后世子孙必有王者矣。君子创业垂统[7],为可继也。若夫成功,则天也。君如彼何哉[8]?强为善而已矣[9]。"

【注释】

〔1〕筑:指筑城墙。薛:故城在山东滕县东南四十四里。

〔2〕如之何:怎样。

〔3〕大(tài)王:即周太王。邠(bīn):即豳,在陕西旬邑县西。详细情况参阅上文(2.3)的注释(〔5〕)。

〔4〕狄:即獯(xūn)鬻(yù)。

〔5〕之:到。

〔6〕苟:如果。

〔7〕垂:流传。统:指世代相传的基业。

55

〔8〕如：对待。彼：他。何：怎么样。

〔9〕强(qiǎng)：努力。而已矣：语气助词，表示"只有……"的语气。

【译文】

　滕文公问道："齐国人将要修筑薛的城墙，我很害怕，该怎么办呢？"孟子回答说："过去周太王的领地在邠，狄人侵犯他，他离开了邠，迁到岐山下居住。不是他主动选择而确定了住所，是因为不能不那样做。只要做善良的事，后代的子孙一定会有成为仁义的帝王的。君子开创了基业，传给子孙，就是为了能世代继承。至于能否成功，就在天命了。您能把齐国怎么样呢？只能是努力行善了。"

【讲解】

　在那个弱肉强食的时代，弱国对于强国的侵略，确实没有什么好的办法。孟子只能劝人以周太王为榜样，努力行善，对得起自己的良心，给子孙留下好的道德传统，或许将来能够有好报。

　儒家认为天是正义的化身，也是正义的裁判，做坏事是肯定不可以的。但现实社会中好人却往往不见好报，坏人往往也不见受到惩罚，这就不能不使人时时产生对天的怀疑，于是有了天命神秘而不可知的想法。孟子讲"若夫成功，则天也"，就是认为天命神秘，不能善恶立报，使人显得很无奈。

2.15 滕文公问曰："滕，小国也，竭力以事大国〔1〕，则不得免焉〔2〕，如之何则可〔3〕？"孟子对曰："昔者大王居邠〔4〕，狄人侵之。事之以皮币〔5〕，不得免焉。事之以犬马，不得免焉。事之以珠玉，不得免焉。乃属其耆老而告之曰〔6〕：'狄人之所欲者，吾土地也。吾闻之也，君子不以其所以养人者害人〔7〕。二三子何患乎无君〔8〕？我将去之〔9〕。'去邠，逾梁山〔10〕，邑于岐山之下

56

居焉[11]。邠人曰:'仁人也,不可失也[12]。'从之者如归市[13]。或曰[14]:'世守也[15],非身之所能为也[16]。效死勿去[17]。'君请择于斯二者[18]。"

【注释】

〔1〕事:事奉,听命于。

〔2〕则:却。免:避免危险。

〔3〕如之何:怎样。

〔4〕大(tài)王:即周太王。邠(bīn):即豳,在陕西旬邑县西。

〔5〕皮:指贵重的皮革。币:指丝织品。

〔6〕属(zhǔ):汇合,召集。耆(qí)老:老年人,尊长。

〔7〕所以:所用来。

〔8〕二三子:诸位。患:担心。

〔9〕去:离开。

〔10〕逾:越过。梁山:在今山西乾县西北。

〔11〕邑:建筑城邑。

〔12〕失:失去,错过。

〔13〕从:跟从。归:趋向。市:市场。

〔14〕或:有人。

〔15〕世:世代。守:保有。

〔16〕身:自身,自己。为:处理。

〔17〕效:献出。

〔18〕斯:这。

【译文】

滕文公问道:"滕是个小国,竭力地事奉相邻的大国,却不能避免被侵略和兼并的危险,怎么办才好呢?"孟子回答说:"过去周太王在邠,狄人侵略他,他送给狄人裘皮和丝织品,不能不被侵略;送给狄人猎狗和骏马,不能不被侵略;送给狄人珠宝玉

57

器,还是不能不被侵略。他便将地方上的长老们召集来而对他们说:'狄人所要的是我的土地。我听说,君子不会因为保护用来养活人的东西而害人。各位哪用担心没有君主?我将离开这里。'他离开了邠,翻过梁山,在岐山下建了城邑而住下来。邠地的人们说:'他是位仁义的人,不可以失去。'跟随他来到岐山下的人就像奔往市场一样踊跃。有人说:'国家是世代保有的基业,不是子孙自己能随便处置的,即使献出生命也不能离开。'请您从这两条路中选择一条。"

【讲解】

与惹不起的强盗为邻,在忍辱负重、委曲求全无效的情况下,孟子主张或者学习周太王,为了不牵累百姓陷入战争而逃走,当一个仁义的君子;或者拼死捍卫祖宗的基业,宁可站着死,也不跪着生,当一个悲壮的烈士。

2.16 鲁平公将出[1],嬖人臧仓者请曰[2]:"他日君出[3],则必命有司所之[4]。今乘舆已驾矣[5],有司未知所之,敢请。"公曰:"将见孟子。"曰:"何哉,君所为轻身以先于匹夫者[6]?以为贤乎[7]?礼义由贤者出,而孟子之后丧逾前丧[8]。君无见焉。"公曰:"诺[9]。"乐正子入见[10],曰:"君奚为不见孟轲也[11]?"曰:"或告寡人曰孟子之后丧逾前丧[12],是以不往见也。"曰:"何哉,君所谓逾者? 前以士[13],后以大夫[14];前以三鼎,而后以五鼎与[15]?"曰:"否,谓棺椁衣衾之美也[16]。"曰:"非所谓逾也,贫富不同也。"

乐正子见孟子,曰:"克告于君,君为来见也[17]。嬖人有臧仓者沮君[18],君是以不果来也[19]。"曰:"行或使之,止或尼之[20],行止非人所能也。吾之不遇鲁侯[21],天也,臧氏之子焉能使予不遇哉?"

【注释】

〔1〕鲁平公:名旅,当时鲁国的国君,死后谥为"平"。

〔2〕嬖(bì)人:受到宠幸的地位不高的人。臧仓:鲁平公的侍臣。请:向地位高的人询问。

〔3〕他日:指过去。

〔4〕命:告诉。有司:负责专门事务的部门或官员。之:往,到。

〔5〕乘(shèng)舆:天子与诸侯的车辆。

〔6〕轻身:屈尊,降低自己的身份。匹夫:普通百姓。

〔7〕以为:认为。

〔8〕后丧(sāng):指其母亲的丧事。逾:超过,指丧事的花费多了。前丧:指其父亲的丧事。

〔9〕诺:好的,表示同意。

〔10〕乐正子:姓乐正,名克,孟子的一个学生。

〔11〕奚:何。孟轲(kē):孟子名轲。

〔12〕或:有人。

〔13〕以:用。士:指士人的规格。

〔14〕大夫:指大夫的规格。

〔15〕五鼎:士人为父母办丧事,其供品用三只鼎盛放,大夫为父母办丧事,其供品用五只鼎盛放。与(yú):吗,后来写作"欤"。

〔16〕谓:说的是……,指……。椁:套在棺材外的更大的棺材。衾(qīn):覆盖尸体的单被子。

〔17〕为:将。

〔18〕沮:阻止。

〔19〕果:能,行为得以实现。

〔20〕尼(nì):阻止。

〔21〕遇:遭际,指受到赏识重用。鲁侯:鲁国国君是侯爵。

【译文】

鲁平公将出门,他宠幸的一个侍臣臧仓问他说:"过去您出门,总是告诉有关官员要去的地方。现在您的车已经驾好了,有关的官员还不知道您要到哪里去,我大胆地问一下。"平公说:"我将去见孟子。"臧仓说:"您屈尊而主动去见一个平民的道理是什么呢?认为他贤明吗?礼义是贤明的人主张的,而孟子违反礼义,为后死的母亲办丧事的规格超过了为先死的父亲办丧事的规格。您不要去见他。"平公说:"好的。"乐正子进宫去见平公,对他说:"您为什么不去见孟轲呢?"平公说:"有人告我说孟子为后死的母亲办丧事的规格超过了为先死的父亲办丧事的规格,因此不去见他了。"乐正子说:"您所说的超规格是什么呢?是为父亲办丧事时用士人的规格、为母亲办丧事时用大夫的规格?是为父亲办丧事时用三只鼎、为母亲办丧事时用五只鼎吗?"平公说:"不是。是指他给母亲用的棺椁衣被比给父亲用的好。"乐正子说:"那就不属于超过规格,而是因为以前穷后来富了。"

乐正子去见孟子,对他说:"我将您推荐给国君,国君将要来见您。国君宠幸的侍臣有个叫臧仓的阻止他,因此他不来了。"孟子说:"国君来,是有人促使他;国君不来,是有人阻止他。其实他来与不来,不是别人能左右得了的。我得不到鲁侯的赏识重用,这是天意,臧家的那小子哪能使我不被赏识重用呢?"

【讲解】

乐正子向鲁平公推荐孟子,平公便要主动来见,说明他听信了乐正子的话,对孟子非常赏识。当臧仓谗毁孟子时,平公又听信了他的话,不肯见孟子了。这说明平公是一个没有主见而容易被人用花言巧语左右的人。

士人在办丧事时使用了大夫的规格,这叫僭越,是违反礼制的,自然也违背了礼义。孟子给母亲使用的棺椁衣被比父亲的好些,这只是因为他当时的家境比原先好点了,但在大的方面并没有超越礼制,不能算品行缺陷。臧仓以此来攻击孟子,平公不能辨别是非,说明他很平庸,没有知识。

就算孟子为母亲办丧事的做法有可指责者,也算不上是什么严重的问题,不影响对他这个政治人才的整体评判,而平公竟然不再见他,说明平公心胸狭窄,对人要求苛刻,不容有丝毫不如意处。

乐正子已经为孟子"后丧逾前丧"的问题作出了分析解释,正常情况下平公应该改变主意,再见孟子,而他却没有这样做,说明他性格偏狭执拗,将错就错,不肯改正。

像鲁平公这样的君主,是很难相处的,孟子无可奈何,只好将自己的"不遇"归结到天意上了。确实,如果君主英明,臧仓之流的小人伎俩就不起作用了。

公孙丑上

3.1 公孙丑问曰[1]:"夫子当路于齐[2],管仲、晏子之功可复许乎[3]?"孟子曰:"子诚齐人也,知管仲、晏子而已矣。或问乎曾西曰[4]:'吾子与子路孰贤[5]?'曾西蹵然曰[6]:'吾先子之所畏也[7]。'曰:'然则吾子与管仲孰贤?'曾西艴然不悦[8],曰:'尔何曾比予于管仲[9]?管仲得君如彼其专也[10],行乎国政如彼其久也[11],功烈如彼其卑也[12],尔何曾比予于是?'"曰:"管仲,曾西之所不为也,而子为我愿之乎[13]?"曰:"管仲以其君霸[14],晏子以其君显[15]。管仲、晏子犹不足为与[16]?"曰:"以齐王[17],由反手也[18]。"曰:"若是,则弟子之惑滋甚[19]。且以文王之德[20],百年而后崩,犹未洽于天下[21]。武王[22]、周公继之[23],然后大行。今言王若易[24],然则文王不足法与[25]?"曰:"文王何可当也[26]?由汤至于武丁[27],贤圣之君六七作[28],天下归殷久矣,久则难变也。武丁朝诸侯[29],有天下[30],犹运之掌也[31]。纣之去武丁未久也[32],其故家遗俗[33]、流风善政[34],犹有存者。又有微子[35]、微仲[36]、王子比干[37]、箕子[38]、胶鬲[39],皆贤人也,相与辅相之[40],故久而后失之也。尺地莫非其有也^[41],一民莫非其臣也,然而文王犹方百里起^[42],是以难也。齐人有言曰:'虽有智慧,不如乘势^[43]。虽有镃基^[44],不如待时^[45]。'今时则易然也^[46]。夏后^[47]、殷、周之盛^[48],地未有过千里者也,而齐有其地矣。鸡鸣狗吠相闻而达乎四境,而齐有其民矣。地不改辟矣^[49],民不改聚矣,行仁政而王,莫之能御也^[50]。且王者之不作,未有疏于此时者也^[51];民之憔悴于虐政^[52],未有甚于此时者也。饥者易为食^[53],渴者易为饮^[54]。孔子曰:'德之流行,速于置邮而传命^[55]。'当今之时,万乘之国行仁政^[56],民之悦之,犹解倒悬也^[57]。故事半古之人,功必倍之,惟此时为然。"

【注释】

〔1〕公孙丑:孟子的一名学生。

〔2〕夫子:对孟子的敬称。当路:当道,指身居要职,执政。

〔3〕管仲:春秋时人,担任齐桓公的相,将齐国治理成了一个强国,使齐桓公成了诸侯的霸主。晏子:晏婴,春秋时人,担任齐景公的相,使景公成了当时有名的君主。功:功业。许:兴起,达到。

〔4〕或:有人。乎:于。曾西:名申,字子西,是孔子的学生曾参的儿子。

〔5〕吾子:对人的亲切的称呼。子路:姓仲,名由,字子路,孔子的一名学生。孰:谁。

〔6〕蹵(cù)然:(因对子路敬畏而)惶恐不安的样子。

〔7〕先子:称已去世的父亲,指曾参。畏:敬畏。

〔8〕艴(bó)然:勃然,十分生气的样子。

〔9〕尔:你。何曾:怎么竟然。曾:竟。

〔10〕得君:得到国君的赏识重用。其:地。专:专一,指国君除了他再不依靠别人。

〔11〕行:执行,主持。

〔12〕功烈:功业。卑:低,小。

〔13〕为:认为。

〔14〕以:使。霸:成为诸侯盟主。

〔15〕显:显名,成为有名的诸侯。

〔16〕犹:尚且,还。与(yú):吗。

〔17〕王(wàng):凭推行仁政而统一天下。

〔18〕由:犹,如同。反手:翻动手掌。

〔19〕疑惑。滋:更加。

〔20〕且:作用相当于"夫"。文王:周文王。

〔21〕洽:(德惠)全部地滋润。

〔22〕武王:周武王。

〔23〕周公:周武王的弟弟,周朝的开国功臣,周朝制度的制定者。

〔24〕若:这样。

〔25〕然则:这样的话,那么。法:效法。

〔26〕当:相当,相比。

〔27〕汤:商代的开国君主。武丁:商朝的第二十二位君主。

〔28〕贤圣之君:指汤、太甲、太戊、祖乙、盘庚、武丁等。作:产生,出现。

〔29〕朝:使……来朝拜。

〔30〕有:治理。

〔31〕运:转动。

〔32〕纣:商代的最后一个君主,以暴虐荒淫著称。去:距离。

〔33〕故家:世袭的大臣之家。遗俗:指先代遗留下来的好风俗。

〔34〕流风:美好的教化。流:美。风:教化。

〔35〕微子:名启,是纣的哥哥。

〔36〕微仲:名衍,是微子的弟弟,一说是微子的儿子。

〔37〕王子:帝王的儿子可称为王子。比干:纣的叔父,他多次劝阻纣的行为,被纣剖心杀死。

〔38〕箕子:纣的叔父,后来被纣囚禁。

〔39〕胶鬲(gé):纣的臣。

〔40〕相与:共同。辅相:辅佐。

〔41〕莫非:都是。有:域,领土。

〔42〕犹:由,从。方:方圆。起:起家,发展起来。

〔43〕乘:利用。势:形势。

〔44〕镃(zī)基:锄。

〔45〕时:季节。

〔46〕然:这样,指推行王道。

〔47〕夏后:夏代的君主,这里即指夏代。

〔48〕盛:指兴盛起来的时候。

〔49〕改:再。辟:开辟。

〔50〕莫:没有人。御:阻挡。

〔51〕疏:间隔时间长。

〔52〕憔悴:困苦,折磨。虐政:暴虐的政治。

〔53〕为:被。食(sì):给……东西吃。

〔54〕饮(yìn):给……汤水喝。

〔55〕置邮:驿站。"置"与"邮"同义,都是驿站名称。命:政令。

〔56〕万乘之国:拥有一万辆兵车的国家,指大国。

〔57〕倒悬:把人倒吊起来。

【译文】

公孙丑问道:"先生如果在齐国执政,能再建立起管仲、晏子那样的功业吗?"孟子说:"你确实是个齐国人,就知道个管仲和晏子。有人问曾西说:'您和子路谁强?'曾西局促不安地说:'子路是连我父亲都敬畏的人。'那人又说:'这样的话,那么您和管仲谁强?'曾西顿时变了脸,不高兴地说:'你怎么竟然拿我和管仲比?管仲那样独一无二地得到君主的重用,那样长时间地把持齐国的政治,他建树的功业却那样地小,你怎么竟然拿我和他相比?'管仲那样的人是连曾西都不愿意当的人,你却认为我愿意当他那样的人吗?"公孙丑说:"管仲使自己的君主成了诸侯的盟主,晏子使自己的君主名声显耀,管仲和晏子那样的人还不值得当吗?"孟子说:"使齐国用王道来统一天下,易如反掌。"公孙丑说:"如果这样说,我的疑惑就更大了。凭着周文王的美德,活了一百年才逝世,王道还没有能普遍地惠及天下。周武王和周公继承了他的做法,这才使王道普遍地推行开来。现在您说实现王道如此容易,这样的话,那么文王不值得效法吗?"孟子说:"怎么能与文王相比呢?从汤到武丁,英明的君主出现了六七位,天下服从商朝很久了,时间久了就难改变了。武丁使诸侯朝拜,治理天下,就像在手掌中转动一件小东西一样。纣距离武丁的时间不长,武丁时期的世袭大臣和遗留下来的优良风俗、美好的教化和正确的政令,有的还存在。又有微子、微仲、王子比干、箕子、胶鬲,都是贤明的人,共同辅佐纣,所以经历了很长时间才失去了天下。任何一尺土地都是纣的辖区,任何一个百姓都是纣的奴仆,在这种情况下,文王从方圆百里的领地上起步,因此难以很快取胜。齐国人有句话说:'虽然有智慧,不如利用形势;虽然有锄头,不如等待季节。'现在就容易推行王道了。夏朝、商朝、周朝当初起家时,领地没有超过一千里的,而齐国现在有这么大的地盘了。鸡鸣狗叫的声音邻村互相能听到,密集居住的人口布满国内,齐国已经有这么多的民众了。土地不需要再扩大了,百姓不需要再增加了,推行仁政而实现天下统一,没有人能阻挡了。况且实行王道的人不出现,没有比现在间隔的时间更长的;百姓被暴政折磨,没有比现在更厉害的。饥饿的人容易被供食,口渴的人容易被供水。孔子说:'仁政的传播,比用驿站传递政令还迅速。'在今天,大国实行仁政,百姓喜欢它,就像从倒吊状态被解救下来一样。所以用古人一半的努力,就能取得古人两倍的成绩,只有这时是这种情况。"

【讲解】

　　管仲是春秋时期的名臣,他辅佐齐桓公成为诸侯霸主,打着尊王攘夷的旗号,在很长的一段历史时期内维护了诸侯国之间的正常秩序,受到了孔子的充分肯定。但孔子也说过:"管仲之器小哉!"是说管仲作为一个政治家的器量不足,没有能使齐国实行仁政而推行王道。孟子与孔子的意见一致,他也瞧不起管仲,因为管仲建立的霸业比起孟子所主张的王道来要矮一大截。

　　晏子的个人品行很高尚,治理国家也尽心竭力,但他的实际业绩比管仲还小,所以更不在孟子比较的视野之中。

　　孟子认为当时是实现王道的绝好时机,因为物极必反,在暴政的长期肆虐下,仁政容易得到百姓的拥护。他认为齐国地大人多,有实施王道的良好基础。如果自己能在齐国当政,创造出远胜于管仲、晏子的功业是很容易的。

　　3.2 公孙丑问曰:"夫子加齐之卿相[1],得行道焉[2],虽由此霸王[3],不异矣[4],如此则动心否乎[5]?"孟子曰:"否,我四十不动心。"曰:"若是,则夫子过孟贲远矣[6]。"曰:"是不难,告子先我不动心[7]。"曰:"不动心有道乎[8]?"曰:"有。北宫黝之养勇也[9],不肤挠[10],不目逃[11],思以一豪挫于人[12],若挞之于市朝[13],不受于褐宽博[14],亦不受于万乘之君[15]。视刺万乘之君若刺褐夫[16],无严诸侯[17],恶声至[18],必反之[19]。孟施舍之所养勇也[20],曰:'视不胜犹胜也。量敌而后进[21],虑胜而后会[22],是畏三军者也[23]。舍岂能为必胜哉？能无惧而已矣。'孟施舍似曾子[24]，北宫黝似子夏[25]。夫二子之勇，未知其孰贤[26]，然而孟施舍守约也[27]。昔者曾子谓子襄曰[28]：'子好勇乎？吾尝闻大勇于夫子矣[29]。自反而不缩[30]，虽褐宽博，吾不惴焉[31]？自反而缩，虽千万人，吾往矣。'孟施舍之守气，又不如曾子之守约也[32]。"曰："敢问夫子之不动心与告子之不动心，可得闻与[33]？""告子曰：'不得于言[34]，勿求于心[35]。不得于心，勿求于气[36]。'不得于心，勿求于气，可。不得于言，勿求于心，不可。夫志[37]，气之帅也[38]。气，体之充也[39]。夫志至焉[40]，气次焉[41]，故曰持其志[42]，无暴其气[43]。""既曰'志至焉，气次焉'，又曰'持其志，无暴其气'者，何也？"曰："志壹则动气[44]，气壹则动志也。今夫蹶者趋者[45]，是气也，而反动其心。""敢问夫子恶乎长[46]。"曰："我知言[47]，我善养吾浩然之气[48]。""敢问何谓浩然之气。"曰："难言也。其为气也，至大至刚[49]，以直养而无害[50]，则塞于天地之间[51]。其为气也，配义与道[52]。无是，馁也[53]。是集义所生者[54]，非义袭而取之也[55]。行有不慊于心[56]，则馁矣。我故曰告子未尝知义，以其外之也[57]。必有事焉而勿正[58]，心勿忘[59]，勿助长也[60]，无若宋人然[61]。宋人有闵其苗之不长而揠之者[62]，芒芒然归[63]，谓其人曰[64]：'今日病矣[65]，予助苗长矣。'其子趋而往视之，苗则槁矣[66]。天下之不助苗长者寡矣。以为无益而舍之者[67]，不耘苗者也[68]。助之长者,揠苗者也。非徒无益[69],而又害之。""何谓知言?"曰:"诐辞知其所蔽[70],淫辞知其所陷[71],邪辞知其所离[72],遁辞知其所穷[73]。生于其心,害于其政。发于其政,害于其事。圣人复起,必从吾言矣。""宰我[74]、子贡善为说辞[75],冉牛[76]、闵子[77]、颜渊善言德行[78]。孔子兼之,曰:'我于辞命则不能也[79]。'然则夫子既圣矣乎[80]?"曰:"恶[81]!是何言也?昔者子贡问于孔子曰:'夫子圣矣乎?'孔子曰:'圣则吾不能,我学不厌而教不倦也[82]。'子贡曰:'学不厌,智也。教不倦,仁也。仁且智,夫子既圣矣乎。'夫圣,孔子不居[83],是何言也?""昔者窃闻之[84],子夏、子游[85]、子张皆有圣人之一体[86],冉牛、闵子、颜渊则具体而微[87]。敢问所安[88]。"曰:"姑舍是[89]。"曰:"伯夷[90]、伊尹何如[91]?"曰:"不同道[92]。非其君不事[93],非其民不使,治则进[94],乱则退,伯夷也。何事非君[95],何使非民,治亦进,乱亦进,伊尹也。可以仕则仕,可以止则止,可以久则久,可以速则速,孔子也。皆古圣人也。吾未能有行焉,乃所愿[96],则学孔子也。""伯夷、伊尹于孔子若是,班乎[97]?"曰:"否。自有生民以来[98],未有孔子也。""然则有同与[99]?"曰:"有。得百里之地而君之[100],皆能以朝诸侯[101],有天下[102]。行一不义[103]、杀一不辜而得天下[104],皆不为也。是则同。"曰:"敢问其所以异[105]。"曰:"宰我、子贡、有若[106],智足以知圣人,汙不至阿其所好[107]。宰我曰:'以予观于夫子[108],贤于尧、舜远矣[109]。'子贡曰:'见其礼而知其政[110],闻其乐而知其德[111],由百世之后[112],等百世之王[113],莫之能违也[114]。自生民以来未有夫子也。'有若曰:'岂惟民哉[115]?麒麟之于走兽[116],凤凰之于飞鸟,太山之于丘垤[117],河海之于行潦[118],类也[119]。圣人之于民,亦类也。出于其类,拔乎其萃[120],自生民以来未有盛于孔子也。'"

【注释】

〔1〕加:居,担任。卿相:国家主要的执政大夫。

〔2〕行:推行,实施。道:主张,纲领。

〔3〕虽:即使。霸:像管仲一样成就诸侯霸主的事业。王(wàng):像周文王、周武王一样推行王道而统一天下。

〔4〕异:奇怪,感到意外。

〔5〕动心:因为畏难而忐忑不安。

〔6〕孟贲(bēn):古代的一名勇士。

〔7〕告子:墨子的一个学生,比孟子年长。

〔8〕道:方法。

〔9〕北宫黝(yǒu):姓北宫,名黝,齐国人。养:培养。

〔10〕肤挠(náo):显示出畏惧的表情。肤:色,表情。挠:退却,示弱。

〔11〕目逃:目光中显示出畏惧而躲避的意思。

〔12〕以:因为。毫:毛。挫:受损。

〔13〕挞(tà):用鞭、棍等打人。市朝:市场,指众人面前。

〔14〕受:指接受凌辱。褐(hè)宽博:穿着宽大褐衣的人。褐:毛或粗麻织成的衣服,是最劣质的衣服,所以是最穷的人穿的。

〔15〕万乘(shèng):一万辆兵车,指大国。

〔16〕褐夫:穿着褐衣的人,指地位最卑贱的人。

〔17〕严:畏惧。

〔18〕恶声:贬斥的议论。

〔19〕反:回击。

〔20〕孟施舍:人名,其它事迹已失传。

〔21〕量:估量。进:前进。

〔22〕虑:谋虑,预测。会:指交战。

〔23〕三军:诸侯大国建有三支军队,这里指众多的军队。

〔24〕曾子:指孔子的学生曾参。

〔25〕子夏:指孔子的学生卜商,字子夏。

〔26〕孰:谁。贤:强,更好。

〔27〕守:坚持。约:从下文"孟施舍之守气,又不如曾子之守约也"来看,这个"约"字似当作"气"。气:气概,勇气。

〔28〕子襄:曾参的一个学生。

〔29〕大勇:高层次的勇敢。夫子:指孔子。

〔30〕自反:自我反省,检点。缩:正确,合理。

〔31〕惴(zhuì):害怕。

〔32〕约:原则。

〔33〕与(yú):吗。

〔34〕得:满意,认可。

〔35〕求:探求。心:指内心的实际想法。

〔36〕气:表情,态度。

〔37〕志:思想的追求。

〔38〕帅:主导,根本。

〔39〕体:身体。充:充实的东西。

〔40〕至:到达。

〔41〕次:止,停留在……地方。

〔42〕持:保持,端正。

〔43〕暴:乱,不适当。

〔44〕壹:专一,固定。动:驱动,使……受到影响。

〔45〕今:若。蹶(jué):跌倒。趋:快步走。

〔46〕恶(wū):何,什么。乎:于。长:高出,胜过。

〔47〕知:能理解把握。

〔48〕浩然:正大豪迈的样子。

〔49〕刚:坚强,刚正。

〔50〕以:用。直:正义。害:损害,破坏。

〔51〕塞:充满。

〔52〕配:伴随,配合。义:仁义。道:指治理国家的正确的纲领。

〔53〕馁(něi):饥饿,引申指空虚,底气不足。

〔54〕集:会合。

〔55〕袭:承袭,外加的。

〔56〕慊(qiè):满意,思想上认可。

〔57〕以:因为。外:将……置之度外。

〔58〕事:根据赵岐的注解,疑本当作"福"。福:福报,好的结果。正:止,停止。

〔59〕忘:妄,错。

〔60〕助长:帮助生长。指违反规律地想尽早获得成功。

〔61〕宋:宋国。然:……的样子。

〔62〕闵:忧虑。揠(yà):拔。

〔63〕芒芒然:疲惫的样子。

〔64〕其人:指家里人。

〔65〕病:劳累。

〔66〕槁(gǎo):干枯。

〔67〕舍:放弃。

〔68〕耘:除草。

〔69〕徒:仅,只是。

〔70〕诐(bì)辞:偏颇的话。诐:偏颇,不正确。蔽:蒙蔽。

〔71〕淫辞:过头的话。陷:陷害。

〔72〕邪辞:违背正义的话。离:背离道义。

〔73〕遁辞:理屈词穷时用来支吾搪塞的话。穷:没有能依托的根据。

〔74〕宰我:孔子的学生宰予,字子我。

〔75〕子贡:孔子的学生端木赐,字子贡。

〔76〕冉牛:孔子的学生冉耕,字伯牛。

〔77〕闵子:孔子的学生闵损,字子骞。

〔78〕颜渊:孔子的学生颜回,字子渊。

〔79〕辞命:辞令,应对时的言语。

〔80〕既:已经。圣:成为圣人。

〔81〕恶(wū):叹词,表示不认可的语气。

〔82〕厌:满足。倦:厌倦。

〔83〕居:自我承认。

〔84〕窃:私下。是表示自谦的说法。

〔85〕子游:孔子的学生言偃,字子游。

〔86〕子张:孔子的学生颛孙师,字子张。体:分支,部分。

〔87〕具:全部具备。微:微小。

〔88〕安:认可,愿意照着做。

〔89〕姑:姑且。舍:搁置,撇开。

〔90〕伯夷:商朝末年孤竹国国君的儿子,父亲死后,他们和弟弟叔齐互相推让,谁也不肯继承职位,先后逃了出来。他们认为周武王讨伐纣不符合君臣之义,劝阻而没有成功,隐居到了首阳山,最后饿死在那里。

〔91〕伊尹:商汤的臣,担任相。

〔92〕道:原则。

〔93〕其:合适的。事:事奉。

〔94〕治:社会状况好。进:指积极参与社会事务。

〔95〕何:通"可",可以。

〔96〕乃:至于。

〔97〕班:等同,一样。

〔98〕生民:人类。

〔99〕然则:这样的话,那么。

〔100〕君:当……的君主。

〔101〕以：依靠，凭借。朝：使……朝拜。

〔102〕有：治理。

〔103〕不义：不道义的事情。

〔104〕不辜：无罪的人。辜：罪。

〔105〕所以：用来……的依据。异：区别，差异。

〔106〕有若：孔子的一个学生。

〔107〕汙(wū)：低下，品格不高。阿(ē)：不讲原则地顺着。

〔108〕予：宰我之名。说话时自称其名，表示自谦。

〔109〕贤：强，胜过。尧：古代的一位贤明帝王。舜：古代的一位贤明帝王，是尧的继任者。

〔110〕礼：礼义、礼制、礼仪等。政：政治状况。

〔111〕乐：音乐。

〔112〕由：从。

〔113〕等：分出等级的高下。

〔114〕莫：没有人。违：违背。

〔115〕岂惟：何止。

〔116〕麒麟：传说中的一种动物，被认为是仁义之兽和祥瑞之兽。

〔117〕太：大。丘垤(dié)：土堆。垤：小土坎。

〔118〕河：黄河。行(háng)潦(lǎo)：路上积存的雨水。行：道路。潦：雨水。

〔119〕类：类同。

〔120〕拔：超出。乎：于。萃：聚集，群体。

【译文】

公孙丑问道："先生如果担任了齐国的执政大臣，能够实行自己的纲领，即使从此成就了霸业和王业，也不奇怪。在这种情况下，会不会因为担子太重而忐忑不安呢？"孟子说："不会。我从四十岁就无所畏惧了。"公孙丑说："如果这样的话，先生的胆量就超过孟贲很远了。"孟子说："这不难，告子在比我小的时候就无所畏惧了。"公孙丑说："做到无所畏惧，有办法吗？"孟子说:"有。北宫黝培养勇气,不会显示出畏惧的表情,不会显示出想躲避的眼神,老想着被别人拔了一根毛,就像在大庭广众之下挨了鞭打。不受最贫贱的人的侵辱,也不受大国国君的侵辱。把刺杀大国的国君,看得就像刺杀一个最贫贱的人。不怕诸侯国国君,听到贬斥自己的话,一定要回击。孟施舍培养勇气的做法,他说道:'把打不过看得和能打得过一样。估量对手比自己弱才敢去打,预测能胜利才敢去斗,这是见到敌人人多就惧怕的人。我哪能保证总是胜利呢?只是能做到不害怕对手而已。'孟施舍像曾子,北宫黝像子夏。他们俩的勇敢,不知道哪个更好,然而孟施舍坚持的是一种气概。过去曾子对子襄说:'你喜欢勇敢吗?我曾经听孔子说过高层次的勇敢。自我检点而行为不合理,即使是面对一个最贫贱的人,我能不怕吗?自我检点而行为合理,即使有成千上万的敌人,我也会去战斗。'孟施舍的坚持一种气概,又比不上曾子的坚持一种原则。"公孙丑说:"冒昧地问一下先生的无所畏惧和告子的无所畏惧,能听听您的看法吗?"孟子说:"告子说:'不满意他说的话,就不管他心里怎么想的了。不满意他的想法,就不考虑他的情态了。'不满意他的想法,就不考虑他的情态,是可以的。不满意他说的话,就不管他心里怎么想的,是不可以的。志向是情绪的根本,情绪是充满于体内的。志向到了哪里,情绪就跟到哪里,所以要端正志向,不乱用情绪。"公孙丑说:"你说了'志向到了哪里,情绪就跟到哪里',又说'要端正志向,不乱用情绪',为什么?"孟子说:"志向专一了,就影响到情绪;情绪专一了,就影响志向。像那些走路跌倒的人和正在快步走着的人,都沉浸在一种情绪中,反过来影响着自己的思想。"公孙丑说:"冒昧地问一下先生在哪些方面做得好。"孟子说:"我能理解把握别人的话,我善于培养自己的浩然之气。"公孙丑说:"冒昧地问一下什么叫做浩然之气。"

孟子说:"不好表述。它作为一种气概,最宏大,最刚强,用正义培养而不损害它,就能够充满于天地之间。它作为一种气概,要和仁义与正道配合。缺失了仁义和正道,就空虚而没有力量。它是正义会合而自己产生的,不是正义从外部拿来的。行为如果问心有愧,气概就空虚而没有力量。所以我认为告子从来不懂道义的地位,因为他在培养气概时将道义因素置之度外了。仁义的行为必定会有好的结果,不能放弃对道义的坚持,思想不能不纯正,不要不顾规律地急于求成。不要像那个拔苗助长的宋国人一样。宋国有个嫌自己的禾苗长得不快而将它们拔高的人,他疲惫地回去,对家里人说:'今天累坏了,我帮庄稼长高了。'他儿子跑到地里去看,发现禾苗已经枯死了。天下不拔苗助长的人很少。认为仁义的事情没有好处而不肯做的人,是种地却不除草的人。不顾实际地要快速推广仁义的人,是拔苗助长的人,不仅没有好处,反而损害了仁义的推广。"公孙丑说:"您说的'能理解把握别人的话'是什么意思?"孟子说:"偏颇的话能知道它所要掩盖的事实,过头的话能知道它所要陷害的目标,邪恶的话能知道它什么地方背离了正义,搪塞的话知道它为什么理屈词穷。心里产生了坏想法,就会对施政有害。通过政令发布坏措施,就会对政事有害。圣人如果再生,一定会同意我的话。"公孙丑说:"宰我、子贡善于组织交际辞令,冉牛、闵子、颜渊善于讲述德行。孔子兼备这些长处,他还说:'我在交际应对方面却不行。'如此看来,先生已经是圣人了吗?"孟子说:"哎!这是什么话?过去子贡问孔子说:'先生是圣人了吗?'孔子说:'圣人的高度我还达不到,我只是学习圣人的思想从不满足,用圣人的思想教诲别人从不厌倦。'子贡说:'学习圣人的思想从不满足,这是聪明;用圣人的思想教诲别人从不厌倦,这是仁义。既仁义又聪明,先生已经是圣人了。'圣人的桂冠,连孔子都不肯戴,你这是什么话呢?"公孙丑说:"我过去听说,子夏、子游、子张都分别具备了圣人的一个方面,冉牛、闵子、颜渊的表现符合圣人的一切标准,但成就不大。冒昧地问一下您愿意以谁为榜样?"孟子说:"先不说这些吧。"公孙丑说:"伯夷、伊尹怎么样?"孟子说:"他们处世的原则不同。不是合适的君主就不事奉,不是合适的民众就不役使,社会状况好就积极参与治理,社会状况坏就隐居起来,这是伯夷的做法。能够侍奉不好的君主,能够役使不好的民众,社会状况好的时候积极参与治理,社会状况坏也积极参与治理,这是伊尹的做法。应该做官就做官,应该止步就止步,应该持久就持久,应该快走就快走,这是孔子的做法。他们都是古代的圣人,我还没能做到像他们那样,至于我的愿望,则是学习孔子。"公孙丑说:"伯夷、伊尹和孔子比较是这种情况,他们一样吗?"孟子说:"不。自从有人类以来,没有孔子这样伟大的。"公孙丑说:"这样的话,那么他们有相同的地方吗?"孟子说:"有。得到方圆百里的领地而在那里当君主,都能凭着这个根据地而使诸侯来朝拜,治理好天下。做一件不道义的事情、杀死一个无罪的人而能够得到天下,他们都是不肯做的。这些方面他们是相同的。"公孙丑说:"冒昧问一下他们的不同之处。"孟子说:"宰我、子贡、有若的智力完全能够知道圣人的标准,他们的品格往低里说,也不会无原则地赞扬自己喜欢的人。宰我说:'依我看先生,超过尧、舜很远了。'子贡说:'孔子看到一个国家的礼制、礼义、礼仪等,就能知道这个国家的政治状况。听到一个国家的音乐,就能知道他的君主的品行,从百代以后回过头来评价百代的君主,没有人能跳出孔子框定的圈子。自从有人类以来,没有过先生这样伟大的人。'有若说:'何止百姓呢?麒麟对于走兽,凤凰对于飞禽,大山对于土丘,黄河大海对于水洼,都是同一类的。圣人对于百姓,也是同一类的。从自己的类别中突显出来,从自己所在的群体中挺立起来,自从有人类以来,还没有比孔子影响更大的人。'"

【讲解】

"勇敢"是被人欣赏的一种精神,是做人的重要素质之一,历来受到提倡。北宫黝、孟施舍主张的是不论是非标准的片面的胆大,他们的勇敢都是低层次的。儒家主张的勇敢是"大勇",不但要有道义的制约,而且要有智慧的制约,仁、智、勇三者结合,才能养成浩然之气,成为圣人,担当起建功立业的重任。所谓"浩然之气",其实就是一种君子气概,是一种高大无比的理想的精神状态。

告子说"不得于言,勿求于心",这种观点是偏颇的。有时会出现这种情况,一个人说的话令你反感,但他内心的用意却是正确的,所以不能因为不满意他的话而简单地不考虑他内心的想法。

公孙丑问孟子:在孔子的学生中,愿意以谁为榜样,孟子避开了这个话题。其实在孟子心目中并不崇拜孔子的任何一个学生,他认为自己比他们都强。但这样直说是不得体的,所以他说了个"姑舍是"。从下文的叙述来看,孟子是直接以孔子为榜样的。

在《论语》中,子贡已经将孔子抬得很高。而在这里,孟子更是借孔子弟子之口,将孔子的圣人地位进行了再一次定型。孔子的表现固然出色,但获得后世的高度推崇,显然和子贡、孟子等人的极力推崇有直接的关系。

3.3 孟子曰:"以力假仁者霸[1],霸必有大国。以德行仁者王[2],王不待大[3]。汤以七十里[4],文王以百里[5]。以力服人者[6],非心服也,力不赡也[7]。以德服人者,中心悦而诚服也[8],如七十子之服孔子也[9]。《诗》云[10]:'自西自东,自南自北,无思不服[11]。'此之谓也。"

【注释】

〔1〕以:凭着。力:武力。假:利用,打着……旗号。霸:成为诸侯盟主。

〔2〕行:推行,实行。王(wàng):用王道统一天下而当君主。

〔3〕待:恃,依靠。

〔4〕汤:商代的开国君主,最初是夏朝的诸侯。

〔5〕文王:周文王,周朝的奠基者,是商朝的诸侯。

〔6〕服:使……服从。

〔7〕赡(shàn):足。

〔8〕中心:心中。诚:真的。

〔9〕七十子:指孔子的七十多个出色的学生。

〔10〕《诗》:指《诗经·大雅·文王有声》。

〔11〕无:没有人。思:想着。

【译文】

孟子说:"凭着武力而打着仁义旗号的人能成为诸侯霸主,当霸主必须有大的国家。凭着美德而推行仁政的人能够成为圣王,成为圣王不依赖国家实力的强大。商汤凭着方圆七十里的领地,周文王凭着方圆百里的领地。用武力使人服从的,别人不是从内心服从,而是没有能力反抗。凭美德使人服从的,别人是从内心里喜欢而真的服从,就像孔子的七十来个学生服从孔子一样。《诗经》上说:'从西从东,从南从北,没有人想着不服从。'说的就是这种情况。"

【讲解】

儒家反对霸道的以力服人,主张王道的以德服人,究其根源,不仅在于实行王道的成本低,而且其统一天下的方式是正义而文明的,所以具有合理性。

3.4 孟子曰:"仁则荣[1],不仁则辱[2]。今恶辱而居不仁[3],是犹恶湿而居下也[4]。如恶之,莫如贵德而尊士[5],贤者在位,能者在职。国家闲暇[6],及是时明其政刑[7],虽大国[8],必畏之矣[9]。《诗》云[10]:'迨天之未阴雨[11],彻彼桑土[12],绸缪牖户[13]。今此下民[14],或敢侮予[15]?'孔子曰:'为此诗者,其知道乎[16]!能治其国家,谁敢侮之?'今国家闲暇,及是时般乐怠敖[17],是自求祸也。祸福无不自己求之者。《诗》云[18]:'永言配命[19],自求多福。'《太甲》曰[20]:'天作孽[21],犹可违[22];自作孽,不可活[23]。'此之谓也。"

【注释】

〔1〕荣:荣耀。

〔2〕辱:耻辱。

〔3〕今:如果。恶(wù):不愿意,反对。居:处在……状况下。

〔4〕下:地势低的地方。

〔5〕贵:重视。尊:重用。

〔6〕闲暇:指没有战争的和平时期。

〔7〕及:趁,利用。明:将……搞好。政:政治措施。刑:刑罚。

〔8〕虽:即使。

〔9〕畏:认可,服从。

〔10〕《诗》:指《诗经·豳风·鸱鸮》。

〔11〕迨(dài):及,趁着。

〔12〕彻:取。桑:桑树。土(dù):根,这里指根上的皮,可用来捆扎东西。

〔13〕绸缪(móu):缠绕,捆扎。牖(yǒu):窗。户:门。

〔14〕下民:百姓,人们。

〔15〕或:有人。侮:欺负。予:我。

〔16〕其:应当。知:懂得。道:道理。

〔17〕般(pán)乐:享乐。般:享乐。怠:怠慢。敖:傲,傲慢。

〔18〕《诗》:指《诗经·大雅·文王》。

〔19〕永:长久地。言:而,连词。配:符合。命:天命。

〔20〕《太甲》:《尚书》中的篇目,已经失传。

〔21〕孽:灾祸。

〔22〕违:躲避。

〔23〕活:逭(huàn),逃避。《礼记·缁衣》引用《太甲》文字:"天作孽,可违也;自作孽,不可以逭。"

【译文】

孟子说:"实行仁政就荣耀,不实行仁政就耻辱。如果不愿意耻辱却老是不实行仁政,就是不愿意潮湿却住在低洼的地方。如果不愿意耻辱,就不如崇尚美德而重用士人,让贤明的人当官,让有才能的人在相应的职位上。在国家和平时期,趁机推行好的政治和刑罚,即使是大国,也一定会被折服的。《诗经》上说:'趁天还没有下雨,取来那桑树根的皮,捆扎好窗和门。现在的这些百姓,有谁敢欺负我?'孔子说:'做这首诗的人,应该是懂得道理的人啊!能把自己的国家治理好,谁敢欺负他?'如果在国家和平时期,趁机享乐骄横,这是自己招来灾祸。灾祸和吉祥没有不是自己招来的。《诗经》上说:'行为要永远地符合天意,多为自己创造吉祥。'《太甲》上说:'天降下灾祸,还可以躲开;自己造成的灾祸,是避不开的。'说的就是这种情况。"

【讲解】

　　一个好的统治者,自己不能追求无度的享乐,对政事不能怠惰傲慢,要靠仁政使自己强大起来,征服对手,才能求得福报,避免灾祸。

　　3.5 孟子曰:"尊贤使能[1],俊杰在位,则天下之士皆悦而愿立于其朝矣[2]。市廛而不征[3],法而不廛[4],则天下之商皆悦而愿藏于其市矣[5]。关讥而不征[6],则天下之旅皆悦而愿出于其路矣[7]。耕者助而不税[8],则天下之农皆悦而愿耕于其野矣。廛无夫里之布[9],则天下之民皆悦而愿为之氓矣[10]。信能行此五者[11],则邻国之民仰之若父母矣[12]。率其子弟攻其父母,自有生民以来未有能济者也[13]。如此则无敌于天下。无敌于天下者,天吏也[14],然而不王者[15],未之有也。"

【注释】

　　[1]尊:提高……地位。能:有才能的人。
　　[2]朝:朝廷。
　　[3]市:市场。廛(chán):商人在市场中存储货物的库房。这里用为动词,指存储货物。征:收税。
　　[4]法:指依法收购。廛:指货物长期积压。
　　[5]藏:指储藏货物。
　　[6]关:关卡。讥:盘查,督察。
　　[7]旅:旅行的人。出:经过。
　　[8]助:一种税收制度,即井田制:每井九百亩,八家耕种,每家百亩。其余的一百亩为公田,八家共耕,其收获归公家。取名为"助",是因

为八家人"佐助公家治公田"。

〔9〕廛:民居。夫里之布:夫布和里布,是两种税收。不能为公家服役的人,要被征收夫布。住宅内的土地要种桑麻,如果闲置或作别的用途,要被征收里布。夫:人丁。里:住宅。布:钱。

〔10〕氓(méng):从别的国家投奔来的人。

〔11〕信:真的。

〔12〕仰:仰望,盼望。

〔13〕生民:人类。济:成功。

〔14〕天吏:天的使者。

〔15〕王(wàng):用王道统一天下而当君主。

【译文】

孟子说:"提高贤者的地位,使用有才能的人,让杰出的人拥有相应的职位,天下的人才就都会高兴而愿意在这个国家的朝廷里当官了。让商人在市场里储存货物而不征税,依法收购滞销物资而不形成积压,天下的商人就都会高兴而愿意将货物储藏在这个国家的市场里了。关卡上只盘查非法和违规情况而不征税,天下的旅行者就都会高兴而愿意经过这个国家的道路了。对种田人实行井田制管理而不征税,天下的农民就都会高兴而愿意在这个国家的田野上耕作了。对居民不征收差役费和宅地费,天下的百姓就都会高兴而愿意当这个国家的侨民了。真能实行这五项,邻国的百姓就会像子女爱慕父母一样爱慕这个国家的君主了。要率领着人家的儿子兄弟打他们的父母,自有人类以来没有能够成功的。做到这样,就能在普天下都没有了对手。普天下都没有对手的人,是天的使者。成为天的使者而不能凭王道统一天下的情况,是没有过的。"

【讲解】

重用贤能的人执掌政治,这本来是很自然的道理,但让统治者真正做到这一点是不容易的,他们往往重用的是邪佞之人。

贤能的人要坚持正义公理,便会连国君的放纵行为也要制约,自然不受欢迎。邪佞的人善于逢迎,往往能够得宠。

政治的核心内容就是财富的分配,统治者总是想扩大自己占有的份额,供其奢侈挥霍,甚至敲骨吸髓,竭泽而渔,不顾百姓的死活。儒家主张节制和减免赋税,保障民生,建立一个人道的社会。主张在统治者和百姓之间建立父母与子女一样的责任和情感关系,这一追求具有理想化的色彩,在当时是很难实行的。

3.6 孟子曰:"人皆有不忍人之心[1]。先王有不忍人之心,斯有不忍人之政矣[2]。以不忍人之心行不忍人之政,治天下可运之掌上[3]。所以谓人皆有不忍人之心者[4]?今人乍见孺子将入于井[5],皆有怵惕恻隐之心[6],非所以内交于孺子之父母也[7],非所以要誉于乡党朋友也[8],非恶其声而然也[9]。由是观之,无恻隐之心非人也,无羞恶之心非人也[10],无辞让之心非人也[11],无是非之心非人也[12]。恻隐之心,仁之端也[13]。羞恶之心,义之端也。辞让之心,礼之端也。是非之心,智之端也。人之有是四端也,犹其有四体也[14]。有是四端而自谓不能者[15],自贼者也[16]。谓其君不能者,贼其君者也。凡有四端于我者[17],知皆扩而充之矣[18],若火之始然[19],泉之始达[20]。苟能充之,足以保四海。苟不充之,不足以事父母。"

【注释】

〔1〕不忍人:不忍心让别人遭受不幸。忍:忍心。

〔2〕斯:则,于是。政:政治措施。

〔3〕运:转动。

〔4〕所以:何以,为什么。者:呢。

〔5〕今:发语词,表示将提起议论。乍:突然。孺子:小孩。

〔6〕怵(chù)惕:惊惧。恻隐:同情,怜悯。

〔7〕所以:因为。内(nà)交:结交。内:纳,接纳。

〔8〕要(yāo):求得。誉:赞誉。乡党:乡邻。

〔9〕恶(wù):心理排斥,不希望有。其声:指不救人的坏名声。声:名声。然:这样。

〔10〕羞恶(wù):对出于己身的不良行为感到羞愧而排斥。

〔11〕辞让:谦让,推让。

〔12〕是非:对善恶的正确看待。

〔13〕端:基础,发端。

〔14〕四体:四肢。

〔15〕不能:指不能做善事。

〔16〕贼:害,毁。

〔17〕我:自己。

〔18〕扩:扩大。充:充实。

〔19〕然:燃。

〔20〕达:通达。指泉水从地中涌出来。

【译文】

孟子说:"人都有不忍心让别人遭受不幸的心理。古代的贤明帝王有不愿意让别人遭受不幸的心理,所以实行不让别人遭受不幸的政治措施。怀着不愿意让别人遭受不幸的心理,推行不让别人遭受不幸的政治措施,把天下治理好就像在手掌上转动小球一样容易。为什么说人都有不愿意让别人遭受不幸的心理呢?例如人们突然看到小孩将要掉到井中了,就都会有惊怕和怜悯之心。这不是因为和那个小孩的父母有交情,不是因为想在乡邻和朋友中求得赞誉,不是怕担上心狠的坏名声。从这样的事情来看,没有怜悯之心的不是人,没有羞耻之心的不是人,没有推让之心的不是人,不坚持是非原则的不是人。怜悯之心是仁的基础,羞耻之心是义的基础,推让之心是礼的基础,是非原则是智的基础。人具备这四个基础,就像身上有四肢一样。具备这四个基础而说自己不能做善事的人,是自毁前程的人;说自己的君主不能做善事的人,是毁坏自己君主的事业的人。凡是具备了这四个基础的人,都懂得将它们扩展充实起来,就像火烧起来到越烧越旺一样,就像泉水流出来到越流越远一样。如果能将这四点发扬光大,就可以保护好天下的百姓;如果不将这四点发扬光大,就连父母也不能赡养好。"

【讲解】

　　孟子主张"性善"说,认为人的天性是善良的,所以认为人人都有"不忍之心"。只要是人,就都会有"恻隐、羞恶、辞让、是非"之心,这是人与动物的根本区别。如果这些心理能够被拓展,从而发扬光大,就能进步到"仁、义、礼、智"的高境界,从而建立治国平天下的大功业。如果固步自封,则将是个低层次的人,一切事情都会做不成。

　　孟子认为人人都有"不忍之心",这一看法是对的。但由于私利的因素作梗,其"恻隐、羞恶、辞让、是非"之心往往就不能"扩而充之",甚至会被扭曲,所以也就不做善事,甚至会做起恶事来。

　　鲁国大夫臧文仲行为越礼,孔子批评他说:"何如其知也!"意思是说他"不智"。孟子说:"是非之心,智之端也。"司马迁说:"修身者,智之府也。"儒家认为,坚持正义才是智慧的选择,违背正义是不智的表现,这一理念是颇为珍贵的。

　　3.7 孟子曰:"矢人岂不仁于函人哉[1]?矢人唯恐不伤人,函人唯恐伤人,巫匠亦然[2],故术不可不慎也[3]。孔子曰：'里仁为美[4]，择不处仁[5]，焉得智？'夫仁，天之尊爵也[6]，人之安宅也[7]。莫之御而不仁[8]，是不智也。不仁不智，无礼无义，人役也[9]。人役而耻为役[10]，由弓人而耻为弓[11]、矢人而耻为矢也。如耻之，莫如为仁[12]。仁者如射[13]：射者正己而后发[14]，发而不中，不怨胜己者，反求诸己而已矣[15]。"

【注释】

〔1〕矢人：造箭的工匠。函人：造铠甲的工匠。

〔2〕巫：利用向鬼神祷告的方式给人治病的人，希望把人的病治好。匠：木匠，希望制作出来的棺材早卖出去，客观上是盼人速死。然：这样。

〔3〕术：技艺，人的专业才能。

〔4〕里：本指人聚居的街巷等，引申为"居住"义，在这里可理解为"坚持"的意思。这里所引的话见《论语·里仁》。

〔5〕择：选择。指选择人生的道路。处(chǔ)：立足于。

〔6〕尊：尊贵的。爵：爵位。仁人可以治理天下，因而获得天赐给的爵位。

〔7〕安：安适。宅：居所。

〔8〕莫之御：没有人阻止你的选择。莫：没有人。御：阻止。

〔9〕人役：别人的奴仆。

〔10〕耻：将……视为耻辱。

〔11〕由：犹，如同。弓人：造弓的工匠。

〔12〕莫如：不如。

〔13〕射：指射箭比赛。

〔14〕正己：端正自己，指做好射箭前的准备事宜。发：将箭射出。

〔15〕反：返回来。求：寻找原因。诸：于。而已矣：助词，表示限止语气。

【译文】

孟子说:"造箭的人难道比造铠甲的人心黑吗?造箭的人只怕箭射不伤人,造铠甲的人只怕人被兵器伤及,给人治病的巫者和造棺材的木匠也怀着类似的心理,所以在选择专业技能时不可以不慎重。孔子说:'坚持仁德是最好的,选择立场时不立足于仁德,怎么能算是聪明呢?'就仁德而言,它等于是天赐给人的尊贵的爵位,相当于是人的最舒适的住所。并没有人阻止你,你却不好仁德,这是不智慧的。一个人没有仁德,没有智慧,不守礼法,不讲道义,就只能当别人的奴仆。奴仆会觉得服劳役不体面,就像造弓的人觉得造弓不体面、造箭的人觉得造箭不体面一样。如果觉得自己的职业不体面,最好是做符合仁德的事情。有仁德的人像是参加射箭比赛,参赛者做好一切准备后将箭射出去,射出的箭没有中靶,不埋怨胜了自己的人,只是反过来从自己身上找原因。"

【讲解】

在孟子看来,造弓箭和造棺材都只是一些谋生的技艺,从事这些职业的人和造铠甲者与看病的巫者一样,本来并不心黑,但由于追求技艺的效益,不知不觉中有了不仁道的欲念,无形中背上了残忍的黑锅,因此在选择专业技艺方面不可以不慎重。他认为向仁的高度努力是做人的最佳选择,既能获得尊贵的地位,也能获得高尚的声誉,否则就会沦为最低层次的人,会活得窝囊而耻辱。

仁者之间也是有境界和业绩方面的竞争的,但这种以仁为本的竞争发生在高尚的层面上,大家都在为社会做贡献,其竞争过程是平和的,其效应是积极的,参与者无论输赢,都能在竞争中得到提升。孔子说过:"君子无所争。必也射乎!揖让而升,下而饮,其争也君子。"意思是说:"君子没有要和人争夺的事情。如果有,那就是射箭比赛吧!双方作揖谦让着登上堂去,走下堂来,最后饮酒。这样的竞争才体现君子风度。"孔子用射箭比赛来赞扬君子的风度,孟子用射箭比赛来比喻仁者的竞争,二者之间有很多共同之处。

3.8 孟子曰:"子路[1],人告之以有过则喜,禹闻善言则拜[2]。大舜有大焉[3],善与人同[4],舍己从人,乐取于人以为善。自耕稼、陶、渔以至为帝[5],无非取于人者。取诸人以为善[6],是与人为善者也[7],故君子莫大乎与人为善[8]。"

【注释】
〔1〕子路:姓仲,名由,字子路,是孔子的学生。
〔2〕禹:尧、舜时的贤臣,曾主持全国的治水工程,后来接替舜当了帝王,建立了夏朝。拜:一种行礼的方式,跪在地上,双手合抱,头低到手上,与胸部平齐。
〔3〕大舜:对舜的美称。舜:尧时的贤臣,后来接替尧当了帝王。有(yòu):又,更加。大:伟大。
〔4〕同:保持意见一致。
〔5〕耕稼:种庄稼。陶:制作陶器。渔:打鱼。据《史记·五帝本纪》记载,舜曾经在历山亲自种地,在雷泽打鱼,在河滨制作陶器,他的表率作用导致了民风好转。
〔6〕诸:于。
〔7〕与:和,同。
〔8〕莫大:没有比……更好的。乎:于。

【译文】
孟子说:"子路,听到别人指出自己有过错就高兴,禹听到有益的话就跪拜。大舜更伟大,善于和别人取得一致意见。他

89

能放弃自己的偏见而听从别人的正确主张,喜欢博采众长而将事情办好。他从亲自种地、制陶、打鱼到当帝王,每一项好的决策都从别人那里听来的。采纳别人的意见而做善事,这就是和别人一起做善事,所以君子最大的长处就是和别人一起做善事。"

【讲解】
　　道义是做人的最高原则,对社会有利是办事的最终目标,这是儒家一贯坚持的主张。领导者要善于吸纳众人的智慧,防止固执个人偏见,发动和带领所有的社会成员,群策群力地一起建设社会,社会才能很好地进步。这些理念具有丰富的现代民主思想的积极因素。

　　3.9 孟子曰:"伯夷[1],非其君不事[2],非其友不友[3]。不立于恶人之朝,不与恶人言。立于恶人之朝,与恶人言,如以朝衣朝冠坐于涂炭[4]。推恶恶之心[5],思与乡人立[6],其冠不正,望望然去之[7],若将浼焉[8]。是故诸侯虽有善其辞命而至者[9],不受也。不受也者[10],是亦不屑就已[11]。柳下惠不羞污君[12],不卑小官[13],进不隐贤[14],必以其道[15]。遗佚而不怨[16],厄穷而不悯[17]。故曰:'尔为尔[18],我为我,虽袒裼裸裎于我侧[19],尔焉能浼我哉?'故由由然与之偕而不自失焉[20],援而止之而止[21]。援而止之而止者,是亦不屑去已。"孟子曰:"伯夷隘[22],柳下惠不恭[23]。隘与不恭,君子不由也[24]。"

【注释】

〔1〕伯夷:商朝末年孤竹国国君的儿子,父亲死后,他与弟弟叔齐互相推让,谁也不肯继承职位,先后逃了出去。他们认为周武王讨伐纣不符合君臣之义,劝阻而没有成功,隐居到了首阳山,最后饿死在那里。

〔2〕其君:指他认为的好君主。事:侍奉。

〔3〕其友:指他认为的好朋友。友:结交。

〔4〕朝衣朝冠:官员上朝时穿戴的华贵衣冠。涂炭:泥污和炭灰,都是脏东西。

〔5〕推:将……的看法普遍地施行。恶(wù):厌恶,拒绝。恶(è):邪恶。

〔6〕乡人:指普通人,百姓。

〔7〕望望然:不满的样子。去:离开。

〔8〕浼(měi):弄脏。

〔9〕辞命:辞令,外交场合的应对言辞。

〔10〕也者:助词,表达提示的语气。

〔11〕不屑:瞧不上,不愿意。就:主动到……去。已:助词,表示肯定语气。

〔12〕柳下惠:春秋时鲁国的一位大夫,姓姬,名获,字禽,又字季,氏为展,死后谥为"惠"。"柳下"可能是他的封地名。羞:觉得……可耻。污君:污浊的君主。

〔13〕卑:看不起。

〔14〕进:提拔,荐达。隐:遮蔽,故意不荐达。

〔15〕以:用,施行。

〔16〕遗佚:遗弃,不起用。

〔17〕厄穷:困顿,仕途不通。悯:心情痛苦。

〔18〕尔:你。

〔19〕虽:即使。袒裼(xī):脱去上衣,裸露肢体。裸裎(chéng):不穿衣服,露出身体。

〔20〕由由然:从容的样子。偕:在一起。自失:自我感觉不好。

91

〔21〕援:拉住。止:阻止挽留。

〔22〕隘:见识狭隘。

〔23〕恭:尊重他人,对他人负责。

〔24〕由:行,有……表现。

【译文】

　　孟子说:"伯夷,不是他认为的好君主就不侍奉,不是他认为志同道合的人就不结交。不在坏人的朝廷中当官,不和坏人说话。如果在坏人的朝廷中当官,和坏人说话,感觉就像穿戴着华贵的上朝的服饰坐在污泥和炭灰中。他将拒绝邪恶的信条贯彻到一切行动中,想的是即使和普通人站在一起,如果对方的帽子戴得不正,也会不满地离开,好像自己会被染脏似的。因此,即使有诸侯国君派人来好言好语地请他,他也不接受。他不肯接受聘请,这也说明他不屑于屈就坏人。柳下惠不觉得侍奉污浊的君主是耻辱,也不轻视小官吏,他推荐人才,决不故意隐匿贤者,一定要根据自己的是非原则办事。得不到赏识重用也不埋怨,仕途不通也不痛苦,所以他说:'你是你,我是我,即使你赤身露体地在我身边,又哪能影响到我呢?'所以他能从容地和坏人共事而没有不适应的感觉,人家拉着挽留,他就留下来。人家留他,他就留下,这也说明他不屑于离开污浊的环境去当隐士。"孟子说:"伯夷的见识狭隘,柳下惠对别人不太负责任。见识狭隘和对人不负责任,君子不可以如此。"

【讲解】

　　伯夷坚持自身的高尚,眼里揉不得沙子,拒绝与邪恶交往,属于一种有道德洁癖的人。人世间处处有邪恶,伯夷都看不惯,也就只能洁身自好,远离尘世,去当隐士。儒家认为当隐士是心胸狭隘,逃避社会,担不起对社会的干预责任,所以是不可取的。君子应当在"与狼共舞"中力求战胜狼,而不是由于恨狼而躲开它。如果躲开,就只能听凭狼为非作歹。

柳下惠能够在"与狼共舞"中不丧失原则,保持豁达的心态,但他只是做到了不与坏人(包括"污君")同流合污,却不能积极主动地去干预和改造坏人。柳下惠在承担社会责任方面比伯夷强,但还有缺憾,"你是你,我是我",各行其是,不主动干预和改造坏人,这实际上对那些坏人也是一种不负责任的表现。不肯积极地干预和改造坏人,显然是怕招致灾祸,是一种自私的表现,因而不能充分承担起贤者的社会责任,所以也是不可取的。

公 孙 丑 下

4.1 孟子曰:"天时不如地利[1],地利不如人和[2]。三里之城[3]、七里之郭[4],环而攻之而不胜[5]。夫环而攻之,必有得天时者矣,然而不胜者,是天时不如地利也。城非不高也,池非不深也[6],兵革非不坚利也[7],米粟非不多也,委而去之[8],是地利不如人和也。故曰域民不以封疆之界[9],固国不以山溪之险[10],威天下不以兵革之利[11]。得道者多助[12],失道者寡助[13]。寡助之至[14],亲戚畔之[15]。多助之至,天下顺之。以天下之所顺攻亲戚之所畔,故君子有不战[16],战必胜矣。"

【注释】

〔1〕天时:指有利于己方的天象。时:机会,时机。地利:指有利于作战的地面工事。

〔2〕和:团结,拥护。

〔3〕城:城墙。这里指城中的内城墙。

〔4〕七:本当作"五"字。郭:城市最外围的城墙。

〔5〕环:包围。

〔6〕池:护城河。

〔7〕兵革非不坚利:意为"兵非不利,革非不坚"。兵:兵器。革:铠甲,用皮革制成。

〔8〕委:放弃。去:离开。

〔9〕域:限制,区隔。以:依靠。封疆:疆域。

〔10〕固:稳固,使……安全。险:要隘。

〔11〕威:震慑,使……畏惧而服从。

〔12〕道:正义,仁道。助:指帮助者。

〔13〕寡:少。

〔14〕至:极点,最重的程度。

〔15〕亲戚:指父母等至亲的人。畔:叛。

〔16〕有:或。

【译文】

孟子说:"打仗时,有利的天象条件不如坚固的地面工事,坚固的地面工事不如人们的团结一致。虽然只是边长三里的内城、边长五里的外城,包围起来进攻却没有取得胜利。在包围起来进攻时,一定有获得有利天象的情况,但是却没能取胜,这说明有利的天象不如坚固的工事。城墙不是不高,护城河不是不深,兵器不是不锋利,铠甲不是不坚硬,粮食也不是不多,却弃守而逃走了,这说明坚固的工事不如人们的团结一致。所以说,想让民众安居在本国不靠疆域的边界,使国家安全不靠山河的关隘,使天下诸侯畏服不靠军备的厉害。坚持正义的人支持者多,丧失正义的人支持者少。支持者最少时,连父母等至亲都会背叛他。支持者最多时,普天下都会归顺他。凭着普天下都归顺的优势进攻那些连父母至亲都背叛的劣势者,所以君子或者是不打,要打就一定能胜利。"

【讲解】

古人迷信,认为天意决定人事,天象能暗示人间的祸福吉凶。打仗是大事,所以总要占卜和观察天象,选择对己方有利的时机。但占卜和天象毕竟是靠不住的,早已被实践所证明,所以古人持不可不信、不可尽信的态度。决定胜负的条件,其实只有地是否利、人是否和。地利不如人和,人心向背决定着战争的最终胜负,也是显而易见的道理,例如强大的秦王朝被起义的农民推翻,就是明证。汉代贾谊作《过秦论》,透彻地说明了这一道理。

孟子认为正义的力量是无敌的,主张用正义的战争统一天下。历代的统治者往往迷信鬼神,依赖战备,唯独不肯施惠于民,也就实现不了"人和",因而导致最终的倾覆。

4.2 孟子将朝王[1],王使人来曰:"寡人如就见者也[2],有寒疾[3],不可以风[4]。朝将视朝[5],不识可使寡人得见乎[6]?"对曰:"不幸而有疾,不能造朝[7]。"

明日,出吊于东郭氏[8],公孙丑曰:"昔者辞以病,今日吊,或者不可乎[9]?"曰:"昔者疾,今日愈[10],如之何不吊[11]?"

王使人问疾[12],医来,孟仲子对曰[13]:"昔者有王命,有采薪之忧[14],不能造朝。今病小愈,趋造于朝[15],我不识能至否乎。"使数人要于路[16],曰:"请必无归而造于朝。"不得已而之景丑氏宿焉[17]。

景子曰[18]:"内则父子,外则君臣,人之大伦也[19]。父子主恩[20],君臣主敬[21]。丑见王之敬子也,未见所以敬王也。"曰:"恶[22]!是何言也!齐人无以仁义与王言者,岂以仁义为不美也?其心曰'是何足与言仁义也'云尔[23],则不敬莫大乎是[24]。我非尧、舜之道不敢以陈于王前[25],故齐人莫如我敬王也[26]。"景子曰:"否,非此之谓也。《礼》曰[27]:'父召无诺[28]，君命召，不俟驾[29]。'固将朝也[30]，闻王命而遂不果[31]，宜与夫《礼》若不相似然[32]。"曰："岂谓是与[33]？曾子曰[34]：'晋、楚之富不可及也。彼以其富[35]，我以吾仁。彼以其爵[36]，我以吾义。吾何慊乎哉[37]？'夫岂不义而曾子言之？是或一道也[38]。天下有达尊三[39]：爵一、齿一[40]，德一。朝廷莫如爵，乡党莫如齿[41]，辅世长民莫如德[42]，恶得有其一以慢其二哉[43]？故将大有为之君必有所不召之臣[44]，欲有谋焉则就之。其尊德乐道不如是[45]，不足与有为也。故汤之于伊尹[46]，学焉而后臣之[47]，故不劳而王[48]。桓公之于管仲[49]，学焉而后臣之，故不劳而霸[50]。今天下地丑德齐[51]，莫能相尚[52]，无他[53]，好臣其所教，而不好臣其所受教。汤之于伊尹，桓公之于管仲，则不敢召。管仲且犹不可召[54]，而况不为管仲者乎[55]？"

【注释】

〔1〕朝：朝见，拜见。王：指齐国国君。

〔2〕如：应当。就：主动到……去。

〔3〕寒疾：怕风寒的疾病。

〔4〕风：受风。

〔5〕朝（zhāo）：早晨。视朝：上朝处理政务。朝：政务。

〔6〕识：知道。

〔7〕造：到，前往。朝：朝廷。

〔8〕吊：祭奠死者，或慰问其家属。东郭氏：姓东郭的某人家。

〔9〕或者：也许，是否。

〔10〕愈:病好了。

〔11〕如之何:怎么。

〔12〕问:探望,问候。

〔13〕孟仲子:据说是孟子的一位堂兄弟,也跟着孟子学习。

〔14〕采薪之忧:对生病的一种委婉说法。不知道为什么这样说。

〔15〕趋:快速行走。

〔16〕要(yāo):拦截。

〔17〕不得已:没有办法。之:到。景丑氏:景丑家。景丑:当是孟子认识的一个人。

〔18〕景子:对景丑的礼貌称呼。

〔19〕伦:等差,人际之间的道德关系。

〔20〕主:崇尚,注重。

〔21〕敬:认真负责地对待。

〔22〕恶(wū):感叹词。

〔23〕云尔:助词,而已,表示限止语气。

〔24〕莫:没有什么。乎:于。

〔25〕尧、舜之道:指圣明的道理。以:把。陈:陈述。

〔26〕莫:没有人。

〔27〕《礼》:指当时有关"礼"的著作。

〔28〕诺:是,对。应答的言辞。当时用于应答的有"唯"和"诺",用"唯"比用"诺"更显得恭敬。

〔29〕俟:等待。驾:指驾好车。

〔30〕固:本来。

〔31〕不果:准备的行动没有实施。

〔32〕宜:应该。夫:那。然:……的样子。

〔33〕与(yú):吗。

〔34〕曾子:曾参,孔子的学生。

〔35〕以:凭靠。

〔36〕爵:爵位。

〔37〕慊(qiǎn):不足,欠缺。

〔38〕或:也许。

〔39〕达:通行的,公认的。尊:指应该被尊重的人。

〔40〕齿:年龄。

〔41〕乡党:乡邻。

〔42〕辅世:指辅佐君主。长(zhǎng):当……的君长。

〔43〕恶(wū):怎么。慢:对……傲慢,怠慢。

〔44〕为:作为。

〔45〕尊:尊崇。乐:爱好。

〔46〕汤:商代的开国君主,是著名的贤君。伊尹:汤的相,是著名的贤臣。

〔47〕焉:……于他。臣:让……当自己的臣。

〔48〕劳:劳累。王(wàng):靠仁政统一天下而成为天子。

〔49〕桓公:指齐桓公,春秋时齐国国君,姓姜,名小白,死后谥为"桓"。管仲:齐桓公的相,将齐国治理成了一个强国,使齐桓公成了诸侯的霸主。

〔50〕霸:成为霸主。

〔51〕丑:类同。齐:等同。

〔52〕莫:没有人。尚:超过,胜出。

〔53〕他:别的原因。

〔54〕且犹:尚且,还。

〔55〕而况:何况。为:当……那样的人。

【译文】

孟子将去朝见齐王,齐王派人来说:"我本来应当前去见你,但我有怕风寒的病,不能受风。明天早晨我将上朝理政,不知能否让我在朝廷见到你呢?"孟子回答说:"我不幸得了病,不能到朝廷去。"

第二天,孟子到东郭家去吊丧,学生公孙丑说:"昨天说有病而拒绝了齐王,今天出门吊丧,是不是不好呢?"孟子说:"昨天有病,今天好了,为什么不能吊丧?"

齐王派人探望孟子的病,带着医生来了,孟仲子应对说:"昨天接到了国君的指示,但他有病,觉得不能到朝廷去。现在他的病稍好了些,急赶着到朝廷去了,我不知道他能否及时赶到。"孟仲子派了几个人到半路上拦截孟子,告诉他说:"请你一定不要回家,要到朝廷去。"孟子没有办法,便到景丑家住下了。

景丑说:"家中有父子关系,在外有君臣关系,都是人际之间最重要的关系。父子之间重在恩情,君臣之间重在尊重。我看到了国君尊重你,却没有看到你是怎样尊重国君的。"孟子说:"唉!这是什么话!齐国人没有拿仁义的道理对国君说的,难道是认为仁义不好吗?大家心里想的是'这样的君主哪值得和他谈仁义'而已,所以对国君的不尊重没有比这更厉害的。如果不是尧、舜的圣明道理,我不敢拿它在国君面前陈述,所以齐国没有人比我更尊重国君。"景丑说:"不,我不是指这个。《礼》上面说:'父亲召唤,儿子不能答诺而应该答唯;国君召唤,臣要不等车驾好就步行前往。'你本来就将要去朝见国君的,听到国君的召见指示后反而不去了,这样的表现应该和那《礼》上面的要求似乎不像。"孟子说:"我哪计较的是单纯的礼节问题呢?曾子说过:'晋国、楚国的财富谁也比不上。他靠他的财富,我靠我的贤仁。他靠他的爵位,我靠我的正义,我比他少了什么呢?'曾子这样的态度,难道不对吗?这也许是一种正确的原则呢。天下有公认的三种应当被尊重的人:有爵位的人是一种,年龄大的人是一种,有品德的人是一种。在朝廷中最被尊重的是爵位高的人,在乡邻中最被尊重的是年龄大的人,在辅佐君主而管理百姓的人中最应当被尊重的是有品德的人,国君哪能仅凭自己的爵位而傲视我的年龄和品德呢?所以将要大有作为的君主一定有他所不敢召唤的臣,如果有需要商量的事,就主动到臣的家中去。君主如果不能像这样尊崇有德的人而爱好道义,是不能和他有所作为的。商汤对待伊尹,是先向他学习而后才让他当臣,所以能不费力地成为贤明的帝王。桓公对待管仲,是先向他学习而后才让他当臣,所以能不费力地成为诸侯的霸主。现在天下的诸侯地盘相当,品德都一样,没有人能出类拔萃,这没有别的原因,都是喜欢让能听他话的人当臣,不喜欢让能教导他的人当臣。商汤对于伊尹,桓公对于管仲,就不敢召唤。连管仲都不可以召唤,何况是不肯学管仲样子的人呢?"

【讲解】

君主主动上门来见贤士,这是有礼贤下士的美德,符合儒家的贤君标准,对于君主和士人而言,都能获得好名声,是一种双赢的举措。士人上朝去拜见国君,则有趋炎附势之嫌。

战国时期为士人提供了发挥能量的舞台,他们往往以帝王之师自居,想逼君主低下高昂的头颅,转换自己与君主之间的尊卑角色,从而为干预世事获得更大的方便。这是一种权利意识的觉醒,值得嘉许。

器量狭窄的统治者颐指气使惯了,他们意识到尊士为师会给自己带来诸多不便,于是总不肯放下架子。齐王谎称有病,为自己不主动上门找了个借口,让孟子到朝廷来拜见,实质上是明确地不肯给予他"师"的地位。孟子本来是要主动去见齐王的,并没有计较你来我往之间体现的尊卑关系,但他看到齐王刻意在计较这些,显然没有礼贤下士的诚意,于是也认真起来,针锋相对地与齐王斗起了法。

孟子也谎称有病,拒绝朝见齐王,又怕齐王误解他是真有病,第二天便公开出门吊丧,好让齐王明白他是在叫板。昨天有病,今天可以转好,所以不是撒谎,这一理由可以挡住齐王的发难。齐王显然看出孟子的病是借口,便将计就计,派使者带着医生前来探望,目的是戳穿孟子,让他尴尬。孟子不愿意让齐王将自己逼到朝廷,只好跑到景丑家去住。孟子认为,君主与士人见面方式的选择不能视为单纯的礼仪,而是关涉到国家政治成败的大问题。

士人要坚持当君主的"师",其理由是很充分的。孟子认为,君主不过是有钱有权而已,而士人却有高尚之德,有治国之道,有强国之术,他们在君主面前并不矮三分,而是高一头的。要有所作为的君主必须尊德乐道,向商汤和齐桓公学习,以士为师,才能在政治上有所建树。

管仲是春秋时期的名臣,政绩卓著,但孟子认为他获得的执政条件很好,本来应该能辅佐齐桓公实现王道,但他仅仅是让齐国成为了诸侯霸主,所以是不值得敬佩的。孟子的志向很大,他瞧不起管仲,是一个"不为管仲者"。

4.3 陈臻问曰[1]:"前日于齐,王馈兼金一百而不受[2]。于宋[3],馈七十镒而受[4]。于薛[5],馈五十镒而受。前日之不受是,则今日之受非也。今日之受是,则前日之不受非也。夫子必居一于此矣[6]。"孟子曰:"皆是也。当在宋也,予将有远行,行者必以赆[7],辞曰'馈赆[8]',予何为不受?当在薛也,予有戒心[9],辞曰'闻戒,故为兵馈之[10]',予何为不受?若于齐,则未有处也[11]。无处而馈之,是货之也[12]。焉有君子而可以货取乎?"

【注释】
〔1〕陈臻:孟子的一个学生。

〔2〕馈:送给。兼金:价值为普通"金"的两倍。金:青铜,可作货币使用。

〔3〕宋:宋国,初都商丘,后迁于徐州。

〔4〕镒(yì):货币单位,重二十两。

〔5〕薛:薛国,在今山东藤县东南。周广业《孟子出处时地考》认为这时的薛已经是齐国大夫田婴的封地。

〔6〕夫子:对孟子的敬称。

〔7〕赆(jìn):送给出行者的礼钱。

〔8〕辞:言辞,指送礼时说的理由。

〔9〕戒心:对自己安全的戒备之心。

〔10〕兵:兵器。

〔11〕处(chǔ):指理由。

〔12〕货:贿赂。

【译文】

　　陈臻问孟子说:"此前在齐国,齐王送给您一百镒兼金,您不接受。在宋国,宋王送给您七十镒金,您接受了。在薛邑,薛君送给您五十镒金,您也接受了。如果以前不接受齐王的馈赠是对的,那么现在接受宋、薛的馈赠就错了。如果现在接受宋、薛的馈赠是对的,那么以前不接受齐王的馈赠就错了。先生在这两种选择面前必有一种是错的。"孟子说:"两种选择都是对的。在宋国的时候,我将要远行,对出行的人一定要送钱作盘缠,宋王的说法是'送盘缠',我为什么不接受?在薛邑的时候,我有防备攻击的打算,薛君的说法是'听说你要防备攻击,所以为了让你添置兵器而送钱',我为什么不接受?至于在齐国时,却没有理由。没有理由而送钱,这就成了用钱买我了。哪有君子能够用钱买的呢?"

【讲解】

　　君子接受别人的馈赠,一定要有正当的理由,其间尤其不能有金钱和原则的交易。齐王没有明确的理由而送钱给孟子,似乎不是要贿赂他,但显得不明不白,会使人有无功受禄的愧疚感觉,需要特别感恩,这对受赠者实际上是一种心理负担。宋、薛的君主送钱都有明确的理由,一来是孟子有需要花钱的项目,二来从礼数上他们也应该资助,所以孟子接受这些馈赠是心安理得的。

4.4 孟子之平陆[1],谓其大夫曰:"子之持戟之士一日而三失伍[2],则去之否乎[3]?"曰:"不待三。""然则子之失伍也亦多矣[4]。凶年饥岁[5],子之民老羸转于沟壑[6],壮者散而之四方者[7],几千人矣[8]。"曰:"此非距心之所得为也[9]。"曰:"今有受人之牛羊而为之牧之者[10],则必为之求牧与刍矣[11]。求牧与刍而不得,则反诸其人乎[12]?抑亦立而视其死与[13]?"曰:"此则距心之罪也。"

他日见于王[14],曰:"王之为都者[15],臣知五人焉。知其罪者惟孔距心。"为王诵之[16]。王曰:"此则寡人之罪也。"

【注释】

〔1〕之:到。平陆:齐国的一个邑,在今山东汶上县北。

〔2〕子:您。持戟之士:士兵。失伍:擅离队伍。

〔3〕去:去掉,指撤免。

〔4〕亦:太,很。

〔5〕凶年饥岁:灾荒年景。

〔6〕羸(léi):体弱有病。转:抛弃。

〔7〕散:指四散逃荒。

〔8〕几(jī):将近。

〔9〕距心:这位大夫姓孔,名距心。为:办好,办到。

〔10〕今:发语词,含有假设意味。牧:放牧。

〔11〕牧:牧场。刍(chú):饲草。

〔12〕反:返,返还。诸:于。

〔13〕抑亦:还是。与(yú):呢。

〔14〕他日:后来的某一天。

〔15〕为:管理。都:邑。

〔16〕诵:复述。指复述自己和孔距心的对话。

【译文】

　　孟子到了平陆,对那里的执政大夫孔距心说:"您的士兵一天之中三次擅离队伍,您是不是会将他撤免掉呢?"孔距心说:"不会等他到第三次的。"孟子说:"那么您'擅离队伍'的情况也很多了。灾荒年景,您的百姓中年老体弱的饿死而尸体被抛到沟壑中的,身体好点的四出逃荒的,将近上千人了。"孔距心说:"这不是我能管得了的事情。"孟子说:"如果有人接受了别人的牛羊而给人家放牧,就一定要给牛羊找牧场和饲草。找不到牧场和饲草,是将牛羊还给主人呢,还是站在那里看着它们饿死呢?"孔距心说:"这倒真是我的罪过。"

　　后来孟子见到了齐王,对他说:"您的管理地方的官员,我了解五个人。知道自己罪责的只有孔距心。"随后向齐王复述了和孔距心对话的情况。齐王说:"这确实是我的罪过。"

【讲解】

　　官员的职责是为国君保护好百姓,治理好地方,如果不能很好地完成使命,就是失职,应当主动辞职。孔子说过"陈力就列,不能者止",意思是"施展出你的能力来任职,如果不行就不任职",说的就是这样的道理。

105

国君的职责是遴选称职的官员,如果任用的官员不称职,就是国君的失职。齐王任用的官员大部分连自己该负的责任都不知道,说明他用人不当,应当为此负责。

4.5 孟子谓蚳蛙曰[1]:"子之辞灵丘而请士师[2],似也为其可以言也[3]。今既数月矣[4],未可以言与[5]?"蚳蛙谏于王而不用[6],致为臣而去[7]。

齐人曰:"所以为蚳蛙则善矣[8],所以自为[9],则吾不知也。"公都子以告[10]。曰:"吾闻之也:有官守者[11],不得其职则去[12]。有言责者[13],不得其言则去。我无官守,我无言责也,则吾进退岂不绰绰然有余裕哉[14]?"

【注释】
〔1〕蚳(chí)蛙:齐国的一位大夫。
〔2〕辞:辞去职务。灵丘:齐国边境的一个邑。请:向……请求,索要。士师:官名,掌管狱讼。
〔3〕似也:"也"字疑有讹误,可能是抄写中误增出来的。言:指向国君进言。
〔4〕既:已经。
〔5〕与(yú):吗。
〔6〕用:采纳。
〔7〕致为臣:辞去官职。
〔8〕所以:用来……的做法。
〔9〕自为:为自己。
〔10〕公都子:孟子的一名学生。以:把。
〔11〕官守:官位职守。

〔12〕职:职权,职责。去:离开,指辞职。
〔13〕言责:向君主进言的责任。
〔14〕绰绰然:宽绰的样子。余裕:宽余。

【译文】

　　孟子对蚔鼃说:"您辞去了灵丘大夫的职位而请求回朝廷担任士师,似乎是为了能够多接近国君而向他进言。现在已经过了几个月了,还不能进言吗?"蚔鼃向齐王进谏而不被采纳,便辞职走了。

　　齐国有人说:"孟子为蚔鼃指出的做法是对的,但他为自己怎样打算,我们却不知道。"公都子把这些议论告诉了孟子。孟子说:"我听说过这样的道理:担任官职而有职责的人,如果不能行使自己的职权,就辞职离开。担负着向君主进言任务的人,如果他的话不起作用,就辞职离开。我没有官职和相应的责任,我也没有担负向君主进言的任务,所以我做事时,其选择空间不是绰绰有余吗?"

【讲解】

　　蚔鼃担任灵丘大夫,远离朝廷,不方便向国君进谏,所以请求回朝廷当了士师,等待向国君进谏的机会。在孟子的督促下,他向国君提了意见,但没有被采纳,就辞职了。

　　按照正统的要求,如果向君主反复进谏而不被采纳,就应该辞职而去。这样做的含义很多,一方面是显示对自己进谏意见的坚持,不肯收回;一方面是等于主动退出争端,避免激化矛盾;一方面显示自己已经不在其位,可以不谋其政,也就不再承担相应的责任。

　　蚔鼃向国君进谏,其意见被否决,于是辞去了职位,他一连串的举动都是正面的,可以获得忠臣直士的好名声,这一切都是在孟子的督促下实现的,是孟子成全了蚔鼃,所以说孟子为蚔鼃指出的做法是对的。蚳蛙要向国君进谏的内容,孟子事先也知道,他自己不进谏,却督促蚳蛙去做,最终导致蚳蛙失去了官职,齐国的人们认为孟子的做法显得不厚道,所以对他有微辞。

孟子认为,当官的人享受着俸禄,就必须尽职尽责,遵守政界的正当规则,该辞职时就得辞职。当官的人干预国家政治是其任务,不当官的人干预国家政治只是其义务,二者是不一样的。自己没有官位,所以是否主动进谏,有选择的权利。

4.6 孟子为卿于齐[1],出吊于滕[2],王使盖大夫王驩为辅行[3]。王驩朝暮见,反齐、滕之路[4],未尝与之言行事也[5]。公孙丑曰:"齐卿之位不为小矣,齐、滕之路不为近矣,反之而未尝与言行事,何也?"曰:"夫既或治之[6],予何言哉?"

【注释】

〔1〕卿:朝廷中级别很高的官员,分上、中、下三级。

〔2〕吊:吊丧。滕:国名,在今山东滕县一带。

〔3〕盖(gě):地名,是齐国的一个邑,在今山东沂水县西北。王驩(huān):齐国大夫,字子敖。辅行:副使。

〔4〕反:返,指往返。

〔5〕行事:出使的有关事情。

〔6〕夫:他。既:已经。或:也许。治:将……办理妥当。

【译文】

孟子在齐国当了卿,前往滕国吊丧,齐王让盖邑大夫王驩担任副使。王驩从早到晚都能见到孟子,共同在齐国和滕国之间往返了一趟,孟子没有和他谈过这次出使的有关事情。公孙丑说:"齐国卿的官位不算小了,齐国与滕国之间不算近,一起往返了一趟都没有和他谈过出使的有关事情,为什么呢?"孟子说:"他已经把该办的事情或许都办妥了,我还说什么呢?"

【讲解】

　　孟子以卿任正使,王骥以大夫任副使,按理说应该事事向孟子请示,由孟子定夺,但他显然无视孟子的存在,一切都是自主决断。这种情况说明王骥瞧不起孟子,其行事方式带有挑衅和欺辱的意味。

　　尽管王骥的表现很不得体,在冒犯孟子的尊严,但孟子却采取了沉默对待的态度,显示出了他的大度和高明。试想,如果他对王骥已经决定的事情予以查问,倒像是在和下属计较事权了,为人的格调就会显得不高。只要王骥能把事情办妥,那就尽管让他办去。

　　孟子是正使,这使他站在了一个优越的位置上。如果王骥办事出了纰漏,得自己担责,因为他没有请示孟子。如果事情办得出色,功劳却有孟子的,因为孟子是正使,下属的任何功劳都有他的份。如此看来,王骥的行事方式是很不聪明的,而孟子的沉默则显示了他高超的处事艺术。

　　4.7 孟子自齐葬于鲁[1],反于齐[2],止于嬴[3]。充虞请曰[4]:"前日不知虞之不肖[5],使虞敦匠[6],事严[7],虞不敢请。今愿窃有请也[8],木若以美然[9]。"曰:"古者棺椁无度[10],中古棺七寸[11],椁称之[12],自天子达于庶人[13],非直为观美也[14],然后尽于人心。不得不可以为悦[15],无财不可以为悦[16]。得之为有财[17],古之人皆用之,吾何为独不然[18]?且比化者[19],无使土亲肤[20],于人心独无恔乎[21]?吾闻之

109

也,君子不以天下俭其亲〔22〕。"

【注释】

〔1〕自:从。葬:指孟子的母亲跟随孟子而在齐国去世,回鲁国安葬。

〔2〕反:返。

〔3〕止:停留。嬴:地名,在今山东莱芜市西北。

〔4〕充虞:孟子的一名学生。请:求教。

〔5〕前日:此前。不肖:不成材。

〔6〕敦:管理。匠:木匠。

〔7〕严:急迫。

〔8〕窃:私下。自谦之辞。

〔9〕木:指棺材。以:太。

〔10〕椁(guǒ):套于棺外的更大的棺木。度:规定的度量。

〔11〕中古:指夏、商时期。

〔12〕称(chèn):相当,配得上。

〔13〕达:至。

〔14〕直:只。

〔15〕不得:指由于礼制的规定而不能使用好的棺椁。

〔16〕无财:指没有钱制作好的棺椁。

〔17〕为:与。

〔18〕然:这样。

〔19〕且:况且。比:包裹。化者:死者。

〔20〕亲:靠近。

〔21〕独:岂,难道。恔(xiào):快慰,满意。

〔22〕以:使,让。俭:在……方面俭省。

【译文】

孟子将母亲的灵柩从齐国送回鲁国安葬,返回齐国,在嬴邑停留。学生充虞向他请教说:"前些时候您不知道我不成材,让我管着木匠做棺椁,事情急迫,我不敢向您请教。现在想私下有所请教:棺椁好像太好了。"孟子说:"古时候对棺椁的大小没有限制,中古时期规定棺材厚七寸,椁的厚度按比例相配,从天子到百姓都这样,不仅仅为了好看,而是用了好棺椁才能尽子女的孝心。碍于礼制而不能用好棺椁,不可以算满意。没钱而做不起好棺椁,不能算满意。只要不违背礼制而又有钱做,古人都用好棺椁,我为什么偏偏不这样呢?况且棺椁装着逝者,不使泥土贴近其身体,难道人们心中不满意吗?我听说,君子不提倡天下人在对待父母方面俭省。"

【讲解】

　　孔子主张对父母要"葬之以礼,祭之以礼",一切都以礼为规范。他说过"礼,与其奢也,宁俭",意思是"在礼仪方面,与其出现过度铺张的情况,宁肯简陋不足",孔子是反对厚葬的。

　　孟子埋葬母亲时花了很多钱,虽然没有僭越礼制,只是在礼度上取了上限,但确实是有点"引人注目"了,连学生都提出了棺木用得太好的质疑,鲁平公的侍臣臧仓也指责他比给父亲办丧事排场。

　　孟子的做法没有越礼,他主张对父母的丧事要尽到心,反对"俭其亲",认为人们不能给父母用上好棺椁,其内心是有遗憾的,这些见解倒也有其符合情理的成分。但他显然过分强调了孝子想对父母"尽心"的一面,甚至认为人们服从礼度是被动的,这种见解容易被发酵,引发负面效应,导致厚葬之风。不"俭其亲"应该体现在父母生前,对于其丧葬花销则必须发乎情而止乎礼义。

　　4.8 沈同以其私问曰[1]:"燕可伐与[2]?"孟子曰:"可。子哙不得与人燕[3],子之不得受燕于子哙。有仕

111

于此[4]，而子悦之，不告于王而私与之吾子之禄爵[5]，夫士也亦无王命而私受之于子，则可乎？何以异于是？"齐人伐燕。

或问曰[6]："劝齐伐燕，有诸[7]？"曰："未也。沈同问：'燕可伐与？'吾应之曰：'可。'彼然而伐之也[8]。彼如曰：'孰可以伐之？'则将应之曰：'为天吏则可以伐之[9]。'今有杀人者，或问之曰：'人可杀与？'则将应之曰：'可。'彼如曰：'孰可以杀之？'则将应之曰：'为士师则可以杀之[10]。'今以燕伐燕[11]，何为劝之哉？"

【注释】

〔1〕沈同：齐国的一位大臣。以：凭借。私：私人身份。

〔2〕燕(yān)：燕国，都城在今北京。与(yú)：吗。当时的燕王名叫哙，其相是子之。哙听信别人的怂恿，将王位让给了子之，自己当了臣。

〔3〕子哙(kuài)：即燕王哙，姓姬，是燕易王的儿子。燕王的爵位是周天子封的，子哙无权送人。

〔4〕仕：士，士人。

〔5〕私：私自，擅自。吾子：对别人的亲密的称呼。

〔6〕或：有人。

〔7〕诸：之，这事。

〔8〕然：认为……对。

〔9〕天吏：天的使者，即天子。

〔10〕士师：官名，主管狱讼。

〔11〕以燕伐燕：用和燕国一样无理的做法去打燕国。

【译文】

齐国大臣沈同以私人身份问孟子："燕国应该讨伐吗？"孟子说："应该。燕王子哙不可以把燕国送给别人，子之也不可以从子哙那里接受燕王的爵位。例如有一个士人,您喜欢他,便不请示齐王而私自把您的爵位和俸禄送给了他,这个士人也在没有得到齐王同意的情况下就擅自从您这里接受了您的爵位和俸禄,这样做可以吗?子哙和子之拿着天子赐予燕王的爵位私相授受,和您与士人拿着齐王赐予的爵位私相授受有什么不同?"齐国人出兵讨伐了燕国。

有人问孟子说:"你劝齐国讨伐燕国,有这事吗?"孟子说:"没有。沈同问我:'燕国应该讨伐吗?'我回答说:'应该。'他认为我说得对,就讨伐了燕国。他如果再问说:'谁有权讨伐?'我就会回答说:'担任天的使者,就有权讨伐。'例如有个杀人犯,有人问道:'这个杀人犯应该处死吗?'我就会回答说:'应该。'他如果说:'谁有权处死他?'我就会回答说:'担任国家的司法官员就有权处死他。'现在齐国用和燕国一样无理的做法去打燕国,我怎么会劝他们这样做呢?"

【讲解】

燕国君臣拿着天子所赐的爵位私相授受,是不合理的,应当纠正。但齐国以此为借口而攻占燕国,没有得到天子的授权,同样是不合理的。问题的症结是:燕国和齐国都无视天子的存在,其行为属于严重的僭越。

孔子说:"天下有道,则礼乐征伐自天子出;天下无道,则礼乐征伐自诸侯出。"意思是说:"天下的政治秩序合理,国家的政治纲领和具体制度等都由天子制订,出兵打仗的事情也由天子作主;天下的政治秩序不合理,国家的政治纲领和具体制度等都由诸侯制订,出兵打仗的事情也由诸侯作主。"孟子这里谴责燕国和齐国的做法,和孔子的看法是一致的,都是主张恢复国家正常的政治秩序,反对诸侯为了私利而擅自为政。

4.9 燕人畔[1]，王曰："吾甚惭于孟子[2]。"陈贾曰[3]："王无患焉[4]。王自以为与周公孰仁且智[5]？"王曰："恶[6]！是何言也！"曰："周公使管叔监殷[7]，管叔以殷畔[8]。知而使之，是不仁也。不知而使之，是不智也。仁智，周公未之尽也[9]，而况于王乎[10]？贾请见而解之[11]。"

见孟子，问曰："周公何人也？"曰："古圣人也。"曰："使管叔监殷，管叔以殷畔也，有诸[12]？"曰："然[13]。"曰："周公知其将畔而使之与？"曰："不知也。""然则圣人且有过与[14]？"曰："周公弟也，管叔兄也，周公之过不亦宜乎[15]？且古之君子过则改之[16]，今之君子过则顺之[17]。古之君子，其过也如日月之食[18]，民皆见之，及其更也[19]，民皆仰之[20]。今之君子岂徒顺之[21]，又从为之辞[22]。"

【注释】

〔1〕畔：叛。燕国发生内乱，齐国乘机攻入，受到燕国百姓的欢迎。但齐国却在燕国施暴，毁坏宗庙，抢夺宝物，企图兼并燕国（参阅上文2.11），导致诸侯各国联合救援燕国，燕国人也开始反抗齐国。

〔2〕惭：羞愧。孟子曾经劝齐王善待燕国人，送还抢夺的宝物，让燕国人拥立新的君主，从燕国撤兵，齐王没有听从，导致局面恶化，对齐国不利。

〔3〕陈贾：齐国的一位大夫。

〔4〕患：遗憾，忧虑。

〔5〕周公：姓姬，名旦，周武王的弟弟，是周朝初年的功臣，被后世推为圣人。

〔6〕恶(wū)：叹词，表示不认可的语气。

〔7〕管叔:名鲜,是周公的哥哥。周武王灭商后,封纣的儿子武庚为诸侯,命管叔担任武庚的相。监:监管。殷:商。

〔8〕以:凭借。周成王年幼,由周公执政,管叔等人挟持武庚发动叛乱,后来被周公诛灭。

〔9〕尽:全部做到。

〔10〕而况:何况。

〔11〕解:调解。

〔12〕诸:之,这样的事。

〔13〕然:是的,对。

〔14〕且:尚且。

〔15〕亦:很。宜:合乎情理。

〔16〕君子:指地位高的人。

〔17〕顺:指继续错下去。

〔18〕日月之食:日食和月食。

〔19〕更:改正。

〔20〕仰:仰望,敬仰。《论语·子张》:"君子之过也,如日月之食焉,过也人皆见之,更也人皆仰之。"

〔21〕岂徒:何止。

〔22〕从:从而。辞:找借口诡辩。

【译文】

燕国人开始反抗齐国,齐王说:"我很愧对孟子。"陈贾说:"您不必羞愧。您觉得自己和周公相比,谁更贤仁而有智慧?"齐王说:"唉!你这是什么话!"陈贾说:"周公让管叔监管殷国,管叔却依托殷国而发动叛乱。周公如果事先了解管叔很坏却还让他监管殷国,这就说明周公不贤明。如果事先不了解管叔却让他监管殷国,这就说明周公不智慧。论贤明和智慧,连周公都不能完美无缺,何况是您呢?请让我去见孟子而调解一下。"

陈贾见到孟子,问他说:"周公是什么样的人呢?"孟子说:"是古代的圣人。"陈贾说:"他让管叔监管殷国,管叔却依托殷国而发动叛乱,有这事吗?"孟子说:"是的。"陈贾说:"周公是在知道管叔会叛乱的情况下派他去监管殷国的吗?"孟子说:"周公并不知道。"陈贾说:"如此看来,连圣人也还是有过错的吧?"孟子说:"周公是弟弟,管叔是兄长,周公的这一过错不是很合乎情理吗?况且古代贤明的执政者有了过错就改正,现在的执政者有了过错却沿袭不改。古代贤明的执政者,他们的过错像日食和月食,百姓全能看到。当他们改正之后,百姓全都敬仰他们。今天的执政者何止是沿袭过错,还要为自己的过错找借口诡辩。"

【讲解】

　　圣贤也会有错误,但导致他们错误的原因在情理之中,因而其错误也可以被谅解,周公是不可能事先预见到自己的哥哥会叛乱的。圣贤有了过错能主动承认,担当责任,并且会积极改正。

　　齐王不听孟子的建议而犯了错误,其错误的原因是利令智昏,明知故犯,是不可谅解的。有了错误不肯承认,不肯改正,反而找借口诡辩开脱,其表现十分恶俗。

　　比起常人来,执政者犯错误有着更大的危害,会对国家政治造成重大影响。如果他们能改正错误,则又有非常积极的影响,能够获得百姓的拥护。

　　陈贾是个邪佞之臣,他不劝齐王认错和改错,反而用"人非圣贤,孰能无过"的理由为齐王开脱,却回避了圣贤会积极改错的一面,所以受到了孟子的谴责。

　　4.10 孟子致为臣而归[1],王就见孟子[2],曰:"前日愿见而不可得[3],得侍同朝[4],甚喜。今又弃寡人而归,不识可以继此而得见乎[5]?"对曰:"不敢请耳[6]，固所愿也[7]。"

他日[8]，王谓时子曰[9]："我欲中国而授孟子室[10]，养弟子[11]，以万钟[12]，使诸大夫、国人皆有所矜式[13]，子盍为我言之[14]？"时子因陈子而以告孟子[15]，陈子以时子之言告孟子，孟子曰："然，夫时子恶知其不可也[16]？如使予欲富，辞十万而受万，是为欲富乎？季孙曰[17]：'异哉[18]！子叔疑[19]。使己为政[20]，不用，则亦已矣[21]，又使其子弟为卿。'人亦孰不欲富贵？而独于富贵之中有私龙断焉[22]？古之为市也[23]，以其所有易其所无者，有司者治之耳[24]。有贱丈夫焉[25]，必求龙断而登之[26]，以左右望而罔市利[27]。人皆以为贱，故从而征之[28]。征商自此贱丈夫始矣。"

【注释】

〔1〕致为臣：辞去官职。归：指要回到家乡去。

〔2〕就：主动到……去。

〔3〕前日：以前。愿：希望。

〔4〕侍：陪，这是客气话。

〔5〕识：知道。继此：从此以后。按：这句话宜当作"不识可以继此而得见否乎"，今本脱去了"否"字。

〔6〕请：请求。耳：而已。

〔7〕固：本来。

〔8〕他日：后来的一天。

〔9〕时子：齐国的一位大夫。

〔10〕中国：齐国的中部。

〔11〕养：教养，教导。弟子：指齐国君臣的子弟。

117

〔12〕以:用。钟:度量单位,一钟为当时的六石四斗。

〔13〕矜:敬重。式:效法。

〔14〕盍:何不。

〔15〕因:通过。陈子:陈臻,孟子的学生。以:把。

〔16〕夫:那。恶(wū):哪里。

〔17〕季孙:鲁国贵族季孙氏,具体所指不详。

〔18〕异:奇怪,不理解。

〔19〕子叔疑:鲁国贵族子叔氏,名疑。

〔20〕为政:执政。

〔21〕已:罢,止。

〔22〕独:岂,哪能。私:私家。龙断:垄断,突出的高地,引申指占据要害,独霸一切利益。

〔23〕为:设立。市:市场。

〔24〕司:主管。治:管理。

〔25〕贱丈夫:品质低下的男子。

〔26〕求:寻找。

〔27〕罔:网,网罗,全部获取。

〔28〕征:征税。

【译文】

　　孟子辞去了齐国卿的职位而要回鲁国,齐王到孟子的住处来见孟子,对他说:"以前想见你而办不到,后来得以陪你同在朝廷,很高兴。现在你又要扔下我而回去了,不知道以后还能不能再见到你呢?"孟子说:"只是不敢向您请求而已,我本来就希望能与您常见面。"

　　后来某一天,齐王对时子说:"我想在齐国中部地区给孟子一所房子,让他教养君臣们的子弟,每年给他一万钟粮食的俸禄,让众大夫和百姓们都有敬仰和效法的榜样。你何不替我去向孟子说一下?"时子让陈臻把齐王的话告诉孟子,陈臻把时子的话告诉了孟子。孟子说:"哦,那时子哪知道不能这样做呢?

假如我是想富起来,却辞掉了多年应得的十万钟俸禄而接受一万钟,这是想富起来吗?鲁国的季孙说过:'子叔疑的行为真让人不可理解啊!国君让他掌管国家政务,却并不采纳他的主张,就辞职算了,他却又安排自己的子弟担任卿的职位。'人们谁不想富贵?哪能在获得富贵之后还想私家独揽权势?古时候设立市场,让人们用自己有的东西换取没有的东西,有主管的官吏管理交易活动而已。有个品格低下的男子,总是寻找一个突出的高地登上去,凭借居高临下的方便四处窥探,因而牟取了交易中的全部利益。人们都认为他下贱,便向他征税。向商人征税就是从这个下贱的男子开始的。"

【讲解】

　　从语境提供的情况来看,孟子辞去卿的职位并不是年事已高而不能胜任,是因为和齐王政见不合,齐王不肯采纳他推行仁政的主张。孟子德高望重,他一辞职,等于是将他和齐王的矛盾公开化了,在舆论上对齐王不利。齐王想留下孟子教养齐国贵族的子弟,给的俸禄也算优厚,这是想补救尴尬的局面,给外界造成他们君臣之间并没有决裂的印象。孟子不肯接受这样的安排,决意要走,等于是自己主动"不食污君之禄",是齐王昏庸而逼走了贤臣,这实际上是对齐王的一种惩罚。

　　孟子说自己辞十万钟,指的是他多年担任齐国的卿而应得的俸禄总数,但他都辞掉了,不肯领取。具体情况可参看下文4.14。

　　孟子声明,自己是政治家,不是爱钱的商人,当官是为了推行仁政,拨乱反正,解民于倒悬。如果这一理想不能实现,他决不放弃原则而与齐王合作。子叔疑的表现与孟子相反,他担任执政大臣,不能实行自己的主张,不但不辞职,而且还安排自己的子弟当大官,完全是个要垄断市场利益的下贱商人,根本不是政治家。像时子这样的平庸官僚,当然是不能理解孟子的胸怀的。

4.11 孟子去齐[1],宿于昼[2]。有欲为王留行者[3],坐而言,不应,隐几而卧[4]。客不悦,曰:"弟子齐宿而后敢言[5],夫子卧而不听,请勿复敢见矣。"曰:"坐。我明语子[6]。昔者鲁缪公无人乎子思之侧[7],则不能安子思[8]。泄柳、申详无人乎缪公之侧[9],则不能安其身。子为长者虑而不及子思[10],子绝长者乎[11]?长者绝子乎?"

【注释】

〔1〕去:离开。

〔2〕宿:住宿。昼:邑名,在齐国首都临淄西南。

〔3〕留行:挽留要走的人。

〔4〕隐:身体靠着。几(jī):座位前供人倚靠的矮桌。

〔5〕弟子:晚辈。对自己的谦称。齐(zhāi)宿:预先斋戒。齐:斋,斋戒。

〔6〕语(yù):告诉。

〔7〕鲁缪(mù)公:鲁穆公,名显,鲁国的一位国君。乎:于。子思:名伋(jí),孔子的孙子。侧:身边。

〔8〕安:留住,使……安心不走。

〔9〕泄柳:鲁穆公时的一位贤士。申详:孔子学生子张的儿子。

〔10〕子:对别人的礼貌称呼。长者:老年人。虑:谋虑。及:比得上。

〔11〕绝:拒绝,排斥。

【译文】

孟子离开齐国后,中途住在昼邑。有个人想为齐王把要走的孟子留住,他端坐着说话,孟子不应答,靠着小几睡觉。客人不高兴,对孟子说:"晚辈经过斋戒才敢和您说话,先生却睡着不听,我不敢再见您啦。"说着起身要走,孟子说:"坐下,我明白告诉你。在过去,鲁穆公如果不安排人在子思身边劝解他,就不能使他安心留下。泄柳、申详如果不安排人在穆公身边劝解他,就不能使自己安心留下。你为我谋虑,却把我看得连子思都不如,这是你不尊重我呢,还是我不尊重你呢?"

【讲解】

　　孟子自视甚高,认为自己辞去齐国的职位,责任在齐王不能礼贤下士。自己德高望重,比子思强,但齐王对自己的礼遇却连鲁穆公对待子思都不如。来客显然不能认识到这一点,同样把孟子看得太低,只是喋喋不休地劝孟子返回齐国,因而孟子对他很不客气。

　　4.12 孟子去齐[1],尹士语人曰[2]:"不识王之不可以为汤、武[3],则是不明也[4]。识其不可,然且至[5],则是干泽也[6]。千里而见王,不遇故去[7],三宿而后出昼[8],是何濡滞也[9]?士则兹不悦[10]。"高子以告[11],曰:"夫尹士恶知予哉[12]?千里而见王,是予所欲也。不遇故去,岂予所欲哉?予不得已也。予三宿而出昼,于予心犹以为速[13],王庶几改之[14]。王如改诸[15],则必反予[16]。夫出昼而王不予追也,予然后浩然有归志[17]。予虽然[18],岂舍王哉[19]?王由足用为善[20]。王如用予,则岂徒齐民安[21]?天下之民举安[22]。王庶几改之,予日望之[23]。予岂若是小丈夫然哉[24]?谏于其君而不受则怒,悻悻然见于其面[25],

121

去则穷日之力而后宿哉[26]?"尹士闻之,曰:"士诚小人也[27]。"

【注释】

　　[1] 去:离开。

　　[2] 尹士:齐国的一个人。语(yù):告诉。

　　[3] 识:知道。汤:商代的开国君主,是后代推崇的英明帝王。武:周武王,也是后代推崇的英明帝王。

　　[4] 明:聪明,明智。

　　[5] 然:但。且:尚且,还。

　　[6] 干:求。泽:俸禄。

　　[7] 遇:被赏识重用。

　　[8] 昼:邑名,在齐国首都临淄西南。

　　[9] 何:多么。濡(rú)滞:拖延。

　　[10] 兹:更加。

　　[11] 高子:齐国人,孟子的一个学生。以:把。

　　[12] 恶(wū):哪里。知:了解,理解。

　　[13] 于:在。犹:还。速:太快了。

　　[14] 庶几(jī):或许。

　　[15] 诸:之。

　　[16] 反:返,使……返回。

　　[17] 浩然:心胸开释的样子,指下了决心。

　　[18] 虽:虽然。然:……这样。

　　[19] 舍:放弃,抛弃。

　　[20] 由:犹,还。足用:足以。

　　[21] 岂徒:何止。安:安定。

　　[22] 举:皆,都。

　　[23] 日:每天。望:盼望。

　　[24] 小丈夫:指心胸狭窄的男人。然:……的样子。

〔25〕悻(xìng)悻然:生气不满的样子。见(xiàn):现,表现。

〔26〕穷:用尽。日:一整天。

〔27〕诚:确实。

【译文】

孟子离开了齐国,尹士告诉人们说:"孟子不知道齐王不能够成为商汤和周武王那样的英明君主,说明他不明智。知道齐王不行,但他还是来了,这是贪图富贵。跑了一千里路来见齐王,没有受到赏识重用而离去,中途却在昼邑住了三天才又动身,为什么这样拖延呢?让我更加不佩服他。"高子把这些话告诉了孟子,孟子说:"那尹士哪能了解我呢?跑了一千里路来见齐王,这是我愿意的。不被赏识重用而离去,这难道是我愿意的吗?我是没办法而已。中途在昼邑住了三天才又动身,在我看来还是觉得走得太快了呢,我觉得齐王或许能改变态度。齐王如果改变了态度,就一定会叫我回去。从昼邑离开后,齐王不派人来追我,我这才下了回家的决心。我虽然这样,心里哪能放弃对齐王的希望呢?齐王还是可以推行好的政治的。他如果重用我,何止齐国的百姓能够安定?普天下的百姓都能得到安定。齐王或许能改变态度,我每天都在盼望着。我哪像那种心眼狭小的男人呢?向自己的君主进谏而不被接受,便恼怒,气呼呼地表现在脸上,离开的时候还要走得精疲力尽了才住宿吗?"尹士听到了孟子的这番话,感慨地说:"我确实是个识见浅陋的人。"

【讲解】

齐王总是不采纳孟子的主张,孟子决定辞职而离开齐国,这一举措实际上给齐王增加了压力,使他背上了不能任用贤才的名声(参见上文4.10的分析),他应该认识到自己的错误,立即将孟子追回来。孟子在昼邑住了三天,就是在等齐王回心转意而召回自己。他认为齐国有强大的国力基础,齐王也并不是坏君主,如果能很好合作,推行仁政而统一天下的宏图是能够实现的,所以他始终没有放弃对齐王的厚望。孟子以天下为己任,目标远大,心胸宏阔,见识高远,素质完善,并不是利禄之徒,也不是那种好任性使气的心胸狭隘之人。

尹士批评孟子不明智,认为他来齐国就是为了升官发财,住在昼邑不走是因留恋爵禄而徘徊观望,没有点正人直士的气概。他这是以小人之心度君子之腹,既误解了孟子,也显得自己格调不高,所以十分懊悔。

4.13 孟子去齐[1],充虞路问曰[2]:"夫子若有不豫色然[3]。前日虞闻诸夫子曰[4]:'君子不怨天,不尤人[5]。'"曰:"彼一时[6],此一时也。五百年必有王者兴[7],其间必有名世者[8]。由周而来七百有余岁矣[9],以其数则过矣,以其时考之则可矣。夫天未欲平治天下也[10],如欲平治天下,当今之世舍我其谁也[11]?吾何为不豫哉?"

【注释】

〔1〕去:离开。

〔2〕充虞:孟子的一个学生。路:在路上。

〔3〕夫子:学生对老师的称呼。豫:高兴。色:表情。

〔4〕前日:此前,以前。诸:于。

〔5〕尤:责怪。《论语·宪问》:"不怨天,不尤人,下学而上达。知我者其天乎!"

〔6〕彼:那。指孟子以前对充虞说"君子不怨天,不尤人"的时候。时:指一定时间的特定情况。彼一时:当作"彼一时也"。

〔7〕王者:推行仁政而统一天下的人。兴:兴起。

〔8〕名世:在人世间著名。

〔9〕有(yòu):连词,用在整数和零数之间。

〔10〕平治:治理好。

〔11〕舍:舍弃,除了。其:尚且,还。

【译文】

孟子离开了齐国,充虞在路上问道:"先生好像有不高兴的样子。以前我听先生说过:'君子不埋怨天,不责怪别人。'"孟子说:"我说那话的时候有它的背景,现在有现在的背景。每过五百年必定会有圣明的君主兴起,其间一定会出旷世的著名人才。从周朝以来七百多年了,论年数已经超过五百了,按时机来观察也成熟了。这是天不想把社会治理好,如果天想把社会治理好,在当今的世界上,除了我还能有谁呢?我为什么会不高兴呢?"

【讲解】

孟子的主张总是不被齐王采纳,他不甘心地离开了齐国,自然当时的心情是不高兴的。充虞认为孟子的表现显得没有君子风度,所以向孟子发问。孟子认为君子"不怨天,不尤人"指的是宏观的普遍的情况,在"去齐"事件上显得惋惜是临时现象,应该被理解,不算没有君子风度。从大的方面来说,孟子认为自己是能将社会拨乱反正的惟一奇才,很值得欣慰,没有不高兴的理由。

4.14 孟子去齐〔1〕,居休〔2〕,公孙丑问曰:"仕而不受禄〔3〕,古之道乎〔4〕?"曰:"非也。于崇〔5〕,吾得见王,退而有去志〔6〕,不欲变,故不受也。继而有师命〔7〕,不可以请〔8〕。久于齐〔9〕,非我志也。"

【注释】

〔1〕去:离开。

〔2〕休:地名,在今山东滕县北。

〔3〕仕:当官。

〔4〕道:正确的做法。

〔5〕于:在。崇:地名。

〔6〕退:从地位高的人面前离开。志:想法。

〔7〕继:随后。师命:关于军事行动的命令,可能指当时齐国出兵攻打燕国的事情。师:军队。

〔8〕请:提出请求。

〔9〕久:长时间地停留。

【译文】

孟子离开了齐国,住在休邑,学生公孙丑问道:"当官而不接受俸禄,这是古人提倡的做法吗?"孟子说:"不是的。我在崇邑见了齐王,会面结束后就有了离开的想法,不想改变了,所以不接受他给的俸禄。随后齐国颁布了打仗的命令,这时不应该请求辞职。长期待在齐国,并不是我的本意。"

【讲解】

与齐王初次接触,孟子就感到和他难以合作,打算离开,所以不接受齐王给他的俸禄。后来齐国处在战争状态,在这时辞职是不合适的,最终导致他在齐国待了很长时间。

无功不受禄,不打算合作了也不受禄。遇到战争,齐国处在紧急状态,大臣辞职会对国家产生负面影响,为顾全大局而暂不辞职。这些做法都体现了孟子的君子风范。

滕 文 公 上

5.1 滕文公为世子[1]，将之楚[2]，过宋而见孟子[3]，孟子道性善[4]，言必称尧、舜[5]。世子自楚反[6]，复见孟子，孟子曰："世子疑吾言乎？夫道一而已矣[7]。成覸谓齐景公曰[8]：'彼丈夫也，我丈夫也，吾何畏彼哉？'颜渊曰[9]：'舜何人也，予何人也，有为者亦若是。'公明仪曰[10]：'文王我师也[11]，周公岂欺我哉[12]？'今滕，绝长补短[13]，将五十里也[14]，犹可以为善国[15]。《书》曰[16]：'若药不瞑眩[17]，厥疾不瘳[18]。'"

【注释】

〔1〕滕文公：滕国的一位国君，死后谥为"文"。世子：太子，君位的继承人。

〔2〕之：到，前往。楚：楚国，其都城名郢，在今湖北江陵西北。

〔3〕宋：宋国，当时的都城为彭城，在今徐州。

〔4〕性善：人的天性是善良的。

〔5〕尧、舜：都是上古时期的贤明君主，尧年老时将帝位让给了舜。

〔6〕反：返。

〔7〕夫：那。道：正确的道理。一：一种，一样的。而已矣：助词，表示限止语气。

〔8〕成覸(jiàn)：齐国的一位勇士。谓：谈到。齐景公：春秋时期齐

127

国的一位国君,死后谥为"景"。

〔9〕颜渊:名回,字子渊,孔子的学生。

〔10〕公明仪:孔子学生曾参的学生。

〔11〕文王:周文王,姓姬,名昌,是后代推崇的英明君主。

〔12〕周公:周武王的弟弟,周朝的功臣,被后代称为圣人。

〔13〕绝长补短:将突出的部位割下来补到欠缺的部位上,使之成为矩形,便于计算其面积,是计算不规则形状国土时的方法。绝:割。

〔14〕将:接近。

〔15〕犹:仍然。

〔16〕《书》:指《尚书》。下文引用的话,出自商代君主武丁时的一篇文献,全文今已失传。

〔17〕瞑(míng)眩(xuàn):指药物的作用使人头晕目眩。

〔18〕厥:其。瘳(chōu):痊愈。

【译文】

滕文公当太子时,将出使到楚国去,经过宋国时拜见了孟子。孟子向他讲人天性善良的道理,说话时总是引述尧、舜的至理名言。这位太子从楚国回来时,又去拜见孟子。孟子说:"太子怀疑我还有什么道理没有讲吗?那正确的道理只有一种而已。成覵谈到齐景公时曾经说:'他是个男人,我也是个男人,我怎么会怕他呢?'颜渊说过:'舜是什么样的人,我也是什么样的人,有作为的人也都会像这样。'公明仪说过:'文王是我的老师,周公怎么会骗我呢?'现在的滕国,截长补短,方圆近五十里,仍然能治理成一个好国家。《尚书》上说:'药物不能使病人头晕目眩,他的病就不会痊愈。'"

【讲解】

孟子认为,人的天性是善良的,古代圣明君主治国的道理和经验是正确有效的,这是社会能够治理好的根本依据。只要坚持正道,有信心,有志气,虽然地位低、条件差,也能做出好的成绩。即使像滕这样的小国，都可能兴盛发展起来。

改革社会的行动是正义和邪恶的斗争，不能畏惧暂时的冲突动荡，不能不付出相应的代价，否则就不能拨乱反正。

5.2 滕定公薨[1]，世子谓然友曰[2]："昔者孟子尝与我言于宋，于心终不忘。今也不幸至于大故[3]，吾欲使子问于孟子，然后行事。"

然友之邹问于孟子[4]，孟子曰："不亦善乎[5]？亲丧[6]，固所自尽也[7]。曾子曰[8]：'生，事之以礼[9]。死，葬之以礼，祭之以礼，可谓孝矣。'诸侯之礼，吾未之学也。虽然[10]，吾尝闻之矣。三年之丧[11]，齐疏之服[12]，飦粥之食[13]，自天子达于庶人[14]，三代共之[15]。"

然友反命[16]，定为三年之丧。父兄百官皆不欲[17]，曰："吾宗国鲁先君莫之行[18]，吾先君亦莫之行也，至于子之身而反之[19]，不可。且志曰[20]：'丧祭从先祖。'"曰："吾有所受之也[21]。"谓然友曰："吾他日未尝学问[22]，好驰马试剑[23]。今也父兄百官不我足也[24]，恐其不能尽于大事[25]，子为我问孟子。"

然友复之邹问孟子，孟子曰："然。不可以他求者也[26]。孔子曰：'君薨，听于冢宰[27]。'啜粥[28]，面深墨[29]，即位而哭[30]，百官有司莫敢不哀[31]，先之也。上有好者，下必有甚焉者矣[32]。君子之德风也[33]，小人之德草也[34]，草尚之风必偃[35]。是在世子。"

然友反命，世子曰："然。是诚在我。"五月居

129

庐[36],未有命戒[37]。百官族人可[38],谓曰知[39]。及至葬,四方来观之,颜色之戚[40],哭泣之哀,吊者大悦[41]。

【注释】

〔1〕滕定公:滕国的一位国君,死后谥为"定"。薨(hōng):诸侯国君死亡,叫做薨。

〔2〕世子:太子,指滕定公的太子,即后来的滕文公。然友:滕文公的老师。

〔3〕大故:大的变故,指父亲去世。

〔4〕之:到,前往。邹:地名,在今山东邹城,是孟子的家乡。

〔5〕亦:很。

〔6〕亲:父母。丧(sāng):丧事。

〔7〕固:本来。所:用来……的时候。尽:指尽其孝心。

〔8〕曾子:曾参,孔子的学生。

〔9〕事:侍奉。

〔10〕虽:虽然。然:这样。

〔11〕丧(sāng):丧期,守孝的期限。

〔12〕齐(zī):将孝服的边沿缝起来。疏:粗,指粗布。

〔13〕饘(zhān)粥:饭类中稠的叫饘,稀的叫粥。

〔14〕达:到。

〔15〕三代:指夏、商、周三代。共:共同,一样。

〔16〕反命:复命,执行命令后回报。

〔17〕父兄:指滕文公家族中的尊长们。

〔18〕宗国:同姓诸侯国。鲁:鲁国,都城在今山东曲阜。先君:先代君主。莫:没有人。

〔19〕反:违背。

〔20〕且:况且。志:记载事情的一类书籍。

〔21〕受:承继。

〔22〕他日:指以前。

〔23〕试剑:比试剑术。

〔24〕不我足:对我不认可。

〔25〕其:己,指滕文公自己。尽:指将尽孝的行为坚持到底。大事:指父亲的丧事。

〔26〕他求:依赖别人。求:依靠。

〔27〕听:听命。冢(zhǒng)宰:最高执政长官。《论语·宪问》:"何必高宗?古之人皆然。君薨,百官总己以听于冢宰三年。"

〔28〕歠(chuò):喝。

〔29〕深墨:深黑色。

〔30〕即位:就位,指办丧事时孝子所在的固定位置。

〔31〕有司:各部门管理具体政务的官员。

〔32〕甚焉:比这样的表现更甚。

〔33〕君子:贵族,当权者。

〔34〕小人:百姓,民众。

〔35〕尚:把……施加到上面。偃:倒伏。《论语·颜渊》:"君子之德风,小人之德草,草上之风必偃。"

〔36〕庐:凶庐,孝子在丧事期间居住的地方,临时建成,要十分简陋。

〔37〕命戒:命令,禁令。

〔38〕可:认可,认为做得对。

〔39〕知:智,指行为高明合理。

〔40〕颜色:表情。戚:慽,忧伤。

〔41〕吊:吊丧。悦:满意。

【译文】

滕定公逝世了,太子对然友说:"过去孟子曾经在宋国和我交谈,他的话始终记在我心里不能忘记。现在不幸出了这样的大事,我想让你去请教孟子,然后再办丧事。"

然友到邹邑去问孟子,孟子说:"这不很好吗?父母亲去世,本来就是孝子尽情表达孝心的时候。曾子说:'父母活着的时候，子女要按礼的要求侍奉。父母去世了，子女要按礼的要求埋葬，按礼的要求祭祀，就可以算是孝顺了。'诸侯丧葬的礼制，我没有学习过，虽然如此，也曾经听说过。三年的守孝期，穿缝了边缘的粗布孝服，吃粥饭，从天子到百姓，夏、商、周三代都这样做。"

然友回去复命，太子决定守孝三年。太子宗族的尊长和朝廷的官员都不愿意，他们说："我们同宗的鲁国的先代君主没有实行守孝三年的礼制，我国的先代君主也没有实行这样的礼制，到您这一代而违反习惯，不可以。况且史书上说：'丧礼和祭祀要依据祖先的惯例。'"他们说："我国以往的做法是传承有自的。"太子对然友说："我过去不曾好好学习，喜欢骑马击剑。现在宗族中的尊长和朝廷的官员们认为我不行，担心我守孝不能很好地坚持到底。你替我再去问一下孟子。"

然友又到邹邑去问孟子，孟子说："是的。守孝这事要做好是不能靠别人的。孔子说：'君主逝世后，朝廷百官都要听宰相号令。'孝子吃饭时只喝粥，面色憔悴得成了深黑色，到居丧的位置上哭泣，所有官员没有人敢不哀伤，因为太子已经率先哀伤了。在上面的人有所崇尚，下面的人就有表现更超出的。当权者的品行像风，民众的品行像草，风从草的上面刮过，草一定会顺着风的方向倒伏。守孝的事情能否有始有终，全在太子自己。"

然友回去复命，太子说："是的。这事确实在于我自己。"太子在父亲埋葬前的五个月里一直住在凶庐中，没有发布过任何命令。百官和宗族中的人们都觉得太子表现不错，认为他采用这种守孝方式是高明的。到下葬的时候，各国的人都来观礼，太子表情忧伤，哭得很悲哀，吊丧的人十分满意。

【讲解】

　　儒家讲的"仁"是最上位的道德概念，是一切美德的总和。关于"仁"，孔子的解释是"爱人"，就是要维护别人的利益。要做到"爱人"，就得对人有感情。一个人生活在世上，父母是他最早的和最大的施益者，加上血缘关系的因素，所以他对父母的感情是深于其他一切人的，所谓"孝"，就是这种感情的体现。

　　"孝悌"虽然只是"仁"的下位概念，但它却像是种子，可以衍生出其它的美德，从而形成一个完整的道德体系，最终长成"仁"这棵大树，这是由古人对"孝"的内容规定所决定的。

　　"孝"在古人眼里分为许多不同的层级，《盐铁论·孝养》："故上孝养志，其次养色，其次养体。"让父母过上好日子，即便是锦衣玉食，那也是属于"养体"范畴的较低层级的孝。努力使父母心情愉悦，这是在层级上高于"养体"的"养色"。满足父母的愿望，成贤成圣，光宗耀祖，万代扬名，这才是最高层级的孝。

　　要想做到"养志"，就必须成为圣贤，为社会立德、立功、立言。一切属于"仁"的美德都是父母所希望看到的，一切违背"仁"的表现都是父母所不愿看到的，有"孝"的追求，就得"养"父母的这些"志"，当儿子的就得最终成为一个百行齐备的君子。

　　孝的品行能够形成对每个社会成员积极上进的激励，只要能积极上进，自然就会行为百善而无恶，成为社会上良好的分子。这样一来，不但对自己有益，对家庭有益，对社会也有益，所以孝被定位为人的最为重要的美德。

　　在当时的宗法制社会里，儿子服从父亲，往往就是下级服从上级。推而广之，就会形成一个个小家族内部的安定统一，然后小宗又逐级地服从大宗，就会形成整个社会的安定局面，《孝经·广扬名》："君子之事亲孝，故忠可移于君。事兄悌，故顺可移于长。"讲的就是这样的道理。

君主是一个国家的轴心,是国人的表率,他品行良好,就能带动一个国家的道德风尚转好。滕文公按古礼行孝,便博得了普遍的赞誉。

不过,守孝三年是古代的礼制,这种制度是有其弊病的。机械地规定要守孝三年,期间必须处于悲伤状态,不得有任何享受娱乐,不得从政等,这确实是有违于事理人情的,是对生命的一种摧残和浪费。孔子的学生宰予就对此提出过质疑,认为"三年不为礼,礼必坏。三年不为乐,乐必崩",他主张将守孝期限缩短为一年。真正的孝子是能够继承父母的遗志,做一个出色的子弟,让父母在九泉之下为自己而骄傲。如果是开明的父母,恐怕也会因子女为自己守孝而白耗三年的时间而感到惋惜,所以三年之丧已经成为一种极不合情理的陈规陋俗。

5.3 滕文公问为国[1],孟子曰:"民事不可缓也[2]。《诗》云[3]:'昼尔于茅[4],宵尔索绹[5]。亟其乘屋[6],其始播百谷[7]。'民之为道也[8],有恒产者有恒心[9],无恒产者无恒心。苟无恒心[10],放辟邪侈无不为已[11]。及陷乎罪[12],然后从而刑之[13],是罔民也[14]。焉有仁人在位罔民而可为也?是故贤君必恭俭礼下[15],取于民有制[16]。阳虎曰[17]:'为富不仁矣,为仁不富矣。'夏后氏五十而贡[18],殷人七十而助[19],周人百亩而彻[20],其实皆什一也[21]。彻者彻也[22],助者藉也[23]。龙子曰[24]:'治地莫善于助[25],莫不善于贡。'贡者,挍数岁之中以为常[26]。乐岁粒米狼戾[27],多取之而不为虐[28],则寡取之[29]。

凶年粪其田而不足[30],则必取盈焉[31]。为民父母,使民盻盻然将终岁勤动[32],不得以养其父母[33],又称贷而益之[34],使老稚转乎沟壑[35],恶在其为民父母也[36]?夫世禄[37],滕固行之矣[38]。《诗》云:'雨我公田[39],遂及我私[40]。'惟助为有公田[41],由此观之,虽周亦助也[42]。设为庠[43]、序[44]、学[45]、校以教之,庠者养也[46],校者教也[47],序者射也[48]。夏曰校,殷曰序,周曰庠,学则三代共之[49],皆所以明人伦也[50]。人伦明于上,小民亲于下[51]。有王者起[52],必来取法[53],是为王者师也。《诗》云:'周虽旧邦[54],其命惟新[55]。'文王之谓也[56]。子力行之[57],亦以新子之国[58]。"

使毕战问井地[59],孟子曰:"子之君将行仁政,选择而使子,子必勉之[60]。夫仁政,必自经界始[61]。经界不正[62],井地不钧[63],谷禄不平[64],是故暴君汙吏必慢其经界[65]。经界既正[66],分田制禄可坐而定也[67]。夫滕,壤地褊小[68],将为君子焉[69],将为野人焉[70]。无君子莫治野人[71],无野人莫养君子。请野九一而助[72],国中什一使自赋[73]。卿以下必有圭田[74],圭田五十亩,余夫二十五亩[75]。死徙无出乡[76]。乡田同井出入相友[77],守望相助[78],疾病相扶持[79],则百姓亲睦[80]。方里而井[81],井九百亩,其中为公田。八家皆私百亩[82],同养公田。公事毕,然后敢治私事。所以别野人也[83]。此其大略也[84],若夫润泽之[85],则在君与子矣。"

【注释】

〔1〕滕文公:滕国的一位国君,死后谥为"文"。为:治理。

〔2〕民事:指民生事务。缓:拖延,不重视。

〔3〕《诗》:《诗经》。此下引用的诗句见于《诗经·豳风·七月》。

〔4〕尔:而,连词。于:为,指割取。茅:一种草,可以拧成草绳。

〔5〕宵:夜晚。索:搓制(绳子)。绹(tāo):绳索。

〔6〕亟(jí):赶快。其:状语的标志,相当于"地"。乘:覆盖。屋:这里指供农忙时居住的田野中的简易房子。

〔7〕其:将。百谷:五谷,粮食作物。

〔8〕为:管理。道:方法,道理。

〔9〕恒:恒常的,稳定的。心:思想观念。

〔10〕苟:如果。

〔11〕放辟邪侈:放纵胡来。辟:僻,行为不端。已:语气助词,作用同"矣"。

〔12〕乎:于。

〔13〕刑:用刑罚惩治。

〔14〕罔民:逼民众陷入罗网。罔:网,指法网。

〔15〕是故:因此。恭:谦恭。俭:自律,不放纵。礼:按照礼义对待。下:指比自己地位低的人。

〔16〕取:指敛取赋税。制:制度。

〔17〕阳虎:一称阳货,春秋时期鲁国执政大夫季桓子的家宰。

〔18〕夏后氏:夏代。后:君主。五十:指每户人家耕种五十亩地。贡:税法名称,耕种五十亩地,将其中五亩地的收成作为赋税上交。

〔19〕殷:商代。助:税法名称,每户耕种七十亩地,将其中七亩地的收成作为赋税上交。

〔20〕周:周代。彻:税法名称,每户耕种一百亩地,将其中十亩地的收成作为赋税上交。

〔21〕什一:税法名称,提取总收成的十分之一作为赋税。什:十。

〔22〕彻也:这个"彻"的含义是"通",通行,指普遍地实行。

〔23〕藉(jiè):借,指借助民众的劳动。

〔24〕龙子:古代的一位贤人。

〔25〕治:管理。莫:没有。

〔26〕挍(jiào):较,计算。中:平均数。常:恒久不变的规定。

〔27〕乐岁:丰收年景。粒米:粮食。狼戾:堆积杂放。

〔28〕虐:苛暴。

〔29〕则:却。寡:少。

〔30〕凶年:灾荒年景。粪:施肥。

〔31〕盈:足够的数量。

〔32〕盻(xì)盻然:劳苦的样子。终岁:整年。勤动:辛苦地劳作。

〔33〕得以:能够。

〔34〕称贷:借贷。益:补足。

〔35〕稚:幼儿。转:弃尸,抛尸。

〔36〕恶(wū):哪,岂。

〔37〕世禄:贵族世袭的爵位俸禄。

〔38〕固:本来。行:实行。

〔39〕雨(yù):下雨。公田:公家的田地,由百姓代为耕作。打下的粮食充作赋税。这两句诗见于《诗经·小雅·大田》。

〔40〕遂:又。及:至。私:私田,百姓自己的土地。

〔41〕惟:只有。

〔42〕虽:即使。

〔43〕设为:设立。庠:古代学校的名称。

〔44〕序:古代学校的名称。

〔45〕学:学校。

〔46〕养:教育。在当时,"庠"与"养"的读音相同,学校叫做"庠",取的就是"养"的意思。

〔47〕校者教也:在当时,"校"与"教"的读音相同,学校叫做"校",取的就是"教"的意思。

〔48〕射:射箭。古人文武兼习,所以射箭等军事技能也是教学内容。在当时,"序"与"射"的读音相同。

〔49〕共:共同具有。

〔50〕所以:用来……的。人伦:人际关系的准则。

〔51〕亲:亲近,拥护。

〔52〕王者:靠实行仁政而统一天下的人。

〔53〕取法:效仿。

〔54〕周:指周文王时的周国,是商朝的诸侯。邦:国。这两句诗见于《诗经·大雅·文王》。

〔55〕命:天命,指天对周委以的重任。惟:是。

〔56〕文王:指周文王,姓姬,名昌,是商朝的诸侯。谓:指的是。

〔57〕力:努力。

〔58〕以:能。新:使……出现新的命运。

〔59〕毕战:滕文公的一个臣。井地:井田制。将九百亩土地平均划分为九个区,形如"井"字。公田居中,周围八区为私田。占有私田的八家人共同义务耕种公田。

〔60〕勉:努力。

〔61〕经界:土地的边界。经:边界。

〔62〕正:合理。

〔63〕钧:均,平均。

〔64〕谷禄:俸禄。平:公平。

〔65〕汙(wū):品行坏。慢:轻忽。

〔66〕既:已经。

〔67〕制禄:确定各级俸禄。

〔68〕壤地:土地,国土。褊(biǎn)小:狭小。

〔69〕将:也。为:有。君子:执政者。

〔70〕野人:平民。

〔71〕莫:没有人。

〔72〕野:指都城外的农田。九一:指井田制的情况。

〔73〕国中：指都城中。自：从，按照。赋：指原始的税法。按照赵岐的注解，百姓在城中有住宅地，可种植，最早规定按其收入的二十分之一纳税，后来实行"什一"税制，加重了百姓负担。孟子主张对城中住宅地收入的征税由"什一"税制恢复到原来的规定。

〔74〕卿：国家最高级别的臣。圭田：其收入用于祭祀的土地。

〔75〕余夫：每户人家多出的劳力。

〔76〕徙：搬迁。古代土地实行轮作制度，百姓要经常转移到新的土地上。乡：居民管理单位。

〔77〕乡田：同一个乡的土地上。同井：同在一个井田的人家。友：友爱。

〔78〕守望：为保障安全而警戒守护。

〔79〕扶持：救助，照顾。

〔80〕亲睦：亲近和睦。

〔81〕方里：方圆一里。井：指一个井田单位。

〔82〕私：私有。

〔83〕别：区别于。野人：在野外劳作的农民。

〔84〕略：梗概。

〔85〕若夫：至于。润泽：润色，把事情办得更完美。

【译文】

滕文公问怎样治理国家，孟子回答说："民生的事情不能忽视。《诗经》上说：'白天去割茅草，晚上搓成草绳。赶快修缮地头的房顶，将要开始种五谷了。'管理百姓的道理很清楚，有稳定财产的人就有坚定不移的正确思想，没有稳定财产的人就没有坚定不移的正确思想。如果没有坚定不移的正确思想，就会放纵胡来，无所不为。到他们犯了罪时，国家便跟着用刑罚惩处，这是张开法网把百姓往里赶啊。哪有仁义的人当国君，却做这种逼着百姓犯罪的事呢？因此贤明的君主一定要谦恭律己而按礼义对待臣民，向百姓收取赋税要有合理的制度。阳虎说过：'敛财就不会仁义，推行仁政就不能爱财。'夏朝每户人家种五十亩地而实行'贡'的税制,商朝每户人家种七十亩地而实行'助'的税制,周朝每户人家种一百亩地而实行'彻'的税制,他们实际上都是提取总收成的十分之一作为赋税。'彻'的意思是这种税制全国普遍实行,'助'的意思是借助民众的劳动来养公家。龙子说:'管理土地没有比助的税制更好的,没有比贡的税制更不好的。'贡的税制是计算出几年粮食收入的平均数,将它作为恒久不变的抽税依据。丰收年景粮食堆积杂放,向百姓多征收赋税并不算苛暴,却收得少。灾荒年景,即使努力施肥,收成也不够吃,却一定要把税收足。国君号称百姓的父母,使百姓精疲力竭地整年辛苦劳作,不但不能养活自己的父母亲,还得再借贷钱粮来补够赋税,使老的小的饿死抛尸沟中,国君作为百姓父母的表现在哪里呢?贵族们爵位俸禄的世袭制,滕国本来就实行了。《诗经》上说:'给我们的公田下了雨,并且下到我们的私田里。'只有'助'的税制才有'公田'的说法,从这一点来看,即使周朝也实行的是'助'的税制。国家要设立庠、序、学、校来教化人们。庠的意思是养,校的意思是教,序的意思是射。夏朝叫校,商朝叫序,周朝叫庠,学这个名称,三代都沿用,都是用来传播人际关系的准则的。执政的人们提倡这些准则,百姓就会拥护。有靠仁政统一天下的人出现,一定会来效法,这就成为贤明帝王的老师了。《诗经》上说:'周家虽然是老的诸侯国,它获得的天命却是新的。'这指的是周文王时的情况。您努力实行好的政治措施,也能使您的国家振兴起来。"

滕文公让毕战来请教井田制的问题,孟子说:"您的国君要推行仁政,经过选择而决定使用您,您一定要努力。实行仁政,一定要从核实土地的边界开始。边界不合理,井田就分得不均匀,官员的俸禄就不公平,因此暴君和贪官一定会轻忽对边界的管理。边界合理了,分配土地和规定俸禄的事情就轻而易举了。

滕国的国土虽然狭小,但也有官吏,也有平民。没有官吏就没有人管理平民,没有平民就没有人供养官吏。我希望对井田制下的农田实行'助'的税制,国都中对住宅地实行的'什一'税制,让它恢复到原来的旧税制。卿以下的各级官员一定要分给生产祭祀费用的土地,这种土地给五十亩。一户人家多出的劳力,每人分给二十五亩。百姓埋葬和搬迁都不出本乡。乡邻们在家在外要互相友爱,门户安全要互相维护,有了疾病要互相救助,百姓就能团结和睦。方圆一里是一个井,每个井有九百亩地,它中间的一百亩是公田,八户人家分别占有一百亩地,共同耕种公田。公田的事情完了,然后才敢做自己地里的活儿。这是用来区别对待官员和平民的具体措施。我说的这些是个粗略的模式,至于把事情办得更完美,则在于国君和您的努力了。"

【讲解】

　　战国时期,统治者贪婪压榨,不断加重赋税,使社会的贫富悬殊加剧,不少百姓沦为赤贫,生活艰难。遇到灾荒年景,统治者不肯赈济,便会出现大批民众饿死而尸体被抛入沟壑的凄惨景象。

　　孟子深深认识到国家的兴衰在于民生能否保障,所以提出了重新分派土地的主张。他希望恢复古代的井田制,使人人有恒产,耕者有其田,从而遏制统治者的横征暴敛,减轻民众的税负,改善人们的生活,然后按照"民之父母"的规则框定统治者的管理行为,将社会纳入理想的政治秩序中。

　　孟子主张加强国家的教育事业,办好学校,从而提高人们的道德素质,弘扬仁爱的社会风气,从根本上建立社会进步的基石。

5.4 有为神农之言者许行[1],自楚之滕[2],踵门而告文公曰[3]:"远方之人闻君行仁政,愿受一廛而为氓[4]。"文公与之处[5]。其徒数十人[6],皆衣褐[7],捆屦织席以为食[8]。

陈良之徒陈相与其弟辛负耒耜而自宋之滕[9],曰:"闻君行圣人之政,是亦圣人也,愿为圣人氓。"陈相见许行而大悦,尽弃其学而学焉[10]。

陈相见孟子,道许行之言曰[11]:"滕君则诚贤君也,虽然[12],未闻道也[13]。贤者与民并耕而食[14],饔飧而治[15]。今也滕有仓廪府库[16],则是厉民而以自养也[17],恶得贤[18]?"孟子曰:"许子必种粟而后食乎?"曰:"然[19]。""许子必织布而后衣乎?"曰:"否,许子衣褐。""许子冠乎[20]?"曰:"冠。"曰:"奚冠[21]?"曰:"冠素[22]。"曰:"自织之与[23]?"曰:"否,以粟易之[24]。"曰:"许子奚为不自织?"曰:"害于耕[25]。"曰:"许子以釜甑爨[26],以铁耕乎[27]?"曰:"然。""自为之与?"曰:"否,以粟易之。""以粟易械器者[28],不为厉陶冶[29];陶冶亦以其械器易粟者,岂为厉农夫哉?且许子何不为陶冶,舍皆取诸其宫中而用之[30]?何为纷纷然与百工交易[31]?何许子之不惮烦?"曰:"百工之事固不可耕且为也[32]。""然则治天下独可耕且为与[33]?有大人之事[34],有小人之事[35]。且一人之身而百工之所为备[36],如必自为而后用之,是率天下而路也[37]。故曰或劳心[38],或劳力。劳心者治人,劳力者治于人[39]。治于人者食人[40],治人者食于人,天下之通义也[41]。当尧之时[42],天下犹未平[43],洪水横流[44],氾滥于天下[45],草木畅茂[46],禽兽繁殖,五谷不登[47],禽兽偪人[48],兽蹄鸟迹之道交于中国[49]。尧独忧之,举舜而敷治焉[50]。舜使益掌火[51],益烈山泽而焚之[52],禽兽逃匿。禹疏九河[53],瀹济[54]、漯而注诸海[55],决汝[56]、汉[57],排淮[58]、泗而注之江[59],然后中国可得而食也。当是时也,禹八年于外,三过其门而不入,虽欲耕[60],得乎?后稷教民稼穑[61],树艺五谷[62],五谷熟而民人育[63]。人之有道也[64],饱食煖衣逸居而无教[65],则近于禽兽。圣人有忧之[66],使契为司徒[67],教以人伦[68]:父子有亲,君臣有义[69],夫妇有别[70],长幼有叙[71],朋友有信[72]。放勋曰劳之来之[73],匡之直之[74],辅之翼之[75],使自得之[76],又从而振德之[77]。圣人之忧民如此,而暇耕乎[78]?尧以不得舜为己忧,舜以不得禹、皋陶为己忧[79]。夫以百亩之不易为己忧者[80],农夫也。分人以财谓之惠[81],教人以善谓之忠,为天下得人者谓之仁。是故以天下与人易,为天下得人难。孔子曰:'大哉尧之为君[82]!惟天为大,惟尧则之[83],荡荡乎[84]!民无能名焉[85]。君哉舜也[86]!巍巍乎[87]!有天下而不与焉[88]。'尧、舜之治天下,岂无所用其心哉?亦不用于耕耳[89]。吾闻用夏变夷者[90],未闻变于夷者也。陈良,楚产也[91],悦周公[92]、仲尼之道[93],北学于中国,北方之学者未能或之先也[94],彼所谓豪杰之士也。子之兄弟事之数十年[95],师死而遂倍之[96]。昔者孔子没[97],三年之

143

外[98]，门人治任将归[99]，入揖于子贡[100]，相向而哭[101]，皆失声[102]，然后归。子贡反[103]，筑室于场[104]，独居三年，然后归。他日[105]，子夏[106]、子张[107]、子游以有若似圣人[108]，欲以所事孔子事之，强曾子[109]，曾子曰：'不可。江、汉以濯之[110]，秋阳以暴之[111]，皓皓乎不可尚已[112]。'今也南蛮鴂舌之人非先王之道[113]，子倍子之师而学之，亦异于曾子矣[114]。吾闻出于幽谷迁于乔木者[115]，未闻下乔木而入于幽谷者。《鲁颂》曰[116]：'戎狄是膺[117]，荆[118]、舒是惩[119]。'周公方且膺之[120]，子是之学，亦为不善变矣[121]。""从许子之道，则市贾不贰[122]，国中无伪，虽使五尺之童适市[123]，莫之或欺[124]。布帛长短同则贾相若[125]，麻缕丝絮轻重同则贾相若[126]，五谷多寡同则贾相若，屦大小同则贾相若。"曰："夫物之不齐[127]，物之情也[128]。或相倍蓰[129]，或相什百[130]，或相千万。子比而同之[131]，是乱天下也[132]。巨屦小屦同贾[133]，人岂为之哉？从许子之道，相率而为伪者也[134]，恶能治国家[135]？"

【注释】

〔1〕为：治，指研究传播。神农：神农氏，传说中的远古酋长，相传他开始教人们耕种，所以称他为神农。言：指学说。先秦诸子中有一个农家学派，假托其学说肇自神农氏，许行即属于这一学派。

〔2〕楚：楚国。之：到。滕：滕国。

〔3〕踵：至，来到。文公：滕文公。

〔4〕受：授，授予。廛（chán）：一般百姓的住宅。氓（méng）：外地来

的移民。

〔5〕处:住所。

〔6〕徒:学生。

〔7〕衣(yì):穿。褐(hè):用毛或粗麻布做的衣服,穷人所穿。

〔8〕捆:边编织边捶砸,使之结实。屦(jù):鞋。以为食:以此为食,即以此谋生。

〔9〕陈良:一位楚国人,儒家学者。负:肩扛着。耒(lěi)耜(sì):一种翻土的农具。宋:宋国。

〔10〕学焉:学(于)他,向他学习。

〔11〕道:说,转述。

〔12〕虽:虽然。然:这样。

〔13〕道:正确的道理。

〔14〕食:享有,享用。

〔15〕饔(yōng)飧(sūn):动词,指亲自做饭。饔:早饭。飧:晚饭。治:理政。

〔16〕也:助词,用在表示时间的词之后,起舒缓语气的作用。仓廪:粮仓。府库:藏财帛的库房。

〔17〕厉:指剥削。自养:养活自己。

〔18〕恶(wū)得贤:哪能算得上贤君。恶:哪里。

〔19〕然:对,是。

〔20〕冠(guàn):戴帽子。

〔21〕奚:何,什么。

〔22〕素:生丝织成的绢帛。

〔23〕与(yú):语气词,相当于"吗"。

〔24〕以:用。易:交换,交易。

〔25〕害:妨碍。

〔26〕釜(fǔ):锅。甑(zèng):用于蒸食品的瓦器。爨(cuàn):炊,烧火做饭。

〔27〕铁:指铁制的农具。

〔28〕械:指农具。器:指釜甑。

〔29〕陶:制造瓦器的匠人。冶:制造铁器的匠人。

〔30〕舍:不肯。诸:于。宫:家,室。

〔31〕纷纷然:繁杂忙碌的样子。百工:从事各种技艺的匠人。

〔32〕固:当然。且:一边……一边……。为:做。

〔33〕独:岂,难道。

〔34〕大人:指地位高的人。

〔35〕小人:指地位低的人。

〔36〕且:发语词。所为:所做出来的东西。备:(需要)具备。

〔37〕率:率领。路:赢,疲劳。

〔38〕或:有人。劳心:用心劳作,指脑力劳动。

〔39〕治于人:被别人统治。于:介词,表示被动关系。

〔40〕食(sì):给……东西吃,等于说供养。

〔41〕通义:普遍认可的道理。

〔42〕尧:上古时期的一位贤明的帝王。

〔43〕平:治理好。

〔44〕洪:大。横流:不沿水道而乱流。

〔45〕氾滥:泛滥。

〔46〕畅茂:茂盛。畅:茂盛。

〔47〕登:成熟。

〔48〕偪:逼,威胁。

〔49〕蹄:踏。迹:行走。交:纵横交错。中国:指中原一带。

〔50〕举:提拔任用。敷治:治理。敷:治理。王念孙认为"敷治"本当作"敷","治"是后人加的。

〔51〕益:人名,尧的臣。

〔52〕烈:迾,包围,堵截。

〔53〕禹:当时是尧的臣。疏:开通。九河:据说是禹在黄河下游为了疏浚黄河而开凿的九条支流。

〔54〕瀹(yuè):疏浚。济(jǐ):河流名,故道在今山东。

〔55〕漯(tà):河流名,故道在今山东。诸:之。

〔56〕决:打开缺口引导水流。汝:河流名,在今河南。

〔57〕汉:河流名,汉水。

〔58〕排:壅,筑堤堵截。淮:淮河。

〔59〕泗:泗水,源出山东泗水县。江:长江。

〔60〕虽:即使。

〔61〕后稷:名弃,周人的始祖。"稷"本为主管农业的官名,尧任命弃为稷,周人便称弃为后稷,"后"是"君"的意思。稼:种植。穑(sè):收获庄稼。

〔62〕树:栽种。艺:种植。

〔63〕育:生养,繁衍。

〔64〕有道:管理之道。有:为,管理。

〔65〕燠:暖。逸:安,舒适。教:教育,教化。

〔66〕圣人:指尧。有(yòu):又。

〔67〕契(xiè):商人的始祖,当时是尧的臣。司徒:官名,掌管教育等事。

〔68〕人伦:人际之间的正常关系。

〔69〕义:道义。

〔70〕别:区别,分工。

〔71〕叙:序,等次。

〔72〕信:信用,诚实。

〔73〕放勋:尧的称号。曰:当为"日"之误,每天。劳(lào):慰劳奖勉。来(lài):慰劳奖勉。

〔74〕匡:正,纠正。直:纠正。

〔75〕辅:帮助。翼:帮助。

〔76〕得:获得。

〔77〕振:救助。德:施以恩惠。

〔78〕暇:有空余的时间。

〔79〕皋陶(yáo):舜的法官。

〔80〕夫:发语辞,相当于"那"。易:治,指耕种好。

〔81〕谓之:叫做。惠:恩惠。

〔82〕大:伟大。

〔83〕则:效法。

〔84〕荡荡:广大,这是用江河之水的广大无穷来形容尧的功绩。乎:……的样子。

〔85〕名:用言语来称道。

〔86〕君:形容词,作为君主而名副其实的意思。

〔87〕巍巍:高大,这是用山的高大来形容舜的功绩。

〔88〕与:安闲舒适。

〔89〕亦:唯。

〔90〕夏:华夏,指当时的中原各国。变:改变,同化。夷:华夏周围的少数民族。

〔91〕产:出生。当时楚人与华夏各国民族不同。

〔92〕周公:周武王的弟弟,周朝的开国功臣,周朝制度的制定者。

〔93〕仲尼:孔子,名丘,字仲尼。

〔94〕先:超过。

〔95〕事:侍奉,指当学生。

〔96〕倍:背叛。

〔97〕没:殁,去世。

〔98〕外:……以后。

〔99〕治:准备。任:担子,指行装。

〔100〕揖:作揖告别。子贡:姓端木,名赐,字子贡,是孔子的学生。

〔101〕相向:相对。

〔102〕失声:放声。失:放,纵。

〔103〕反:返,返回。

〔104〕场:墓前供祭奠用的场地。

〔105〕他日:后来的一天。

〔106〕子夏:姓卜,名商,字子夏,是孔子的学生。

〔107〕子张:姓颛孙,名师,字子张,是孔子的学生。

〔108〕子游:姓言,名偃,字子游,是孔子的学生。以:认为。有若:姓有,名若,是孔子的学生,据说他的相貌和孔子很接近。

〔109〕强(qiǎng):逼迫。曾子:姓曾,名参,字子舆,是孔子的学生。

〔110〕濯(zhuó):洗。江、汉之水无穷,可以洗净一切,比喻孔子的学问道德广大,可以教化天下。

〔111〕暴(pù):晒。初秋正当伏天,太阳光最强,可以晒干一切,比喻孔子如秋阳。不言而喻,别人至多为火烛。

〔112〕皜(hào):皓,昊,形容天的高大光明。比喻孔子像天一样伟大。尚:上,超越。已:语末助词,作用同"矣"。

〔113〕南蛮:对楚地人的贬称。许行是从楚国来的。鴃(jué):鸟名,即伯劳,其叫声不好听,比喻其语言不中听,这是传统的方言歧视观念。非:反对,非议。先王之道:先代圣明帝王治国的理念和方法,即儒道。

〔114〕亦:很,太。

〔115〕幽谷:幽深的山谷。迁:上升。乔木:高树。乔:高。"出于幽谷,迁于乔木",原话见于《诗经·小雅·伐木》。

〔116〕《鲁颂》:《诗经》中的一部分,共四篇。其内容据说都是歌颂鲁僖公的。下文所引的诗句见于《鲁颂·閟宫》。

〔117〕戎狄是膺:攻打戎狄。中原西面的民族称为戎,北面的称为狄。是:结构助词。膺:打击。

〔118〕荆:楚国。

〔119〕舒:国名,在今安徽舒城县。惩:使人受创而戒惧。

〔120〕方:经常。且:欲,要。

〔121〕善:通晓。

〔122〕贾(jià):价。贰:二,不一致。

〔123〕虽:即使。适:前往。市:市场。

〔124〕莫之或欺:没有人欺骗他。莫:没。或:有人。

〔125〕相若:相同。

〔126〕缕:线。

149

〔127〕齐:等同。

〔128〕情:实情,指自然的道理。

〔129〕或:有的。倍:两倍。蓰(xǐ):五倍。

〔130〕什:十,十倍。百:百倍。

〔131〕比:平列。同:等同起来。

〔132〕乱:使……混乱。

〔133〕巨屦:做工粗糙的鞋。小屦:做工精细的鞋。

〔134〕相率:互相引导。

〔135〕恶(wū):哪里。

【译文】

　　有一个研究神农氏学说的人叫许行,从楚国到了滕国,找上门来对滕文公说:"我是远方的人,听说您推行仁政,希望能赐给我一个住所,让我做您的侨民。"滕文公给他了一处住所。他有几十个学生,都穿着粗麻布衣服,靠做鞋和编席子为生。

　　陈良的学生陈相和他的弟弟陈辛扛着农具从宋国到了滕国,对滕文公说:"听说您推行圣人的政治措施,这也就是圣人了,我们愿意当圣人的侨民。"陈相见到许行后非常高兴,彻底抛弃了自己原来学习的儒家学问,转而向许行学习。

　　陈相见到孟子,向他转述许行的话说:"滕国国君倒确实是位好君主,虽然这样,他还是没有接受过治国的正确道理。贤明的君主应该和百姓一起种地,自挣生活,亲自做饭,同时治理国家。现在滕国有粮仓和钱物仓库,这就是剥削百姓来养活自己,怎么能算贤明?"孟子说:"许先生一定要吃自己种的粮食吗?"陈相说:"是的。"孟子说:"许先生一定要穿自己织的布做的衣服吗?"陈相说:"不,许先生穿粗麻织成的衣服。"孟子问?"许先生戴帽子吗?"陈相说:"戴。"孟子说:"他戴什么帽子?"陈相说:"戴生丝织的绢帛。"孟子说:"是他亲自织的吗?"陈相说:"不,用粮食换来的。"孟子说:"许先生为什么不亲自纺织?"陈相说:"那样会妨碍种地。"孟子说:"许先生用锅和甑做饭、用铁器耕地吗?"陈相说:"是的。"孟子说:"炊具和农具是他自己制造的吗?"陈相说:"不,用粮食换来的。"孟子说:"用粮食换炊具和农具,不是剥削生产它们的陶工和铁匠,陶工和铁匠也用他们的产品换粮食,难道是剥削农民吗?并且许先生为什么不自己当陶工和铁匠,不肯一切东西都从自己家中拿出来使用?为什么要繁杂忙碌地和各种工匠们交易?为什么他这样不怕麻烦?"陈相说:"各种工匠的事情,当然是不能一边种地一边兼顾的。"孟子说:"这样的话,难道治理天下的事情就能够一边种地一边兼顾吗?社会上有官员要做的事,有平民要做的事。一个人的生活中,各种工匠制作的东西都得具备,如果让人们一定要亲自做出来才能使用,那是使所有的人都劳累不堪。因此说,有的人用脑力工作,有的人用体力工作。用脑力工作的人管理社会,用体力工作的人被别人管理。被管理的人要养活管理者,管理者得让被管理者养活,这是普天下都认可的道理。在尧的时代,天下还没有治理好。洪水乱流,整个天下都遭水灾。草木长得很茂盛,所以五谷长不成;禽兽繁殖得很厉害,所以威胁人类的生存;鸟兽出没的道路在中原地区纵横交错。只有尧操心这些事,他提拔了舜来治理。舜让益掌管火,益让人将山陵和沼泽包围起来放火焚烧,禽兽都逃跑而躲走了。禹在黄河下游开挖了九条支流,疏浚济水和漯水,使这些河流注入了海洋;开掘汝水和汉水,拦截淮水和泗水,使这些河流注入了长江;这样人们才得以改善中原地区的生存条件。在那时候,禹八年在外,三次经过自己家的门都不进去,就算他想自己种粮自己吃,能行吗?后稷教百姓种田,栽培五谷,五谷成熟,人们得以繁衍。社会管理的道理就是这样,人们吃饱穿暖,住得安全舒适,却没有教化,就和禽兽差不多。尧又为此而担心,让契担任司徒,用人际关系的正确道理教导人们:父子之间要有亲情,君臣之间要有道义,夫妻之间要有分工,长幼之间要有秩序,朋友之间要有诚信。尧每天都对表现好的人予以奖勉,对有过错的人予以纠正,对能力弱的人予以帮扶,让人们自己获得进步,他又对人施以恩惠。尧为百姓这样地操心,他还有时间自己种地吗?尧把得不到舜这样的大臣作为自己操心的事情,舜把得不到禹和皋陶这样的大臣作为自己操心的事情,把一百亩地种不好作为自己操心的事情的人是农夫。把钱财分给别人是恩惠,用好道理教给别人是真诚,为天下找到好的治理者是贤仁。因此把天下传给别人容易,为天下找到好的治理者却不容易。孔子说:'尧作为一位君主,真伟大啊!只有天是伟大的,只有尧能效法天,他的功绩像江河之水一样无穷无尽,百姓无法用语言来形容。舜真是位好君主啊!他的功绩像山一样高大,虽然拥有天下,却不安闲舒适。'尧、舜治理天下,难道有用心不周到的地方吗?只是不自己种地而已。我听说过用华夏文明来同化少数民族的,没有听说过使华夏民族被少数民族同化的。陈良是楚国出生的人,喜欢周公、孔子主张的儒家思想,到北方的中原地区来学习,北方的学者们都没有人能超过他,他是人们所说的杰出士人。你们弟兄俩跟着他几十年,老师死后就背叛了他。从前,孔子去世了,守孝三年之后,学生们准备行装将要回家,进屋向子贡作揖告别,大家面对面哭泣,都抑制不住而哭出了声音,然后回去了。子贡送走大家后返回来,在孔子墓前盖了个房子,独自又住了三年,然后才回家。后来,子夏、子张、子游觉得有若很像孔子,要用侍奉孔子的礼数侍奉有若,逼曾子也同意,曾子说:'不行。孔子的学问和道德很广大,如同长江和汉江的水,能洗净一切;如同初秋的太阳,能晒干一切;如同高大光明的天,没有什么能高过。'现在许行一个南蛮子,说话像伯劳鸟叫一样难听的人,他反对先代英明君主的思想,你背叛了你的老师而向他学习,和曾子忠于孔子的表现相差太远啦!我听说过从深谷中出来上升到高树上的,没有听说过从高树上下来钻进深谷中的。《鲁颂》上说:'打击西方的戎和北方的狄,吓退南方的楚国和舒国。'周公常要打击蛮夷,你向他们学习,这也太不懂得同化蛮夷的道理了。"陈相说:"采纳了许先生的主张,就能够让市场上的物价一致,国中没有欺诈现象。即使让三尺高的小孩到市场上去,也没有人会骗得了他。麻布和绸缎的尺寸相同,价钱就相同;麻线和绵絮的重量相同,价钱就相同;粮食的多少相同,价钱就相同;鞋的大小相同,价钱就相同。"孟子说:"商品的质量不一样,这是它们的实际情况。有的相差两倍五倍,有的相差十倍百倍,有的相差千倍万倍。你要将价钱等同起来,这是要将天下的市场搞乱。做工精细的鞋和做工粗糙的鞋价钱一样,人们还会做质量高的产品吗?听了许先生的主张,那是让人们互相学着造假,哪能把国家管理好?"

【讲解】

　　滕文公采纳了孟子的主张,在其国内推行仁政,看来影响很大,吸引了一些学者前来。许行是当时农家学派的一个代表,他看到滕文公的表现并不符合农家思想的要求,所以提出了批评,主张君主要和百姓"并耕而食",向百姓征收赋税就是剥削。这一主张反映了农家绝对平均主义的理念,是很原始幼稚的想法,但却能获得底层人们的认同。

　　孟子展现了他善于论辩的强项,通过对话,获得了许行"纷纷然与百工交易"的事实,因而提出了社会分工的思想。孟子认为,统治者是劳心者,民众是劳力者,劳心者劳心的成果是管理绩效,劳力者劳力的成果是物质产品。从表面上看,劳心者不从事生产活动,却享用劳力者所提供的物质产品,会被认为是剥削,但孟子认为这不是剥削,而是脑力劳动成果与体力劳动成果的一种交易。拿禹的事迹为例,他受命治水,八年在外,三过家门而不入,连自己的儿子出生都顾不上管,对工作十分负责。但说到底他也是个劳心者,他出现在治水工地是去勘察设计,而不是挥着铁锹挖土。由于他的劳心,中国北方治理了黄河水系,南方治理了长江水系,"然后中国可得而食也"。禹治水的绩效是让全国无数的人都有了饭吃,他用这样大的功绩从劳力者那里换来了自己的一口饭,这能算是剥削吗?是禹在劳动成果上沾了民众的光呢?还是民众在劳动成果上沾了禹的光呢?要是谈起剥削的话,到底是谁剥削了谁呢?如果按照农家的主张,让禹种出自己要吃的粮食,他还有时间和精力来领导治水吗?是让禹专心致志地劳心治水好呢?还是让他劳力种地好呢?

　　孟子的这些观念本来是正确的,但直到今天还有人在批判,有的大学教材上就注释说:"他主张社会的发展需要人们有所分工,同时又认为人民群众只能从事体力劳动,养活统治阶级,更把剥削阶级和被剥削阶级的对立看成永恒不变的合理社会秩序。这就为历代统治者剥削和压迫统治劳动人民提供了理论根据。"对于这个问题,应该有两个方面的分析:

　　第一,关于统治者劳心和民众劳力的分工理念不是孟子的首创,而是对古人观点的沿用。《左传·襄公九年》:"知武子曰:'……君子劳心,小人劳力,先王之制也。'"《国语·鲁语下》:"君子劳心,小人劳力,先王之训也。自上以下,谁敢淫心舍力?"知武子是晋国大夫知䓨,《鲁语》中的话出自鲁国大夫公父文伯的母亲,他们都远在孟子之前,而且他们引用的全是所谓"先王"的观点,一说"先王",恐怕至少要算在周初的文、武、成、康的头上了。不但是先王之"训",而且已经上升到了"制"的高度,一直到孟子的时代还是"天下之通义",说明当时的社会是普遍认可这一理念的。

第二,孟子所讲述的情况符合当时的社会现实,甚至符合今天的社会现实。"或劳心,或劳力。劳心者治人,劳力者治于人。治于人者食人,治人者食于人。天下之通义也",这种事实在今天的社会状况下都没有本质性的改变,在将来的很长一段历史时期内也不会有本质性的改变。如果要谈改变,该怎样个改变法呢?让劳心者也劳力?让劳力者也劳心?这种想法在过去也被提倡和实施过,例如干部得长期下乡劳动,事实证明并不成功。实际的情况是:劳心者的劳动成果可以减轻劳力者的劳动强度,而劳心者的劳动强度却似乎永远都没有办法被减轻。

执政者的脑力劳动属于管理范畴,是一种高效益的劳动,而亲自种地的体力劳动属于执行范畴,是一种相对低效益的劳动。让总经理下车间操作机器,绝对不是搞好企业的正确选择。让元帅上火线去打机枪,也绝对不是谋求胜利的正确选择。让执政者"与民并耕而食",其实是让他们消耗有高效作用的劳心精力去从事低效率的劳力活动,是对领导资源的一种严重浪费。如果执政者都能够像禹那样兢兢业业地劳心,他们的一个有效的决策,就能够使大多数的人摆脱共苦而迎来同甘。周代先王让执政者不得淫心,让民众不得舍力,其见解是很有道理的。社会的管理者,当然应该是德才兼备的专职劳心者。

在孟子的时代,华夏地区的文明化程度远远高于其周边的少数民族地区,所以"用夏变夷"成为一个长期的合理的事实。这种事实容易导向种族歧视和华夏民族的盲目自大,产生许多副作用。

陈相兄弟俩背叛陈良而学习农家思想的做法是不可取的,应该受到批评。但孟子对孔门弟子崇拜其老师的表现的赞扬却容易导致人们将"尊师"的理念极端化,使人们将任何"背师"行为都视为品行不良的表现。《荀子·子道》:"入孝出弟,人之小行也。上顺下笃,人之中行也。从道不从君,从义不从父,人之大行也。"同理,学生如何对待老师,也应该以道义为标准,不能机械地对老师"顺"而不"背"。

许行要求君主与百姓"并耕而食"的思想不合理,应该受到批评。但孟子在提到他时却用了一个"南蛮鴃舌之人",这是明显的地域和方言的歧视行为,应该受到否定。

看来许行设计了一套关于市场价格管理的方案,强调商品的数量相同,其价格就应当相同。但陈相在叙述其主张时在口头上没有提到"质量相同"这一前提,因而这一方案被孟子否定了。笔者觉得孟子的否定有强词夺理之嫌,许行不可能蠢到对商品定价时不考虑质量因素的地步。陈相虽然只说了物品的数量和价钱的关系,但其前提却只能是在质量相同的情况下,这个预设是无须讲的。孟子抓住对方未提及质的差别,因而就认为对方不顾质的差别而单纯讲究数量,这显然不符合事理。按情理,在受到孟子的否定后,陈相会对许行的主张提出补充说明,但《孟子》这里却没有了下文,当视为对陈相反驳意见的隐匿。在这个问题上,笔者认为孟子的"胜利"是虚假的。

5.5 墨者夷之因徐辟而求见孟子[1],孟子曰:"吾固愿见[2],今吾尚病,病愈,我且往见,夷子不来。"

他日[3],又求见孟子,孟子曰:"吾今则可以见矣。不直则道不见[4],我且直之[5]。吾闻夷子墨者,墨之治丧也[6],以薄为其道也[7]。夷子思以易天下[8],岂以为非是而不贵也[9]?然而夷子葬其亲厚[10],则是以所贱事亲也[11]。"

徐子以告夷子[12],夷子曰:"儒者之道'古之人若保赤子[13]',此言何谓也?之则以为爱无差等[14],施由亲始[15]。"

徐子以告孟子,孟子曰:"夫夷子信以为人之亲其兄之子为若亲其邻之赤子乎[16]?彼有取尔也[17]:赤子匍匐将入井[18],非赤子之罪也。且天之生物也[19],使之一本[20],而夷子二本故也[21]。盖上世尝有不葬其亲者[22],其亲死,则举而委之于壑[23]。他日过之[24],狐狸食之,蝇蚋姑嘬之[25],其颡有泚[26],睨而不视[27]。夫泚也,非为人泚,中心达于面目[28],盖归反蘽梩而掩之[29]。掩之诚是也,则孝子仁人之掩其亲,亦必有道矣[30]。"

徐子以告夷子,夷子怃然为间[31],曰:"命之矣[32]。"

【注释】

〔1〕墨者:信奉墨家思想的人。夷之:其事迹没有流传。因:通过。徐辟:孟子的一个学生。

〔2〕固:当然。

〔3〕他日:后来的一天。

〔4〕直:直白,坦率。道:学说,思想。见(xiàn):现,体现,显示出来。

〔5〕且:将。

〔6〕治丧(sāng):办理丧事。

〔7〕薄:花钱少。道:指宗旨,原则。

〔8〕以:用(此)。易:改变。

〔9〕以为:认为。是:对,合理。贵:崇尚。

〔10〕亲:父母。厚:丰厚,用钱多。

〔11〕贱:鄙视。事:侍奉。

〔12〕以:把。

〔13〕道:说。保:爱护。赤子:婴儿。

〔14〕差等:等级差异。

〔15〕施:施行。

〔16〕信:真的。亲:爱。

〔17〕彼:他,指夷之。尔:这。

〔18〕匍匐:爬行。

〔19〕且:夫,发语辞。物:指人。

〔20〕本:根源,指父母。

〔21〕二本:指自己的父母和别人的父母。

〔22〕盖:或许。上世:古代。

〔23〕举:抬着。委:抛弃。壑:沟。

〔24〕过:经过。

〔25〕蚋(ruì):蚊类,吸血。姑嘬(chuài):叮咬,吮吸。姑:咬,嚼。

〔26〕颡(sǎng):额头。泚(cǐ):汗。

〔27〕睨(nì):斜着眼看。

〔28〕中心:心中。

〔29〕盖:则,就。蔂(léi):装土的筐子。梩(lǐ):铲土的一种工具。掩:掩埋。

〔30〕道:道理。

〔31〕怃(wǔ)然:心情沉重的样子。为:有。间:一段时间,

〔32〕命:教导。

【译文】

  信奉墨家思想的夷之通过徐辟而求见孟子,孟子说:"我当然愿意见面,现在我还病着,等病好了,我将前去拜见,夷先生不必来。"

  过了些日子,夷之又求见孟子,孟子说:"我现在倒是可以

和他见面了。如果不坦率,自己的主张就不能表达出来,我将坦率地说话。我听说夷先生是墨家学派的,墨家办理丧事,以尽量俭省为原则。夷先生想用墨家思想改造社会,难道会认为薄葬的主张不合理而不尊崇吗?可是夷先生在埋葬自己的父母时却花销很多,这就是用他所鄙视的做法来侍奉父母了。"

徐辟把孟子的话告诉了夷之,夷之说:"儒家说'古代人管理百姓像爱护婴儿',这话说的是什么意思呢?我认为它的意思就是对人的爱没有等级差异,施爱从父母开始。"

徐辟把夷之的话告诉了孟子,孟子说:"夷先生真的认为人们爱自己哥哥的孩子和爱邻家的婴儿一样吗?他会用这个例子:婴儿爬行着将要掉到井里了,这不是婴儿的过错。天生了人类,使它们只有自己的父母一个根源,可是夷先生却有了两个根源,所以他主张对人的爱应该没有差别。或许古时曾经有不埋葬自己父母的人,他的父母死了,便抬出去扔到沟中。后来经过那里,看到狐狸在吃,蚊蝇在叮咬,他的额上就沁出了汗珠,斜眼瞟着尸体而不忍正视。那汗珠不是因为别人的指责而生出来的,是他心中的惭愧表现在了脸上,于是他回去取了筐子和锹来把尸体掩埋了。将尸体掩埋确实是对的,所以孝子仁人掩埋自己的父母,也一定是有其道理的。"

徐辟把孟子的话告诉了夷之,夷之心情沉重了好一阵,说道:"我接受教诲了。"

【讲解】

战国时期,儒家和墨家都是在社会上有很大影响的学派,但他们互相并不包容,往往处在争斗之中,经常互相批判否定。

墨者夷之要见孟子,显然是想和孟子进行辩论,可能是出于"道不同不相为谋"的考虑,孟子推托有病而不愿见他。夷之依然坚持,孟子索性直来直去,主动对墨家的主张提出了批评。

墨家有"节葬"的主张,要求在丧事方面尽量俭省,珍惜财富,反对厚葬,反对长期守孝。儒家主张的是"葬之以礼,祭之以礼",虽然也反对厚葬,但却不同意薄葬,不同意缩短守孝时限。夷之厚葬父母,与墨家节葬的主张不合,所以孟子咬住这一点,目的是证明"节葬"的主张违反人情,应予否定。

墨家有"兼爱"的主张,要求人们像爱自己一样爱他人。儒家虽然也主张"爱人",却并不认为爱没有等差,而是要由近及远地推广开来。孟子认为在自己的侄子和邻人的孩子面前,人们当然是最爱侄子。看到小孩将要掉到井里,谁都会去施救,这种现象并不能证明人们的爱心没有远近亲疏的区别。见到自己父母的尸体受侵,孝子就会不忍,如果是他人父母的尸体,就不会有同样的触动。人类的血缘关系是决定情感关系的根本,所以墨家主张的"爱无差等"并不符合事实。

滕文公下

6.1 陈代曰[1]:"不见诸侯,宜若小然[2]。今一见之[3],大则以王[4],小则以霸[5]。且志曰'枉尺而直寻[6]',宜若可为也。"孟子曰:"昔齐景公田[7],招虞人以旌[8],不至,将杀之。志士不忘在沟壑[9],勇士不忘丧其元[10],孔子奚取焉[11]?取非其招不往也[12]。如不待其招而往何哉[13]?且夫枉尺而直寻者,以利言也[14]。如以利,则枉寻直尺而利,亦可为与[15]?昔者赵简子使王良与嬖奚乘[16],终日而不获一禽[17]。嬖奚反命曰[18]:'天下之贱工也[19]。'或以告王良[20],良曰:'请复之[21]。'强而后可[22],一朝而获十禽[23]。嬖奚反命曰:'天下之良工也。'简子曰:'我使掌与女乘[24]。'谓王良[25],良不可,曰:'吾为之范我驰驱[26],终日不获一。为之诡遇[27],一朝而获十。《诗》云[28]:"不失其驰[29]。舍矢如破[30]。"我不贯与小人乘[31],请辞[32]。'御者且羞与射者比[33],比而得禽兽,虽若丘陵,弗为也。如枉道而从彼何也[34]?且子过矣[35],枉己者,未有能直人者也[36]。"

【注释】

〔1〕陈代:孟子的一个学生。

〔2〕宜若:好像,表示推测。小:指心胸不宽。

〔3〕今:如果。

〔4〕以:使。王(wàng):靠仁政统一天下而当君主。

〔5〕霸:成为诸侯的盟主。

〔6〕且:况且。志:记载事情的书。枉:弯曲。寻:长度单位,八尺为一寻。

〔7〕齐景公:春秋时齐国的一位国君,姓姜,名杵臼,死后谥为"景"。田:打猎。

〔8〕招:召唤。虞人:主管苑囿的官员。以:用。旌:一种旗帜。古代君主召唤臣属,使者要根据不同的对象而持有不同的信物,召唤大夫用旌,召唤士人用弓,召唤虞人应当用皮冠。

〔9〕志士:有大志的士人。

〔10〕勇士:勇敢的士人。丧:失去。元:头。

〔11〕奚:何。取:认可。焉:呢。

〔12〕非其招:不是用来召唤他的信物。

〔13〕如……何:对待……该怎么办。

〔14〕以:根据。

〔15〕为:做,施行。

〔16〕赵简子:姓赵,名鞅,死后谥为"简",春秋时晋国的一位大夫。王良:也称为"邮无恤",晋国的一位技能优秀的御者。嬖(bì):受宠爱的人。奚:人名。

〔17〕终日:一整天。禽:猎物。

〔18〕反命:执行任务完毕后向上司报告情况。

〔19〕贱:指技能低下。工:具有专门技艺的人。

〔20〕或:有人。以:把。

〔21〕请:请求。复:重复,再来一次。

〔22〕强(qiǎng):逼迫,硬要求。可:同意。

162

〔23〕朝(zhāo):早晨。

〔24〕掌:专管,专职。女(rǔ):你。

〔25〕谓:告诉。

〔26〕范:规范,按照规则。驰驱:指赶着马车奔跑。

〔27〕诡遇:不按照射猎规则的驾驭行为,指将车驾到猎物的侧面,让射手从旁边射杀猎物。

〔28〕《诗》:指《诗经》。下文所引的诗句见《诗经·小雅·车攻》。

〔29〕失:错。

〔30〕舍:发出。矢:箭。如:而。破:射穿。

〔31〕贯:惯,习惯。

〔32〕辞:拒绝。

〔33〕且:尚且。比:不讲原则地配合。

〔34〕道:思想,主张。

〔35〕过:错。

〔36〕直:要求……正直。

【译文】

　　陈代说:"您不肯去求见诸侯,这种做法似乎显得心胸狭小。如果一出去求见他们,成就大时可以使君主用仁政统一天下,成就小也可以使君主成为霸主。况且书上说'在小事上委屈而在大事上成功',主动求见诸侯,好像还是可以做的。"孟子说:"过去齐景公外出打猎,派人拿着旌旗去召唤管理猎场的虞人,虞人不来,景公将要杀他。有大志的士人不忘敢于为保持节操体被抛尸到沟中,勇敢的士人不忘敢于失去头颅。孔子认可这位虞人的什么表现呢?认可他见使者拿着的不是召唤他的皮冠而不肯前来。对待不等人家召唤就主动前往的表现该怎么办呢?况且那'在小事上委屈而在大事上成功',是根据利益而说的。如果根据利益,那么在大事上委屈而在小事上成功是有利的,这也是可以做的吗?过去赵简子让王良和他宠爱的奚乘车

163

打猎,一整天都没有获得一个猎物。奚回来向赵简子报告说:'王良是天下最差的御者。'有人把这话告诉了王良,王良对赵简子说:'请让我和他再打一次猎。'在反复要求下,奚同意了,他们在一个早晨就获得了十个猎物。奚回来向赵简子报告说:'王良是天下最好的御者。'赵简子说:'我让他给你当专职的御者。'简子告诉了王良,王良不同意,他说:'我给他按照打猎的规则赶着车跑,整天都不能获得一个猎物。我迁就他而不按规则赶车,一个早晨就获得了十个猎物。《诗经》上说:"驾车不出错,射出箭穿透了猎物。"我不能接受和小人配合打猎,请容许我谢绝。'一个驾车的人都不愿意和这样的射手不讲原则地配合,和这样的人苟合而获得猎物,即使堆成了山,也不情愿做。在放弃原则而屈从权势者的情况面前该怎么办呢?况且你错了,自己做事没原则的人,没有能要求别人正直的。"

【讲解】

孟子不肯去求见诸侯而讨官做,他要等诸侯主动来请才肯出山。如果自己主动求到诸侯门下,显然就成了趋炎附势的利禄之徒,在诸侯面前失去了尊严和参与政事的主导权。如果是诸侯主动来请,则自己的身份就是君主之师,在诸侯面前居高临下,这样才有利于自己主张的推行。

齐景公召唤虞人,虞人不肯前来,是因为使者所拿的信物是旌旗而不是皮冠,不符合礼法的规定。由于不合礼法,所以虞人宁肯被杀头也不屈从,因而受到了孔子的肯定。如果自己不等来请而主动去讨官做,在原则性方面就连那个虞人都不如了。

王良和奚乘车打猎,王良负责驾车,奚负责射杀猎物。猎物中箭的部位不同,死亡的时间也就有快有慢。死亡越慢的,其肉的味道越差。这样一来,对打猎者就提出了很高的技能要求,御者要将车驾到适合射箭的地方,射者要将箭射到猎物的适当部位。王良是优秀的御者,他按照打猎的规范为奚驾车,但奚射箭的技术很差,所以一整天都没有获得一个猎物,反而怪王良驾车的技术不行。后来王良准是将车驾到猎物侧面很近的地方,奚因而很快就射中了很多猎物。殊不知打猎绝不是为了简单地获得猎物,而是追求高质量地射中猎物的。奚的射箭技术很差,不懂射猎要义,却又急功近利,反而将不能获得猎物的责任归罪于比他素质高的御者,所以王良拒绝为他驾车。

君主和辅政大臣的关系,与御者和射者的关系可以类比。低素质的君主不懂礼贤下士的道理,不肯请贤者为师,不能与贤臣很好配合,是不值得贤臣去辅佐的。

士人的行为以道义礼法为原则,如果为了获利"枉尺而直寻",就失去了按原则管理别人的资格。《论语·子路》:"苟正其身矣,于从政乎何有?不能正其身,如正人何?"意思是说:"如果能端正自身的行为,对于管理政事来说有什么难的?如果不能端正自身的行为,怎么去端正别人的行为呢?"孟子这里的见解和孔子的看法一脉相承。

6.2 景春曰[1]:"公孙衍[2]、张仪岂不诚大丈夫哉[3]?一怒而诸侯惧,安居而天下熄[4]。"孟子曰:"是焉得为大丈夫乎?子未学礼乎?丈夫之冠也[5],父命之[6];女子之嫁也,母命之,往送之门,戒之曰[7]:'往之女家[8],必敬必戒[9],无违夫子[10]。'以顺为正者[11],妾妇之道也[12]。居天下之广居[13],立天下之正位[14],行天下之大道,得志与民由之[15],不得志独行其道,富贵不能淫[16],贫贱不能移[17],威武不能屈[18],此之谓大丈夫。"

【注释】

〔1〕景春:据说是当时的一位纵横家。

〔2〕公孙衍:魏国人,纵横家,主张各诸侯国结成联盟对抗秦国,曾经执掌五国的相印,负责联合抗秦的事务。

〔3〕张仪:魏国人,纵横家,主张秦国分别拉拢其他诸侯,从而瓦解诸侯的抗秦联盟。他曾经担任秦国的相,有很大的权势。大丈夫:杰出的人士。

〔4〕熄:平息,指停止战争。

〔5〕冠(guàn):冠礼。古代男子二十岁时举行一种礼仪,表示成人。

〔6〕命:指告诫训导。

〔7〕戒:诫,告诫,嘱咐。

〔8〕之:到。女(rǔ):你。

〔9〕敬:办事严肃认真,尽心尽力。戒:谨慎,避免出错。

〔10〕夫子:指丈夫。

〔11〕以:把。顺:顺从。正:宗旨,原则。

〔12〕妾妇:妇女。道:规范。

〔13〕广居:大的住所。

〔14〕正位:君长的位置。

〔15〕由:行。

〔16〕淫:乱,出轨。

〔17〕移:改变。

〔18〕威武:威势,暴力。屈:屈服。

【译文】

景春说:"公孙衍、张仪难道不确实是大丈夫吗?他们一生气,天下的诸侯就恐惧;他们安闲了,天下的战争就停止了。"孟子说:"这些人怎么能算是大丈夫呢?你没有学过礼的知识吗?男子举行冠礼时,有父亲训导他。女子出嫁时,有母亲训导她,把她送到门口,告诫她说:'到了你自己的家后,做事一定要认真尽力,一定要谨慎小心,不要让丈夫不满意。'把顺从作为宗旨,是妇女的行为规范。男子汉以天下为家,站在天下君长的位置上,实行天下最美好的政治措施。自己的主张能够推行,就和百姓一起建设社会;如果不能推行,就独自走正道。富贵不能诱使自己越轨,贫贱不能迫使自己改变立场,威势暴力不能使自己屈服,这才叫大丈夫。"

【讲解】

公孙衍和张仪都是当时著名的纵横家。公孙衍搞合纵,身佩五国相印,张仪搞连横,左右了秦国政治。他们大权在握,呼风唤雨,不可一世,所以受到景春的羡慕。

孟子认为,纵横家不讲是非原则,各为其主,唯利是图,其实和妇女在家中服从丈夫一样,是一种"以顺为正"的人,自然不能算大丈夫。真正的大丈夫要有以天下为己任的胸怀,推行仁政而统一天下,在任何状态下都能保持自己的正义节操,这才是值得推崇的。

6.3 周霄问曰[1]:"古之君子仕乎[2]?"孟子曰:"仕。传曰[3]:'孔子三月无君则皇皇如也[4],出疆必载质[5]。'公明仪曰[6]:'古之人三月无君则吊[7]。'""三月无君则吊,不以急乎[8]?"曰:"士之失位也[9],犹诸侯之失国家也。《礼》曰[10]:'诸侯耕助以供粢盛[11],夫人蚕缫以为衣服[12]。牺牲不成[13],粢盛不絜[14],衣服不备[15],不敢以祭[16]。惟士无田[17],则亦不祭。'牲杀[18]、器皿、衣服不备,不敢以祭,则不敢以宴[19],亦不足吊乎[20]?""出疆必载质,何也?"曰:"士之仕也,犹农夫之耕也,农夫岂为出疆舍其耒耜哉[21]?"曰:"晋国亦仕国也[22],未尝闻仕如此其急[23]。仕如此其急也,君子之难仕何也[24]?"曰:"丈夫生而愿为之有室[25],女子生而愿为之有家[26]。父母之心,人皆有之。不待父母之命,媒妁之言[27],钻穴隙相窥,逾墙相从[28],则父母国人皆贱之[29]。古之人未尝不欲仕也,又恶不由其道[30]。不由其道而往者,与钻穴隙之类也[31]。"

【注释】

〔1〕周霄:魏国的一个人。

〔2〕仕:当官。

〔3〕传(zhuàn):古代一种类型的史籍。

〔4〕无君:指失去职位,没有了自己所侍奉的君主。皇皇如:心神不宁的样子。皇:惶。

〔5〕出疆:出境。载:车上装载着。质:贽,初次见人时所执的礼物,这里指准备送给外国国君的礼物,以求仕进。

〔6〕公明仪:孔子的学生曾参的学生。

〔7〕吊:对不幸者予以安慰。

〔8〕以:太。

〔9〕位:官职。

〔10〕《礼》:当时讲述礼学的书籍。

〔11〕耕助:亲自耕田为民作表率,用其收获作为祭祀的资助。粢(zī)盛(chéng):盛在祭器内以供祭祀的谷物。粢:祭祀用的谷物。

〔12〕蚕:养蚕。缫:缫丝。

〔13〕牺牲:供祭祀用的纯色整体牲畜。

〔14〕絜(jié):洁,干净。

〔15〕衣服:指祭祀专用的祭服。备:齐备。

〔16〕以:用来。

〔17〕无田:因为没有爵位,所以也就没有封地。

〔18〕牲杀:因为牺牲要杀掉后用于祭祀,所以也称牺牲为牲杀。器皿:指用于祭祀的器皿。

〔19〕宴:举办筵席。

〔20〕亦不:疑当作"不亦"。足:值得。

〔21〕舍:舍弃。耒(lěi)耜(sì):一种翻土的农具。

〔22〕晋国亦仕国:焦循《孟子正义》认为疑当作"晋人亦仕国",意为晋人也在出任国家的官职。魏国原来是晋国的一部分,所以有时也自称为晋国。

〔23〕其:状语的标志,相当于"地"。

〔24〕君子:这里指孟子。难仕:不轻易求仕。

〔25〕丈夫:男子。生:出生。为:使。室:妻室。

〔26〕家:夫家。

〔27〕媒妁(shuò):说合婚姻的人。妁:媒。

〔28〕逾:翻越。从:走到一起。

〔29〕国人:人们。贱:瞧不起,鄙视。

〔30〕恶(wù):不愿意,反感。由:从。道:指正当的途径。

〔31〕与钻穴隙之类也:焦循《孟子正义》认为疑当作"与钻穴隙类也"。

【译文】

周霄问道:"古代的君子谋求当官吗?"孟子说:"谋求当官。书上说:'孔子三个月没有可侍奉的君主就会很着急,出国时车上准是带着送给所求见的国君的见面礼物。'公明仪说:'古代的人三个月没有君主任用,人们就去安慰他。'"周霄说:"三个月没有君主任用就去安慰,不是太着急了吗?"孟子说:"士人失去职位,就像诸侯失去了自己的国家。《礼》上说:'诸侯耕田,用其收获来充当祭祀用的谷物。诸侯的夫人养蚕缫丝,用其收获来制作祭服。祭祀用的牛羊等不肥,祭祀用的谷物不干净,祭服不齐备,不敢用来祭祀。只有在士人没有封地时,才不祭祀。'祭祀用的牛羊、器具、祭服不齐备，不敢用来祭祀，也就不敢用来办筵席，这不很值得慰问吗？"周霄说："孔子出国时车上准是带着送给所求见的国君的见面礼物，为什么呢？"孟子说："士人出来当官，就像农民种地，农民难道会因为到国外去谋生而抛弃他们的农具吗？"周霄说："我们魏国人也在国家当官，没有听说谋求当官像这样地着急。既然谋求当官像这样地着急，您却不轻易当官，为什么呢？"孟子说："男子活在世上，父母希望让他有妻室。女子活在世上，父母希望让她有婆家。父母亲这样的心肠，人人都具有。不等父母同意，不经过媒人介绍，钻过墙洞互相偷窥，爬过墙头会面，父母和其他人就都会鄙视。古代的人不是不想当官，而是不愿意不经过正当的途径。不经过正当的途径去谋求做官，和男女苟合一样。"

【讲解】

孟子认为，士人当官就像农民种地，是一种职责。士人失去官职就像诸侯失去了国家，没有了安身立命之所。官职是士人施展才干的工具，是实现其抱负的舞台。《论语·微子》："君子之仕也，行其义也。"讲的就是这样的道理。

为了利禄而谋求当官的人，自然会不择手段地投机钻营。孟子当官是为了"行其义"，所以要选择适宜辅佐的君主，必须受到君主的赏识器重，将他尊为师傅，使他的抱负得以实现，他才肯出山任职。士人的品质不同，当官的目的不同，出仕的途径也就不同。孟子不肯降低自己的格调，所以不肯轻易接受官职，因而也就"难仕"。

6.4 彭更问曰[1]："后车数十乘[2]，从者数百人，以传食于诸侯[3]，不以泰乎[4]？"孟子曰："非其道[5]，则一箪食不可受于人[6]。如其道，则舜受尧之天下不以为泰,子以为泰乎?"曰:"否,士无事而食[7],不可也。"曰:"子不通功易事[8],以羡补不足[9],则农有余粟,女有余布。子如通之,则梓匠轮舆皆得食于子[10]。于此有人焉,入则孝[11],出则悌[12],守先王之道[13],以待后之学者[14],而不得食于子,子何尊梓匠轮舆而轻为仁义者哉[15]?"曰:"梓匠轮舆,其志将以求食也[16]。君子之为道也,其志亦将以求食与[17]?"曰:"子何以其志为哉?其有功于子[18],可食而食之矣。且子食志乎[19]?食功乎?"曰:"食志。"曰:"有人于此,毁瓦画墁[20],其志将以求食也,则子食之乎?"曰:"否。"曰:"然则子非食志也,食功也。"

【注释】

〔1〕彭更:孟子的一个学生。

〔2〕后车:指跟随在后面的车辆。

〔3〕传食(sì):辗转受人供养。

〔4〕以:太,很。泰:过分。

〔5〕道:指合理的情况。

〔6〕箪(dān):用竹子或苇子编成的圆形器具,用来盛饭食。

〔7〕事:指工作。

〔8〕通:流通,指交易。功:劳动成果。易:交换。事:劳动。

〔9〕以:用。羡:多余的。

〔10〕梓(zǐ):制造器具的木工。匠:从事建筑的木工。轮:制造车轮的木工。舆:制造车厢的木工。

〔11〕入:指在家。

〔12〕出:指在外。悌:顺从比自己年长的人。

〔13〕守:坚持,奉行。先王之道:先代圣明帝王治理国家的理论和

做法。

〔14〕待：通"持"，扶持。

〔15〕尊：尊崇，看重。轻：轻视。为：实行。

〔16〕志：指目的。

〔17〕与(yú)：吗。

〔18〕其：如果。

〔19〕且：夫，发语辞。食志：根据目的而给酬劳。

〔20〕画：刻画。墁(màn)：用泥抹平的墙面。

【译文】

彭更问道："您后面跟着几十辆车，随从的人有几百，走到哪个国家就被那个国家供养着，这不太过分了吗？"孟子说："做事不合理，就连一篮食物也不可以从别人那里接受。如果做事合理，就是舜接受尧送给的整个天下也不算过分。你认为舜过分了吗？"彭更说："不，我觉得士人无功而受禄，是不应该的。"孟子说："你要是不拿劳动成果进行互换，用多余的弥补不足的，农民就会有卖不出去的粮，妇女就会有卖不出去的布。你如果互通有无，各种木工就都能从你手里得到酬劳。这里有个人，在家孝顺父母，在外顺从长者，奉行先代英明帝王治国的道理和做法，用他的学识扶植后来的学习者，却从你这里得不到酬劳。你为什么看重各种木工而轻视实行仁义的士人呢？"彭更说："各种木工，他们的目的就是拿着自己的技能来换取酬劳。君子施行仁道，他们的愿望也是用这一做法换取酬劳吗？"孟子说："你为什么根据他们的愿望办事呢？如果他们为你做了事，应当给酬劳，就给他们酬劳。你是根据人的目的给酬劳呢，还是根据人的成绩给酬劳呢？"彭更说："根据目的。"孟子说："这里有个搞建筑的工匠，把瓦弄碎了，在抹平的墙上划出了道子，他本来也是要靠手艺挣酬劳的，你会给他酬劳吗？"彭更说："不。"孟子说："这样看来，你也不是根据人的目的给酬劳，而是根据人的成绩给酬劳。"

【讲解】

孟子带着大量的学生在诸侯之间奔波游说,所到之处受到优待。彭更觉得他们并没有做什么实际的事情,所以无功不当受禄。

孟子认为自己的行为并不是无功,他们这个团队的人既品行优秀,又是先王之道的继承者和传播者,是社会优秀文化和思想的载体,他们给社会作出的成绩,不是工匠们技艺劳动的成绩所能比拟的。他们享受社会的供养,实际上是其脑力劳动成果与他人的体力劳动成果的交换。

韩非子曾经认为儒者凭有文化而被优待,不创造物质财富,是社会的蠹虫之一,应该被贬斥。这一看法与彭更的认识有其相似性,而且更为极端,其实是很幼稚的短视。孟子这里的论述,就是对这一错误认识的驳斥。

6.5 万章问曰[1]:"宋[2],小国也,今将行王政[3],齐、楚恶而伐之[4],则如之何[5]?"孟子曰:"汤居亳[6],与葛为邻[7]。葛伯放而不祀[8],汤使人问之曰:'何为不祀?'曰:'无以供牺牲也[9]。'汤使遗之牛羊[10],葛伯食之,又不以祀。汤又使人问之曰:'何为不祀?'曰:'无以供粢盛也[11]。'汤使亳众往为之耕,老弱馈食[12]。葛伯率其民要其有酒食黍稻者夺之[13],不授者杀之[14]。有童子以黍肉饷[15],杀而夺之。《书》曰[16]:'葛伯仇饷[17]。'此之谓也。为其杀是童子而征之,四海之内皆曰:'非富天下也[18],为匹夫匹妇复仇也[19]。'汤始征,自葛载[20],十一征而无敌于天下[21]。东面而征西夷怨[22],南面而征北狄怨[23],曰:'奚为后我[24]?'民之望之,若大旱之望雨也。归市者弗止[25],芸者不变[26],诛其君,吊其民[27],如时雨降[28],民大悦。《书》曰:'徯我后[29],后来其无罚[30]。''有攸不惟臣[31],东征,绥厥士女[32],篚厥玄黄[33],绍我周王见[34],休[35],惟臣,附于大邑周[36]。'其君子实玄黄于篚以迎其君子[37],其小人箪食壶浆以迎其小人[38]。救民于水火之中,取其残而已矣[39]。《太誓》曰[40]:'我武惟扬[41],侵于之疆[42],则取于残,杀伐用张[43],于汤有光[44]。'不行王政云尔[45]。苟行王政,四海之内皆举首而望之,欲以为君。齐、楚虽大,何畏焉?"

【注释】

〔1〕万章:孟子的一个学生。

〔2〕宋:宋国,初都商丘,后迁于徐州。这时的国君名叫"偃"。

〔3〕王政:仁政。

〔4〕恶(wù):反对,不愿意看到。

〔5〕如之何:怎么办。

〔6〕汤:商代的开国君主,最初是夏朝的诸侯。亳(bó):汤的都城,在今河南,具体地点说法不一。

〔7〕葛:夏朝的一个诸侯,是汤的邻国。

〔8〕葛伯:葛国的国君。放:放纵。祀:祭祀祖先。

〔9〕无以:不能。供:提供。牺牲:供祭祀用的纯色整体牲畜。

〔10〕遗(wèi):赠送。

〔11〕粢(zī)盛(chéng):盛在祭器内以供祭祀的谷物。粢:祭祀用的谷物。

〔12〕馈:送(饭)。

〔13〕要(yāo):拦截。

〔14〕授:给予。

〔15〕饷(xiǎng):送饭。

〔16〕《书》:指《尚书》。该篇文字没有流传下来。

〔17〕仇:使……怨恨。饷:指送饭的人们。

〔18〕富:指贪图。

〔19〕匹夫匹妇:普通百姓。复仇:报仇。

〔20〕载:开始。

〔21〕敌:对手。

〔22〕西夷:西部地区的少数民族。

〔23〕北狄:北部地区的少数民族。

〔24〕奚:何。后:把……事情放在后面做。

〔25〕市:市场。

〔26〕芸:耘,锄地。变:改变。

〔27〕吊:对不幸者施以救助安慰。

〔28〕时雨:及时的雨水。

〔29〕徯(xī):等待。后:君主。

〔30〕其:将。罚:刑罚。

〔31〕攸:所。惟:为,当。

〔32〕绥:安,保护。厥:其,那里的。士女:男女。

〔33〕篚(fěi):用篚(一种竹编的器具)装着。玄黄:指玄色和黄色的丝织物。

〔34〕绍:介绍给。

〔35〕休:美好。

〔36〕附:归附。大邑周:周朝对自己的褒称。邑:国。

〔37〕君子:贵族等地位高的人。实:装满。

〔38〕小人:平民。箪(dān):用箪(竹子或苇子编成的圆形器具,用来盛饭食)装着。壶:用壶盛着。浆:一种饮料。

175

〔39〕取:指惩罚。残:残暴的人,指坏的君主。
〔40〕《太誓》:《尚书》中的一篇,没有能流传下来。
〔41〕武:兵威。惟:乃,于是。扬:显现。
〔42〕侵:攻。于:邘,国名。
〔43〕用:以,乃。张:实行。
〔44〕于:比,对于……来说。有(yòu):又,更。光:辉煌。
〔45〕云尔:而已。

【译文】

　　万章问道:"宋国是个弱小的国家,现在要实行仁政,齐国和楚国如果怕威胁到自己而来进攻它,该怎么办呢?"孟子说:"汤的都城在亳,和葛是邻国。葛国君主行为放纵而不祭祀鬼神,汤派人问他说:'为什么不祭祀?'葛君说:'我拿不出祭祀用的牛羊。'汤派人送给他牛羊,葛君把牛羊吃了,又不用来祭祀。汤又派人问他说:'为什么不祭祀?'葛君说:'我拿不出祭祀用的五谷。'汤让亳地的百姓到葛国去给他种地,年老体弱的负责送饭。葛君率领着自己的百姓拦截那些送酒菜好饭的人而抢夺他们的东西,拒绝给予的人就被杀了。有个小孩拿着饭和肉给种地的人送,被葛君的人杀死而夺去了食物。《尚书》上说:'葛君使送饭的人怨恨。'指的就是这些事。因为葛君杀了这个孩子,汤出兵打他,普天下的人都说:'汤出兵打仗不是贪图天下的财富,是为普通百姓报仇。'汤最初出兵讨伐暴虐的国家,是从葛国开始的,讨伐了十一个这样的国家而壮大起来,在天下没有敌手。他讨伐东方国家,西方的少数民族国家的民众就埋怨;他讨伐南方的国家,北方的少数民族国家的民众就埋怨,人们说:'汤为什么把我们放在后面?'百姓盼望汤来解放,就像大旱的时候盼天下雨。在汤来进攻时,到市场去的商人不停止做买卖,农民不停止锄地,汤诛杀了那些国家的暴君,安抚那里的百姓,好像在旱天降下了及时雨,百姓十分高兴。《尚书》上说:

'等待我们欢迎的君主,他来了我们就不会受暴君的残害了。''有不肯向周朝臣服的诸侯,周军向东征讨,保护那里的平民。人们用筐装着玄色和黄色的绸缎,托人向周王引见,投奔光明,当了周朝的臣民,归附了伟大的周朝。'那些国家的官员用筐装满了绸缎而迎接前来征伐的官员,百姓们用竹筐装着饭、用壶盛着浆而迎接前来征伐的士兵。正义之师是来从水深火热中拯救百姓,惩罚残害他们的暴君而已。《太誓》上说:'我的军威便彰显出来,攻入了邢国的边境,惩罚了邢国的暴君,对罪魁祸首加以诛杀,比汤的功业更辉煌。'这是因为那些暴虐的国君不实行仁政而已。如果实行仁政,普天下的人都会抬起头仰望着,要让他当自己的君主。齐国和楚国虽然强大,怕它们什么呢?"

【讲解】

战国时期,各诸侯国处在兼并和反兼并的争斗状态,统治者都靠压榨民众而用于战争,不顾民生,没有人能实行仁政的。如果有人在当时实行起仁政来,赢得民心,自然会对周围实行暴政的国家构成威胁,进而招致这些国家的打击,那就反而是"劣币驱逐良币"了。《韩非子·五蠹》:"古者文王处丰、镐之间,地方百里,行仁义而怀西戎,遂王天下。徐偃王处汉东,地方五百里,行仁义,割地而朝者三十有六国。荆文王恐其害己也,举兵伐徐,遂灭之。故文王行仁义而王天下,偃王行仁义而丧其国,是仁义用于古不用于今也。"又说:"上古竞于道德,中世逐于智谋,当今争于气力。"法家认为在当时实行仁政不是兴国之道,反而是亡国之道。

孟子坚定地认为,仁政能赢得民心,获得大众的支持,所以会无敌于天下,必然战胜暴政。从历史事实来看,暴政国家扼杀仁政国家的情况是有的,但其总的规律还是仁政可以战胜暴政。

6.6 孟子谓戴不胜曰[1]:"子欲子之王之善与[2]?我明告子:有楚大夫于此,欲其子之齐语也[3],则使齐人傅诸[4]?使楚人傅诸?"曰:"使齐人傅之。"曰:"一齐人傅之,众楚人咻之[5],虽日挞而求其齐也[6],不可得矣。引而置之庄[7]、岳之间数年[8],虽日挞而求其楚,亦不可得矣。子谓薛居州善士也[9],使之居于王所。在于王所者,长幼卑尊皆薛居州也,王谁与为不善[10]?在王所者,长幼卑尊皆非薛居州也,王谁与为善?一薛居州,独如宋王何[11]?"

【注释】

〔1〕戴不胜:宋国的一位大夫。

〔2〕之善:朝好的方向发展。

〔3〕齐语:说齐国话。

〔4〕傅:教导。诸:之,他。

〔5〕咻(xiū):喧嚷。

〔6〕虽:即使。日:每天。挞(tà):用棍子打。

〔7〕置:放在。庄:齐国街道的名称。

〔8〕岳:齐国城中的一个里的名称。

〔9〕谓:认为。薛居州:宋国的一个贤士。

〔10〕谁与:与谁,和谁。

〔11〕独:岂,哪。如……何:把……怎么样。

【译文】

孟子对戴不胜说:"你想让你的君主朝好的方向发展吗?我明确地告诉你:这里有一个楚国的大夫,想让儿子说齐国话,是让齐国人教他呢,还是让楚国人教他呢?"戴不胜说:"让齐国人教他。"孟子说:"一个齐国人教他说齐国话,众多的楚国人在他跟前说楚国话,即使每天拿棍子打着让他说齐国话,也不能使他学会。如果领他在齐国的环境中住上几年,即使每天拿棍子打着让他说楚国话,也不能使他会说。你认为薛居州是个贤士,把他安排在宋王身边。如果在宋王身边的人,无论年龄大的小的和地位低的高的都是和薛居州一样的人,宋王和谁一起做不好的事情呢? 如果在宋王身边的人,无论年龄大的小的和地位低的高的都不是薛居州一样的人,宋王和谁一起做好的事情呢? 仅仅一个薛居州,哪能左右得了宋王的行为呢?"

【讲解】

　　君主身边必须有一个由贤士组成的辅佐团队,才足以使君主变好。如果只有个别的贤士,其他臣子都是小人,则贤士就会受到排挤,他的努力就不能发挥作用,其结果就是劣币驱逐了良币。

　　6.7 公孙丑问曰[1]:"不见诸侯何义[2]?"孟子曰:"古者不为臣不见。段干木逾垣而辟之[3],泄柳闭门而不内[4],是皆已甚[5]。迫[6],斯可以见矣[7]。阳货欲见孔子[8],而恶无礼[9]。大夫有赐于士,不得受于其家,则往拜其门[10]。阳货瞷孔子之亡也而馈孔子蒸豚[11],孔子亦瞷其亡也而往拜之。当是时,阳货先,岂得不见? 曾子曰[12]:'胁肩谄笑[13],病于夏畦[14]。'子路曰[15]:'未同而言[16],观其色赧赧然[17],非由之所知也[18]。'由是观之,则君子之所养可知已矣[19]。"

【注释】

　　〔1〕公孙丑:齐国人,是孟子的学生。

〔2〕义:道理,正当的理由。

〔3〕段干木:魏文侯时的贤士,文侯上门来会见他,他跳墙逃走而不肯相见。逾:翻越。垣:院墙。辟:避。

〔4〕泄柳:鲁穆公时的贤士,穆公上门来会见他,他关上门而不让进来。闭:关上。内(nà):纳,接纳。

〔5〕已:太。甚:过分。

〔6〕迫:逼迫。

〔7〕斯:则,就。可以:应该。

〔8〕阳货:又称为阳虎,春秋时鲁国季孙氏的家臣,在季桓子时把持着季氏的家政。见(xiàn):让……来拜见。

〔9〕恶(wù):不愿意看到。无礼:不敬重,指拒绝。

〔10〕拜:拜谢。

〔11〕瞰(kàn):窥探。亡:不在家。馈:赠送。豚(tún):小猪。

〔12〕曾子:曾参,是孔子的学生。

〔13〕胁肩:耸肩,表示谦恭。诌笑:讨好地笑着。

〔14〕病:痛苦,累。夏畦:指夏天在菜地里劳作,既炎热又劳累。

〔15〕子路:姓仲名由,字子路,是孔子的学生。

〔16〕同:指志趣相同。

〔17〕色:表情。赧(nǎn)赧然:尴尬脸红的样子。

〔18〕非由所知:这不是我所知道的。古人委婉地表示不同意时,就用"我不知道"之类的话。由:子路自称其名。

〔19〕养:涵养。已矣:句末助词。

【译文】

公孙丑问道:"不肯去见诸侯有什么道理?"孟子说:"在古代,不愿意当别人的臣,就不见他。段干木翻墙逃走而躲避魏文侯,泄柳关上门不让鲁穆公进来,这都太过分了。阳货想让孔子主动来见自己,又怕遭到拒绝而失面子。在当时,大夫赐给士人东西,如果士人不是在大夫家中接受的,就得到大夫门上来拜谢。阳货窥探到孔子不在家的时候,便给孔子送去一只蒸熟的小猪,孔子也在窥探到阳货不在家时前去拜谢他。在当时,阳货先送了礼物来,孔子怎能不去拜见他?曾子说:'耸着肩膀装笑讨好人,比夏天在菜地里劳作还难受。'子路说:'志趣不相投却在交谈,看到人家尴尬地红着脸的样子,这不是我所知道的事情。'从这些情况来看,君子的涵养就可以知道了。"

【讲解】

　　君子拜见诸侯是为了得到官职,做官是为了当君主之师,从而推行仁政,所以对其君主是有选择的,如果觉得他不是理想的辅佐对象,就不肯当他的臣。如果决定不当他的臣,就拒绝见他。

　　孟子认为,君子是应该有涵养的,对于那些能主动上门来的君主,还是应当依礼对待,不必像段干木和泄柳那样地做得太过分。即使是像阳货那样的专权之臣,如果他能诚心地先来见孔子,相信孔子也会见他的。但人家不来请,自己就绝不能丧失尊严地去讨好献媚,这个界限要划得很清。

　　6.8 戴盈之曰[1]:"什一[2],去关市之征[3],今兹未能[4],请轻之[5],以待来年然后已[6],何如[7]?"孟子曰:"今有人日攘其邻之鸡者[8],或告之曰[9]:'是非君子之道。'曰:'请损之[10],月攘一鸡[11],以待来年然后已。'如知其非义,斯速已矣[12],何待来年?"

【注释】

　　〔1〕戴盈之:宋国的一位大夫。
　　〔2〕什一:税法名称,提取总收成的十分之一作为赋税。什:十。
　　〔3〕去:取消。关:关卡。市:市场。征:税收。
　　〔4〕兹:年。

〔5〕轻:减轻。

〔6〕来年:明年。已:停止。

〔7〕何如:怎么样。

〔8〕日:每天。攘:把从别人家跑来的家畜家禽等占为己有,属于不当得利,比窃取之罪轻。

〔9〕或:有人。

〔10〕损:减少。

〔11〕月:每月。

〔12〕斯:就。已,停止。

【译文】

戴盈之说:"在全国实行'什一'的税制,取消关卡和市场的税收,今年还不能实行,请让我们先将赋税减轻一些,等明年再取消不该收的税,怎么样?"孟子说:"现在有个人每天都把从邻家跑来的鸡占为己有,有人告诉他说:'这样做不是君子的行为。'他说:'那就请让我减少一些,每月昧掉一只从邻家跑来的鸡,等到明年就不再昧了。'如果知道自己的行为不道义,就应当赶快停止,怎么还要等到明年?"

【讲解】

"什一"的税制在当时早已废止,各国早就加重了对百姓的赋敛。可能是孟子建议宋国实行仁政,恢复"什一"税制,取消关卡和市场的税收,减轻百姓的负担。戴盈之要拖到下一年才改革,孟子用了一个"攘鸡"的比喻反驳他,指出以往的政策是不道义的,应当立即纠正。

6.9 公都子曰[1]:"外人皆称夫子好辩[2],敢问何也?"孟子曰:"我岂好辩哉?予不得已也[3]。天下之生[4],久矣一治一乱[5]。当尧之时,水逆行[6],氾滥于中国[7]，蛇龙居之，民无所定[8]。下者为巢[9]，上者为营窟[10]。《书》曰[11]：'洚水警余[12]。'洚水者，洪水也[13]。使禹治之，禹掘地而注之海，驱蛇龙而放之菹[14]，水由地中行，江[15]、淮[16]、河[17]、汉是也[18]。险阻既远[19]，鸟兽之害人者消[20]，然后人得平土而居之。尧、舜既没[21]，圣人之道衰[22]，暴君代作[23]，坏宫室以为汙池[24]，民无所安息[25]；弃田以为园囿[26]，使民不得衣食。邪说暴行又作[27]，园囿、汙池、沛泽多而禽兽至[28]。及纣之身[29]，天下又大乱。周公相武王诛纣[30]，伐奄[31]，三年讨其君，驱飞廉于海隅而戮之[32]，灭国者五十，驱虎、豹、犀、象而远之，天下大悦。《书》曰[33]：'丕显哉[34]！文王谟[35]。丕承哉[36]！武王烈[37]。佑启我后人[38]，咸以正无缺[39]。'世衰道微，邪说暴行有作[40]，臣弑其君者有之[41]，子弑其父者有之。孔子惧，作《春秋》[42]。《春秋》，天子之事也。是故孔子曰：'知我者其惟《春秋》乎[43]！罪我者其惟《春秋》乎[44]！'圣王不作，诸侯放恣[45]，处士横议[46]，杨朱[47]、墨翟之言盈天下[48]，天下之言不归杨则归墨[49]。杨氏为我[50]，是无君也。墨氏兼爱[51]，是无父也。无父无君，是禽兽也。公明仪曰[52]：'庖有肥肉[53]，厩有肥马[54]，民有饥色[55]，野有饿莩[56]，此率兽而食人也。'杨、墨之道不息[57]，孔子之道不著[58]，是邪说诬民[59]，充塞仁义也[60]。仁义充塞，则率兽食人，人将相食。吾为此惧，闲先圣之道[61]，距杨[62]、墨，放淫辞[63]，邪说者不得作。作于

183

其心,害于其事;作于其事,害于其政[64]。圣人复起,不易吾言矣[65]。昔者禹抑洪水而天下平[66],周公兼夷狄[67]、驱猛兽而百姓宁,孔子成《春秋》而乱臣贼子惧[68]。《诗》云[69]:'戎狄是膺[70],荆[71]、舒是惩[72],则莫我敢承[73]。'无父无君,是周公所膺也。我亦欲正人心,息邪说,距诐行[74],放淫辞,以承三圣者[75],岂好辩哉?予不得已也。能言距杨、墨者,圣人之徒也。"

【注释】

〔1〕公都子:孟子的一个学生。

〔2〕辩:辩论。

〔3〕已:停止。

〔4〕天下:此指人类社会。

〔5〕一:一时。治:社会状况良好。乱:社会混乱。

〔6〕逆行:指不顺水道而流。

〔7〕氾滥:泛滥。中国:指华夏民族所在的中原地区。

〔8〕定:安定。

〔9〕下:指地势低。巢:在树上搭的窝,供人居住。

〔10〕上:指地势高。营窟:洞穴。

〔11〕《书》:《尚书》。下文引述的语句所在的篇目没有流传下来。

〔12〕洚(jiàng)水:洪水。警:警醒,警示。余:我。

〔13〕洪:大。

〔14〕放:使……逃跑。菹(jū):长着草的沼泽。

〔15〕江:长江。

〔16〕淮:淮河。

〔17〕河:黄河。

〔18〕汉:汉江。

〔19〕既:已经。远:离开。

〔20〕消:消失。

〔21〕没(mò):殁,去世。

〔22〕衰:衰微,衰落。

〔23〕代:一个接一个地。作:产生。

〔24〕坏:毁坏。宫室:指百姓的房屋。汙(wū)池:水池。

〔25〕安息:居住休息。

〔26〕弃:废弃。园囿:供打猎游玩的园林。

〔27〕邪说:荒谬的说教。

〔28〕沛泽:沼泽。

〔29〕纣:商代的最后一个君主,以暴虐荒淫著称。

〔30〕周公:周武王的弟弟,周朝的开国功臣,周朝制度的制定者。相:辅佐。武王:周武王,推翻商朝而建立了周朝。

〔31〕奄:商朝的诸侯国,在今山东曲阜。

〔32〕飞廉:纣的臣。海隅:海边。戮:惩罚示众。

〔33〕《书》:《尚书》。

〔34〕丕:伟大。显:贤明。

〔35〕文王:周文王,当时是商朝的诸侯。谟(mó):谋略。周文王用仁政治理,奠定了周朝的基业。

〔36〕承:继承。

〔37〕烈:功绩。

〔38〕佑启:帮助。

〔39〕咸:皆,都。以:能。正:正确。缺:缺点,错误。

〔40〕有(yòu):又。

〔41〕弑(shì):杀害君主和父母。

〔42〕《春秋》:孔子晚年编写的一部历史著作,其材料来源是当时鲁国史官的著作《春秋》。

〔43〕其:应当,表示肯定性的推测。惟:只有。

〔44〕罪:谴责。

185

〔45〕放恣:放纵,不守礼法。

〔46〕处士:没有做官的士人。横(hèng):随心所欲地。

〔47〕杨朱:孟子之前的一个学者,其学说主张"贵生"、"重己"。《列子·杨朱》引述他的话说:"损一毫利天下,不与也;悉天下奉一身,不取也。人人不损一毫,人人不利天下,天下治矣。"

〔48〕墨翟:墨子,名翟,孟子之前的一个学者,是墨家学派的领袖。盈:满。

〔49〕归:属于。

〔50〕我:自己。

〔51〕兼爱:均等而普遍地相爱。

〔52〕公明仪:孔子学生曾参的一个学生。

〔53〕庖(páo):厨房。

〔54〕厩(jiù):马圈。

〔55〕饥色:因吃不饱饭而面黄肌瘦的样子。

〔56〕饿莩(piǎo):饿死的人。

〔57〕息:消除。

〔58〕著:彰显。

〔59〕诬:欺骗。

〔60〕充塞:阻塞。

〔61〕闲:捍卫。

〔62〕距:拒,反对。

〔63〕放:摒弃。淫辞:荒谬的言论。

〔64〕政:政治,政务。

〔65〕易:改变。

〔66〕抑:治理。平:安定。

〔67〕兼:兼并。

〔68〕乱臣:破坏礼制的臣。贼子:逆子。

〔69〕《诗》:《诗经》。下文引述的诗句见于《诗经·鲁颂·閟宫》。

〔70〕戎狄是膺:攻打戎狄。中原西面的民族称为戎,北面的称为狄。

是:结构助词。膺:打击。

〔71〕荆:楚国。

〔72〕舒:国名,在今安徽舒城县。惩:使人受创而戒惧。

〔73〕莫我敢承:莫敢乘我。莫:没有人。承:抵御。

〔74〕诐(bì):偏颇,不正确。

〔75〕三圣:指禹、周公、孔子。

【译文】

公都子说:"外人都说先生喜欢和人辩论,请问这是为什么呢?"孟子说:"我哪里是喜欢辩论呢?我是不能不这样做啊。人类社会产生以来,有时安定,有时混乱,这种状况已经很久了。在尧的时代,水不顺着河道流,在华夏地区泛滥,到处都是蛇和龙,百姓没有安定的住所。地势低的地方,人们在树上搭窝,地势高的地方,人们在崖上打洞穴。《尚书》上说:'洚水警示我。'洚水就是洪水。尧让禹治水,禹在地上开挖河道,使洪水注入了海中,将蛇和龙驱赶到了长着草的沼泽中。水顺着河道走,长江、淮河、黄河、汉江就是这样。人们离开了不易居住的地方,害人的鸟兽也消失了,这之后人们才能在平坦的地面上居住。尧、舜死后,圣人治理社会的制度衰落了,残暴的君主接连出现,他们毁坏百姓的房屋而开挖水池,百姓没地方居住。他们废弃耕地而作为打猎或游玩的园林,使百姓没有了吃穿。荒谬的说教和残暴的行为又产生了,园林、水池、沼泽很多而招来禽兽。到纣的时候,天下又大乱了。周公辅佐周武王诛杀了纣,攻打奄,用三年的时间征讨它的君主,把飞廉赶到了海边而将他惩罚示众,灭掉了五十个诸侯国,将老虎、豹子、犀牛、大象等猛兽赶跑,普天下的人们都很高兴。《尚书》上说:'伟大而贤明啊!文王的谋略。伟大的继承啊!武王的功绩。帮助我们后人,都能正确而不出错。'社会衰落而正道的影响力减弱,荒谬的说教和残暴的行为又产生了,有臣杀害君主的事情发生,有儿子杀害父母

187

的现象发生,孔子很担心这样的局面,编写了《春秋》。用《春秋》来规范人们的思想,这在过去是天子的职责。因此孔子说:'理解我的人,应当只会是根据《春秋》吧?谴责我的人,应当只会是因为《春秋》吧?'英明的帝王不出现,诸侯放纵,没有当官的士人乱发表政见,杨朱、墨翟的学说传遍了天下,普天下谈政治的不属于杨朱派就属于墨翟派。杨朱主张一切为自己,这是目无君主。墨翟主张均等而普遍地相爱,这是目无父亲。目无君主和父亲,这是动物的行为。公明仪说:'厨房里有肥肉,圈中有肥马,百姓面黄肌瘦,野外有饿死的人,这是在带领着野兽吃人。'杨朱、墨翟的主张不消除,孔子的主张不能弘扬,这就导致荒谬的说教欺骗民众,阻塞了仁义思想的传播。仁义思想被阻塞,统治者就会带着一帮野兽吃人,把社会变成一个人吃人的社会。我为此而担忧,于是捍卫先代圣人的学说,反对杨朱、墨翟,摒弃荒谬的言论,让主张歪理邪说的人不能出现。内心相信了歪理邪说,就会妨害做事。办事时依照了歪理邪说,就会妨害施政。圣人再活过来,也不会否定我的这些话。过去禹治洪水而天下出现了好局面。周公兼并夷狄、赶跑猛兽使百姓获得了安宁,孔子写了《春秋》而使奸臣逆子恐惧。《诗经》上说:'打击西戎和北狄,使南方的楚国和舒国知道厉害,就没有人敢抵御我们了。'那些目无君主和父亲的人,是周公打击的对象。我也想端正人们的思想,消除歪理邪说,反对不正确的行为,驳斥荒谬的言论,从而继承三位圣人的思想,哪里是喜欢和人辩论呢?我是不得不这样做。能够用言论来反对杨朱和墨翟的人,是圣人的队伍中的战士。"

【讲解】

战国时期世道混乱,百家争鸣,人们纷纷提出自己的政见,发表各种各样的主张。这些学说往往互相否定,标榜自己正确,导致了论战。

百家学说的形成,都各有其历史的渊源,各有其相应的社会基础,具备一定的合理性,因而也能获得相应的支持,形成自己的阵营和影响力。但这些学说也都存在各自的缺陷,往往将一些主张推向极端,把支流上升到主流,一叶障目,甚至不顾实际情况,否定社会的一些正确规则,产生许多副作用。

杨朱提出不拔一毛利天下,以自身为中心,这就推卸了个人对社会负有的责任,也等于是无形中剥夺了君主对社会的管理权利,如果都照他的主张去做,会导致社会运行机制的崩溃。墨家主张均等而普遍地相爱,只是一种虚妄的愿望,不但没有实行的可能,而且还无形中忽视了父亲在家庭中的主导地位。

儒家认为社会应该有健全的管理机构,百姓可以反对坏君主,但不能不要君主,社会还是由君主主导的,君主应有的权利不容削弱或剥夺,君主应负的责任也不容推卸和荒怠。儒家认为家庭是社会的重要单元,父亲是家庭的核心,子女可以纠正父亲的不合理行为,但不能不尊重父亲的权利和地位。杨朱、墨翟等各家的主张与儒家的学说发生了直接的冲突,是孟子所不能认可的,所以经常对那些不正确的思想进行驳斥。

外人说孟子好辩,言外之意就是说他有偏执的性格,唯我独尊,好显示自己,不能容人,没有君子的风度。孟子则认为自己四面出击是出于不得已,目的是维护真理,驳斥歪理邪说,担负起学者的社会责任。他认为自己是禹、周公、孔子的继承者,对于自己有"言距杨墨"的能力颇为自诩,其实在他心目中,自己也相当于是圣人了。

6.10 匡章曰[1]:"陈仲子岂不诚廉士哉[2]?居於陵[3],三日不食,耳无闻,目无见也。井上有李,螬食实者过半矣[4]，匍匐往[5]，将食之[6]，三咽，然后耳有闻，目有见。"孟子曰："于齐国之士，吾必以仲子为巨擘焉[7]。虽然[8]，仲子恶能廉[9]？充仲子之操[10]，则蚓而后可者也[11]。夫蚓，上食槁壤[12]，下饮黄泉[13]。仲子所居之室，伯夷之所筑与[14]？抑亦盗跖之所筑与[15]？所食之粟，伯夷之所树与[16]？抑亦盗跖之所树与？是未可知也。"曰："是何伤哉[17]？彼身织屦[18]，妻辟纑[19]，以易之也[20]。"曰："仲子，齐之世家也[21]。兄戴[22]，盖禄万钟[23]，以兄之禄为不义之禄而不食也，以兄之室为不义之室而不居也，辟兄离母[24]，处于於陵。他日归[25]，则有馈其兄生鹅者[26]，己频顣曰[27]：'恶用是鶂鶂者为哉[28]？'他日，其母杀是鹅也与之，食之[29]。其兄自外至，曰：'是鶂鶂之肉也。'出而哇之[30]。以母则不食，以妻则食之。以兄之室则弗居，以於陵则居之，是尚为能充其类也乎[31]？若仲子者，蚓而后充其操者也。"

【注释】

〔1〕匡章：齐国的一个大夫。

〔2〕陈仲子：齐国的一位隐士。诚：确实。廉：廉洁。

〔3〕於(wū)陵：地名，在今山东邹平县。

〔4〕螬(cáo)：蛴螬，俗称核桃虫。实：指果肉。

〔5〕匍匐：爬。

〔6〕将：取，拿。

〔7〕巨擘：拇指，指第一位的。

〔8〕虽：虽然。然：这样。

〔9〕恶(wū):哪里。

〔10〕充:充分,彻底地。操:操行,节操。

〔11〕蚓:成为蚯蚓。

〔12〕槁壤:干土。

〔13〕黄泉:地中的水。

〔14〕伯夷:商朝末年孤竹国国君的儿子,父亲死后,他们和弟弟叔齐互相推让,谁也不肯继承职位,先后逃了出来。他们认为周武王讨伐纣不符合君臣之义,劝阻而没有成功,隐居到了首阳山,最后饿死在那里。后世被誉为正人君子的典型。与(yú):呢。

〔15〕抑亦:还是。盗跖(zhí):名跖,是古代的一个著名的强盗,所以称为"盗跖"。

〔16〕树:种植。

〔17〕伤:妨碍,不合适。

〔18〕身:亲自。织:编织。屦(jù):鞋。

〔19〕辟(bì):绩麻,把麻分开,将短的续长。垆(lú):练麻,将麻线漂洗干净。

〔20〕易:交换。

〔21〕世家:世袭的贵族之家。

〔22〕戴:陈戴。

〔23〕盖(gě):地名,是陈戴的封邑。钟:量名,一钟为六斛四斗,一斛为十斗。

〔24〕辟:避。

〔25〕他日:后来的一天。

〔26〕馈:赠送。生:活的。

〔27〕频:颦,皱眉。蹙(cù):皱鼻子。

〔28〕用:要。鶃(yì)鶃:鹅的叫声。为哉:呢。

〔29〕其母杀是鹅也与之,食之:下文云"以母则不食,以妻则食之",与这里的叙述发生矛盾,文中未述其妻有关之事,读者不清楚"以妻则食之"的原委。疑原文"其母杀是鹅也与之,食之"本当作"其母杀是鹅也与

其妻,食之"。
 〔30〕哇:呕吐。
 〔31〕尚:还。类:指做人的原则。

【译文】
 匡章说:"陈仲子难道不是个确实廉洁的士人吗?他住在於陵,三天没吃东西,饿得耳朵听不见,眼睛也看不见了。井边掉了个李子,被蛴螬吃得剩下少半个了,他爬过去拣起来吃,咽了三口,然后耳朵才听到了声音,眼睛才看到了东西。"孟子说:"在齐国的士人中,我当然把仲子看作首屈一指的。虽然这样,仲子哪能廉洁到底?如果要彻底坚持仲子的节操,那就得变成蚯蚓才行。蚯蚓这种东西,在地上吃干土,在地中喝泥水。仲子住的房子,是伯夷那样好的人盖的呢?还是盗跖那样坏的人盖的呢?仲子吃的粮食,是伯夷那样好的人种的呢?还是盗跖那样坏的人种的呢?这是不知道的。"匡章说:"这有什么不合适呢?他自己做鞋,妻子加工麻线,用这些换来的。"孟子说:"仲子出身于齐国世袭的大夫之家,哥哥陈戴,每年从盖邑收入的俸禄有一万钟。他认为哥哥的俸禄来得不道义而不吃,认为哥哥的房屋来得不道义而不住,躲开哥哥,离开母亲,住到了於陵。有一天回家去,正好有人给他哥哥送活鹅,他皱着眉头说:'怎么能要这哦哦地叫的东西呢?'后来,他母亲将这只鹅杀掉而给了他的妻子,他就吃了鹅肉。他哥哥从外边进来,对他说:'你吃的就是那哦哦叫的东西的肉。'他恶心得出了门就呕吐了。因为是母亲做的就不吃,因为是妻子做的就吃。因为是哥哥的房子就不住,因为是在於陵就住,这还能彻底地实行他做人的原则吗?像仲子这样的人,只有变成蚯蚓才能彻底坚持他的节操。"

【讲解】

　　自古以来就有隐士这一阶层,他们痛恨社会的黑暗,认为统治者是罪魁祸首,所以拒绝和统治者合作,不参与政治,甘当平民,洁身自好。最典型的例子是周朝初年的伯夷、叔齐兄弟两人,他们认为周武王伐纣是"以暴易暴"的不义行为,所以不吃周朝的粮食,最终饿死了。陈仲子认为哥哥陈戴的财富的来路不正,所以拒绝沾边,显然也是个伯夷式的人物,这种行为显然十分偏激。凡是和不义之人有关涉的东西都拒绝,显得心胸很狭隘,其准则在实际生活中并不能贯彻。

　　儒家认可隐士们高尚的精神,但却并不同意他们的隐居行为。士人不能不承担起对社会应负的责任,出来做官就是为了履行这种责任,如果因为社会黑暗就拒绝做官,就是放弃了这种责任,是不道义的。隐士们洁身自好固然可敬,却是一种因小失大的表现,是顾了自己而不顾社会,不能算是正确的选择。

离 娄 上

7.1 孟子曰:"离娄之明[1],公输子之巧[2],不以规矩不能成方员[3]。师旷之聪[4],不以六律不能正五音[5]。尧、舜之道[6],不以仁政不能平治天下[7]。今有仁心仁闻而民不被其泽[8],不可法于后世者[9],不行先王之道也。故曰徒善不足以为政[10],徒法不能以自行[11]。《诗》云[12]:'不愆不忘[13],率由旧章[14]。'遵先王之法而过者,未之有也。圣人既竭目力焉[15],继之以规矩准绳[16],以为方员平直[17],不可胜用也[18]。既竭耳力焉,继之以六律正五音,不可胜用也。既竭心思焉,继之以不忍人之政[19],而仁覆天下矣[20]。故曰为高必因丘陵[21],为下必因川泽。为政不因先王之道,可谓智乎?是以惟仁者宜在高位,不仁而在高位,是播其恶于众也[22]。上无道揆也[23],下无法守也[24],朝不信道[25],工不信度[26],君子犯义[27],小人犯刑[28],国之所存者幸也[29]。故曰城郭不完[30],兵甲不多[31],非国之灾也。田野不辟[32],货财不聚[33],非国之害也。上无礼[34],下无学,贼民兴[35],丧无日矣[36]。《诗》曰[37]:'天之方蹶[38],无然泄泄[39]。'泄泄犹沓沓也[40]。事君无义,进退无礼〔41〕,言则非先王之道者〔42〕,犹沓沓也。故曰责难于君谓之恭〔43〕,陈善闭邪谓之敬〔44〕,吾君不能谓之贼〔45〕。"

【注释】

〔1〕离娄:古代一个视力好的人。明:好的视力。

〔2〕公输子:名般,鲁国人,是一个能工巧匠。巧:好的技艺。

〔3〕以:用。规:圆规。矩:用来画直角的曲尺。员:圆。

〔4〕师旷:春秋时晋国的一位乐师,善于辨别音律。聪:好的听力。

〔5〕六律:古代定音的标准工具,用长短不一的竹管制成,其名称为黄钟、太簇(一作大蔟)、姑洗、蕤宾、夷则、无射。正:校正。五音:古代的音阶,名称为宫、商、角、徵、羽。

〔6〕道:符合道义。

〔7〕平治:治理好。

〔8〕今:假如。闻(wèn):名声。被:受。泽:恩惠。

〔9〕法:效法。

〔10〕徒:仅仅,只是。足以:能够。

〔11〕法:好的法度。能以:能够。

〔12〕《诗》:《诗经》。下文引述的诗句见于《诗经·大雅·假乐》。

〔13〕愆(qiān):违背。忘:遗忘。

〔14〕率由:遵循。

〔15〕既:在……之后。竭,用尽。

〔16〕继:继续。准:测量水平的仪器。绳:木工用来取直的墨线。

〔17〕以为:用来求得。

〔18〕胜:穷尽。

〔19〕忍:忍心。

〔20〕覆:覆盖。

〔21〕为:造,做。因:利用。

〔22〕播:施行。

〔23〕道揆(kuí):原则。

〔24〕法守:操守。

〔25〕朝:朝廷。

〔26〕工:工匠。度:尺度。

〔27〕君子:指地位高的人。犯:触犯。

〔28〕小人:平民。刑:刑律。

〔29〕幸:侥幸。

〔30〕城:城墙。郭:城市最外围的城墙。完:坚固。

〔31〕兵:兵器。甲:铠甲。

〔32〕辟(pì):开垦。

〔33〕货财:财富,钱财。

〔34〕礼:礼义、礼制、礼仪等。

〔35〕贼民:作乱的民众。兴:多起来。

〔36〕丧:灭亡。无日:时日不多。

〔37〕《诗》:下文引述的诗句出自《诗经·大雅·板》。

〔38〕方:正在。蹶:动。

〔39〕然:这样。泄(yì)泄:懈怠,不负责任。

〔40〕沓沓:懈怠,不负责任。

〔41〕进退:行动。

〔42〕非:反对。

〔43〕责:要求。难:费力才能做好的事。谓之:叫做。恭:恭谨。

〔44〕陈:陈述。闭:杜绝。邪:不正确的。敬:认真。

〔45〕吾君不能谓之贼:这句话不通。赵岐注:"言吾君不肖,不能行善,因不谏正,此为贼其君也。"疑"吾君不能谓之贼"前脱"言"或"曰"字。贼:害。

【译文】

孟子说:"具有离娄的好视力,公输般的好技艺,不使用圆规和曲尺也画不成方形和圆形。具有师旷的好听力,不使用六律也不能校正五音。能像尧、舜那样符合道义,不实行仁政也不能治理好天下。如果具备仁义的动机，也获得了仁义的名声，百姓却没有受到过他的恩惠，他的行为不能被后世效法，这是因为他不实行先代英明帝王的做法。所以说只是本质好还不能管理政事，只有好的法度它也不能自动发挥作用。《诗经》上说：'不出错，不遗忘，遵循旧的规章办事。'遵照先代英明帝王的做法而办错了事，是从来没有过的。圣人已经用尽了他的视力，又用圆规、曲尺、水平仪、墨绳来求得方、圆、平、直，他的好办法用不完。圣人已经用尽了他的听力，又用六律来校正五音，他的好办法也用不完。圣人已经用尽了心思，又推行不忍心让人受害的政治措施，就会使仁道充满世界了。所以说制造高点一定要利用丘陵，制造低点一定要利用河道沼泽，施政不利用先代英明帝王的做法，能算聪明吗？因此只有仁人才应该在高的位置上，不仁的人在高的位置上，这是在向众人实施他的邪恶。统治者没有原则，民众没有操守，朝廷不相信公理，工匠不相信尺度，地位高的人触犯道义，地位低的人触犯刑律，国家生存靠的是侥幸。所以说城墙不坚固，军备不多，不是国家的灾难。田地没有开垦，钱财没有聚积，也不是国家的危险。统治者放弃了礼义，民众不学习伦理，作乱的民众多起来，国家的灭亡就没有几天了。《诗经》上说：'天正在动着，不要这样懈怠。'懈怠就是不负责任。为君主办事不讲道义，行为不守礼法，一说话就非议先代英明帝王的思想，这样的人就是那种不负责任的人。所以说要求君主做难做的事情叫做恭谨负责，向君主陈述正确的道理而杜绝他受邪恶思想的影响叫做严肃认真，说君主不值得辅佐而不履行臣的职责就是害国之贼。"

【讲解】

  所谓"先王之道"，是指尧、舜、禹、汤、周文王、周武王等倡导的治国理论和做法。这些理论和做法是这些英明帝王所倡导和执行的,但不是他们发明的,而是人类社会共同积累的文明成果,经历了历史的检验,具有超越时空的真理性,所以是治理社会必须遵守的规矩准绳。儒家正是先王之道的继承和捍卫者。

社会的管理者光有善良的愿望是不够的,还要全面而具体地实施先王之道,才能收到良好的效果。先王之道的核心是"仁",以道义为原则,以礼法为规矩,从上到下的人都应该遵守。

7.2 孟子曰:"规矩[1],方员之至也[2]。圣人,人伦之至也[3]。欲为君尽君道[4],欲为臣尽臣道,二者皆法尧[5]、舜而已矣。不以舜之所以事尧事君[6],不敬其君者也[7]。不以尧之所以治民治民,贼其民者也[8]。孔子曰:'道二,仁与不仁而已矣。'暴其民甚则身弑国亡[9],不甚则身危国削[10],名之曰幽[11]、厉[12],虽孝子慈孙,百世不能改也。《诗》云[13]:'殷鉴不远[14],在夏后之世[15]。'此之谓也。"

【注释】
〔1〕规:圆规。矩:用来画直角的曲尺。
〔2〕员:圆。至:极点,最高的标准。
〔3〕人伦:人际关系的标准。
〔4〕为:当,担任。尽:完美地遵守。道:规则。
〔5〕法:效法。
〔6〕以:用。所以:用来……的。事:侍奉,对待。
〔7〕敬:严肃认真。
〔8〕贼:害。
〔9〕暴:残害。甚:厉害,程度严重。弑:臣民杀死君主。

〔10〕削:指国土被邻国侵削。

〔11〕名:命名,指死后追加谥号。幽:贬义谥号的一种,有"壅遏不达"、"动静乱常"之类的含义。

〔12〕厉:贬义谥号的一种,有"暴慢无礼"、"杀戮无辜"之类的含义。

〔13〕《诗》:《诗经》。下文引述的诗句出自《诗经·大雅·荡》。

〔14〕殷:商朝。鉴:镜子,指借鉴。

〔15〕夏后:夏朝君主。后:君主。

【译文】

孟子说:"圆规和曲尺是方形和圆形最规范的标准,圣人是人伦最好的典范。要让当君主的完全遵守君主的规则,让当臣的完全遵守臣的规则,两者都效法尧、舜就行了。不用舜给尧当臣的方式对待君主,就是对自己的君主不负责任,不用尧管理百姓的方式管理百姓,就是祸害自己的百姓。孔子说:'管理国家的做法有两种,就是仁政和暴政而已。'残害百姓很厉害,自己就会被臣民杀死,国家会灭亡。残害百姓不厉害的,自己也会有危险,国土会被邻国侵削。这样的君主死后会被称为幽、厉,即使子孙对他孝顺慈爱,经历一百代也不能更改这种贬称。《诗经》上说:'商朝的镜子并不远,就是它之前的夏朝。'说的就是这种情况。"

【讲解】

尧、舜是圣人,他们的行为给后世树立了良好的榜样。像尧、舜一样当君臣,执行仁政,国家能兴旺,自己也会流芳百世。像周朝的厉王、幽王一样当君主,实行暴政,不但国家会受害,自己也会受害,还会遗臭万年。

7.3 孟子曰:"三代之得天下也以仁〔1〕,其失天下也以不仁,国之所以废兴存亡者亦然〔2〕。天子不仁不

199

保四海[3],诸侯不仁不保社稷[4],卿大夫不仁不保宗庙[5],士庶人不仁不保四体[6]。今恶死亡而乐不仁[7],是犹恶醉而强酒[8]。"

【注释】

〔1〕三代:夏、商、周三个朝代。以:因为。

〔2〕所以……者:……的原因。然:这样。

〔3〕保:保持住。

〔4〕社稷:供奉土地神和五谷神的庙,如果国家灭亡,其社稷会被毁掉。

〔5〕卿:地位最高的官员。宗庙:供奉祖先的庙。

〔6〕庶人:平民。四体:四肢,代指身体。

〔7〕今:假如。恶(wù):不愿意。乐:喜欢。

〔8〕强(qiǎng):硬,偏要。

【译文】

孟子说:"夏、商、周三个朝代取得天下是因为仁道,它们后来失去天下是因为不仁道,一个诸侯国衰败、兴起与生存、灭亡的原因也是这样的。天子不仁道不能保持住天下,诸侯不仁道不能保持住国家,卿和大夫不仁道不能保持住宗庙,士人和平民不仁道不能保护好自己的身体。人们不愿意死亡却喜欢不仁道,这就像不愿意醉却硬要喝酒。"

【讲解】

行仁道会安全而胜利,不行仁道便会衰亡,有的甚至下场很惨,从天子到平民都遵从这一规律,这是被人类历史所证明了的。

7.4 孟子曰:"爱人不亲反其仁[1],治人不治反其智[2],礼人不答反其敬[3],行有不得者皆反求诸己[4],其身正而天下归之[5]。《诗》云[6]:'永言配命[7],自求多福。'"

【注释】

〔1〕亲:爱戴,拥护。反:反过来检点自己,反省。其:自己。

〔2〕不治:没有达到治理效果。

〔3〕礼:礼待。答:报答。敬:认真负责。

〔4〕求:指寻找原因。诸:于。

〔5〕归:归附,归顺。

〔6〕《诗》:指《诗经》。下文引述的诗句出自《诗经·大雅·文王》。

〔7〕永:长久地。言:而,连词。配:符合。命:天命。

【译文】

孟子说:"对别人施惠却得不到别人的爱戴,就应该反省自己在仁道方面的缺失。管理社会而效果不好,就应该反省自己在智慧方面的缺失。礼待别人却得不到相应的报答,就应该反省自己是否对别人认真负责。做了事却不能实现预期效果的,都应该反过来从自己身上找原因,自身端正了,天下的人都会归附。《诗经》上说:'行为要永远地符合天意,多为自己创造吉祥。'"

【讲解】

《论语·子路》:"其身正,不令而行;其身不正,虽令不从。"意思是说:如果自身端正,即使不用下命令,下属也会照他的意愿办事;如果自身不端正,即使下命令,下属也不会听从。《论语·子路》:"苟正其身矣,于从政乎何有?不能正其身,如正人何?"意思是说:如果能端正自身的行为,对于管理政事来说有什么难的?如果不能端正自身的行为,怎么去端正别人的行为呢?

自身行为是否端正,决定着事情的成败。责己严,责人宽,是君子的美德。孟子这里的表述,和孔子的意见是一致的。

7.5 孟子曰:"人有恒言[1],皆曰'天下国家[2]'。天下之本在国[3],国之本在家,家之本在身。"

【注释】

〔1〕恒言:常言,很普及的话。
〔2〕天下:天子的领地。国:诸侯的领地。家:大夫的领地。
〔3〕本:根,关键。

【译文】

人们有句常说的话,就是"天下国家"。天下的根本在国,国的根本在家,家的根本在自身。

【讲解】

整体是由部分组成的,要想把整体建设好,就得先着眼于对其组成的各部分的建设。儒家有"修身、齐家、治国、平天下"的公式,就是主张人人从修身开始,由小到大,最终实现整个天下的良治局面。

7.6 孟子曰:"为政不难[1],不得罪于巨室[2]。巨室之所慕[3],一国慕之;一国之所慕,天下慕之;故沛然德教溢乎四海[4]。"

【注释】

〔1〕为政:施政。
〔2〕得罪:被……不满。巨:大的。室:指卿大夫之家。巨室指贤明

的卿大夫。

〔3〕慕:爱,喜欢。

〔4〕沛然:雨水普降大地的样子。德教:仁义的教化。溢:充满。乎:于。

【译文】

孟子说:"施政并不难,只要做到不使大的贤明的卿大夫之家不满就行。大的贤明的卿大夫之家喜欢的,一个诸侯国的人都会喜欢。一个诸侯国的人喜欢的,普天下的人都会喜欢。这样一来,仁义的教化就会像雨水普降一样充满天下。"

【讲解】

大的卿大夫之家都是世袭的国家贵族,他们有的是祖先对国家有大功,有的和国君是同宗,因而获得了世袭权利。这些世袭的贵族容易形成好的家教和家风,具有高层级的见识,有家族的荣耀感和对国家的责任心,在国家中既有强大的势力,也有对国民巨大的影响力。如果这些贵族是贤明的,政策获得他们的认可就非常重要。一旦得到他们的支持,就很容易得到全国的支持,从而使良好的政治推广到整个天下。

7.7 孟子曰:"天下有道[1],小德役大德[2],小贤役大贤。天下无道,小役大,弱役强。斯二者天也[3],顺天者存,逆天者亡。齐景公曰[4]:'既不能令[5],又不受命[6],是绝物也[7]。'涕出而女于吴[8]。今也小国师大国而耻受命焉[9],是犹弟子而耻受命于先师也[10]。如耻之,莫若师文王[11]。师文王,大国五年,小国七年,必为政于天下矣[12]。《诗》云[13]:'商之孙子[14],其丽不亿[15]。上帝既命[16],侯于周服[17]。侯服于周,天命靡常[18]。殷士肤敏[19],裸将于京[20]。'孔子曰:'仁不可为众也[21]。夫国君好仁,天下无敌。'今也欲无敌于天下而不以仁[22],是犹执热而不以濯也[23]。《诗》云[24]:'谁能执热,逝不以濯[25]?'"

【注释】

〔1〕有道:政治清明。小德:道德层级低的。

〔2〕役:被役使,服从。

〔3〕斯:这。

〔4〕齐景公:姓姜,名杵臼,齐国国君,死后谥为"景"。

〔5〕令:发出命令让人执行。

〔6〕命:别人对自己的指使。

〔7〕绝:断绝。物:事,指国家间的交往事务。

〔8〕涕:眼泪。女(nǜ):将女子嫁给人。当时的吴国很强大,齐景公为了维护两国关系,委屈地将女儿嫁给了吴王阖庐。

〔9〕师:效法,仿照。耻:把……视为耻辱,不愿意。

〔10〕弟子:学生。先师:老师。

〔11〕莫若:不如。文王:周文王,姓姬名昌,他是商朝的诸侯,推行仁政,使自己的国家强盛起来,为武王推翻商朝奠定了基础。

〔12〕为政:执政。

〔13〕《诗》:《诗经》,下文引述的诗句出自《诗经·大雅·文王》。

〔14〕商:商朝。孙子:子孙,后代。

〔15〕丽:数目。不:不止。亿:十万。

〔16〕上帝:天,古人认为天主宰着人间。既:已经。

〔17〕侯:成为诸侯。周:周朝。服:王朝直属领地以外的地方。

〔18〕天命:指天对人间事务的安排。靡:不。常:固定,恒常。

〔19〕殷:商朝。肤:贤良。敏:勤勉。

〔20〕祼(guàn):祭祀时将一种香酒灌入地中,认为这样可以让神饮

用。将：助，指陪从。京：首都。

〔21〕为众：为以众，用人多对付。为：对付。

〔22〕以：用。

〔23〕执热：执于热，被热所困。执：困，拘。濯(zhuó)：洗浴。

〔24〕《诗》：《诗经》，下文引述的诗句出自《诗经·大雅·桑柔》。

〔25〕逝：坚决。

【译文】

孟子说："天下政治清明时，道德层次低的服从道德层次高的，贤明层次低的服从贤明层次高的。天下政治黑暗时，小的服从大的，弱的服从强的。这两种情况是天决定的，顺应天意的人能生存，违抗天意的人会灭亡。齐景公说：'在不能发出命令让别国执行的情况下，又不接受别国的命令，这是断绝和别国来往。'他流着眼泪把女儿嫁到了吴国。现在小国家效法大国的做法而不愿意听大国的安排，这就像学生不愿意听老师的话。如果真不愿意受大国摆布，不如就效法周文王。效法周文王，大的国家用五年，小的国家用七年，一定能获得统领天下的地位。《诗经》上说：'商朝的子孙，数量不止十万。上帝已经改变了对人间帝王的安排，商朝的后代在周朝的领地上成了诸侯。他们在周朝的领地上成了诸侯，说明天意不是固定不变的。商朝的士人贤良而勤勉，在周朝的京城陪同周天子进行祭祀。'孔子说：'仁政不是靠人多能阻挡住的。如果国君喜欢仁政，整个天下都没有敌手。'现在想在天下无敌却不实行仁政，就好像被天热熬煎而不去洗澡。《诗经》上说：'谁能被天热熬煎，却坚决不去洗澡？'"

【讲解】

在社会政治秩序合理时，竞争靠的是道德。在社会政治秩序黑暗时，竞争靠的是强力。在强力面前，有时不得不委曲求全，迂回忍让。

205

孟子认为周文王是君主的优秀榜样,他推行仁政,终于取代了商朝而拥有了整个天下。仁政是无敌的,是医治一切社会疾病的良药,只要实行,就能实现统一天下的目的。

古人相信天是人间万事万物的主宰,这是无可厚非的,但孟子认为社会处于黑暗时期也是天的一种安排,这种观点既不符合事实,也没有积极意义,应当否定。

7.8 孟子曰:"不仁者可与言哉?安其危而利其菑[1],乐其所以亡者[2]。不仁而可与言,则何亡国败家之有?有孺子歌曰[3]:'沧浪之水清兮[4],可以濯我缨[5]。沧浪之水浊兮,可以濯我足。'孔子曰:'小子听之[6],清斯濯缨[7],浊斯濯足矣。自取之也[8]。'夫人必自侮[9],然后人侮之。家必自毁,而后人毁之。国必自伐[10],而后人伐之。《太甲》曰[11]:'天作孽[12],犹可违[13]。自作孽,不可活。'此之谓也。"

【注释】

〔1〕安:把……看作是安全的。利:认为……有利。菑(zāi):灾。
〔2〕乐:喜欢。所以……者:……的原因。
〔3〕孺子:小孩。歌:唱。
〔4〕沧浪:青色。
〔5〕濯(zhuó):洗。缨:帽子上的带子。
〔6〕小子:称呼学生。
〔7〕斯:就。
〔8〕取:招致。
〔9〕夫:发语词。侮:轻慢。
〔10〕自伐:自己做了应该被讨伐的事。

〔11〕《太甲》:《尚书》中的篇目,已经失传。

〔12〕孽:灾祸。

〔13〕违:躲避。

【译文】

孟子说:"不仁的人能听得进别人的劝说吗?这些人把他们面临的危险看作是安全的,认为面临的灾祸是有利的,喜欢做导致自己灭亡的事情。不仁的人如果能听得进别人的劝说,哪里还会有灭亡的诸侯和败落的大夫?有小孩唱道:'青色的河水清澈啊,可以用来洗我的帽缨。青色的河水浑浊啊,可以用来洗我的脚。'孔子说:'学生们听着,水清就洗帽缨,水浊就洗脚,这都是水自己招致的。'人总是不自重,然后别人才来轻慢。大夫家总是自己内斗,然后别人才来摧毁。国家总是自己做了该被讨伐的事情,然后别人就来讨伐。《太甲》上说:'天降下灾祸,还可以躲开。自己造成的灾祸,是避不开的。'说的就是这种情况。"

【讲解】

不仁的人利令智昏,见识短浅,认识不到自己行为的害处,总是不听别人的劝告,最终往往招致国亡家败,一切都是自找的,令人感慨。

7.9 孟子曰:"桀〔1〕、纣之失天下也〔2〕,失其民也。失其民者,失其心也。得天下有道〔3〕,得其民,斯得天下矣。得其民有道,得其心,斯得民矣。得其心有道,所欲与之聚之〔4〕,所恶勿施尔也〔5〕。民之归仁也〔6〕,犹水之就下〔7〕、兽之走圹也〔8〕。故为渊驱鱼者〔9〕,獭也〔10〕。为丛驱爵者〔11〕,鹯也〔12〕。为汤〔13〕、武驱民者〔14〕,桀与纣也。今天下之君有好仁者,则诸侯皆为

207

之驱矣。虽欲无王[15],不可得已[16]。今之欲王者,犹七年之病求三年之艾也[17]。苟为不畜[18],终身不得。苟不志于仁,终身忧辱[19],以陷于死亡。《诗》云[20]:'其何能淑[21]?载胥及溺[22]。'此之谓也。"

【注释】

〔1〕桀:夏朝的最后一位君主,很暴虐,最终被商汤推翻。

〔2〕纣:商朝的最后一位君主,很暴虐,最终被周武王推翻。

〔3〕道:合理的方法。

〔4〕与:为。

〔5〕施:施行。尔也:而已。

〔6〕归:归向。

〔7〕就:朝……运动。下:低处。

〔8〕走:奔向。圹(kuàng):原野。

〔9〕渊:深水潭。驱:驱赶。

〔10〕獭(tǎ):水獭,吃鱼类。

〔11〕丛:树林。爵:雀。

〔12〕鹯(zhān):一种猛禽,像鹞,吃鸠、鸽、燕、雀等。

〔13〕汤:商代的开国君主,推翻夏桀而建立商朝。

〔14〕武:周武王,周代的开国君主,推翻商纣而建立周朝。

〔15〕虽:即使。王(wàng):用王道统一天下。

〔16〕已:语气助词。

〔17〕艾:一种草,用来灸病。据说储存时间越长疗效越好。

〔18〕苟为:如果。畜:蓄,及早收储。

〔19〕忧:祸患。辱:侵辱。

〔20〕《诗》:《诗经》,下文引述的诗句出自《诗经·大雅·桑柔》。

〔21〕其:尚,还。淑:善,好。

〔22〕载:则,就。胥及:一起。胥:相。及:与,和。溺:沉溺,陷入

灾难。

【译文】

孟子说:"桀和纣失去了天下,是因为失去了百姓。所谓失去百姓,是失去了百姓的拥护。获得天下是有规律的,得到百姓,就能得到天下。要得到百姓是有规律的,得到百姓的拥护,就能得到百姓。要得到百姓的拥护是有规律的,百姓想得到的东西,就为他们聚积,百姓所反对的东西,就不要实行而已。百姓归向仁政,就像水总是流向低处,野兽总是奔向原野。所以为深潭驱赶来鱼群的是水獭,为树林驱赶来鸟群的是鹰鹯,为商汤和周武王驱赶来百姓的是桀和纣。现在天下的君主如果有喜欢仁政的,其他诸侯就会为他把百姓驱赶过来。他即使不想统一天下,也不行了。现在想统一天下者的所做所为,就像得了七年的老病而找攒了三年的艾来医治,如果不及早收储,就一辈子也得不到。如果不想实行仁政,就会一辈子遭遇祸患和侵辱,最终落到身死国亡的地步。《诗经》上说:'还哪能有好结果?也就是一起陷入灾难而已。'说的就是这种情况。"

【讲解】

得民心则得天下,失民心则失天下,孟子提出了社会发展的这一根本规律。要得到民心,就必须实行仁政,革除弊政,满足百姓的欲望。《论语·尧曰》:"因民之所利而利之,斯不亦惠而不费乎?"所谓"因民之所利而利之",意思是说:顺应百姓想要得到的利益而给他们利益。这和孟子的意见是一致的。《老子》说:"善人,不善人之师。不善人,善人之资。"实行暴政的国家会将自己的百姓驱赶到实行仁政的国家去,以自己的失败成就仁者的事业。

7.10 孟子曰:"自暴者[1],不可与有言也。自弃者[2],不可与有为也[3]。言非礼义,谓之自暴也[4]。吾身不能居仁由义[5],谓之自弃也。仁,人之安宅也[6]。义,人之正路也。旷安宅而弗居[7],舍正路而不由,哀哉!"

【注释】
〔1〕暴:害。
〔2〕弃:抛弃,不看重。
〔3〕为:作为。
〔4〕谓之:叫做。
〔5〕吾身:自身。居:站在……立场上。由:遵循……办事。
〔6〕安:舒适安全。
〔7〕旷:空着,废弃。

【译文】
孟子说:"自己做坏事害自己的人,不能和他有交流。自轻自贱的人,不能和他一起做大事。说话不符合礼义,叫做害自己。自身不能坚持仁德实行道义,叫做自轻自贱。仁德,是人的安全住宅。道义,是人的正确道路。废弃安全的住宅而不住,舍弃正确的道路而不走,可悲啊!"

【讲解】
仁德和道义是人的立身之本,是成就大事业的起点和归宿,"居仁由义"者既安全,也能获得最大的利益。但人们往往见识短浅,为了眼前的低层次利益而违背仁义,缺少宏图大志,断送了更为光明的前途,孟子认为这样的人是可悲的。

7.11 孟子曰:"道在迩而求诸远[1],事在易而求诸难。人人亲其亲[2],长其长[3],而天下平[4]。"

【注释】

〔1〕道:方法,做法。迩(ěr):近处。诸:于。
〔2〕亲其亲:爱自己的父母。
〔3〕长其长:敬奉比自己地位、年岁高的人。
〔4〕平:状态理想。

【译文】

孟子说:"治理社会的方法在近处,人们却到远处去找。该做的事情在容易的地方,人们却到难的地方去找。只要人人都爱自己的父母,敬奉比自己地位高和年长的人,社会的状况就变好了。"

【讲解】

所谓"亲其亲,长其长",就是"孝悌"的意思。儒家把"孝"视为众德之首,是"仁"的根本。孝在古人眼里分为许多不同的层级,《盐铁论·孝养》:"故上孝养志,其次养色,其次养体。"让父母过上好日子,即使是锦衣玉食,那也是属于养体范畴的最低层级的孝。努力使父母心情愉悦,这是在层级上高于养体的养色。满足父母的愿望,成贤成圣,光宗耀祖,万代扬名,这才是最高层级的孝。《孝经·开宗明义》:"立身行道,扬名于后世,以显父母,孝之终也。夫孝,始于事亲,中于事君,终于立身。"今人对孝的内容理解并不像古人那样丰富,人们往往只将古人所说的养体、养色视为孝的内容,而不大注意养志的要求。

要想追求最高层级的孝,做到养志,就得实现立身行道,就得实现扬名于后世,这就必须成为圣贤,为社会立德、立功、立言。一切属于仁的美德都是父母所希望看到的,一切违背仁的表现都是父母所不愿看到的,有孝的追求,就得"养"父母的这些"志",当儿子的就得最终成为一个百行齐备的君子。人是社会的分子,每个人都成了君子,社会状态自然也就理想了。

7.12 孟子曰:"居下位而不获于上[1],民不可得而治也。获于上有道[2],不信于友[3],弗获于上矣。信于友有道,事亲弗悦[4],弗信于友矣。悦亲有道,反身不诚[5],不悦于亲矣。诚身有道,不明乎善[6],不诚其身矣。是故诚者,天之道也[7]。思诚者,人之道也。至诚而不动者[8],未之有也。不诚,未有能动者也。"

【注释】
〔1〕居:处在。获:得到信任。
〔2〕道:合理的做法。
〔3〕信:信任。
〔4〕事:侍奉。亲:父母。
〔5〕反身:检点自身。
〔6〕明:懂得。乎:于。
〔7〕道:精神,原则。
〔8〕动:打动,感动。

【译文】
孟子说:"处在低的职位上却不被上级信任,就不能获得治理百姓的机会。要被上级信任是有合理的方法的,不被朋友信任,就不会被上级信任。要被朋友信任是有合理的方法的,侍奉父母而不能使他们高兴,就不能被朋友信任了。要使父母高兴是有合理的方法的,检点自身而做不到诚实,父母就不高兴了。要使自身诚实是有合理的方法的,不懂得是非,就不能使自身诚实。因此诚实是天要求人们遵守的原则,想做到诚实是人应该追求的目标。做到十分诚实而不能打动人,是从来没有的事。如果不诚实,就不会把人打动。"

【讲解】

诚实是一种美德,能够获得他人的信任和好感,从而建立起互相沟通的良好基础,自己的意愿就有了能够实现的保障。在人际交往中不诚实的人,会逐渐失去人们的信任,变成一个没有人肯和他来往的人。失去了他人的认可和帮助,在社会上寸步难行,他的意愿也就很难实现了。

诚实是做人的关键,对人要诚实,对自己也要诚实。《论语·为政》:"人而无信,不知其可也。大车无輗,小车无軏,其何以行之哉?"这里的"信"就是诚实的意思。懂得了是非的分野,就能使诚实建立在正确而坚实的基础上,从而孝顺父母,善待朋友,赢得社会赞誉,获得行政机会,以实现自己的宏伟理想。

7.13 孟子曰:"伯夷辟纣[1],居北海之滨[2],闻文王作兴[3],曰:'盍归乎来[4]?吾闻西伯善养老者[5]。'太公辟纣[6],居东海之滨,闻文王作兴,曰:'盍归乎来?吾闻西伯善养老者。'二老者,天下之大老也,而归之,是天下之父归之也。天下之父归之,其子焉往[7]?诸侯有行文王之政者,七年之内必为政于天下矣[8]。"

【注释】

〔1〕伯夷:商朝末年孤竹国国君的儿子,父亲死后,他和弟弟叔齐互相推让,谁也不肯继承君位,先后逃了出去。辟:避。纣:商朝的最后一个君主,以荒淫残暴著称。

〔2〕北海:指渤海。滨:水边。

〔3〕文王:周文王,姓姬名昌,当时是商朝的诸侯。作兴:发展壮大起来。

〔4〕盍(hé):何不。归:投奔。乎来:语气助词,表示反问语气。

〔5〕西伯:指周文王,他当时是商朝西部诸侯的统领。伯:君长。养:奉养。

〔6〕太公:姓姜名尚,商朝的一位士人,后来投奔周文王,辅佐周武王伐纣,立有大功,被封为齐侯。

〔7〕焉:哪里。

〔8〕为政:执政,指统治。

【译文】

孟子说:"伯夷躲避纣的暴政,住在北海边,听说周文王发展壮大起来了,就说道:'何不去投奔呢?我听说西伯能周到地奉养老年人。'姜太公躲避纣的暴政,住在东海边,听说周文王发展壮大起来了,就说道:'何不去投奔呢?我听说西伯能周到地奉养老年人。'这两位老者是天下最德高望重的老人,他们投奔了文王,这等于是天下的父亲归附了。天下的父亲都归附了,他们的儿子会到哪里去呢?诸侯中如果有人推行文王的政治措施的,七年之内一定能统治整个天下。"

【讲解】

周文王靠推行仁政而使周朝最终取代了商朝,所以他的施政表现成了儒家推崇的榜样。在孝道的作用下,儿子总是跟着父亲走的,仁政获得了社会上德高望重的老者的认可,经过层层带动和影响,就等于是获得了整个社会的认可,有了这样的基础,统一天下就容易了。不过,孟子将实现这样的宏图大业的期限设定为七年,显然是过于乐观自信了,并不切合实际。

7.14 孟子曰:"求也为季氏宰〔1〕,无能改于其德,而赋粟倍他日〔2〕,孔子曰:'求非我徒也〔3〕,小子鸣鼓而攻之可也[4]。'由此观之,君不行仁政而富之,皆弃于孔子者也[5],况于为之强战[6]?争地以战,杀人盈野[7]。争城以战,杀人盈城,此所谓率土地而食人肉[8],罪不容于死。故善战者服上刑[9],连诸侯者次之[10],辟草莱[11]、任土地者次之[12]。"

【注释】

〔1〕求:冉求,字子有,是孔子的学生。季氏:指鲁国的执政大臣季康子,名叫肥,死后谥为"康"。宰:家宰,大夫家臣中地位最高的人。

〔2〕赋:赋税。倍:超过一倍。他日:指过去。

〔3〕徒:门徒。

〔4〕小子:称呼学生。鸣鼓:敲着鼓,公开地。

〔5〕弃:唾弃,反对。

〔6〕况:何况。强:奋力地。

〔7〕盈:满。

〔8〕率:率领。

〔9〕服:受。上刑:最重的刑罚。

〔10〕连:联络而结成联盟。次:下一等的。

〔11〕辟:开垦。草莱:荒草。莱:杂草。

〔12〕任土地:依据土地情况而征收赋税。任:依据。

【译文】

孟子说:"冉求担任季康子的家宰,不能使季康子变好,而税收却比过去多了一倍,孔子说:'冉求不是我的弟子了,学生们可以大张旗鼓地声讨他。'从这件事来看,君主不实行仁政而下属却为他敛财,这样的臣都是被孔子唾弃的,更何况那些为君主奋力打仗的人呢?为争土地而打仗,杀死的人布满野外。为争城池而打仗,杀死的人布满城中。这是人们所说的率领着土地吃人肉,死刑都不足以惩罚他们的罪过。所以会打仗的人应该受最重的刑罚,组织诸侯结成联盟而打仗的人应该受低一等的刑罚,主张开垦荒地而依据土地情况征收赋税的人应该受再低一等的刑罚。"

【讲解】

孟子主张靠推行仁政的方式取得民心,从而用正义的战争实现天下的统一。但法家却摒弃仁义,崇尚经济和军事实力,要用暴力兼并的方式开疆展土,打的是不正义的战争。法家主张的代表性执行者是当时的秦国,他们实行奖励耕、战的政策,激励立军功和多打粮的人,因为这两种人能直接提高国家的军事和经济实力。当时的纵横家很活跃,积极在诸侯中结成军事联盟,为战争服务,他们也是不顾仁义而唯利是图的人。孟子对法家和纵横家的这些做法显然十分愤怒,主张对他们施以重刑。

7.15 孟子曰:"存乎人者[1],莫良于眸子[2],眸子不能掩其恶[3]。胸中正则眸子瞭焉[4],胸中不正则眸子眊焉[5]。听其言也观其眸子,人焉廋哉[6]?"

【注释】

〔1〕存:观察,省察。乎:于。

〔2〕莫:没有什么。良:指效果好。眸(móu)子:眼珠。

〔3〕掩:掩盖,遮掩。

〔4〕瞭(liǎo):明亮。

〔5〕眊(mào):眼神不定的样子。

〔6〕焉:哪。廋(sōu):伪装,掩饰。

【译文】

孟子说:"对人进行观察,没有比看他的眼睛更好的,眼睛不能遮掩他的坏心思。胸中的想法公道,他的眼神就明亮。胸中的想法不公道,他的眼神就游移。听他说话,看他的眼睛,他还哪能掩饰得住呢?"

【讲解】

人常说"眼睛是心灵的窗口",人的心理活动会通过其眼神而有所反映,所以孟子认为,观察人的眼睛可以知道其心地的好坏。

7.16 孟子曰:"恭者不侮人[1],俭者不夺人[2]。侮夺人之君,惟恐不顺焉,恶得为恭俭[3]?恭俭岂可以声音笑貌为哉[4]?"

【注释】

〔1〕恭:尊重别人。侮:轻慢。
〔2〕俭:自律,约束自己。夺:凌驾,强迫改变。
〔3〕恶(wū):哪。
〔4〕以:用。为:表现,体现。

【译文】

孟子说:"尊重别人的人不轻慢别人,约束自己的人不强迫别人。喜欢欺凌别人的君主,只怕别人不顺从自己,哪能做到尊重别人和约束自己?尊重别人和约束自己的美德哪能用言语和表情演出来呢?"

【讲解】

尊重别人和约束自己,是相辅相成的两种美德,是高层次修养的表现。具备这样的美德可以形成良好的交际界面,实现与别人的健康交往。这些高素质的表现必须是发自内心的自然流露,用言语和表情是装不出来的。

7.17 淳于髡曰[1]:"男女授受不亲[2],礼与[3]?"孟子曰:"礼也。"曰:"嫂溺则援之以手乎[4]?"曰:"嫂溺不援,是豺狼也。男女授受不亲,礼也;嫂溺援之以手者,权也[5]。"曰:"今天下溺矣[6],夫子之不援[7],何也?"曰:"天下溺,援之以道[8],嫂溺援之以手。子欲手援天下乎?"

【注释】

〔1〕淳于髡(kūn):齐国的一个人。

〔2〕亲:指亲手递交。

〔3〕礼:礼俗。

〔4〕溺:溺水。援:拉。

〔5〕权:权宜,变通。

〔6〕溺:喻指陷入灾难。

〔7〕夫子:对孟子的尊称。

〔8〕道:正道,大的政策纲领。

【译文】

淳于髡说:"男女之间不亲手交接东西,这是礼俗的讲究吗?"孟子说:"是礼俗的讲究。"淳于髡说:"嫂子掉到了水里,用手去拉她吗?"孟子说:"嫂子掉到水里而不拉,这就成了豺狼了。男女之间不亲手交接东西,这是礼俗的讲究;嫂子掉到水里而用手去拉,这是紧急情况下的变通。"淳于髡说:"现在普天下的人都像溺水一样陷入了危难之中,您不肯拉,为什么?"孟子说:"天下人都陷入了危难,应该用大的政策纲领去救,嫂子掉到水里用手去拉。你想亲手把普天下受难的人一个个都拉出苦海吗?"

【讲解】

　　异性之间总是互相吸引的,为了防止男女的接触成为私通的诱因,在战国时已经有了"男女授受不亲"的礼俗讲究,以对男女交往进行区隔。但当人们遭遇危险需要救助时,这一区隔规则必须突破,服从于人性和道义的大规则。这两种要求的精神并不矛盾,都是为了让人趋利避害。

　　孟子是有才能的士人,社会需要他出山当官,参与政治,救民于水火,但他却秉持着自己的原则,不肯为个人的功名利禄而屈节求仕,而是要堂堂正正地当君主之师,实行自己的仁政主张。这样一来,他也就失去了许多可以当官的机会。淳于髡认为,孟子这样做等于是坚守"男女授受不亲"的原则,却犯了"嫂溺不援之以手"的错误,有因小失大之嫌。

　　孟子认为,整个社会陷入了灾难,应当谋求用正道去拯救。自己秉持士人的气节,本身就是在用正道给社会做榜样,也是一种救世行为。当上小官,在其职权范围内可以救助一些百姓,但那就像要亲手把普天下受难的人一个个都拉出苦海,是杯水车薪的救助,不能从根本上解决问题。救助整个社会,必须获得从整体上左右国家政治的权柄,利用大的政策纲领来拨乱反正,才能达到目的。

　　7.18 公孙丑曰[1]:"君子之不教子,何也?"孟子曰:"势不行也[2]。教者必以正[3],以正不行,继之以怒[4]。继之以怒,则反夷矣[5]。'夫子教我以正[6],夫子未出于正也[7]',则是父子相夷也。父子相夷,则恶矣[8]。古者易子而教之[9],父子之间不责善[10]。责善则离,离则不祥莫大焉[11]。"

219

【注释】

〔1〕公孙丑:孟子的一个学生。

〔2〕势:情势,客观情况。行:行得通,能达到目的。

〔3〕以:用。正:正确的道理。

〔4〕继:随后。

〔5〕反:反而。夷:伤害。

〔6〕夫子:这里是儿子对父亲的称呼。

〔7〕出:行,实行。

〔8〕恶:情形不好。

〔9〕易:交换。

〔10〕责善:用好的标准来要求。

〔11〕祥:善,好。莫大:没有比……更大的。

【译文】

公孙丑问:"君子不亲自教育儿子,为什么?"孟子说:"这是因为客观情况的限制而行不通。教育时一定要用正确的道理,用正确的道理教育而无效,就会生气,如果生气,就反而会伤害了儿子。儿子心里会想:'你用正确的道理要求我,而你却没有遵守这些道理。'这就是父子互相伤害了。父子互相伤害起来,就不好了。古时候人们互相交换着教育儿子,父子之间不用好的标准互相要求。父子之间用好的标准互相要求,就会使感情出现隔阂,有了隔阂,就没有比这更糟的情形了。"

【讲解】

父子关系不同于外人,其间确实有许多微妙之处。父亲在家庭中居于主导地位,负有教育子女的责任。为了保证父子之间的良性互动,父亲和子女之间必须维持良好的情感关系,使子女对父亲敬爱而不抵触;父亲在子女面前必须保有威严,使子女能接受父亲的训导而不逆反。

如果父亲事无巨细地总是用正确的标准要求子女,整日絮絮叨叨,这也不是那也不行,往往会伤及子女的自尊,在情感上与父亲疏离,情绪上渐生逆反,家教的效果就大打折扣了。最好的做法是多身教而少言教,自己为子女做出良好的榜样,必要时才给予一定的点拨,子女有对父亲的敬畏和爱戴,才能很好地执行父亲的意旨。

孔子对儿子孔鲤总是采取一个主动地"远"的策略,就是和儿子保持一定的距离,其间的道理是耐人寻味的。古人采取"易子而教"的方法,确实有其客观的合理性。

7.19 孟子曰:"事孰为大[1]?事亲为大[2]。守孰为大[3]?守身为大。不失其身而能事其亲者[4],吾闻之矣。失其身而能事其亲者,吾未之闻也。孰不为事[5]?事亲,事之本也。孰不为守?守身,守之本也。曾子养曾皙必有酒肉[6],将彻[7],必请所与[8]。问有余,必曰有。曾皙死,曾元养曾子必有酒肉[9],将彻,不请所与。问有余,曰亡矣[10],将以复进也[11]。此所谓养口体者也[12]。若曾子,则可谓养志也。事亲若曾子者可也。"

【注释】

〔1〕事:侍奉,供养。孰:谁。大:重要。

〔2〕亲:父母。

〔3〕守:维护。

〔4〕失:让……有过失。

〔5〕为:被。

〔6〕曾子:孔子的学生曾参,以孝顺著称。曾皙(xī):曾参的父亲。

〔7〕彻:撤,将吃剩的东西撤除。

221

〔8〕请:请示。与:给与。

〔9〕曾元:曾参的儿子。

〔10〕亡(wú):无,没有。

〔11〕以:把。复:再。进:进献。

〔12〕养:供养,指满足。口体:指吃和穿。

【译文】

　　孟子说:"侍奉谁最重要?侍奉父母最重要。维护谁最重要?维护自己最重要。自己没有过失而能侍奉父母的,我听说过。自己有过失而能侍奉父母的,我没有听说过。谁不应该被人供养?供养父母,是最重要的供养行为。谁不应该被维护?维护自己,是最重要的维护行为。曾参供养曾皙总有酒肉,曾皙吃完将撤下剩饭时,曾参总要问剩下的东西给谁吃。曾皙问还有没有多余的饭食,曾参总说还有。曾皙死后,曾元供养曾参总有酒肉,曾参吃完将撤下剩饭时,曾元不问剩下的东西给谁吃。曾参问还有没有多余的饭食,曾元说没有了。他要将多余的酒肉再进献给父亲吃。这就是人们所说的只能满足父母吃饱穿暖的人。像曾参,就可以算是满足父母的内心想法了。侍奉父母能做到像曾参一样,就可以了。"

【讲解】

　　儒家把"孝"作为人的最重要的美德。要孝顺父母,首先得维护好自己的品行,没有过失,表现优秀,才能使父母安全和满意。

　　"孝"分为三个层级,是养体、养色、养志,可参阅上文 7.11 章的讲解。曾参不仅能使父亲吃得好,还要问剩下的好东西愿意优先给家中的什么人吃,告诉父亲说好吃的还有,目的是让他高兴。总之是千方百计地揣摩父亲的心思,让他尽量满意。在吃饭方面,曾参可谓做到了既养体又养色(色是表情,反映着心情的好坏)。曾元只能做到让父亲吃得好,不能体察和满足父亲的其它意愿,所以只做到了养体,忽略了养色。

所谓养志,是满足父母寄托在子女身上的光宗耀祖的愿望。孟子所讲的曾参供养曾皙的事迹,只能算是做到了养色,还不属于后来儒家所说的养志的范畴。

7.20 孟子曰:"人不足与适也[1],政不足与间也[2],唯大人为能格君心之非[3]。君仁莫不仁[4],君义莫不义,君正莫不正,一正君而国定矣[5]。"

【注释】

〔1〕足与:足以,值得。适(zhé):谪,谴责,责备。
〔2〕间(jiàn):非议,批评。
〔3〕格:纠正。非:错误。
〔4〕莫:没有人。
〔5〕一:一旦。正:使……正确。定:安定,正常。

【译文】

孟子说:"对于普通的执政者不值得责备,他们实行的政治措施也不值得批评,只有执掌大权的人才能纠正君主的不正确思想。君主贤仁就没有人会不贤仁,君主道义就没有人会不道义,君主正派就没有人会不正派,一旦使君主正确了,国家的事情就好办了。"

【讲解】

君主是国家政权的轴心,其行为对全国有表率作用,其权力对全国有控制作用,政治的好坏与君主有直接的因果关系,君主对国家政治负有关键的责任。执政大臣应该致力于对君主错误思想的纠正,这才是治本之道。

《论语·颜渊》:"季康子问政于孔子,孔子对曰:'政者正也,子帅以正,孰敢不正?'"孔子的意思是说:"政治的目标就是正确合理,您带头正派,鲁国上下谁敢不正派?"孟子这里的观点和孔子的思想是一致的。

7.21 孟子曰:"有不虞之誉[1],有求全之毁[2]。"

【注释】
〔1〕虞:预料。誉:称赞。
〔2〕求全:要求完备,过于挑剔。毁:非议,责难。
【译文】
孟子说:"人可能会受到意外的赞誉,也可能会受到过于挑剔的责难。"
【讲解】
对人的赞誉或责难,有时并不符合实际。君子在受到意外的赞誉时不会忘乎所以而飘飘然,也不会在受到过分挑剔的责难时沮丧埋怨。

7.22 孟子曰:"人之易其言也[1],无责耳矣[2]。"

【注释】
〔1〕易:轻率,不慎重。
〔2〕责:责备。耳矣:而已。
【译文】
孟子说:"人如果说话轻率,就不值得责备了。"
【讲解】
儒家对于人的言、行关系是很重视的,特别反对言过其行、言行不一、言语轻率等表现。《论语·子路》:"君子于其言,无所苟而已矣。"意思是说:君子对于自己的话,是没有任何地方苟且随便的。《论语·宪问》:"君子耻其言而过其行。"意思是说:君子为自己言过其实的表现感到羞耻。

说话轻率,既表现得修养很差,也说明其人品质不高,和这样的人较真,往往徒增烦扰,并不会有实际的效果。

7.23 孟子曰:"人之患在好为人师[1]。"

【注释】

〔1〕患:弊病。

【译文】

孟子说:"人的毛病就在于喜欢当别人的老师。"

【讲解】

妄自尊大,喜欢批评别人的过失,指导别人的行为,最容易侵害别人的自尊,招人讨厌,这是素质不高的表现。《论语·公冶长》:"御人以口给,屡憎于人。"意思是说:"靠口才胜过别人,常常被人憎恶。"说的也是这种情况。

7.24 乐正子从于子敖之齐[1]。乐正子见孟子,孟子曰:"子亦来见我乎?"曰:"先生何为出此言也?"曰:"子来几日矣?"曰:"昔者[2]。"曰:"昔者,则我出此言也,不亦宜乎[3]?"曰:"舍馆未定[4]。"曰:"子闻之也,舍馆定然后求见长者乎[5]?"曰:"克有罪[6]。"

【注释】

〔1〕乐正子:姓乐正,名克,鲁国人,是孟子的学生。从:跟随。子敖:齐国大夫王驩(huān),字子敖。之:到达。据赵岐注解,子敖出使鲁

国,将乐正克带到了齐国,当时孟子正在齐国。

〔2〕昔者:前几天。

〔3〕亦:很。宜:合情理。

〔4〕舍馆:住所。

〔5〕长者:长辈。

〔6〕克:乐正子自称其名。

【译文】

乐正子跟随子敖到了齐国。他去拜见孟子,孟子说:"你也来见我吗?"乐正子说:"先生为什么说出这样的话来呢?"孟子说:"你来到齐国几天了?"乐正子说:"前几天来的。"孟子说:"前几天就来了,那么我说这样的话,不很自然吗?"乐正子说:"因为我的住所还没有确定。"孟子说:"你听说过要住所安顿好了才来求见长辈的吗?"乐正子说:"我有罪。"

【讲解】

乐正子是孟子的学生,按照礼数,他应该一到齐国就来拜见孟子,但他却过了几天才来,表现出对孟子的怠慢,这就暴露了一个问题:这个老师的地位在他心目中开始下降了。怠慢孟子的原因,可能就是他受到了子敖的赏识,被带到齐国来任职,因此而自大起来,表现出轻浮世俗的习气。

由于乐正子是孟子的学生,所以孟子不得不对他进行敲打,"你也来见我吗"是非常尖锐的挖苦,最终使他认了错。

7.25 孟子谓乐正子曰[1]:"子之从于子敖来[2],徒铺啜也[3]。我不意子学古之道而以铺啜也[4]。"

【注释】

〔1〕谓:对。乐正子:姓乐正,名克,鲁国人,是孟子的学生。

〔2〕从:跟随。子敖:齐国大夫王驩(huān),字子敖。据赵岐注解,

子敖出使鲁国,将乐正克带到了齐国。

〔3〕徒:只是。铺(bū):吃饭。啜(chuò):喝。

〔4〕意:料想。道:指儒家学说。以:用来。

【译文】

孟子对乐正子说:"你跟随子敖来到齐国,只是吃口饭而已。我没料到你学习了古代英明帝王治理国家的学说却是用来换饭吃。"

【讲解】

学习了儒家学说,是为了推行仁政,拨乱反正,将君主辅佐成为尧、舜一样的贤君。乐正子显然怕得罪权贵,不敢旗帜鲜明地主张自己的政治见解,他当官的意义只剩下领取俸禄,儒家学说算白学了,所以受到孟子的挖苦。

7.26 孟子曰:"不孝有三〔1〕,无后为大〔2〕。舜不告而娶〔3〕,为无后也,君子以为犹告也〔4〕。"

【注释】

〔1〕不孝有三:据赵岐注,第一是顺从父母错误的行为而不劝阻,使父母背上不义的名声;第二是家中穷、父母老而不肯做官挣俸禄,使父母过不上好日子;第三是不娶妻生子,使祖先祭祀断绝。

〔2〕后:后代。大:严重的。

〔3〕舜:父亲是瞽瞍(sǒu),因为喜欢后妻生的儿子,所以老想害死舜。尧要把女儿嫁给舜,舜没有禀告瞽瞍就娶了妻子,因为瞽瞍根本就不会同意舜成亲。

〔4〕犹:相当于。

【译文】

孟子说:"不孝的表现有三点,没有后代是最严重的。舜不向瞽瞍禀告就娶了尧的女儿,为的是怕没有后代,君子认为他这

227

样做和禀告过父亲是一样的。"

【讲解】

古人认为,如果没有后代,祖先就会没有人祭祀而挨饿,所以是最大的不孝。孝要求服从父母,舜娶妻不禀告父母,应该算是不孝,但他这样做是为了生育后代,完成更重要的孝的责任,父亲瞽瞍本来也应该同意舜娶妻,所以舜不禀告的行为和其他人正常的禀告行为效果一样,都是为了维护孝的宗旨。

7.27 孟子曰:"仁之实[1],事亲是也[2]。义之实,从兄是也。智之实,知斯二者弗去是也[3]。礼之实[4],节文斯二者是也[5]。乐之实[6],乐斯二者[7]。乐则生矣,生则恶可已也[8]?恶可已[9],则不知足之蹈之[10],手之舞之。"

【注释】

〔1〕实:实质。

〔2〕事:侍奉。亲:父母。

〔3〕斯:此,这。去:背离。

〔4〕礼:礼制和礼仪。

〔5〕节文:规范。

〔6〕乐(yuè):音乐舞蹈。

〔7〕乐(lè):喜爱。

〔8〕恶(wū):哪。已:停止。

〔9〕恶可已:据文理,疑本当作"不可已"。

〔10〕蹈:跳,踏。

【译文】

孟子说:"仁的本质是侍奉父母,义的本质是顺从兄长,智的本质是懂得这两个道理而不背离,礼的本质是规范这两件事的具体做法,音乐舞蹈的本质是体现人们对这两件事的喜欢。已经产生快乐了,快乐产生了哪能停止?不能停止,于是不知不觉地手舞足蹈起来。"

【讲解】

"仁"的本质是"爱人",就是爱一切人。父母是至亲,所以最爱的人是父母。因为爱父母,所以就孝顺。这种情感和做法由近及远地推而广之,形成了儒家的思想体系。由于"孝悌"是"仁义"的根本,所以智、礼、乐等首先是为这一根本服务的。

7.28 孟子曰:"天下大悦而将归己[1],视天下悦而归己犹草芥也[2],惟舜为然[3]。不得乎亲不可以为人[4],不顺乎亲不可以为子。舜尽事亲之道而瞽瞍厎豫[5],瞽瞍厎豫而天下化[6],瞽瞍厎豫而天下之为父子者定[7],此之谓大孝[8]。"

【注释】

〔1〕大:特别。归:归附。

〔2〕草芥:指极不值钱的东西。芥:小草。

〔3〕然:这样。

〔4〕得:获得认可和喜欢。乎:于。亲:父母。

〔5〕事:侍奉。道:做法。瞽瞍(sǒu):舜的父亲,因为喜欢后妻生的儿子,所以老想害死舜,但舜仍然对他十分孝顺。厎(dǐ):致,得以。豫:高兴。

〔6〕化:被感化。

〔7〕定:确定。

〔8〕之谓:叫做。

【译文】

孟子说:"天下人都特别喜欢而将归附自己,把天下人都喜欢而归附自己看得像草芥,只有舜是这样的。不能获得父母喜欢不可以做人,不顺从父母不可以当好儿子。舜做了侍奉父母该做的一切而使瞽瞍高兴了,舜使瞽瞍高兴了而天下人受到感化,瞽瞍高兴了而天下父子之间的正常关系也确定了,这才是大孝。"

【讲解】

孟子认为孝顺父母是最基本的美德,使父母高兴重于一切。统治者孝顺父母,给天下人做出表率,其美德会影响到整个天下,孝对政治的作用就发挥出来了。

孝是一种单向的绝对要求,不能因为父母对自己不好就免除自己孝的责任,也不能因为父母品行恶劣就不孝顺他们。

离　娄　下

8.1 孟子曰:"舜生于诸冯[1],迁于负夏[2],卒于鸣条[3],东夷之人也[4]。文王生于岐周[5],卒于毕郢[6],西夷之人也。地之相去也千有余里[7],世之相后也千有余岁,得志行乎中国[8],若合符节[9],先圣后圣,其揆一也[10]。"

【注释】

〔1〕舜:古代的一位圣明的帝王。诸冯:地名,不知道在哪里。

〔2〕负夏:地名,不知道在哪里。

〔3〕卒:死。鸣条:地名,不知道在哪里。

〔4〕夷:对少数民族的称呼。

〔5〕文王:周文王,姓姬名昌,是商朝的诸侯,推行仁政,终于使自己的国家壮大起来。岐周:指今陕西岐山县一带,是周国所在地。

〔6〕毕郢(chéng):在今陕西咸阳市东。

〔7〕去:距离。有(yòu):又,用于整数与零数之间。

〔8〕得志:志向得到实现。行:推行主张。乎:于。中国:指华夏地区。

〔9〕符节:一种信物,分为两半,使用时以两半相合来验证。

〔10〕揆(kuí):宗旨,原则。

【译文】

孟子说:"舜出生在诸冯,迁到了负夏,死在鸣条,是东方少数民族地区的人。周文王生在岐周,死在毕郢,是西方少数民族地区的人。两个地区相距一千多里,时代相隔一千多年,他们都实现了志向,其仁政主张在华夏地区得到实行,做法像符节的两半一样丝毫不差,一个先成为圣人,一个后成为圣人,他们治理社会的纲领是一样的。"

【讲解】

舜出身于平民,周文王发迹于小的诸侯国,最终都成为圣人,将仁政推广到天下,在修身治国方面都有优秀的表现,因而成为最受儒家推崇的榜样。

8.2 子产听郑国之政[1],以其乘舆济人于溱[2]、洧[3]。孟子曰:"惠而不知为政[4]。岁十一月徒杠成[5],十二月舆梁成[6],民未病涉也[7]。君子平其政[8],行辟人可也[9],焉得人人而济之?故为政者,每人而悦之[10],日亦不足矣[11]。"

【注释】

〔1〕子产:名侨,字子产,是郑穆公的孙子,后来成为郑国的执政大臣,是春秋时的一位名臣。听:管理,处理。郑国:诸侯国,在今河南新郑一带。政:政事。

〔2〕以:用。乘舆:乘坐的马车。济:渡河。溱(zhēn):郑国的一条河流。

〔3〕洧(wěi):郑国的一条河流。

〔4〕惠:对百姓有恩惠。知:懂得。为政:管理政务。

〔5〕岁:年。十一月:周历十一月相当于夏历九月。徒杠(gāng):供徒步行走的小桥。杠:独木桥。

〔6〕十二月:周历十二月相当于夏历十月。舆梁:车辆可走的桥梁。

〔7〕病:发愁,畏难。涉:徒步过河。
〔8〕平:治理好。
〔9〕行:出行。辟:避,使人们让开路。
〔10〕每:贪图。人:人人。
〔11〕日:时间。亦:太。

【译文】

　　子产主管郑国的政务,用自己乘坐的马车送人们渡过溱水和洧水。孟子说:"他能施与百姓恩惠,却不懂得管理政务。一年中的九月建成步行桥,十月建成车辆走的桥,百姓就不用发愁在天冷的时候徒步过河了。执政者只要把他该管的政务办好,出行时让百姓避让都可以,哪能一个一个地送人过河呢?所以执政的人如果贪图让人人喜欢自己,他的时间就太不够了。"

【讲解】

　　子产是春秋时期出色的政治家,其施政表现受到了郑国人的爱戴,也受到了当时诸侯各国有识之士的赞誉。《史记·循吏列传》:"治郑二十六年而死,丁壮号哭,老人儿啼。"能像子产这样感动国人的大臣,在历史上是绝无仅有的。《左传·昭公二十年》:"及子产卒,仲尼闻之,出涕曰:'古之遗爱也。'"听到子产去世的消息,连孔子都落泪了。孟子根据他用自己的车送人们过河的一件事情而说他不懂得管理政务,只能视为就事论事,不能算是对子产的总体评价。

　　管理政务确实应该靠政策惠民,抓纲带目,从根本上解决问题,不可以头痛医头脚痛医脚。嫂溺援之以手,国溺援之以道(参见7.17的分析),执政大臣用自己的车送百姓过河,这当然不是高效的治国方法。当官的称职,就是要点派头,人们也能接受,如果只是为了博得人们的好感而施行小恩小惠,便累死也不能有大的建树。

233

8.3 孟子告齐宣王曰[1]:"君之视臣如手足,则臣视君如腹心;君之视臣如犬马,则臣视君如国人[2];君之视臣如土芥[3],则臣视君如寇仇[4]。"王曰:"礼为旧君有服[5],何如斯可为服矣[6]?"曰:"谏行言听[7],膏泽下于民[8]。有故而去[9],则君使人导之出疆[10],又先于其所往[11]。去三年不反[12],然后收其田里[13]。此之谓三有礼焉[14]。如此则为之服矣。今也为臣,谏则不行,言则不听,膏泽不下于民,有故而去,则君搏执之[15],又极之于其所往[16],去之日遂收其田里,此之谓寇仇。寇仇何服之有?"

【注释】

〔1〕齐宣王:齐国国君,姓田,名辟疆,死后谥为"宣"。

〔2〕国人:国内的普通人。

〔3〕土芥:微小而不值钱的东西。芥:小草。

〔4〕寇仇:仇敌。

〔5〕礼:按照礼制。服:守孝,穿丧服。

〔6〕何如:怎么样。斯:就。

〔7〕谏:对君主劝阻的意见。行:采纳,实行。听:听取,采纳。

〔8〕膏泽:恩惠。下:下达。

〔9〕故:指不正常的原因。去:离开,指投奔外国。

〔10〕导:带领,护送。疆:边境。

〔11〕先:派人先去说合。

〔12〕反:返。

〔13〕收:收回。田里:指赐给大夫的土地和封邑。

〔14〕之谓:叫做。

〔15〕搏执:抓捕。

〔16〕极:困,制造困难。

【译文】

　　孟子告诉齐宣王说:"君主把臣看得像自己的手和脚,臣就把君主看得像自己的腹和心。君主把臣看得像狗和马,臣就把君主看得像不相干的普通人。君主把臣看得像尘土和杂草,臣就把君主看得像仇敌。"齐宣王说:"按照礼制,臣应该为旧日的君主守孝。怎么做就可以使臣愿意为旧日的君主守孝呢?"孟子说:"臣对君主提的反对意见被执行,对君主的建议被采纳,他们对百姓有恩惠的主张能落实到百姓身上。臣有特殊原因而要投奔外国,君主就让人将他护送出边境,并且预先派人到他所要投奔的国家去为他说合。走了三年还不肯回来,君主才收回赐给他的土地和封邑。这叫做三方面对臣不失礼。这样做,旧日的臣属就会为他守孝。现在当臣的,对君主提的反对意见不被执行,对君主的建议不被采纳,他们对百姓有恩惠的主张不能落实到百姓身上。有特殊原因而要投奔外国,君主就要逮捕他,还派人到他所要投奔的国家去断他的路,离开的当天就收回了赐给他的土地和封邑,这叫做仇敌。对于仇敌,哪还会守孝?"

【讲解】

　　君臣相处,其根本的原则是道义。君主必须将臣当老师看待,采纳他们的正确主张,对他们要宽厚仁慈,才能获得臣的爱戴和忠诚,专横跋扈的低素质君主则适得其反。《论语·八佾》:"君使臣以礼,臣事君以忠。"孔子的意见和孟子这里的看法是一样的。

　　8.4 孟子曰:"无罪而杀士,则大夫可以去〔1〕。无罪而戮民〔2〕,则士可以徙〔3〕。"

235

【注释】

〔1〕去:离开,指投奔别的国家。

〔2〕戮:惩罚示众。

〔3〕徙:离开,指投奔别的国家。

【译文】

孟子说:"国君杀死无罪的士人,大夫就应该离开他而投奔外国。国君惩罚无罪的百姓,士人就应该离开这个国家。"

【讲解】

国君对无罪的士人和百姓施暴,说明他已经不可救药。在这种情况下,正人君子就应该主动抛弃他而出走,大夫不能再留恋俸禄,士人不能再希求仕进,使暴君成为孤家寡人。这样做既维护了自己的节操,也是对暴君的惩罚。

8.5 孟子曰:"君仁莫不仁[1],君义莫不义。"

【注释】

〔1〕莫:没有人。

【译文】

孟子说:"君主贤仁就没有人会不贤仁,君主道义就没有人会不道义。"

【讲解】

参见上文7.20的讲解。

8.6 孟子曰:"非礼之礼[1],非义之义,大人弗为[2]。"

【注释】

〔1〕非:不符合。前"礼"是"礼义"的意思,后"礼"是"礼俗"的意思。

〔2〕大人:君子。为:做。

【译文】

孟子说:"不符合礼义的礼度、礼俗,不符合道义的义气,君子不去做。"

【讲解】

"礼"是个多义词,有礼制、礼仪、礼义、礼俗几个词义。礼制指国家的种种制度、规定等,礼仪指人际交往和典礼之间的各种行为程式,礼义指规范人际关系的种种理论、原则等,礼俗则是社会上形成的种种风俗习惯。

自古道"礼缘人情"。从理论上讲,礼的制订和执行是以社会公理为标准的,所以在一定的社会背景下,礼义不存在合理不合理的问题,但是礼的条文却有合理不合理、适当不适当、完善不完善的讲究。社会上形成的礼俗,有的内容也不一定符合礼义,反而是些恶俗。君子以道义为一切行为的规范,对于不合礼义的礼制、礼仪、礼俗等都应该反对。

"义"也是个多义词,在不同的语境下表示不同的内容。例如江湖义气,往往它所提倡的一些做法并不符合道义,所以也是应当反对的。

8.7 孟子曰:"中也养不中[1],才也养不才[2],故人乐有贤父兄也。如中也弃不中[3],才也弃不才,则贤不肖之相去[4],其间不能以寸[5]。"

【注释】

〔1〕中:指处事合理适度的人。养:教诲,教导。

〔2〕才:指有才能的人。

〔3〕弃:鄙弃,拒绝。

〔4〕不肖:不贤。去:距离。

〔5〕能以:够,足。

【译文】

孟子说:"处事合理的人教导处事偏颇的人,有才能的人教导没有才能的人,所以人们喜欢有好的父兄。如果处事合理的人鄙弃处事偏颇的人,有才能的人鄙弃没有才能的人,好人和不好的人的距离,互相之间就不足一寸了。"

【讲解】

帮助后进是先进者的责任,对后进者应该满腔热忱地提携教诲,如果他们反而鄙视和疏远后进者,其素质层次就和后进者没有什么差别了。

8.8 孟子曰:"人有不为也[1],而后可以有为。"

【注释】

〔1〕为:做的事情。

【译文】

孟子说:"人要不做不合理的事情,然后才能有大的作为。"

【讲解】

做人要有原则性,不能为了名利而做不合理的事情。行得正,走得直,才能树立起自己的形象,获得社会的认可,从而有大的作为。

8.9 孟子曰:"言人之不善,当如后患何[1]?"

【注释】

〔1〕当:将。如……何:对……怎么办。患:纷扰,麻烦。

【译文】

孟子说:"谈论别人的不好,将怎么应付招来的麻烦呢。"

【讲解】

喜欢对他人品头论足,是人们经常可以见到的情况。这样做本身没有什么积极的意义,反而使闲话传来传去,引发许多负面效应。喜欢这样评论他人的人,无非是在显示自己的高明,经常是过多地盯着别人的不足,其评价行为往往对其评价对象是不善意的,是胸怀不广、见识不高、修养欠缺的一种低级趣味的表现。

《论语·宪问》:"子贡方人,子曰:'赐也贤乎哉?夫我则不暇。'"意思是:子贡评论他人,孔子说:"你自己就做得很好了吗?像我可没有工夫做这些事。"孔子也是反对"言人之不善"的。

8.10 孟子曰:"仲尼不为已甚者〔1〕。"

【注释】

〔1〕仲尼:孔子名丘,字仲尼。已:太。甚:过分。

【译文】

孟子说:"孔子不做太过分的事情。"

【讲解】

儒家处事的根本原则是"中",也叫"和",二者是同义词,都是坚持合理适度的意思。《论语·学而》:"礼之用,和为贵,先王之道,斯为美,小大由之。"意思是说:礼的功用,最可贵的是将事情调节到合理的程度。先代圣明君主的理论和做法,在这一方面是最有价值的,无论大事小事都应该按照这个要求来办。《论语·雍也》:"中庸之为德也,其至矣乎!民鲜久矣。"意思是说:中庸作为一种美德,应该是最崇高了,人们缺少它已经很久了。《论语·泰伯》:"人而不仁,疾之已甚,乱也。"意思是说:别人不仁道,你对他厌恶得太厉害,也容易出乱子。

坚持办事合理适度,就反对过激和过度,孔子做事的分寸都很得体,堪称"中"、"和"的典范。

8.11 孟子曰:"大人者[1],言不必信[2],行不必果[3],惟义所在[4]。"

【注释】

〔1〕大人:君子,是理想人格的化身。

〔2〕信:守信。

〔3〕果:坚持。

〔4〕惟义所在:唯在义。所:结构助词,表示宾语提前的结构。在:察。

【译文】

孟子说:"作为君子,说话不一定要守信,办事不一定要坚持己见,只看是否符合道义。"

【讲解】

孔子认为人的修养的最高境界是"权",在维护道义的原则下,为实现大的功利目标,要懂得权衡利弊,能屈能伸,不能因小失大。

"言必信,行必果"的人,他们会恪守一些做人的准则,固执直率而不知变通。这种人过分机械地遵守原则,能伸不能屈,知进不知退,往往不能进入融通的境界,不具备在政治斗争中权衡利弊的眼光,不懂得丢卒保车或以退求进的策略思想,所以不能独立担当重任。他们会是一个行为没有瑕疵的士兵,却不能成为富于韬略的将军。

说话要求诚实,行事要求坚持原则,都是有具体的前提条件的,如果是"必",就显得机械而片面了。事实上有的时候人们不得不说谎,也不得不中途放弃对某些具体目标的追求,从而保证最终结果的合理性。

8.12 孟子曰:"大人者[1],不失其赤子之心者也[2]。"

【注释】

〔1〕大人:君子,是理想人格的化身。

〔2〕失:丧失。赤子:婴儿。

【译文】

孟子说:"作为君子,就是不丧失他婴儿时善良天性的人。"

【讲解】

《论语·阳货》:"性相近也,习相远也。"意思是说:人的天性是相近的,但会受到环境的习染而变得距离远起来。孟子认为人的天性是善良的,婴儿初出生,所以其天性善良,所谓"人之初,性本善"。善良的本性能保证行为端正,君子保持了这样的本性,没有被社会上的恶性污染异化,所以才堪称君子。

8.13 孟子曰:"养生者不足以当大事[1],惟送死可以当大事[2]。"

【注释】

〔1〕养生:供养活着的父母。当:承担,担当。

〔2〕送死:为父母送终,包括安葬、祭祀、守孝及继承父母遗志等内容。

【译文】

孟子说:"能很好地奉养父母的人不一定能担当起重任,只有能很好地为父母送终的人才能担当起重任。"

【讲解】

做到"孝"是很不容易的,要能够养体,养色,养志(参阅上文5.2的分析)。父母生前被供养得好,还不能判定这样的儿子是否就出色。为父母送终的内容很复杂,包括安葬,祭祀,守孝等,还要努力实现父母的遗志,让他们的在天之灵满意,这其实是要当儿子的终身实行的。《论语·为政》:"生,事之以礼;死,葬之以礼,祭之以礼。"一切都能遵守礼的规范,终身都追求光宗耀祖,希望万代扬名,以显父母,这样的人当然是可以担当社会重任的。

8.14 孟子曰:"君子深造之以道[1],欲其自得之也[2]。自得之则居之安[3],居之安则资之深[4],资之深则取之左右逢其原[5],故君子欲其自得之也。"

【注释】

〔1〕造:至,达到目标。道:正确的原则,原理。

〔2〕其:指教育的对象。

〔3〕居:坚持,接受。安:不动摇,心甘情愿。

〔4〕资:积累。

〔5〕原:源。

【译文】

　　孟子说:"君子用正确的教育原理引导学生深入钻研,希望他们能通过自己的努力而获得知识。通过自己学习而获得了知识,接受和坚持这些知识时就心甘情愿。接受和坚持这些知识时心甘情愿,就能更多地积累这样的知识。更多地积累了这样的知识,在使用时就能左右逢源。所以君子希望学生通过自己的学习而获得知识。"

【讲解】

　　君子教育别人,不是简单地向他们灌输知识,而是用正确的教育原理引导受教育者自己主动获得知识。自己主动获得的知识具有高度的被认可性,因而有高度的稳固性和可扩展性,更能被自觉地用于实践。

　　前人认为这段文字说的是自身的学习活动,而不是对别人的教育方法,这样的理解与原文的表述不能契合。"君子深造之以道",其中的"之"指的不是"君子"自身。"欲其自得之也",其中的"其"也不能视为指"君子"自身。如果孟子要表达的是君子自己学习的问题,"欲其自得之也"一句就成了废话,可以不说。《孟子·滕文公上》:"圣人有忧之,使契为司徒,教以人伦:父子有亲,君臣有义,夫妇有别,长幼有叙,朋友有信。放勋曰劳之来之,匡之直之,辅之翼之,使自得之,又从而振德之。"(参见上文 5.4)这段文字谈的是教化问题,其中"使自得之"的意思是"尧使百姓自己懂得人伦"。《孟子》中的这两处"自得之",所处的语境大致相同,前面"使自得之"的解读能够为这里的"欲其自得之也"提供佐证。

8.15　孟子曰:"博学而详说之[1],将以反说约也[2]。"

【注释】

〔1〕说:向人解说。

〔2〕以:用。反:返。约:简约,简要。"说约"疑当作"约说"。

【译文】

孟子说:"广博地吸纳知识而向学生详细地解说,是要用这种做法使将来的教学省力。"

【讲解】

教师要有渊博的知识,最初向学生传授知识时要掰开碾碎地详细讲解,用这种方法逐渐地使学生进步,当学生具备了一定的接受基础后,教师的教学就可以越来越省事,变灌输式为点拨式,无须"详说"而只要"约说"了。

8.16 孟子曰:"以善服人者[1],未有能服人者也。以善养人[2],然后能服天下。天下不心服而王者[3],未之有也。"

【注释】

〔1〕以:用,靠。善:指良好的本质和表现。服人:使人顺服。

〔2〕养人:让人得到恩惠。

〔3〕王(wàng):用仁政统一天下而当君主。

【译文】

孟子说:"想只靠自身良好的本质和表现来使人顺服,没有能使人顺服的。要靠自身良好的行为来让人得到恩惠,这才能使普天下的人都顺服。不能使所有的人都心悦诚服却实现了天下的统一,这是从来没有的事。"

【讲解】

人们都是追求物质利益的,只有对人们施以恩惠,才能获得拥护,实现统一天下的大业。孔子讲"因民之所利而利之"(《论语·尧曰》),意思是顺应百姓想要得到的利益而给他们利益,可见施惠于民是孔、孟共同的主张。"利"的分配是天下政治永恒的核心问题。

8.17 孟子曰:"言无实不祥[1],不祥之实,蔽贤者当之[2]。"

【注释】

〔1〕实:实际情况。祥:善,好。
〔2〕蔽贤:壅蔽贤者,指阻碍贤者得到君主的信任和重用。当:负责。

【译文】

孟子说:"说话不符合实际情况是不好的,造成这种恶劣的情况,应由那些在君主面前说贤者坏话的人负责。"

【讲解】

小人总是要千方百计地挡贤者的路,在君主面前说贤者的坏话,使贤者得不到信任和重用。小人说假话,造成的后果是恶劣的,所以他们必须承担相应的责任。

8.18 徐子曰[1]:"仲尼亟称于水[2],曰:'水哉!水哉!'何取于水也[3]?"孟子曰:"源泉混混[4],不舍昼夜[5],盈科而后进[6],放乎四海[7]。有本者如是[8],是之取尔[9]。苟为无本[10],七八月之间雨集[11],沟浍皆盈[12],其涸也[13],可立而待也。故声闻过

245

情〔14〕,君子耻之〔15〕。"

【注释】

〔1〕徐子:徐辟,孟子的一个学生。
〔2〕仲尼:孔子名丘,字仲尼。亟(qì):屡次,多次。称:称道,赞扬。
〔3〕取:认可。
〔4〕混混:滚滚,水流盛大的样子。
〔5〕舍:停止。
〔6〕盈:满。科:坑。进:前进。
〔7〕放(fǎng):至,奔向。乎:于。
〔8〕本:根,源。
〔9〕尔:而已。
〔10〕苟:如果。为:是。
〔11〕七八月:指周历,夏历是五六月。集:汇聚。
〔12〕浍(kuài):小沟。
〔13〕涸:水干枯。
〔14〕闻(wèn):声誉。过:超过。情:实际情况。
〔15〕耻:觉得……是耻辱。

【译文】

徐辟说:"孔子多次称赞水,他说:'水啊!水啊!'认可水的什么优点呢?"孟子说:"从源头涌出的泉水滚滚流淌,昼夜不停,淹没了坑坑洼洼而前进着,直到海洋。有根源的事情都像这样,赞美水就是认可它的这一点。如果没有根源,五六月之间雨水汇集,地面上的沟渠都满了,但它的干涸,却是可以立待的。所以声誉超过了实情,君子会觉得羞耻。"

【讲解】

志士仁人的良好表现来源于道义的思想支撑,就像有源之水,所以能持之以恒,名实相符,终身优秀。哗众取宠的行为有时能获得赞誉,但就像无源的雨水,并不能持久,为君子所不取。

8.19 孟子曰:"人之所以异于禽兽者几希[1],庶民去之[2],君子存之[3]。舜明于庶物[4],察于人伦[5],由仁义行,非行仁义也。"

【注释】
　　〔1〕所以:用来。异:区别。几(jī)希:极少。
　　〔2〕庶民:百姓。庶:众。去:背离。
　　〔3〕存:保存。
　　〔4〕明:懂得。庶物:众事,万事。
　　〔5〕察:知道。人伦:人际之间的合理关系。

【译文】
　　孟子说:"人区别于禽兽的东西是很少的,百姓背离了它,君子坚持了它。舜懂得万事万物的道理,知道人际之间的合理关系,因为秉性仁义而做事,不是为了表现而做仁义的事情。"

【讲解】
　　人原本就是动物,所以和动物一样都是趋利避害的。但人类社会追求道义,动物不懂道义。百姓往往会为私利而违背道义,君子则要坚持道义。舜是人中的精英,他明察事物之间的道理和人际关系的合理准则,所以成就了仁义的秉性,他做仁义的事情是其自然的表现,而不是为了获利而刻意做出仁义的行为。孔子讲"仁者安人,知(智)者利仁",意思是:贤仁的人会自动地爱好和维护仁道,聪明的人会以仁道为工具而获取利益。孟子的看法和孔子是一致的。
　　君子仁义的秉性不是天生的,也不是轻易就能获得的,需要有丰厚的知识积累,还得有对事理的融通把握。

8.20 孟子曰:"禹恶旨酒而好善言[1]。汤执中[2],立贤无方[3]。文王视民如伤[4],望道而未之见[5]。武王不泄迩[6],不忘远[7]。周公思兼三王以施四事[8],其有不合者,仰而思之,夜以继日[9],幸而得之[10],坐以待旦[11]。"

【注释】

〔1〕恶(wù):不喜欢。旨:味道好。

〔2〕汤:商代的开国君主,是历史上公认的英明君主。执:坚持,遵循。中:合理适度的原则。

〔3〕立:扶植。方:固定不变的做法。

〔4〕文王:周文王,是历史上公认的英明君主。伤:有伤病的人,需要救助。

〔5〕望:企盼。道:正确的治国方法。而:如。

〔6〕武王:周武王,是周朝的开国君主。泄:轻慢,不尊重。迩(ěr):近,指朝廷的官员,近在身边。

〔7〕远:指诸侯,远在各地。

〔8〕周公:周武王的弟弟,是历史上公认的贤臣。兼:同时具备。三王:指夏、商、周三代的英明君主。施:施行。四事:指禹、汤、周文王、周武王的成功业绩。

〔9〕夜以:以夜:用夜晚。继:承接,继续。日:白天。

〔10〕幸:幸好。

〔11〕旦:天亮。

【译文】

孟子说:"夏禹不喜欢美酒而喜欢好的建议。商汤做事遵循合理适度的原则,在提拔贤才时能突破常规。周文王把百姓看作受伤而需要救助的人,企盼正确的治国方法,像找不到喜欢的东西一样着急。周武王不轻慢朝中的大臣,不忘记关爱四方的诸侯。周公想同时具备夏、商、周三代英明君主的长处而施行禹、汤、周文王、周武王的政治措施,自己的做法有不合适的,便仰着头思考,黑夜接着白天地琢磨,幸好想到了正确的做法,便坐着等待天亮而赶快实行。"

【讲解】

历代的圣君贤臣都以爱民勤政为宗旨,所以会节制个人享受,遵循正道,接纳直言,重用贤才,群策群力,在施政方面尽到自己的责任。

8.21 孟子曰:"王者之迹熄而诗亡[1],诗亡然后《春秋》作[2]。晋之《乘》[3]、楚之《梼杌》[4]、鲁之《春秋》[5],一也。其事则齐桓[6]、晋文[7],其文则史[8]。孔子曰:'其义则丘窃取之矣[9]。'"

【注释】

〔1〕王者:推行仁政而统一天下的人。迹:行为。熄:消失。诗:诗歌。亡:消失,指像《诗经》中那样具有教化作用的诗歌作品不再出现。

〔2〕《春秋》:孔子依据鲁国史料而编写的一部史书。作:产生。

〔3〕晋:晋国。《乘(shèng)》:春秋时晋国史书的名称。

〔4〕楚:楚国。《梼(táo)杌(wù)》:春秋时楚国史书的名称。

〔5〕鲁:鲁国。《春秋》:春秋时鲁国史书的名称。

〔6〕事:事迹。齐桓:指齐桓公,春秋时齐国国君,姓姜,名小白,死后谥为"桓"。他当过诸侯的霸主。

〔7〕晋文:指晋文公,春秋时晋国国君,姓姬,名重耳,死后谥为"文"。他在齐桓公之后成为诸侯的霸主。

〔8〕文:文字。史:史官。

〔9〕义:道理,原则。丘:孔子自称其名。窃:私自,对自身行为的谦称。取:选取,采用。

【译文】

孟子说:"圣明君主治理社会的现象消失以后,像《诗经》中那样具有教化作用的诗歌作品就消失了。好的诗歌消失之后,孔子的《春秋》便产生了。晋国的《乘》、楚国的《梼杌》、鲁国的《春秋》,都是一样的。它们记载的事情是齐桓公、晋文公等人的事迹,它们的文字出自史官。孔子说:'史书应该体现的原则,被我采用了。'"

【讲解】

在古代,《诗经》中的诗歌都被认为有教化作用。到春秋时期,社会局面一片混乱,具有这种教化功能的诗歌也不再出现了。孔子为了将自己的政治思想和主张宣传出来,便利用鲁国史官记载的历史材料(名为《春秋》),重新编写了一部史书,仍名为《春秋》。在《春秋》中,孔子通过对历史人物和事件的褒贬评判,充分地贯彻了儒家的是非标准,这一标准就是这里所说的"义"。

史官编写史书,其宗旨本来就应该贯彻这些"义",孔子嫌以往的史书在这方面做得不好,所以要亲自编写《春秋》,为史书的撰写树立样板,同时也系统地再现了儒家的主张。

8.22 孟子曰:"君子之泽五世而斩〔1〕,小人之泽五世而斩〔2〕。予未得为孔子徒也〔3〕,予私淑诸人也〔4〕。"

【注释】

〔1〕君子:品行高尚的人。泽:影响。世:代。斩:断。

〔2〕小人:品行恶劣的人。

〔3〕予:我。

〔4〕私:私下,自行。淑:取,学习。诸:于。人:别人。

【译文】

孟子说:"君子的思想和品行的影响,五代以后就断了。小人的思想和品行的影响,五代以后也就断了。我没有能当上孔子的学生,我是自己向别人学来的。"

【讲解】

君子的思想和行为对别人会有好的影响,这种影响会随着世代的发展而递减消失。小人的思想和行为对别人会有坏的影响,这种影响也会随着世代的发展而递减消失。孔子是圣人,孟子遗憾没有能成为他的门徒。但孔子去世还不是太久,他的种种影响还没有最后消失,其子孙以及学生的子孙等人身上或多或少尚有体现,所以孟子便主动向他们学习,也算是向孔子学习了。

孟子用这种集腋成裘的方式刻意地向孔子学习,而孔子也曾经用这样的方式向周文王、周武王学习过。《论语·子张》:"卫公孙朝问于子贡曰:'仲尼焉学?'子贡曰:'文武之道未坠于地,在人。贤者识其大者,不贤者识其小者,莫不有文武之道焉。夫子焉不学?而亦何常师之有?'"这段话可译为:"卫国的公孙朝问子贡说:'仲尼从哪里学习?'子贡说:'文王和武王的主张和理论没有被人扔到地上,都在人们的心里。君子记着它的主干部分,小人记着它的枝叶部分,人人都掌握着文王和武王的主张和理论。我的老师从哪里不学习?但又哪里有固定的老师呢?'"

8.23 孟子曰:"可以取[1],可以无取,取伤廉[2]。

251

可以与[3]，可以无与，与伤惠[4]。可以死[5]，可以无死，死伤勇[6]。"

【注释】
〔1〕取：从他人处取得利益。
〔2〕伤：伤害，违背。廉：清廉，指清廉的原则。
〔3〕与：给与他人利益。
〔4〕惠：恩惠，指施惠的原则。
〔5〕死：为……献出生命。
〔6〕勇：勇敢，指勇敢的原则。

【译文】
　孟子说："可以从别人处取利，也可以不取，取了就违背清廉的原则。可以给人利益，也可以不给，给了就违背施惠的原则。可以为别人去死，也可以不去死，去死就违背了勇敢的原则。"

【讲解】
　得利的理由不充分，在两可之间，这时候受惠，就是无功受禄，自然是贪婪的表现，违背了清廉的原则。施惠的理由不充分，在两可之间，这时候施惠，就不是对人进行救助，而是用利益拉拢别人，违背了施惠的原则。献出生命的理由不充分，在两可之间，这时候拼死，不是显匹夫之勇，就是逞豪侠之气，违背了勇敢的原则。生命对于人只有一次，必须追求死得其所，重于泰山，这才是君子大勇的要义。

8.24 逢蒙学射于羿[1]，尽羿之道[2]，思天下惟羿为愈己[3]，于是杀羿。孟子曰："是亦羿有罪焉。"公明仪曰[4]："宜若无罪焉[5]。"曰："薄乎云尔[6]，恶得无罪[7]?郑人使子濯孺子侵卫[8],卫使庾公之斯追之[9]。子濯孺子曰:'今日我疾作[10],不可以执弓[11],吾死矣夫。'问其仆曰[12]:'追我者谁也?'其仆曰:"'庾公之斯也。'曰:'吾生矣[13]。'其仆曰:'庾公之斯,卫之善射者也。夫子曰吾生[14],何谓也[15]?'曰:'庾公之斯学射于尹公之他[16],尹公之他学射于我。夫尹公之他,端人也[17],其取友必端矣[18]。'庾公之斯至,曰:'夫子何为不执弓?'曰:'今日我疾作,不可以执弓。'曰:'小人学射于尹公之他[19],尹公之他学射于夫子。我不忍以夫子之道反害夫子[20]。虽然[21],今日之事,君事也[22],我不敢废[23]。'抽矢扣轮[24],去其金[25],发乘矢而后反[26]。"

【注释】

〔1〕逢(páng)蒙:人名。羿(yì):古代一位善于射箭的人。

〔2〕道:技艺。

〔3〕愈:胜过。

〔4〕公明仪:孔子的学生曾参的学生。

〔5〕宜若:好像,应该是。

〔6〕薄,迫,迫近。乎:于。云:云彩。

〔7〕恶(wū):哪,岂。

〔8〕郑:郑国。子濯孺子:郑国的一个大夫。侵:进攻。卫:卫国。

〔9〕庾公之斯:卫国的一个大夫。

〔10〕作:发作。

〔11〕执:持,操作。

〔12〕仆:御者,驾驭车的人。

〔13〕生:活。

〔14〕夫子:对地位高的人的敬称。

〔15〕何谓:何为,为什么。

〔16〕尹公之他:人名。

〔17〕端:端正,不邪僻。

〔18〕取:选择。

〔19〕小人:对自己的谦称。

〔20〕忍:忍心。

〔21〕虽:虽然。然:这样。

〔22〕君:国君。

〔23〕废:放弃。

〔24〕矢:箭。扣:敲击。轮:车轮。

〔25〕去:去掉。金:此指青铜箭镞。

〔26〕发:射出。乘(shèng):四。反:返。

【译文】

　　逢蒙向羿学习射箭,把羿的技能全学会了,他觉得普天下只有羿的箭术能超过自己,便杀掉了羿。孟子说:"在这件事上,羿也是有罪过的。"公明仪说:"我觉得羿似乎没有罪。"孟子说:"他的罪高到天上去了,哪能没有罪?郑国人派子濯孺子进攻卫国,返回时,卫国派庾公之斯追击他。子濯孺子说:'今天我的病发作了,不能拉弓射箭,我死定了。'他问自己的御者说:'追我们的人是谁?'他的御者说:'是庾公之斯。'他说:'我能活了。'他的御者说:'庾公之斯是卫国的箭术高超的人,您却说自己能活了,为什么?'他说:'庾公之斯向尹公之他学的射箭,尹公之他向我学的射箭。尹公之他是个品行端正的人,他选择的朋友也一定是端正的人。'庾公之斯追到了跟前,对子濯孺子说:'您为什么不拉弓射箭?'子濯孺子说:'今天我的病发作了,不能拉弓射箭。'庾公之斯说:'我向尹公之他学的射箭,尹公之他向您学的射箭。我不忍心用您传授的技艺反过来伤害您。虽然这样,今天的事情是国君委派的公事,我不敢不执行。'他抽出箭来在车轮上敲击,磕掉了铜箭头,然后射了四箭就回去了。"

【讲解】

　　孟子认为,收徒授艺必须选择品行端正的人,如果品行邪恶的人获得技艺,对人的危害会更大。羿将逢蒙教成了天下箭术最高明的人,害死自己事小,他还会再害其他好人,所以羿的罪过是很大的。

　　古人讲究武德,攻击失去反抗力的人,会被认为胜之不武,不符合君子风范。子濯孺子是庚公之斯的老师的老师,庚公之斯用他传授的箭术杀死他,也是有违道德的。在这种情况下,庚公之斯放弃了杀敌立功的机会,还承担了纵敌逃脱的责任风险,要算一个品行端正的人。

　　8.25 孟子曰:"西子蒙不洁[1],则人皆掩鼻而过之[2]。虽有恶人齐戒沐浴[3],则可以祀上帝。"

【注释】

　　〔1〕西子:西施,古代著名的美女。蒙:身上带有。

　　〔2〕掩:捂着。

　　〔3〕虽:如果。恶:相貌丑陋。齐(zhāi)戒:在祭祀或典礼前所做的准备活动,要整洁身心,表示虔诚恭敬。齐:通"斋"。

【译文】

　　孟子说:"如果西施身上有不干净的东西,人们也都会捂着鼻子从她跟前走过。如果有相貌丑陋的人进行了斋戒沐浴,他也可以祭祀上帝。"

【讲解】

　　这里用相貌的美丑喻指人的出身等先天的不可选择的自然

255

状况,以整洁喻指人后天的行为追求。意思是说,无论什么人,只有积极上进才能成为受欢迎的人才。

8.26 孟子曰:"天下之言性也[1],则故而已矣[2],故者以利为本[3]。所恶于智者[4],为其凿也[5]。如智者若禹之行水也[6],则无恶于智矣。禹之行水也,行其所无事也[7]。如智者亦行其所无事,则智亦大矣。天之高也,星辰之远也[8],苟求其故[9],千岁之日至可坐而致也[10]。"

【注释】

〔1〕性:自然属性。

〔2〕故:推求缘故。而已矣:语气助词,表示肯定意味。

〔3〕以:把。利:有利,顺应。本:根本。

〔4〕恶(wù):反对,厌恶。

〔5〕凿:穿凿,违背事理的曲解。

〔6〕若:像。行:使……行走。

〔7〕事:事故,指灾害。

〔8〕星辰:天上的星体。辰:星体。

〔9〕苟:如果。求:推求。

〔10〕日至:夏至和冬至。致:至,指计算出来。

【译文】

孟子说:"天下人谈论事物的自然属性,就是推求其来龙去脉而已,推求其来龙去脉,以顺应实际情况为标准。厌恶自作聪明的人,是因为他们往往穿凿附会,违背事理。如果那些聪明人能像禹引导水向低处流的话,就不讨厌他们的聪明了。禹把水引向低处,是让水流向它不造成灾难的地方。如果聪明人们做事的效果也能消灾免难,他们的智慧也就很大了。天那样高,星辰那样远,如果能推求它们的来龙去脉,一千年以后的夏至和冬至都能坐着推算出来。"

【讲解】

儒家处世的原则为实事求是,就是在尊重客观事实的基础上推求正确的道理,反对歪曲事实,也反对不顾事物的本来规律。禹治洪水,就是因势利导,充分顺应水的自然属性,作出对人类有利的事情来。

战国时期,各种学说兴起,互相论辩。有的论辩者往往不顾事理而逞口舌之快,穿凿附会,故弄玄虚,违背逻辑,自以为聪明,所以受到孟子的反对。

8.27 公行子有子之丧[1],右师往吊[2]。入门,有进而与右师言者[3],有就右师之位而与右师言者[4],孟子不与右师言。右师不悦,曰:"诸君子皆与驩言[5],孟子独不与驩言,是简驩也[6]。"孟子闻之,曰:"礼[7],朝廷不历位而相与言[8],不逾阶而相揖也[9]。我欲行礼,子敖以我为简,不亦异乎[10]?"

【注释】

〔1〕公行(háng)子:齐国的一个大夫。子:儿子。丧(sāng):丧事。
〔2〕右师:官职名称。指齐国大夫王驩(huān),字子敖。吊:吊唁。
〔3〕进:上前。
〔4〕就:主动到……去。位:按规定站立的位置。
〔5〕驩:王驩自称其名。
〔6〕简:简慢,不尊重。

257

〔7〕礼:礼制。
〔8〕历:越过。相与:互相。
〔9〕逾:越过。阶:上堂的台阶。揖:拱手作揖行礼。
〔10〕亦:很。异:奇怪。

【译文】

公行子办儿子的丧事,右师王驩前去吊唁。进门以后,有上前来和他说话的,有到他站的位子上来和他说话的,孟子不和他说话。王驩不高兴,说道:"各位大人都和我说话,只有孟子不和我说话,这是看不起我。"孟子听到了他的话,说道:"礼制规定,在朝廷中不越过别人的位子和另外的人交谈,不登上台阶去对人作揖行礼。我要按礼制办事,子敖却认为我是怠慢他,这不太奇怪了吗?"

【讲解】

为了保持朝廷的安静和秩序,礼制规定官员不得越位交谈,不得上阶打招呼。大夫家办丧事,一般是由国君通知有关官员前往吊唁的,由于人数众多,所以也按朝廷的礼仪办事。人们都和王驩打招呼,是为了趋炎附势,孟子厌恶王驩,所以故意不理他,为自己找了个礼制的借口。王驩是一个修养层次不高的人,可参看4.6的内容。

8.28 孟子曰:"君子所以异于人者[1],以其存心也[2]。君子以仁存心,以礼存心。仁者爱人,有礼者敬人。爱人者人恒爱之[3],敬人者人恒敬之。有人于此,其待我以横逆[4],则君子必自反也[5]:我必不仁也,必无礼也,此物奚宜至哉[6]?其自反而仁矣,自反而有礼矣,其横逆由是也[7],君子必自反也,我必不忠。自反而忠矣,其横逆由是也,君子曰:'此亦妄人也已矣[8]。

如此,则与禽兽奚择哉[9]?于禽兽又何难焉[10]?'是故君子有终身之忧[11],无一朝之患也[12]。乃若所忧则有之[13]:舜人也,我亦人也。舜为法于天下,可传于后世,我由未免为乡人也[14]。是则可忧也。忧之如何[15]?如舜而已矣。若夫君子所患则亡矣[16],非仁无为也,非礼无行也。如有一朝之患,则君子不患矣。"

【注释】

〔1〕异:区别,人:他人。

〔2〕以:因为。存:察,检点。心:内心,思想。

〔3〕恒:总是。

〔4〕横(hèng)逆:暴逆无理。

〔5〕自反:自我反省,检点。

〔6〕物:事情。奚:何,怎么。宜:会。

〔7〕由:犹,仍然。

〔8〕妄人:不正常的人。

〔9〕择:区别。

〔10〕难(nàn):惮,惧怕。

〔11〕忧:忧虑,操心。

〔12〕朝(zhāo):日,天。患:忧虑,操心。

〔13〕乃若:至于。

〔14〕免:脱离。乡人:普通人,平民。

〔15〕如何:怎么样。

〔16〕亡(wú):无,没有。

【译文】

孟子说:"君子区别于常人的地方,在于他检点自己的思想。君子用仁检点自己,用礼检点自己。贤仁的人爱护别人,讲礼的人尊敬别人。爱护别人的人,别人总会爱护他。尊敬别人的人,别人总会尊敬他。这里有个人,他用暴逆无理的态度对待我,君子就一定会反省自己:我一定是不仁,一定是无礼,否则这样的事情怎么会到我的头上呢?他检点自己的结果是仁的,检点自己的结果是有礼的,而对方暴逆无理的态度仍然依旧,君子一定会再检点自己:我一定是不忠诚。他检点自己的结果是忠诚的,而对方暴逆无理的态度仍然依旧,君子就说:'这人不过是个不正常的人而已。像这样的人,和禽兽有什么区别呢?对禽兽还怕什么呢?'因此君子有终身操心的事情,没有短期操心的事情。至于所操心的事情则是有的:舜是个人,我也是个人。舜给天下人树立了榜样,可以传承到后世,我却仍然脱不了是个普通百姓,这才是值得操心的。操心这事该怎么办呢?就是追求能像舜一样而已。至于君子所害怕的事情则是没有的。不符合仁的事情不做,不符合礼的事情不办。如果出现了别人临时操心的事情,君子也并不操心它。"

【讲解】

"仁"是君子做人的正义立场,"礼"是君子处世的良好界面。君子注重修身,遇事先检点自己的表现,勇于负起自己的责任。君子以圣人为榜样,期望自己对人类能做出大的贡献,所以有持之以恒的奋斗目标。孔子说"人无远虑,必有近忧"(《论语·卫灵公》),孟子说"君子有终身之忧,无一朝之患",说的是同样的意思。由于君子有远虑,所以不会有近忧,即使偶然出现近忧,君子也并不在乎。

8.29 禹[1]、稷当平世[2],三过其门而不入,孔子贤之[3]。颜子当乱世[4],居于陋巷[5],一箪食[6],一瓢饮,人不堪其忧[7],颜子不改其乐[8],孔子贤之。孟子曰:"禹、稷、颜回同道[9]。禹思天下有溺者[10],

由己溺之也[11];稷思天下有饥者,由己饥之也;是以如是其急也[12]。禹、稷、颜子,易地则皆然[13]。今有同室之人斗者,救之,虽被发缨冠而救之可也[14]。乡邻有斗者,被发缨冠而往救之,则惑也[15],虽闭户可也[16]。"

【注释】

〔1〕禹:尧、舜时的大臣,负责治水,尽心尽责,常年在外奔忙,多次经过自己的家门,都不回家看看,为天下立了大功。

〔2〕稷:名弃,尧时担任主管农业的大臣,用先进的种植技术使粮食增产,为天下立了大功。当:值,处在。平世:政治状况良好的时代。

〔3〕贤:称赞。

〔4〕颜子:颜回,字子渊,孔子的学生,品行优秀,一生没有当过官。

〔5〕陋巷:简陋的居室。巷:居室。

〔6〕箪(dān):用于盛饭食的一种圆形竹器。

〔7〕堪:承受。忧:痛苦。

〔8〕其乐:指喜欢的内容,即儒家的一切主张。《论语·雍也》:"子曰:'贤哉,回也!一箪食,一瓢饮,在陋巷,人不堪其忧,回也不改其乐。贤哉,回也!'"

〔9〕道:指处世的原则。

〔10〕溺:掉入水中,有被淹死的危险。

〔11〕由:犹,如同。溺:使……被淹。

〔12〕其:状语的标志,相当于"地"。

〔13〕易:交换。地:环境,地位。然:这样。

〔14〕虽:即使。被:披散着。缨:把帽子上的缨结住。冠:帽子。

〔15〕惑:愚惑,糊涂。

〔16〕闭:关上。户:门。

【译文】

禹、稷处在好的时代,禹能三次经过家门口而不进去,孔子

261

赞扬他们。颜回处在黑暗的时代,住着破房子,一个竹篮装饭吃,一个瓢舀水喝,别人都受不了这样的痛苦,颜回却能不改变他酷爱的追求,孔子称赞他。孟子说:"禹、稷、颜回的处世原则相同。禹想着天下有被水淹的人,就好像自己使他们被水淹一样;稷想着天下有饥饿的人,就好像自己使他们挨饿一样;因此像这样地着急。如果禹、稷、颜回互换了环境,他们的表现都会和对方一样。如果有和自己住在一个房中的人在打架,自己要去拉开,即使急得披散着头发而戴了顶帽子就跑出去拉架,也是可以的。如果是乡邻有人在打架,自己就急得披散着头发而戴了顶帽子去拉架,则是没必要的,即使是关上门不理也可以。"

【讲解】

处在政治状况良好的时代,君子的行为能给天下人带来利益,所以要不遗余力地发挥自己的作用。处在黑暗的时代,君子的努力不但发挥不了作用,还会给自己带来灾祸,所以应该像颜回一样安贫乐道。孟子认为士人应该"穷则独善其身,达则兼善天下"。在世道黑暗之时,君子再怎么努力也白搭,他们采取"独善其身"的态度是无可厚非的。

社会黑暗,君子势单力薄,可谓杯水车薪,救不了世界,对于不合理的现实不能事事干涉,所以只能是先顾眼前的事情。再远一些的事情,就可以不管了。如果无论远近,凡是不合理的事情就都去管,反而是不聪明的。孟子想说明这样的道理,但他举的事例却不合适。从公共道德的角度看,遇到乡邻打架,还是应该劝解的,不能说"虽闭户可也"。

8.30 公都子曰[1]:"匡章[2],通国皆称不孝焉[3],

夫子与之游[4],又从而礼貌之[5],敢问何也?"孟子曰:"世俗所谓不孝者五:惰其四支[6],不顾父母之养[7],一不孝也。博弈[8],好饮酒,不顾父母之养,二不孝也。好货财[9],私妻子[10],不顾父母之养,三不孝也。从耳目之欲[11],以为父母戮[12],四不孝也。好勇斗很[13],以危父母,五不孝也。章子有一于是乎?夫章子,子父责善而不相遇也[14]。责善,朋友之道也[15]。父子责善,贼恩之大者[16]。夫章子岂不欲有夫妻子母之属哉?为得罪于父,不得近,出妻屏子[17],终身不养焉[18]。其设心以为不若是[19],是则罪之大者,是则章子而已矣。"

【注释】

〔1〕公都子:孟子的一名学生。

〔2〕匡章:齐国的一个大夫。

〔3〕通国:全国。

〔4〕夫子:对孟子的敬称。游:交往。

〔5〕礼貌:态度友好,尊重。

〔6〕惰:怠惰,懒惰。四支:四肢。

〔7〕养:供养。

〔8〕博弈:古代的两种棋类游戏。

〔9〕货财:钱财。

〔10〕私:偏私。妻子:妻子和儿女。

〔11〕从(zòng):纵,放纵。欲:嗜好。

〔12〕以为:因此而成为。戮:耻辱。

〔13〕斗:争执。很:性格宁折不弯。

〔14〕责善:用好的标准要求人。责:要求。遇:接受。

〔15〕道:宗旨。

〔16〕贼:破坏。恩:恩情。

〔17〕出:赶走。屏(bǐng):使……离开。

〔18〕养:被供养。

〔19〕设心:真实的想法。以为:认为。

【译文】

　　公都子说:"匡章,全国都说他不孝,您和他交往,又对他友好尊重,请问为什么呢?"孟子说:"通常所说的不孝有五种表现:手脚懒惰,不管对父母的供养,是第一种不孝。喜欢下棋,好喝酒,不管对父母的供养,是第二种不孝。贪财,对妻子儿女偏心,不管对父母的供养,是第三种不孝。放纵自己的嗜好,因此而成为父母的耻辱,是第四种不孝。逞英雄斗脾气,给父母带来危害,是第五种不孝。匡章有一种这样的表现吗?匡章的情况,是父子之间用好的标准互相要求而导致的不和。用好的标准互相要求,是处朋友的原则。父子之间用好的标准互相要求,最容易破坏感情。匡章难道不希望有夫妻、母子这样的家庭生活吗?因为得罪了父亲,不能接近,所以他赶走了妻子和儿子,一辈子都不让他们奉养自己。他的想法不像这样,那就是大的罪过,这才是真实的匡章。"

【讲解】

　　匡章和父亲闹崩了,被父亲赶了出来,所以齐国人都认为他不孝。孟子认为匡章的品德并不坏:第一是他和父亲不和的起因是"责善",有情可原。第二是为自己得罪了父亲而自责,于是赶走妻子和儿子,一辈子过没人关照的日子,作为对自己的一种惩罚。

　　父子之间不能"责善",互相之间有其特有的讲究,可参见上文7.18的分析。

8.31 曾子居武城[1],有越寇[2],或曰[3]:"寇至,盍去诸[4]?"曰:"无寓人于我室[5],毁伤其薪木[6]。寇退则曰修我墙屋[7],我将反[8]。"寇退,曾子反,左右曰:"待先生如此其忠且敬也[9],寇至则先去,以为民望[10],寇退则反,殆于不可[11]。"沈犹行曰[12]:"是非汝所知也。昔沈犹有负刍之祸[13],从先生者七十人,未有与焉[14]。"

子思居于卫[15],有齐寇[16],或曰:"寇至,盍去诸?"子思曰:"如伋去[17],君谁与守[18]?"

孟子曰:"曾子、子思同道[19]。曾子师也,父兄也,子思臣也,微也[20]。曾子、子思易地则皆然[21]。"

【注释】

〔1〕曾子:曾参,是孔子的学生。武城:鲁国的一个县,在今山东费县西南。

〔2〕越:越国。寇:外国来侵略的军队。

〔3〕或:有人。

〔4〕盍(hé):何不。去:离开。诸:之。

〔5〕寓:寄住。

〔6〕薪木:草木。

〔7〕寇退则曰修我墙屋:疑"曰"字不当有。

〔8〕反:返,回来。

〔9〕待:对待。先生:对曾子的敬称。

〔10〕以为:用……。望:仰望的榜样。

〔11〕殆:必定。于:为,是。

〔12〕沈犹行:姓沈犹,名行,曾参的一个学生。

〔13〕负刍(chú):人名,他对沈犹家发动进攻。

265

〔14〕与(yù):涉及,参与。
〔15〕子思:孔伋(jí),字子思,是孔子的孙子。卫:卫国。
〔16〕齐:齐国。
〔17〕伋:子思自称其名。
〔18〕谁与:与谁。
〔19〕道:指处世的原则。
〔20〕微:地位低。
〔21〕易:交换。地:环境,地位。然:那样。

【译文】

曾子住在武城,有越国军队来进攻,有人说:"敌人要来了,您为什么不离开这里呢?"曾子说:"不要让人借住我的房子,免得毁了花草树木。敌人退走后就给我修缮被损毁的院墙和房屋,我将会回来。"越军退走了,曾子回了武城,他左右的人说:"武城的大夫对待先生如此地忠诚和敬重,敌人来了,先生却率先逃走,用这样的行动给百姓做了个坏的榜样。敌人退走后就返回来,肯定是不合适。"沈犹行说:"这不是你们所能理解的。过去沈犹家遭遇负刍作乱,跟随着先生的有七十个人,没有一个人参与对抗。"

子思住在卫国,有齐国军队来进攻,有人说:"敌人要来了,您为什么不离开这里呢?"子思说:"如果我走了,国君和谁守卫城池呢?"

孟子说:"曾子和子思的处世原则是一样的。曾子在武城的大夫面前是老师,是长辈,子思在卫国国君面前是臣,地位很低。如果曾子和子思互换了地位,他们的表现都会和对方一样。"

【讲解】

曾子在武城时是老师的身份,住在沈犹家时是客人的身份,按照古人的观念,老师和客人应受到优待,并且可以不参与主人家的是非。子思是卫国的臣,有保卫国家的责任,所以必须留下来应御。人的身份不同,承担的责任也不一样。

8.32 储子曰[1]:"王使人瞯夫子[2],果有以异于人乎[3]?"孟子曰:"何以异于人哉?尧、舜与人同耳。"

【注释】

〔1〕储子:齐国的一位大夫。
〔2〕王:指齐宣王。瞯(kàn):观察。夫子:对孟子的敬称。
〔3〕果:确实。

【译文】

储子说:"君王派人观察先生,想看看您是不是长得有和常人不同的地方呢?"孟子说:"怎么会有和常人不同的地方呢?尧、舜的长相也和常人是一样的。"

【讲解】

当时已经有了"相面"之说,所以齐宣王派人来观察孟子的长相。儒家认为根据相貌而对人作出各种判断的行为是荒唐的,尧、舜是圣人,其长相和普通人相比也没有特殊之处。

8.33 齐人有一妻一妾而处室者,其良人出[1],则必餍酒肉而后反[2]。其妻问所与饮食者,则尽富贵也。其妻告其妾曰:"良人出,则必餍酒肉而后反。问其与饮食者,尽富贵也,而未尝有显者来[3],吾将瞯良人之所之也[4]。"

蚤起[5],施从良人之所之[6],遍国中无与立谈者[7]。卒之东郭墦间[8],之祭者乞其余[9],不足,又顾而之他[10],此其为餍足之道也[11]。其妻归,告其妾曰:"良人者,所仰望而终身也,今若此。"与其妾讪其良人而相泣于中庭[12],而良人未之知也,施施从外来[13],骄其妻妾[14]。

由君子观之,则人之所以求富贵利达者[15],其妻妾不羞也而不相泣者,几希矣[16]。

【注释】

〔1〕良人:妻妾对丈夫的称呼。

〔2〕餍(yàn):饱。反:返,回来。

〔3〕显者:显贵的人。

〔4〕瞰(kàn):观察,窥探。所之:所到的地方。

〔5〕蚤:早。

〔6〕施(yí):尾随。

〔7〕国中:指城中。

〔8〕卒:最后。东郭:城东。墦(fán):坟。

〔9〕乞:讨要。余:剩下的。

〔10〕顾:向左右看。他:别人。

〔11〕餍足:饱。道:方法。

〔12〕讪(shàn):骂。中庭:院中。

〔13〕施施:高兴而得意的样子。

〔14〕骄:骄傲地对待。

〔15〕利达:通达,指仕途顺畅。

〔16〕几(jī)希:极少。

【译文】

　　齐国有个人,家里有一个妻子和一个妾。她们的丈夫外出,总是会吃饱酒肉而回来。他的妻子问和他一起吃饭的有些谁,他说都是些有钱人和当官的。他的妻子告诉他的妾说:"丈夫出去，总是吃饱酒肉而回来。问他和谁吃的饭，他说的都是些有钱人和当官的，但家里却没有来过显贵的人。我要暗暗观察一下丈夫所到的地方。"

早晨起来，妻子尾随丈夫到他要到的地方，整个城中没有和他丈夫站住说话的。最后到了城东的墓地里，他丈夫到上坟的人那里讨人家剩下的祭品，不够吃，就左顾右盼，再找别家去要，这就是他能吃饱酒肉的方法。他的妻子回到家，告诉他的妾说："丈夫，是我们指望依靠他过一辈子的人，现在却像这个样子。"妻子和妾骂她们的丈夫，一起在院中哭泣。丈夫不知道自己的行为被发现了，还是得意洋洋地从外边回来，骄傲地对待自己的妻妾。

用君子的眼光看，那些用下作手段追求富贵通达的人，他们的妻妾不为他们感到羞耻而哭泣的，是很少的。

【讲解】

人们往往为了升官发财而在背地里做一些丧失尊严的龌龊事情，实现目的后又在人前趾高气扬，装得很体面。

万 章 上

9.1 万章问曰[1]:"舜往于田,号泣于旻天[2],何为其号泣也?"孟子曰:"怨慕也[3]。"万章曰:"父母爱之,喜而不忘。父母恶之[4],劳而不怨[5]。然则舜怨乎?"曰:"长息问于公明高曰[6]:'舜往于田,则吾既得闻命矣[7];号泣于旻天,于父母,则吾不知也。'公明高曰:'是非尔所知也。'夫公明高以孝子之心为不若是恝[8]:我竭力耕田,共为子职而已矣[9],父母之不我爱,于我何哉?帝使其子九男二女[10],百官牛羊仓廪备[11],以事舜于畎亩之中[12],天下之士多就之者[13],帝将胥天下而迁之焉[14]。为不顺于父母[15],如穷人无所归[16]。天下之士悦之,人之所欲也,而不足以解忧。好色[17],人之所欲,妻帝之二女[18],而不足以解忧。富,人之所欲,富有天下,而不足以解忧。贵,人之所欲,贵为天子,而不足以解忧。人悦之、好色、富、贵,无足以解忧者,惟顺于父母可以解忧。人少则慕父母,知好色则慕少艾[19],有妻子则慕妻子,仕则慕君[20],不得于君则热中[21]。大孝终身慕父母,五十而慕者,予于大舜见之矣[22]。"

【注释】

〔1〕万章:孟子的一个学生。

〔2〕号(háo)泣:号啕大哭。旻(mín)天:对"天"的一种称呼,古人认为"旻"为"仁悯"之意。

〔3〕怨:埋怨。慕:依恋父母。

〔4〕恶(wù):不喜欢。

〔5〕劳:忧愁。

〔6〕长息:公明高的学生。公明高:曾参的学生,曾参是孔子的学生。

〔7〕既:已经。闻命:知道了您讲的意思。

〔8〕恝(jiá):不在意,无忧无虑。

〔9〕共(gōng)为:奉行。职:职责。

〔10〕帝:此指尧。

〔11〕仓廪:粮仓,指粮食。备:齐备。

〔12〕以:用来。事:侍奉。畎(quǎn)亩:田野。畎:田间的水沟。

〔13〕就:主动到……去。

〔14〕胥:尽,全部。迁:移,指将帝位让给舜。

〔15〕顺:爱,喜欢。

〔16〕穷人:陷入困境的人。归:依靠。

〔17〕好:美丽。色:女人。

〔18〕妻(qì):娶。

〔19〕少艾:年少美貌的人。艾:美丽。

〔20〕仕:当了官。

〔21〕得:受到信任重用。热中:内心热躁着急。

〔22〕大舜:对舜的褒称。

【译文】

万章问道:"舜到了田野中,对着天哭诉,为什么他要哭诉呢?"孟子说:"因为他埋怨而且依恋父母。"万章说:"父母爱自己,就高兴而不忘恩情。父母不喜欢自己,就忧愁而不埋怨他们。然而舜却埋怨吗？"孟子说："长息问公明高说：'关于舜到田野中的事情，我已经听您讲解了。他对着老天爷哭诉，对于父母的这种态度，我却不能理解。'公明高说：'这不是你所能懂得的。'公明高认为孝子的见识不会像这样对父母不在意：我尽力耕田，做好儿子份内的事就行了，父母不喜欢我，和我有什么关系呢？尧让自己的九个儿子两个女儿，还有朝廷的百官准备好牛羊和粮食，到田野中去侍奉舜，天下的士人有很多去投奔他的，尧将要把整个天下都让给他。因为不被父母喜欢，所以舜就像陷入困境没有了依靠的人一样。普天下的士人都喜欢自己，这是人们希望实现的，却不能消除自己的痛苦。美丽的女子是人们所喜欢的，娶了尧的两个女儿，却不能消除自己的痛苦。财富是人们希望得到的，舜已经富得占有了整个天下，却不能消除自己的痛苦。地位尊贵是人们所希望的，舜已经尊贵到当了天子，却不能消除自己的痛苦。天下人都喜欢自己、美女、财富、尊贵的地位，这些都没能消除自己的痛苦的，只有被父母喜欢才能够消除自己的痛苦。人年龄小，就依恋父母。懂得喜欢女人了，依恋年少美丽的女人。有了妻子和儿女，就依恋妻子和儿女。当了官就依恋君主，不被君主喜欢就着急。最孝顺的人终身都依恋父母，到了五十岁还在依恋的，我在大舜这里看到了。"

【讲解】

舜的父亲是瞽瞍（sǒu），他和后妻以及后妻生的儿子象老想害死舜，舜总是躲避他们的陷害，却对他们没有怨言。由于得不到父母的喜欢，所以舜向天哭诉。

孟子认为，无论父母对自己如何不好，当儿子的必须孝顺父母。让父母终身高兴，是人一生中最重要的事情，声誉、美女、财富、地位等都不能与之相比。舜在这方面给人们做了很好的榜样。

9.2 万章问曰[1]:"《诗》云[2]:'娶妻如之何[3]?必告父母。'信斯言也[4],宜莫如舜[5]。舜之不告而娶,何也?"孟子曰:"告则不得娶。男女居室,人之大伦也[6]。如告则废人之大伦[7],以怼父母[8],是以不告也。"万章曰:"舜之不告而娶,则吾既得闻命矣[9];帝之妻舜而不告[10],何也?"曰:"帝亦知告焉则不得妻也。"万章曰:"父母使舜完廪[11],捐阶[12],瞽瞍焚廪[13]。使浚井[14],出,从而掩之[15]。象曰[16]:'谟盖都君咸我绩[17],牛羊父母,仓廪父母,干戈朕[18],琴朕,弤朕[19],二嫂使治朕栖[20]。'象往入舜宫[21],舜在床琴[22],象曰:'郁陶思君尔[23]。'忸怩[24]。舜曰:'惟兹臣庶[25],汝其于予治[26]。'不识舜不知象之将杀己与[27]?"曰:"奚而不知也[28]?象忧亦忧,象喜亦喜。"曰:"然则舜伪喜者与[29]?"曰:"否。昔者有馈生鱼于郑子产[30],子产使校人畜之池[31]。校人烹之,反命曰[32]:'始舍之[33],圉圉焉[34]。少则洋洋焉[35],攸然而逝[36]。'子产曰:'得其所哉!得其所哉!'校人出,曰:'孰谓子产智[37]?予既烹而食之,曰"得其所哉!得其所哉!"'故君子可欺以其方[38],难罔以非其道[39]。彼以爱兄之道来,故诚信而喜之[40],奚伪焉?"

【注释】

〔1〕万章:孟子的一个学生。

〔2〕《诗》:《诗经》。此下引用的诗句见于《诗经·齐风·南山》。

273

〔3〕如之何:怎样。

〔4〕斯:这。

〔5〕莫:没有人。如:比得上。

〔6〕伦:伦理,合理的事情。

〔7〕废:废弃,不能实现。

〔8〕怼(duì):怨,不满。

〔9〕既:已经。闻命:知道了你讲的意思。

〔10〕妻(qì):把女儿嫁给。

〔11〕完:修缮。廪:粮仓。

〔12〕捐:撤除。阶:梯子。

〔13〕瞽瞍(sǒu):舜的父亲。

〔14〕浚(jùn):往深挖。

〔15〕掩:指用土填埋。

〔16〕象:舜的弟弟,是舜的后母所生。

〔17〕谟(mó):谋划。盖:害。都君:指舜,当时已经是尧的臣。咸:都是,全是。绩:功劳。

〔18〕干戈:兵器。朕:我。

〔19〕张(dǐ):弓的名称。

〔20〕二嫂:指舜的两个妻子,名娥皇、女英。治:料理。栖:床。

〔21〕宫:房间。

〔22〕床:古人的一种坐具。琴:弹琴。

〔23〕郁陶(yáo):忧愁思念的样子。

〔24〕忸(niǔ)怩(ní):尴尬,惭愧。

〔25〕惟:想着。兹:这些。臣庶:臣和庶民。

〔26〕其:应当。于:为,帮助。

〔27〕识:知道。

〔28〕奚:怎么。

〔29〕伪:假装。

〔30〕馈:赠送。生:活的。郑:郑国。子产:名侨,字子产,是郑穆公

的孙子,后来成为郑国的执政大臣,是春秋时的一位名臣。

〔31〕校(jiào)人:掌管池沼的小吏。畜:饲养。

〔32〕反命:复命,执行命令后回报。

〔33〕舍:释放。

〔34〕圉(yǔ)圉焉:没有精神的样子。

〔35〕少:不久,一会儿。洋洋焉:活泼起来的样子。

〔36〕攸然:快速的样子。逝:游走,消失。

〔37〕孰:谁。智:聪明。

〔38〕方:道理,认可的做法。

〔39〕罔:欺骗。道:道理,认可的做法。

〔40〕诚:确实。

【译文】

　　万章问道:"《诗经》上说:'娶妻怎么样?一定要告诉父母。'相信这一意见的,应该没有人能比得过舜。但是舜不报告父母而娶妻,为什么?"孟子说:"舜要是报告父母,就不能娶妻了。男女婚配,这是人们最应该做的事情。如果舜报告父母,就不能做这种人最应该做的事情,还会因此而使父母生气,所以他不报告。"万章说:"舜不报告父母而娶妻,我已经知道了你讲的意思。尧把女儿嫁给舜也不告诉舜的父母,为什么?"孟子说:"尧也知道告诉舜的父母就不能把女儿嫁给舜了。"万章说:"父母让舜修缮粮仓,把他登上粮仓的梯子搬掉,瞽瞍放火烧粮仓。让舜下井去挖泥,舜从井底挖洞逃出去了,瞽瞍不知道他已经逃生而把井填了。象说:'谋害舜都是我的功劳,他的牛羊归父母,粮仓归父母,兵器归我,琴归我,张弓归我,让两个嫂嫂给我铺床叠被。'象进了舜的房间,却看到舜正坐在凳子上弹琴,他只好说:'我很想你,所以来看看。'表情很尴尬。舜说:'我在想着这些官员和百姓的事情,你应当帮我管理。'我不明白,舜不知道象要杀害自己吗?"孟子说:"怎么会不知道呢?象痛苦他

275

也痛苦,象高兴他也高兴。"万章说:"这样的话,那舜就是在假装高兴吗?"孟子说:"不。从前有人送给郑国的子产一条活鱼,子产让管理池沼的官吏把鱼养在池中。那个官吏把鱼烹熟吃了,却向子产报告说:'刚把它放到池里,它显得很没精神。过了一会儿就活泼起来,很快地游得看不见了。'子产说:'到了它该去的地方啦!到了它该去的地方啦!'那个官吏出来以后说道:'谁说子产聪明?我已经把鱼烹熟吃了,他却说"鱼到了它该去的地方了!鱼到了它该去的地方了"。'所以君子可以用他认可的做法欺骗他,难以用他不认可的做法欺骗他。象装出一副敬爱兄长的样子来了,所以舜是真的相信他而很高兴,怎么会是装着高兴呢?"

【讲解】

孟子认为"不孝有三,无后为大",所以娶妻生子是人生最重要的事情。关于舜"不告而娶"的事情,可参见上文 7.26 的内容。

舜处在一个十分极端的家庭环境中,父亲瞽瞍和后母都偏爱象,他们三个人都千方百计要害死舜,而舜只是躲避他们的陷害,对他们毫无怨恨,反而是以德报怨,用自己的孝行感化他们。象原本是个恶人,但舜宁愿以君子之心度小人之腹,无论是否真心,只要他说的话符合道义,就很高兴,就持合作的态度。

家庭是社会的细胞,对待其内部的人际关系的原则要不同于对待外人,舜的行为为人们树立了一个良好的榜样。

9.3 万章问曰[1]:"象日以杀舜为事[2],立为天子则放之[3],何也?"孟子曰:"封之也[4],或曰放焉[5]。"万章曰:"舜流共工于幽州[6],放驩兜于崇山[7],杀三苗于三危[8],殛鲧于羽山[9],四罪而天下咸服[10],诛不仁也。象至不仁[11],封之有庳[12]。有庳之人奚罪焉[13]?仁人固如是乎[14]?在他人则诛之[15],在弟则封之。"曰:"仁人之于弟也,不藏怒焉[16],不宿怨焉[17],亲爱之而已矣。亲之欲其贵也,爱之欲其富也。封之有庳,富贵之也。身为天子,弟为匹夫[18],可谓亲爱之乎?""敢问或曰放者,何谓也?"曰:"象不得有为于其国[19],天子使吏治其国而纳其贡税焉,故谓之放[20]。岂得暴彼民哉[21]?虽然[22],欲常常而见之,故源源而来[23],'不及贡[24],以政接于有庳[25]',此之谓也。"

【注释】

〔1〕万章:孟子的一个学生。

〔2〕象:舜的弟弟,是舜的后母所生。日:每天。

〔3〕放:流放。

〔4〕封:天子任命诸侯。

〔5〕或:有人。

〔6〕流:放逐。共工:尧、舜时的一个大臣。幽州:地名,在北方。

〔7〕放:放逐。驩(huān)兜:尧、舜时的一个大臣。崇山:地名,在南方。

〔8〕杀:《尚书·舜典》作"窜"。三苗:国名,诸侯之一。三危:地名,在西方。

〔9〕殛(jí):杀死。鲧(gǔn):尧、舜时的一个大臣,是禹的父亲,因治水不力而被诛杀。羽山:地名,现不能确定在什么地方。

〔10〕罪:惩罚。咸:全,都。服:顺服。

〔11〕至:最。

〔12〕有庳(bì):地名,不知道在什么地方。

〔13〕奚:何,什么。

〔14〕曷:岂,怎么。

〔15〕在:罪恶存在于。

〔16〕藏:隐藏。

〔17〕宿:留存,记仇。

〔18〕匹夫:平民。

〔19〕为:作为。

〔20〕谓之:叫做。

〔21〕暴:害,施暴。

〔22〕虽:虽然。然:这样。

〔23〕源源:接连不断地。

〔24〕及:等到。贡:向朝廷交纳贡品。

〔25〕以:利用。政:政治事务。接:接待,会见。不及贡,以政接于有庳:这可能是引用古书上的话语。

【译文】

万章问道:"象每天把杀害舜作为他所做的事情,舜当上天子后却只是流放了他,为什么呢?"孟子说:"是封象为诸侯,有人把这说成是流放。"万章说:"舜把共工驱逐到幽州,把驩兜驱逐到崇山,将三苗的君主杀死在三危,将鲧杀死在羽山,惩罚了这四个人而天下都顺服了,这是在惩罚不仁的人。象最不仁,舜却把他封到了有庳。有庳的人们有什么罪?贤仁的君主怎么能这样呢?别人有罪就惩罚,弟弟有罪却封为诸侯。"孟子说:"贤仁的人对于弟弟,心里不藏怒气,不记仇,只是亲近和爱护他而已。亲近他,就想让他尊贵起来。爱护他,就想让他富起来。把象封到有庳,就是让他富贵起来。自己是天子,弟弟是平民,能说是亲近和爱护他吗?"万章说:"请问有人说舜对象是流放,是什么意思呢?"孟子说:"象不能在他的封国内发号施令,天子派官吏治理他的国家而向朝廷交纳他应交的贡品和赋税,所以把这种情况叫做流放。他哪能危害到他的百姓呢？虽然这样,舜想经常见到他,所以他能不断地到朝廷来,古书上说'不必等到交纳贡品的时候,舜可以利用政务的理由经常接待有庳的国君',说的就是这种情况。"

【讲解】

按照当时的制度,舜是天子,整个天下都是属于他个人的。他把象封为诸侯,等于是将自己的财产分给弟弟一份,不算"以权谋私"。如果他不将象封为诸侯,则反而显得心胸狭窄,对兄弟都很刻薄。

象一直都在谋害舜,舜不但不计较,反而按照兄弟情分提携他,亲近他,体现了舜优秀的品德和见识。由于象是个品行极为恶劣的人,所以舜不给他治事之权,所以他也就危害不到辖区内的百姓。

9.4 咸丘蒙问曰[1]:"语云[2]:盛德之士[3],君不得而臣[4],父不得而子[5]。舜南面而立[6],尧帅诸侯北面而朝之[7],瞽瞍亦北面而朝之[8]。舜见瞽瞍,其容有蹙[9]。孔子曰:'于斯时也[10],天下殆哉[11]！岌岌乎[12]！'不识此语诚然乎哉[13]?"孟子曰:"否。此非君子之言,齐东野人之语也[14]。尧老而舜摄也[15]。《尧典》曰[16]:'二十有八载[17],放勋乃徂落[18],百姓如丧考妣[19],三年,四海遏密八音[20]。'孔子曰:'天无二日,民无二王[21]。'舜既为天子矣[22],又帅天下诸侯以为尧三年丧,是二天子矣。"咸丘蒙曰:"舜之不臣尧,则吾既得闻命矣[23]。《诗》云[24]:'普天之下,莫非王土[25]。率土之滨[26],莫非王臣。'而舜既为天子

279

矣,敢问瞽瞍之非臣如何[27]?"曰:"是诗也,非是之谓也,劳于王事而不得养父母也[28],曰:此莫非王事,我独贤劳也[29]。故说《诗》者不以文害辞[30],不以辞害志[31]。以意逆志[32],是为得之[33]。如以辞而已矣,《云汉》之诗曰[34]:'周余黎民[35],靡有孑遗[36]。'信斯言也[37],是周无遗民也。孝子之至[38],莫大乎尊亲[39]。尊亲之至,莫大乎以天下养。为天子父,尊之至也。以天下养,养之至也。《诗》曰[40]:'永言孝思[41],孝思维则[42]。'此之谓也。《书》曰[43]:'祗载[44],见瞽瞍,夔夔齐栗[45],瞽瞍亦允若[46]。'是为父不得而子也?"

【注释】

〔1〕咸丘蒙:孟子的一个学生。

〔2〕语:当时记载事情的一些书籍,有的叫传,有的叫记,有的叫语。

〔3〕盛德:高尚的品行。

〔4〕臣:用对待臣的态度和方式对待。

〔5〕子:用对待儿子的态度和方式对待。

〔6〕南面:脸朝南,是尊者所在的位置。

〔7〕帅:率领。北面:脸朝北。朝:拜见。

〔8〕瞽瞍(sǒu):舜的父亲。

〔9〕容:表情。有:很。蹙(cù):紧张不安。

〔10〕斯:这。

〔11〕殆:危险。

〔12〕岌岌:摇摇欲坠的样子。

〔13〕识:知道。诚:真的。然:对,有道理。

〔14〕齐:齐国。野人:平民。

〔15〕摄:代理政务。

〔16〕《尧典》:《尚书》中的一篇。

〔17〕有(yòu):又,用于整数与零数之间。载:年。

〔18〕放勋:尧的称号。徂(cú)落:逝世。

〔19〕百姓:百官。丧(sāng):为……守孝。考:父亲。妣(bǐ):母亲。

〔20〕四海:天下。遏密:停止。八音:八类乐器,指音乐。

〔21〕王:天子的称号。

〔22〕既:已经。

〔23〕闻命:知道了你讲的意思。

〔24〕《诗》:《诗经》。此下引用的诗句见于《诗经·小雅·北山》。

〔25〕莫:没有。土:领地。

〔26〕率:循,沿着。滨:边缘。

〔27〕如何:为什么。

〔28〕劳:勤劳,劳累。王事:公家的事务。

〔29〕贤:多。

〔30〕说:解说。以:根据。文:文字。害:破坏,指曲解。辞:言辞,话。

〔31〕志:宗旨,主旨。

〔32〕意:思维。逆:推测。

〔33〕得:获得,把握住。

〔34〕《云汉》:《诗经·大雅》中的一首诗。

〔35〕余:剩余的。黎民:百姓。

〔36〕靡有:没有。孑(jié)遗:遗留。孑:剩余。

〔37〕信:相信。

〔38〕至:最高标准。

〔39〕莫:没有什么。乎:于。尊亲:使父母的地位高起来。

〔40〕《诗》:《诗经》。此下引用的诗句见于《诗经·大雅·下武》。

〔41〕永:一直。言:以。思:语气助词,相当于"啊"。

〔42〕维:为,作为。则:准则。

281

〔43〕《书》：《尚书》。下文引用的文句所在的篇目今已失传。

〔44〕祇(zhī)：恭敬。载：侍奉。

〔45〕夔(kuí)夔：敬畏的样子。齐(zhāi)栗：害怕。齐，通"斋"。

〔46〕允：诚实。若：善，行为良好。

【译文】

咸丘蒙问道："有的书上说：品行高尚的士人，君主不能用对待臣的态度和方式对待他，父亲不能用对待儿子的态度和方式对待他。舜脸朝南站着，尧率领诸侯脸朝北拜见他，瞽瞍也脸朝北拜见他。他见了瞽瞍，表情很紧张不安。孔子说：'在这时，天下很危险啊！摇摇欲坠啊！'不知道这些话是不是真的对。"孟子说："不，这不是君子的话，是齐国东部没文化的人说的话。尧活着时舜执政，是因为尧年老了，舜代理他的职务。《尧典》上说：'舜替尧执政二十八年时，尧逝世了，百官像对父母一样为他守孝，三年中，天下停止音乐活动。'孔子说：'天上不可以有两个太阳，百姓不可以有两个天子。'舜如果已经当了天子，又率领天下的诸侯而给尧守孝三年，那就成了同时有两个天子了。"咸丘蒙说："舜没有用对待臣的态度和方式对待尧，我已经知道你讲的意思了。《诗经》上说：'普天之下，没有一处不是天子的领地。沿着领地的边缘之内，没有人不是天子的臣。'舜已经是天子了，请问瞽瞍不是他的臣，为什么？"孟子说："这首诗，说的不是这样的意思，而是说主人翁为公家的事情劳苦而不能供养父母，等于说：这些事没有一件不是公家的事，就我一个人做得最多。所以解说《诗经》不能根据文字而曲解了言辞，不能根据言辞而曲解了主旨。用自己的思维去推测诗歌的主旨，才能准确把握它的精神。如果仅仅是根据言辞去理解，《云汉》这首诗说：'周朝剩下的百姓，没有遗留下来的。'相信这样的说法，就等于说周朝没有活下来的百姓了。孝子的最高标准，没有比使父母尊贵起来更好的。使父母尊贵起来的最高标准，没有比用整个天下的财富供养他们更好的。当天子的父亲，是最尊贵的地位。用整个天下的财富供养，是最高级别的供养。《诗经》上说：'一直地孝顺，孝顺是做人的准则。'说的就是这种情况。《尚书》上说：'恭敬地侍奉，战战兢兢地拜见瞽瞍，瞽瞍也变得诚实善良了。'这是父亲不能用对待儿子的态度和方式对待他吗？"

【讲解】

孟子认为，孝子应该通过自己的努力提高父母的地位，用尽可能高的规格供养父母。即使是当了天子，也不能改变父子之间的尊卑关系，舜就是一个优秀的榜样。

理解文字作品，确实有时会发生"以文害辞"和"以辞害志"的情况，所谓"以意逆志"，就是要根据事理、语理、文理的逻辑，在语境提供的条件下，准确把握住作者真正要表达的意思，避免犯"钻牛角"、"抠字眼"的毛病。

这段文字中的"不识此语诚然乎哉"应该算个病句，"不识此语……"的语气指向是一般的叙述，而"……此语诚然乎哉"的语气则是疑问。正常的表述应该是"不识此语然否"，或者是"此语诚然乎哉"。前者句末当用句号，后者句末当用问号。

9.5 万章曰[1]："尧以天下与舜[2]，有诸[3]？"孟子曰："否。天子不能以天下与人。""然则舜有天下也[4]，孰与之[5]？"曰："天与之。""天与之者，谆谆然命之乎[6]？"曰："否。天不言，以行与事示之而已矣[7]。"曰："以行与事示之者，如之何[8]？"曰："天子能荐人于天[9]，不能使天与之天下。诸侯能荐人于天

283

子,不能使天子与之诸侯。大夫能荐人于诸侯,不能使诸侯与之大夫。昔者尧荐舜于天而天受之[10],暴之于民而民受之[11],故曰天不言,以行与事示之而已矣。"曰:"敢问荐之于天而天受之,暴之于民而民受之,如何[12]?"曰:"使之主祭而百神享之[13],是天受之。使之主事而事治[14],百姓安之[15],是民受之也。天与之,人与之,故曰天子不能以天下与人。舜相尧二十有八载[16],非人之所能为也,天也。尧崩[17],三年之丧毕[18],舜避尧之子于南河之南[19],天下诸侯朝觐者不之尧之子而之舜[20],讼狱者不之尧之子而之舜[21],讴歌者不讴歌尧之子而讴歌舜[22],故曰天也。夫然后之中国[23],践天子位焉[24]。而居尧之宫[25],逼尧之子,是篡也[26],非天与也。《泰誓》曰[27]:'天视自我民视[28],天听自我民听[29]。'此之谓也。"

【注释】

〔1〕万章:孟子的一个学生。

〔2〕以:把。与:给与。

〔3〕诸:之。

〔4〕有:享有。

〔5〕孰:谁。

〔6〕谆谆然:诚恳地叮嘱的样子。命:地位高的告诉地位低的。

〔7〕以:用。行:行动。事:事务。示:表示。

〔8〕如之何:怎样。

〔9〕荐:推荐。

〔10〕受:接受。

〔11〕暴(pù):显示。

〔12〕如何:什么样子。

〔13〕主祭:主持祭祀。百神:所有的神。享:享用。

〔14〕治:效果良好。

〔15〕安:认可,接受。

〔16〕相:辅佐。有(yòu):又,用于整数与零数之间。

〔17〕崩:天子去世叫做崩。

〔18〕丧(sāng):守孝期。

〔19〕避:避让。南河:黄河流经河南的一段。

〔20〕朝觐(jìn):诸侯春季拜见天子叫朝,秋季拜见叫觐。之:到。

〔21〕讼狱:诉讼,打官司。

〔22〕讴歌:歌唱。

〔23〕中国:华夏民族所在的中原地区。

〔24〕践:登上。

〔25〕而:如果。宫:房子。

〔26〕篡:篡夺。

〔27〕《泰誓》:《尚书》中的篇目,今已失传。

〔28〕视:观察所看到的情况。自:从,源于。

〔29〕听:耳朵听到的情况。

【译文】

万章说:"尧把天下给了舜,有这事吗?"孟子说:"不。天子不能把天下给别人。"万章说:"这样的话,那么舜享有天下,是谁给的?"孟子说:"天给的。"万章说:"天给的,是亲口叮嘱着告诉他的吗?"孟子说:"不。天不说话,是用实际的行动和具体的政务显示给他的而已。"万章说:"用实际的行动和具体的政务显示给他,是怎么做的呢?"孟子说:"天子能向天推荐人,不能让天把天下给人。诸侯能向天子推荐人,不能让天子把诸侯的地位给人。大夫能向诸侯推荐人,不能让诸侯把大夫的地位给人。古代时尧把舜推荐给天而天接受了舜,尧把舜当接班人的事情公布给百姓而百姓接受了舜,所以说天不说话,用实际的行动和具体的政务显示而已。"万章说:"请问尧把舜推荐给天而天接受了舜,尧把舜当接班人的事情公布给百姓而百姓接受了舜,情况是怎样的?"孟子说:"尧让舜主持祭祀,而所有的神都享用祭品,这说明天接受舜。尧让舜主管政务,而政事办得很好,百姓都认可,这说明百姓接受舜。天能把天下给人,天下的人们也能把天下给人,所以说天子不能把天下给人。舜辅佐尧二十八年,这不是人能做到的,是天的安排。尧逝世后,为他守孝三年结束,舜为了给尧的儿子让路而住到南河以南,天下诸侯来朝拜的人不找尧的儿子而找舜,诉讼的人不找尧的儿子而找舜,歌唱的人不歌唱尧的儿子而歌唱舜,所以说这是天意。这之后舜才回到都城来,登上了天子的位子。如果他当时就住进尧的居室,逼走尧的儿子,那就是篡夺,不是天给他了。《泰誓》上说:'天对人间状况的观察来源于百姓的观察,天听到的人间状况来源于百姓听到的状况。'说的就是这种情况。"

【讲解】

古人认为天是人间万物的主宰,地上的一切都是由天来决定的。儒家心目中的天是被人格化、公理化了的,认为天是维护正义和公理的,是民众利益的保护者。君主的权利是天给的,他们代替天来保护民众,必须像父母对待子女一样爱护民众。

"天视自我民视,天听自我民听"的理念非常重要,说明在民众、天、君主的关系上,是民意决定天意,天意决定君主的命运,等于说是民意应该决定人间的一切,君主丧失了民心就应该丧失权利,君主的权利应该是用来为民众服务的。

9.6 万章问曰[1]:"人有言:至于禹而德衰[2],不传于贤而传于子。有诸[3]?"孟子曰:"否,不然也。天与贤则与贤,天与子则与子。昔者舜荐禹于天[4],十有七年,舜崩[5],三年之丧毕[6],禹避舜之子于阳城[7],天下之民从之,若尧崩之后不从尧之子而从舜也。禹荐益于天[8],七年,禹崩,三年之丧毕,益避禹之子于箕山之阴[9]。朝觐讼狱者不之益而之启[10],曰:'吾君之子也。'讴歌者不讴歌益而讴歌启[11],曰:'吾君之子也。'丹朱之不肖[12],舜之子亦不肖。舜之相尧[13]、禹之相舜也历年多[14],施泽于民久[15]。启贤,能敬承继禹之道[16]。益之相禹也历年少,施泽于民未久。舜、禹、益相去久远[17],其子之贤不肖皆天也,非人之所能为也。莫之为而为者天也[18],莫之致而至者命也[19]。匹夫而有天下者[20],德必若舜、禹,而又有天子荐之者,故仲尼不有天下[21],继世以有天下[22]。天之所废[23],必若桀[24]、纣者也[25],故益、伊尹[26]、周公不有天下[27]。伊尹相汤以王于天下[28],汤崩,大丁未立[29],外丙二年[30],仲壬四年[31]。大甲颠覆汤之典刑[32],伊尹放之于桐[33]。三年,大甲悔过,自怨自艾[34],于桐处仁迁义[35],三年以听伊尹之训己也,复归于亳[36]。周公之不有天下,犹益之于夏、伊尹之于殷也[37]。孔子曰:'唐[38]、虞禅[39],夏后[40]、殷、周继[41],其义一也[42]。'"

【注释】

〔1〕万章:孟子的一个学生。

〔2〕德衰:品德层次降低。

〔3〕诸:之。

〔4〕荐:推荐。

〔5〕崩:帝王逝世叫做崩。

〔6〕丧(sāng):守孝期。

〔7〕避:避让。阳城:在嵩山下。

〔8〕益:禹的大臣。

〔9〕箕山:在嵩山下。阴:山的北面。

〔10〕朝觐(jìn):诸侯春季拜见天子叫朝,秋季拜见叫觐。讼狱:诉讼,打官司。之:到。启:禹的儿子。

〔11〕讴歌:歌唱。

〔12〕丹朱:尧的儿子。不肖:不贤。

〔13〕相:辅佐。

〔14〕历:经历。

〔15〕泽:恩惠。

〔16〕敬:严肃认真。承继:继承。道:思想和做法。

〔17〕去:距离。

〔18〕莫:没有人。

〔19〕致:招致,追求。命:天命,天的安排。

〔20〕匹夫:平民。有:享有。

〔21〕仲尼:孔子名丘,字仲尼。

〔22〕继世:下一代。以:能。

〔23〕废:废弃,取消其地位。

〔24〕桀:夏朝的最后一位君主,很暴虐,汤率领诸侯伐桀,桀失败后逃到南巢,最终死在那里。

〔25〕纣:商朝的最后一位君主,暴虐无道,周武王率领诸侯伐纣,纣失败后自杀,周武王将他斩首示众。

〔26〕伊尹:商汤的臣,担任相。

〔27〕周公:周武王的弟弟,周朝的开国功臣,周朝制度的制定者。

〔28〕汤:商代的开国君主,最初是夏朝的诸侯。王(wàng):用仁政统一天下而当君主。

〔29〕大(tài)丁：太丁，汤的太子，因死得早而没有继承天子之位。

〔30〕外丙：大丁的弟弟。

〔31〕仲壬：外丙的弟弟。

〔32〕大(tài)甲：太甲，大丁的儿子，被伊尹立为天子。颠覆：破坏。典刑：法度。

〔33〕放：放逐。桐：地名，不能确定在哪里。

〔34〕艾(yì)：变好。

〔35〕处：保持，实行。迁：上进。

〔36〕亳(bó)：商朝早期的都城，在今河南，具体地点说法不一。

〔37〕殷：商朝。

〔38〕唐：指尧，据说尧号陶唐。

〔39〕虞：指舜，其家在虞。禅(shàn)：禅让，将帝位让给贤者。

〔40〕夏后：夏朝。后：君主。

〔41〕继：由自己的后代继承君位。

〔42〕义：道理。

【译文】

万章问道："人们传着这样的话：到禹的时候，他的品德层次就低了，不把帝位传给贤者而传给了儿子。有这样的事吗？"孟子说："不，不是这样的。天要把帝位给贤者就给贤者，天要把帝位给儿子就给儿子。古时候舜向天推荐禹，十七年后，舜逝世了，为他守孝三年结束后，禹为了给舜的儿子让路而住到了阳城，天下的百姓跟随他，就像尧逝世后不跟随尧的儿子而跟随舜一样。禹向天推荐益，七年后，禹逝世了，为他守孝三年结束后，益为了给禹的儿子让路而住到了箕山北面。朝拜的诸侯和诉讼的人们不去找益而是找启，他们说：'启是我们君主的儿子。'歌唱的人们不歌唱益而歌唱启，他们说：'启是我们君主的儿子。'尧的儿子丹朱不成器，舜的儿子也不成器。舜辅佐尧，禹辅佐舜，经历的年数多，向百姓施惠的时间久。启贤明，能够认真地继承禹的思想和做法。益辅佐禹,经历的年数少,向百姓施惠的时间不长。舜、禹、益间隔的年代久远,他们的儿子好与不好,都是天决定的,不是人能管得了的事。没有人做而事情却做了,这是天的因素。没有人求而福禄却来了,这是命的因素。作为平民而能最终享有天下,他的品德必须像舜和禹,并且还要有天子推荐他,所以孔子不能享有天下,天子的下一代能享有天下。天要取消其天子地位的,必须是像桀、纣那样坏的人,所以益、伊尹、周公不能享有天下。伊尹辅佐汤而用仁政统一了天下,汤逝世后,他的太子大丁去世得早,没有当上天子,外丙当了两年,仲壬当了四年。大甲破坏汤建立的法度,伊尹把他放逐到桐。经过了三年,大甲认识到自己的罪过,不断谴责自己,自己努力进步,在桐自修成了仁义的君子,三年中能听从伊尹对自己的教训,又回到了亳。周公不能享有天下,和益对于夏朝、伊尹对于商朝是一样的道理。孔子说:'尧、舜禅让,夏、商、周世袭,道理是一样的。'"

【讲解】

　　从夏朝开始,帝王的禅让制变成了世袭制,这是社会政治制度的大变动,人们认为这是君主品德层次下降的结果。这一看法是对的,世袭制的确立有两个因素,一是君主自私而传子不传贤,一是社会缺乏对君主权力的管束机制。

　　孟子认为这个责任不在禹,他当初也是要把地位传给益的。但由于益辅政的时间短,来不及被天下人认识和接受,所以诸侯和百姓最终选择了禹的儿子启当君主,因而开了世袭制的先河。

　　世袭制产生之后,社会确实一直没有改变它的可能,孟子将种种社会现象都归结于天命,这一认识既不符合事实,也是十分消极的,应该被否定。

9.7 万章问曰[1]:"人有言:伊尹以割烹要汤[2]。有诸[3]?"孟子曰:"否,不然。伊尹耕于有莘之野[4],而乐尧、舜之道焉。非其义也,非其道也,禄之以天下[5],弗顾也[6]。系马千驷[7],弗视也。非其义也,非其道也,一介不以与人[8],一介不以取诸人[9]。汤使人以币聘之[10],嚣嚣然曰[11]:'我何以汤之聘币为哉[12]?我岂若处畎亩之中[13],由是以乐尧[14]、舜之道哉?'汤三使往聘之,既而幡然改曰[15]:'与我处畎亩之中[16],由是以乐尧、舜之道,吾岂若使是君为尧、舜之君哉?吾岂若使是民为尧、舜之民哉?吾岂若于吾身亲见之哉?天之生此民也,使先知觉后知[17],使先觉觉后觉也。予,天民之先觉者也[18],予将以斯道觉斯民也[19],非予觉之而谁也?'思天下之民匹夫匹妇有不被尧[20]、舜之泽者[21],若己推而内之沟中[22]。其自任以天下之重如此[23],故就汤而说之以伐夏救民[24]。吾未闻枉己而正人者也[25],况辱己以正天下者乎[26]?圣人之行不同也,或远或近[27],或去或不去[28],归洁其身而已矣[29]。吾闻其以尧、舜之道要汤,未闻以割烹也。《伊训》曰[30]:'天诛造攻自牧宫[31],朕载自亳[32]。'"

【注释】

〔1〕万章:孟子的一个学生。

〔2〕伊尹:商代人,据说他靠烹调技艺取得汤的喜欢,后来当了汤的相,是历史上公认的贤明的帝王辅佐。割烹:厨师技艺。要(yāo):追求获

得信任。汤:商代的开国君主,最初是夏朝的诸侯。

〔3〕诸:之。

〔4〕有莘(shēn):国名,诸侯之一,地在今山东曹县北。史称汤娶了有莘国国君的女儿,伊尹是陪嫁的奴仆。

〔5〕禄:给俸禄。

〔6〕顾:视,看。

〔7〕系:用绳索把牲畜拴联在一起。驷:四匹马为一驷。

〔8〕介:芥,小草。以:用来。

〔9〕诸:于。

〔10〕币:作为礼物的钱财。聘:聘请。

〔11〕嚣嚣然:悠闲,不在乎的样子。

〔12〕以:用。为哉:呢。

〔13〕处:居于。畎(quǎn)亩:田野。畎:田间的水沟。

〔14〕由:犹,像。乐:喜欢。

〔15〕既而:后来。幡(fān)然:变过来的样子。幡:翻。

〔16〕与:与其。

〔17〕觉:使……觉悟。

〔18〕天民:天的子民。

〔19〕斯:这。

〔20〕匹夫匹妇:平民男女。被:领受到。

〔21〕泽:恩惠,好处。

〔22〕内(nà):纳,使……进入。

〔23〕任:负担起。以:把。

〔24〕就:主动到……去。说(shuì):游说,说服别人听从自己的建议。

〔25〕枉:使……不正。

〔26〕辱:使……蒙受耻辱。

〔27〕或:有的。远:远离。近:亲近。

〔28〕去:离开。

〔29〕归:总归。洁:使……保持干净。

〔30〕《伊训》:《尚书》中的篇目,今已失传。

〔31〕天诛:天对有罪者惩罚。造:始。牧宫:汤的祖庙。古代大型征伐,要先向祖先报告。

〔32〕朕:我,指伊尹。载:始。亳(bó):商朝早期的都城,在今河南,具体地点说法不一。

【译文】

　　万章问道:"人们传着这样的话:伊尹用烹调的技艺求得汤的信任。有这事吗?"孟子说:"不,不是的。伊尹在有莘种地,喜欢尧、舜的思想。不是他认为合理的,不是他认为正确的,就是把天下的财富都作为俸禄赐给他,他不会瞧。牵来一千驷马给他,他也不会看。不是他认为合理的,不是他认为正确的,一根小草也不拿来送给别人,一根小草也不从别人那里取得。汤派人用礼物去聘请他,他不在乎地说:'我要汤的聘礼做什么呢?我去当官,哪能像在田野中这样地喜欢着尧、舜的思想呢?'汤三次派人去聘请他,后来他改变了想法,说道:'我与其在田野中这样地喜欢着尧、舜的思想,哪里比得上使这个君主成为尧、舜那样的君主呢?哪里比得上使这些百姓成为尧、舜时代的百姓呢?哪里比得上自己亲眼看到尧天舜日的社会呢?天生下这些百姓,就是让先获得知识者教后获得知识者,就是让先懂道理的人教后懂道理的人。我是天的子民中先懂得道理的人,我将用尧、舜的思想教这些百姓。不是我来教他们,还能有谁呢?'他心里想的是天下的百姓只要有一个享受不到尧、舜的恩惠的,就像是自己把他推进了沟中。他像这样地把治理天下的重担自己担了起来,所以去劝说汤征伐夏桀而拯救百姓。我没有听说过自己不端正而能端正别人的,何况是自己做耻辱的事情却要把天下拨乱反正的呢?圣人的表现不一样,有的远离君主,有的亲近君主,有的离开君主,有的不离开君主,总归都要保持自身的正派而已。我听说伊尹是用尧、舜的思想求得汤的信任，没有听说他用的是烹调技艺。《伊训》上说：'天对桀予以惩罚，从汤的祖庙就开始策划进攻了，我从亳就开始推行尧、舜之道了。'"

【讲解】
　　君子要为人正派，光明磊落，先端正己，然后才能端正别人，不可以在个人履历上有不光彩的表现。靠烹调技艺讨君主欢心，从而当上了宰相，这样的进身之道当然很不体面，是一种耻辱，自身的形象和君主的形象都显得格调很低。
　　孟子认为伊尹是品德高尚的先觉者，有高尚的志趣、操守、理想、责任心，自然会爱护羽毛，不会走左道旁门，给人留下笑柄。

　　9.8 万章问曰[1]："或谓孔子于卫主痈疽[2]，于齐主侍人瘠环[3]，有诸乎[4]？"孟子曰："否，不然也，好事者为之也[5]，于卫主颜仇由[6]。弥子之妻与子路之妻[7]，兄弟也[8]，弥子谓子路曰：'孔子主我，卫卿可得也[9]。'子路以告[10]，孔子曰：'有命[11]。'孔子进以礼[12]，退以义[13]，得之不得曰有命，而主痈疽与侍人瘠环，是无义无命也。孔子不悦于鲁、卫，遭宋桓司马将要而杀之[14]，微服而过宋[15]。是时孔子当厄[16]，主司城贞子[17]，为陈侯周臣[18]。吾闻观近臣以其所为主[19]，观远臣以其所主[20]。若孔子主痈疽与侍人瘠环，何以为孔子[21]？"

【注释】

〔1〕万章:孟子的一个学生。

〔2〕或:有人。卫:卫国,孔子曾多次在卫国住留。主:把……作为寓居的主人。痈(yōng)疽(jū):卫灵公宠幸的一个宦官。孔子于鲁定公十四年离开鲁国,在诸侯国之间周游十三年,其间大部分时间都住在卫国。

〔3〕齐:齐国。侍人:宦官。瘠环:齐景公宠幸的一个宦官。鲁昭公二十五年,鲁国发生内乱,孔子为避乱而到了齐国,在齐国住了七年,担任高昭子的家臣。

〔4〕诸:之。

〔5〕好事:爱兴事端,喜欢多事。为:指编造。

〔6〕颜仇由:卫国的一个大夫,是孔子的学生子路的妻兄。

〔7〕弥子:弥子瑕,卫国的一个大夫,受到卫灵公的宠幸。子路:姓仲名由,字子路,孔子的一个学生。

〔8〕兄弟:这里指姐妹。

〔9〕卿:重要的大臣。

〔10〕以:把。

〔11〕有:由。命:天命,天的安排。

〔12〕进:求得进用。以:靠。

〔13〕退:离开君主。以:根据。

〔14〕宋:宋国。桓司马:桓魋,在宋国担任大司马官职,骄奢淫逸,受到过孔子的批评。要(yāo):拦截。

〔15〕微服:为隐藏身份而改换平常穿的衣服。

〔16〕当:正值。厄(è):危难。

〔17〕司城贞子:陈国的一位大夫。

〔18〕陈侯:陈国国君,侯爵。周:陈湣公,名周。

〔19〕观:观察。近臣:指本国朝廷的臣。以:根据。

〔20〕远臣:指从外国来投奔的臣。

〔21〕为:谓,算是,称作。

【译文】

万章问道:"有人说孔子在卫国时住的是痈疽家,在齐国时住的是宦官瘠环家,有这样的事吗?"孟子说:"不,不是这样的,这是好事者编造出来的,孔子在卫国时住的是颜仇由家。弥子瑕的妻子和子路的妻子是姐妹,弥子瑕对子路说:'孔子如果住到我家来,他就能得到卫国重臣的职位。'子路把这话告诉了孔子,孔子说:'这些都让命运决定吧。'孔子求得进用靠的是礼法,抛弃君主根据的是道义,能不能得到职位,他说由命运决定,如果他选择住进痈疽和宦官瘠环家,就是不讲道义和天命了。孔子不被鲁国和卫国喜欢,又碰到宋国的桓魋要拦截而杀他,便乔装改扮而经过了宋国。这时孔子正处在危难的境地,他到了陈国还能住到司城贞子家,当了陈国国君妫(guī)周的臣。我听说观察本国朝廷的臣的品行,根据他容留什么样的来客;观察外国来投奔的臣的品行,根据他选择住在什么样的人家。如果孔子住到痈疽和宦官瘠环家,还怎么能算是孔子?"

【讲解】

战国时期诸子百家兴起,互相贬低,儒家人物成了许多派别攻击否定的对象,孔子也被他们丑化,给编造了许多谣言。为了维护儒家的形象,宣传儒家为人处世的理念,孟子极力辩驳,清洗那些泼到儒家代表人物身上的污浊。

宦官是历史上的一个特殊的群体,他们虽然地位卑贱,但由于接近君主,容易获得宠幸,因而往往左右逢源,玩弄权术,以售其奸,甚至能狐假虎威,把持国政,决定士人的进退。由于宦官的整体形象如此,所以正人君子都避而远之,以接近他们为耻。如果孔子投靠痈疽和瘠环而希求仕进,其人格形象就大打折扣了。

孔子是儒家君子人格的典型代表,一生行得正走得直,以礼为门,以义为路,是不肯走利禄之徒的歪门邪道的。他到卫国时,其身份是主动辞职的前鲁国代理宰相。弥子瑕是卫灵公的宠臣,有能力让孔子当上卫国的重臣,但当他主动拉拢孔子时,都遭到了孔子的拒绝,孔子当然是不会去投靠宦官痈疽的。孔子在仕途最为不顺的时候,都能得到陈国大臣司城贞子的接待,成为国君的座上宾,怎么会去走宦官的后门呢?

9.9 万章问曰[1]:"或曰百里奚自鬻于秦养牲者五羊之皮[2],食牛[3],以要秦缪公[4]。信乎[5]?"孟子曰:"否,不然,好事者为之也[6]。百里奚,虞人也[7]。晋人以垂棘之璧与屈产之乘假道于虞以伐虢[8],宫之奇谏[9],百里奚不谏,知虞公之不可谏而去之秦[10]。年已七十矣,曾不知以食牛干秦缪公之为污也[11],可谓智乎?不可谏而不谏,可谓不智乎?知虞公之将亡而先去之,不可谓不智也。时举于秦[12],知缪公之可与有行也而相之[13],可谓不智乎?相秦而显其君于天下[14],可传于后世,不贤而能之乎?自鬻以成其君[15],乡党自好者不为[16],而谓贤者为之乎?"

【注释】
　〔1〕万章:孟子的一个学生。
　〔2〕或:有人。百里奚:春秋时虞国的一个大夫,后来到了秦国,成为秦穆公的相。鬻(yù):卖。牲:牲畜。
　〔3〕食(sì):饲养。
　〔4〕要(yāo):追求获得信任。秦缪(mù)公:秦穆公,名任好,秦国的一位国君。

〔5〕信:真的,确实。

〔6〕好事:爱兴事端,喜欢多事。为:指编造。

〔7〕虞:虞国,在今山西平陆县东北。

〔8〕晋:晋国。垂棘:晋国的一个地名。璧:中间有孔的一种圆形玉器。屈:地名。乘(shèng):马。假道:借路,向有关国家提出要求,希望允许自己的军队经过该国领土。虢:虢国,在今山西平陆县。

〔9〕宫之奇:虞国的一个大夫。

〔10〕虞公:虞国的国君。去:离开。之:到。

〔11〕曾(zēng):竟然。干:求。汙(wū):肮脏,不体面。

〔12〕时:当时。举:提拔。

〔13〕行:为,作为。相:辅佐。

〔14〕显:显耀。

〔15〕成:成全。

〔16〕乡党:乡里。自好:自重,自爱。

【译文】

　　万章问道:"有人说百里奚以五张羊皮的价钱把自己卖给了秦国的一个养牲畜的人,替人饲养牛,用这个方法求得秦穆公信任。这事是真的吗?"孟子说:"不,不是的,这是好事者编造出来的。百里奚是虞国人,晋国人用垂棘的玉璧和屈地出产的好马向虞国借道,要去攻打虢国,宫之奇劝阻国君不能答应,百里奚不劝阻,他知道虞国国君劝阻不了而离开虞国到了秦国。他年龄已经七十了,竟然不知道用养牛的方法求秦穆公是不光彩的,能算聪明吗?因为虞公劝阻不了而不劝阻,能说他不聪明吗?他知道虞国国君将要灭亡了而事先离开虞国,不能说不聪明。当时他在秦国被提拔,知道可以和秦穆公有所作为,便辅佐穆公,能说他不聪明吗?在秦国担任宰相而使自己的君主在天下名声显耀,可以流传后世,他要是不贤明能够实现这样吗?把自己卖掉而成就君主的名声,乡里懂得自重的人都不会干,却认为一个贤明的人会那样做吗?"

【讲解】

关于百里奚的故事,汉代以前流传着许多说法,莫衷一是。故意将自己卖五张羊皮而为别人养牛,目的是用这种恶作剧的方式引起舆论哗然而使国君关注到自己,从而获得接近国君的机会,这有点像现代人的自残式"做秀"。孟子认为百里奚是贤者,是聪明人,会懂得自重,不会使用如此不体面的手段推销自己。贤者办事会堂堂正正,不会想出这些有损自身尊严的怪点子。

万 章 下

10.1 孟子曰:"伯夷目不视恶色[1],耳不听恶声。非其君不事[2],非其民不使[3]。治则进[4],乱则退[5]。横政之所出[6],横民之所止[7],不忍居也[8]。思与乡人处[9],如以朝衣朝冠坐于涂炭也[10]。当纣之时[11],居北海之滨[12],以待天下之清也[13]。故闻伯夷之风者[14],顽夫廉[15],懦夫有立志[16]。伊尹曰何事非君[17],何使非民,治亦进,乱亦进,曰:'天之生斯民也[18],使先知觉后知[19],使先觉觉后觉。予,天民之先觉者也[20],予将以此道觉此民也。'思天下之民匹夫匹妇有不与被尧[21]、舜之泽者[22],如己推而内之沟中[23],其自任以天下之重也[24]。柳下惠不羞汙君[25],不辞小官。进不隐贤[26],必以其道[27]。遗佚而不怨[28],厄穷而不悯[29]。与乡人处,由由然不忍去也[30]。尔为尔[31],我为我,虽袒裼裸裎于我侧[32],尔焉能浼我哉[33]?故闻柳下惠之风者,鄙夫宽[34],薄夫敦[35]。孔子之去齐[36],接淅而行[37]。去鲁[38],曰:'迟迟吾行也[39],去父母国之道也[40]。'可以速而速[41],可以久而久,可以处而处[42],可以仕而仕[43],孔子也。"

孟子曰:"伯夷,圣之清者也[44]。伊尹,圣之任者也[45]。柳下惠,圣之和者也[46]。孔子,圣之时者也[47]。孔子之谓集大成[48],集大成也者,金声而玉振之也[49]。金声也者,始条理也[50]。玉振之也者,终条理也。始条理者,智之事也。终条理者,圣之事也。智,譬则巧也[51]。圣,譬则力也。由射于百步之外也[52],其至,尔力也,其中[53],非尔力也。"

【注释】

〔1〕伯夷:商朝末年孤竹国国君的儿子,父亲死后,他们和弟弟叔齐互相推让,谁也不肯继承职位,先后逃了出来。他们认为周武王讨伐纣不符合君臣之义,劝阻而没有成功,隐居到了首阳山,最后饿死在那里。恶:坏的。

〔2〕其:适宜的。事:侍奉。

〔3〕使:管理,役使。

〔4〕治:社会状况良好。进:指仕进,出来当官。

〔5〕乱:社会状况恶劣。退:退出政坛,隐居。

〔6〕横(hèng)政:暴逆无理的政令。

〔7〕横民:暴逆的民众。止:存在。

〔8〕忍:忍心。

〔9〕乡人:普通人,指品行层次低的人。

〔10〕以:用。朝衣朝冠:上朝时穿戴的礼服。涂炭:泥水和炭灰。

〔11〕纣:商代的最后一个君主,是著名的暴君。

〔12〕北海:指渤海。滨:水边。

〔13〕清:社会状况理想。

〔14〕风:风范。

〔15〕顽夫:贪婪的人。顽:忨,贪婪。廉:不贪婪。

〔16〕立:建树,挺立起来。

〔17〕伊尹:商汤的相,是著名的贤臣。曰:疑这个字不当有,是抄写时误多出来的。何:可。

〔18〕斯:这些。

〔19〕觉:使……觉悟。

〔20〕天民:天的子民。

〔21〕匹夫匹妇:平民男女。与(yù):参与,在其中。被:领受到。

〔22〕泽:恩惠,好处。

〔23〕内(nà):纳,使……进入。

〔24〕任:负担起。以:把。"其自任以天下之重也"当作"其自任以天下之重也如此"。

〔25〕柳下惠:鲁国的一个大夫,姓姬,名获,字禽,又字季,氏为展,死后谥为"惠"。"柳下"可能是他的封地名。羞:把……看作是羞耻。汙(wū)君:污君,坏君主。

〔26〕隐:不显现。

〔27〕以:用,实行。道:正确的做法。

〔28〕遗佚(yì):被遗弃,不任用。

〔29〕厄穷:不通达,困顿。悯:忧愁,痛苦。

〔30〕由由然:高兴的样子。去:离开。

〔31〕尔:你。

〔32〕虽:即使。袒裼(xī):脱去上衣,裸露肢体。裸裎(chéng):不穿衣服,露出身体。

〔33〕浼(měi):弄脏。

〔34〕鄙夫:见识狭隘浅陋的人。宽:宽容。

〔35〕薄夫:刻薄的人。敦:厚道。

〔36〕齐:齐国。孔子曾经在齐国住过七年,因为怕受到齐国大臣的迫害而离开。

〔37〕接:将淘米的水滤干。淅(xī):淘着的米。孔子正在做饭,听到有人要来害他的消息,急忙将淘好而还没有下锅的米带着就跑了。

〔38〕鲁:鲁国。孔子是鲁国人。

〔39〕迟迟:慢慢。
〔40〕父母国:祖国。
〔41〕可以:应当。
〔42〕处:居家,指不出来做官。
〔43〕仕:当官。
〔44〕清:干净,一尘不染。
〔45〕任:负责任,相当。
〔46〕和:适度。
〔47〕时:适时,顺应时势。
〔48〕之谓:叫做。集:汇集。大成:大的成就。
〔49〕金:指一种大钟,青铜铸成,在音乐演奏前先行敲击。声:发出声音。玉:指一种磬,玉质,在音乐结束时敲击。振:收尾。
〔50〕条理:规则,节奏。
〔51〕譬:打比方。巧:技巧。
〔52〕由:犹,如同。
〔53〕中:射中目标。

【译文】

　　孟子说:"伯夷眼睛不看不好的颜色,耳朵不听不好的声音。不是好的君主不侍奉,不是好的百姓不役使。世道好的时候就当官,社会黑暗的时候就隐居。凡是暴政实施的地方和暴民所在的地方,他都不愿意居住。和低俗的人在一起,他认为就像穿着华贵的朝廷礼服坐在污泥和炭灰里。在纣当政的时候,他住在渤海边上,等待天下变好。所以知道了伯夷风范的,贪婪的人会变得廉洁,懦弱的人会产生建功立业的志向。伊尹可以侍奉不好的君主,可以管理不好的百姓,世道好做官,世道不好也做官。他说:'天生下这些百姓,就是让先获得知识者教后获得知识者,就是让先懂道理的人教后懂道理的人。我是天的子民中先懂得道理的人,我将用我懂得的道理教这些百姓。'他心里想的是天下的百姓只要有一个享受不到尧、舜的恩惠的,就像是自己把他推进了沟中。他就是这样把治理天下的重担自己担了起来。柳下惠侍奉坏君主不认为羞耻,不拒绝当小官,当上官以后不掩饰自己的贤明,一定要实行自己的政治主张。被撤职了也不埋怨,处在困顿之中也不痛苦。和低俗的普通人在一起,乐呵呵地不愿意离开。你是你,我是我,即使你赤身露体地在我的旁边,你哪能脏了我呢?所以知道了柳下惠的风范的,心胸狭隘的人会变得宽容,刻薄的人会变得厚道。孔子离开齐国的时候,把淘着的米滤干水带着就走了。他离开鲁国时说道:'我走得慢些吧,这是离开祖国时的自然态度。'应该快走就快走,应该久留就久留,应该不出来做官就不出来做官,应该出来做官就出来做官,这就是孔子的做法。"

孟子说:"伯夷是圣人中清廉的人,伊尹是圣人中负责任的人,柳下惠是圣人中处事适度的人,孔子是圣人中顺应时势的人。孔子是集中了所有圣人大成就的人,所谓集中了大成就,就像是演奏音乐时以敲击铜钟开始而以敲击玉磬收尾。以敲击铜钟开始,是开始音乐正常的节奏。以敲击玉磬收尾,是终结音乐的正常节奏。开始音乐正常的节奏,是智慧的事情。终结音乐的正常节奏,是圣明的事情。智慧,打个比方就是技巧。圣明,打个比方就是力量。就像朝百步以外的目标射箭,如果射到了目标,那是因为你的力气。如果射中了靶心,那不是因为你的力气。"

【讲解】

伯夷、伊尹、柳下惠的表现各有特色,总之都体现了正人君子的一种人生态度,都是值得肯定和学习的。孟子认为孔子的身上集中了以往圣人们的所有大的优点,他能顺应时势,给社会设计了合理的发展程序,既有智慧,又有力量,孔子就是那种既能射出百步之外,又能命中目标的人,其他人虽然也不错,但不能像他这样完美。

10.2 北宫锜问曰[1]:"周室班爵禄也[2],如之何[3]?"孟子曰:"其详不可得闻也[4],诸侯恶其害己也[5],而皆去其籍[6],然而轲也尝闻其略也[7]。天子一位[8],公一位,侯一位,伯一位,子、男同一位,凡五等也[9]。君一位,卿一位[10],大夫一位,上士一位,中士一位,下士一位,凡六等。天子之制[11],地方千里[12],公、侯皆方百里,伯七十里,子、男五十里,凡四等。不能五十里[13],不达于天子[14],附于诸侯,曰附庸[15]。天子之卿受地视侯[16],大夫受地视伯,元士受地视子[17]、男。大国地方百里,君十卿禄,卿禄四大夫,大夫倍上士,上士倍中士,中士倍下士,下士与庶人在官者同禄[18],禄足以代其耕也[19]。次国地方七十里[20],君十卿禄,卿禄三大夫,大夫倍上士,上士倍中士,中士倍下士,下士与庶人在官者同禄,禄足以代其耕也。小国地方五十里,君十卿禄,卿禄二大夫,大夫倍上士,上士部中士,中士倍下士,下士与庶人在官者同禄,禄足以代其耕也。耕者之所获,一夫百亩[21],百亩之粪[22],上农夫食九人[23],上次食八人[24],中食七人,中次食六人,下食五人。庶人在官者,其禄以是为差[25]。"

【注释】

〔1〕 北宫锜(qí):卫国的一个人。

〔2〕 周室:周朝。班:系列区分。爵:爵位。禄:俸禄。

〔3〕 如之何:怎样。

〔4〕 详:详细情况。

〔5〕 恶(wù):嫌。害:不利。

〔6〕 去:毁弃。籍:文献。

〔7〕 轲:孟子自称其名。略:大概的情况。

〔8〕 位:级。

〔9〕 凡:共。

〔10〕 卿:朝廷的重要大臣。

〔11〕 制:指关于直辖领土的规定。

〔12〕 方:方圆。

〔13〕 能:足。

〔14〕 达:通,指直接发生领属关系。

〔15〕 附庸:由邻近诸侯代管的小国。

〔16〕 受:指接受封赐。视:依照,等同。

〔17〕 元士:天子的士称为元士。

〔18〕 庶人:平民。

〔19〕 代:代替,相当。

〔20〕 次国:比大国低一等的诸侯国。

〔21〕 夫:成年男子。

〔22〕 粪:施肥种植。

〔23〕 上农夫:最强壮的农民。食(sì):养活。

〔24〕 上次:比上农夫低一等的农民。

〔25〕 差:等级。

【译文】

　　北宫锜问道:"周朝关于全国的爵位和俸禄的规定,是什么样的?"孟子说:"其详细情况不能知道了,诸侯嫌它对自己不利,都毁弃了有关的文献,然而我曾经听说过大致的情况。天子一级,公一级,侯一级,伯一级,子和男同属一级,共有五个等级。诸侯国国君一级,卿一级,大夫一级,上士一级,中士一级,下士一级,共有六个等级。天子直辖领土的规定,土地方圆一千里,公和侯都是方圆一百里,伯方圆七十里,子和男方圆五十里,共有四个等级。不足五十里的封地,不直接受天子管理,归临近的诸侯管辖,叫做附庸。天子的卿受封的土地比照侯,大夫受封的土地比照伯,元士受封的土地比照子和男。大诸侯国的领地方圆一百里,国君的俸禄是卿的十倍,卿的俸禄是大夫的四倍,大夫是上士的两倍,上士是中士的两倍,中士是下士的两倍,下士的俸禄和平民在官府当差者的俸禄相同,他们的俸禄能够和他们种地的收入相当。比大国次一等的诸侯领地方圆七十里,国君的俸禄是卿的十倍,卿的俸禄是大夫的三倍,大夫是上士的两倍,上士是中士的两倍,中士是下士的两倍,下士的俸禄和平民在官府当差者的俸禄相同,他们的俸禄能够和他们种地的收入相当。小诸侯国的领地方圆五十里,国君的俸禄是卿的十倍,卿的俸禄是大夫的两倍,大夫是上士的两倍,上士是中士的两倍,中士是下士的两倍,下士的俸禄和平民在官府当差者的俸禄相同,他们的俸禄能够和他们种地的收入相当。农民的收入,一个男子种一百亩地,这一百亩地施肥耕种下来,最强壮的劳力可以养活九个人,比他次一等的可以养活八个人,中等劳力养活七个人,比他次一等的养活六个人,下等的劳力养活五个人。平民在官府当差的,他的俸禄按这些情况划分等级。"

【讲解】

孟子这里讲述了周王朝最初制定的爵禄制度的大体情况,为后世留下了古代制度的一些资料。

10.3 万章问曰[1]:"敢问友[2]。"孟子曰:"不挟长[3],不挟贵[4],不挟兄弟而友[5]。友也者,友其德也,不可以有挟也。孟献子[6],百乘之家也[7],有友五人焉:乐正裘[8]、牧仲[9],其三人则予忘之矣。献子之与此五人者友也,无献子之家者也[10]。此五人者亦有献子之家[11],则不与之友矣。非惟百乘之家为然也,虽小国之君亦有之。费惠公曰[12]:'吾于子思则师之矣[13],吾于颜般则友之矣[14],王顺[15]、长息则事我者也[16]。'非惟小国之君为然也,虽大国之君亦有之。晋平公之于亥唐也[17],入云则入[18],坐云则坐,食云则食。虽蔬食菜羹[19],未尝不饱,盖不敢不饱也[20]。然终于此而已矣,弗与共天位也[21],弗与治天职也[22],弗与食天禄也[23],士之尊贤者也,非王公之尊贤也[24]。舜尚见帝[25],帝馆甥于贰室[26],亦飨舜[27],迭为宾主[28],是天子而友匹夫也[29]。用下敬上谓之贵贵[30],用上敬下谓之尊贤,贵贵尊贤,其义一也。"

【注释】

〔1〕万章:孟子的一个学生。

〔2〕友:交朋友。

〔3〕挟:依仗,根据。长:年龄大。

〔4〕贵:地位高。

〔5〕兄弟:指像兄弟般的感情。

〔6〕孟献子:鲁国大臣,名蔑。死后谥为"献"。

〔7〕家:大夫的领地称为家。

〔8〕乐(yuè)正裘:姓乐正,名裘。

〔9〕牧仲:人名。

〔10〕无:无视,不在乎。

〔11〕有:在乎,看重。

〔12〕费(bì)惠公:费国的一个国君,死后谥为"惠"。费:原来是鲁国大夫季孙氏的封地。

〔13〕子思:名伋,孔子的孙子。师:将……作为老师。

〔14〕颜般:人名。友:将……作为朋友。

〔15〕王顺:人名。

〔16〕长息:公明高的学生,公明高是孔子的学生曾参的学生。

〔17〕晋平公:春秋时晋国的一个国君,名彪,死后谥为"平"。亥唐:晋国的一位贤士。

〔18〕入云则入:意思是"让进去才进去"。

〔19〕蔬食:粗劣的饭。菜羹:烹调出来的带汁的蔬菜,不含肉。

〔20〕盖:连词,表示原因。

〔21〕天位:天任命的职位。

〔22〕治:管理。天职:天赋予的职责。

〔23〕食:享有。天禄:天赐予的俸禄。

〔24〕王公:具有诸侯地位的人。

〔25〕尚:上,向上。帝:指尧。

〔26〕馆:安排……住宿。甥:女婿。舜的妻子是尧的女儿。贰室:副宫,规格和自己居住的宫室一样。

〔27〕飨:接受宴请。

〔28〕迭:交替,轮流。

〔29〕匹夫:平民。

〔30〕用:以。谓之:叫做。贵贵:尊敬地位高的人。

【译文】

万章问道:"请问交友的问题。"孟子说:"和人交朋友要不考虑年龄大小,不考虑地位高低,不考虑关系是否亲近。交朋友,是根据他的品德,不可以有其它方面的考虑。孟献子,是拥有一百辆兵车的大夫,他有五个朋友,有乐正裘、牧仲,其他三个人我忘了。孟献子和这五个人交朋友,是因为他们都不在乎孟献子的家大业大。如果这五个人很看重孟献子的家业,孟献子就不和他们交友了。不仅拥有一百辆兵车的大夫之家是这样的,即使是小国的君主也有这样的。费惠公说:'我对于子思,是把他当作老师的。对于颜般,是把他当作朋友的。王顺和长息,则是侍奉我的人。'不仅小国的君主是这样,即使大国的君主也有这样的。晋平公对于亥唐,亥唐让进去他才进去,让坐下他才坐下,让吃饭他才吃饭。即使吃的是粗劣的饭菜,他也没有不吃饱过,因为他不敢不吃饱。但也就是做到这一步而已,他并不和亥唐共同当国君,不和亥唐一起管理国家,不和亥唐共同享受国君的待遇,他的做法是士人尊敬贤者的做法,不是诸侯尊敬贤者的应有做法。舜拜见尧,尧把这个女婿安排在和自己的住所规格一样的宫室中,他也接受舜的宴请,两人轮流当主人和客人,这是天子和平民交友的典范。凭着低下的身份尊敬地位高贵的人,叫做尊敬长上,凭着高贵的地位尊敬地位低下的人,叫做尊敬贤者。尊敬长上和尊敬贤者,其间的原则应该是一样的。"

【讲解】

　　孟子认为,依据品行的尺度,交往的人可以分为师、友、下属几个层级。交友时要排除年龄、地位、亲疏等因素的影响,以对方的品德为惟一依据,就是只和品行好的人交朋友。所以孟子对贤者的权利提出了主张,谁品行高,谁就应该处于上位。贤者不仅要获得富贵者在礼仪方面的尊重,而且要获得相应的职位、事权、待遇。给诸侯当老师,就是要一切都在诸侯之上,因为贤者代表的是正义,是民意的化身。

将君主享有的地位称为"天位",将其治权称为"天职",将其物权称为"天禄",这等于是否定已经私有化的君权的合法性,将君主的一切权利收回到"天"的手中。由于"天"是支持正义的,而贤者代表民意,是正义的化身,所以这在实际上就是主张将一切权利赋予贤者。

10.4 万章问曰[1]:"敢问交际何心也[2]?"孟子曰:"恭也[3]。"曰:"却之却之为不恭[4],何哉?"曰:"尊者赐之,曰:其所取之者义乎不义乎?而后受之,以是为不恭,故弗却也。"曰:"请无以辞却之,以心却之,曰:其取诸民之不义也[5],而以他辞无受[6],不可乎?"曰:"其交也以道[7],其接也以礼[8],斯孔子受之矣[9]。"

万章曰:"今有御人于国门之外者[10],其交也以道,其馈也以礼[11],斯可受御与[12]?"曰:"不可。《康诰》曰[13]:'杀越人于货[14],闵不畏死[15],凡民罔不譈[16]。'是不待教而诛者也[17]。殷受夏[18],周受殷[19],所不辞也[20],于今为烈[21],如之何其受之[22]?"曰:"今之诸侯取之于民也,犹御也。苟善其礼际矣[23],斯君子受之,敢问何说也[24]?"曰:"子以为有王者作[25],将比今之诸侯而诛之乎?其教之不改而后诛之乎[26]?夫谓非其有而取之者盗也[27],充类至义之尽也[28]。孔子之仕于鲁也,鲁人猎较[29],孔子亦猎较。猎较犹可[30],而况受其赐乎[31]?"曰:"然则孔子之仕也,非事道与[32]?"曰:"事道也。""事道奚猎较

311

也〔33〕?"曰:"孔子先簿正祭器〔34〕,不以四方之食供簿正〔35〕。"曰:"奚不去也〔36〕?"曰:"为之兆也〔37〕。兆足以行矣而不行,而后去,是以未尝有所终三年淹也〔38〕。孔子有见行可之仕,有际可之仕〔39〕,有公养之仕〔40〕。于季桓子〔41〕,见行可之仕也。于卫灵公〔42〕,际可之仕也。于卫孝公〔43〕,公养之仕也。"

【注释】

〔1〕万章:孟子的一个学生。

〔2〕交际:人际交往。心:想法。

〔3〕恭:恭敬。

〔4〕却之却之:疑本来当作"却之",抄写中多出了一个"却之"。却:推却,拒绝。

〔5〕诸:于。

〔6〕他:别的。

〔7〕交:交往。道:合理的做法。

〔8〕接:对待。礼:礼法。

〔9〕斯:则,就。

〔10〕今:如果。御:施暴,指抢劫。国:指国都。

〔11〕馈:赠送。

〔12〕御:抢劫到的财物。

〔13〕《康诰(gào)》:《尚书》中的一篇。

〔14〕越:于。于货:夺取财物。于:取。货:财物。

〔15〕闵:强悍。

〔16〕凡:只要是。罔(wǎng):无,没有。憝(duì):怨恨。

〔17〕待:须,需要。教:君主的命令。

〔18〕殷:商朝。受:接受,继承。夏:夏朝。

〔19〕周:周朝。

〔20〕辞:请示。

〔21〕烈:清楚,明显。

〔22〕如之何:怎么。其:可以。

〔23〕苟:只要。礼际:交往之间的礼法。

〔24〕说:解释。

〔25〕以为:认为。王者:靠实行仁政而统一天下的人。作:兴起。

〔26〕将……,其……:是……,还是……。比:等同看待。

〔27〕其:应该。盗:强盗。

〔28〕充类:完全符合原则。至义:到达义的高度。尽:极点。

〔29〕猎:打猎。较(jué):争夺。

〔30〕犹:尚且,都。

〔31〕而况:何况。

〔32〕事:实行,推行。

〔33〕奚:何,为什么。

〔34〕簿:登记簿,文书。正:规定,规范。祭器:祭祀所用的各种器具。

〔35〕以:用。四方:各处。供:供应。簿正:写成文书的规范。

〔36〕去:辞职离开。

〔37〕之:其。兆:尝试性的开端。

〔38〕淹:停留。

〔39〕际:对待。

〔40〕公养:国君供养。

〔41〕季桓子:鲁国的一名执政大夫,名斯,死后谥为"桓"。孔子在他手下当过鲁国的司寇和摄(代理)相。

〔42〕卫灵公:卫国的一个国君,名元,死后谥为"灵"。孔子在卫国虽然没有职位,但卫灵公却给他俸粟六万,和他在鲁国任职时的俸禄一样。

〔43〕卫孝公:卫国的一个国君,名辄,死后谥为"孝"。孔子曾长期住在卫国。

313

【译文】

万章问道:"请问人际交往中要持什么样的态度呢?"孟子说:"要恭敬。"万章说:"人们说拒绝受赐是不恭敬,为什么呢?"孟子说:"尊贵的人赐给礼物,在接受前却说道:他取得这些东西的手段是道义的呢,还是不道义的呢? 斟酌之后才接受,把这样的行为看作是不恭敬,所以不拒绝。"万章说:"可以不用言辞拒绝,在心里反感他,想到他从百姓手里取得这些东西是不道义的,找个别的借口不接受,不可以吗?"孟子说:"如果对方按合理的原则来往,用礼貌的方式对待,孔子就会接受。"

万章说:"如果有个在郊外抢劫的人,他按合理的原则来往,用礼貌的方式赠送,就可以接受他抢来的东西吗?"孟子说:"不可以。《康诰》上说:'杀人抢东西,强悍不怕死,百姓没有不恨的。'这种人不必上边命令就可以诛杀掉。商朝继承夏朝,周朝继承商朝,杀这种人都无须请示,今天的情形更加明显,怎么可以接受他的东西呢?"万章说:"现在的诸侯榨取百姓的钱财,就像是抢劫。只要他礼貌地对待人,君子就接受他给的东西,请问这有什么样的解释呢?"孟子说:"你觉得出现了靠推行仁政而统一天下的圣人,他是会将现在的诸侯一律诛杀掉呢,还是会经过禁止而不听从才诛杀呢? 把取得不义之财的人叫成强盗,这是把道义标准推向极端了。孔子在鲁国当官的时候,鲁国人打猎时争夺猎物,孔子也争夺猎物。争夺猎物都可以,何况是接受君主的赐予呢?"万章说:"这样的话,孔子当官不是为了实行正道吗?"孟子说:"是要实行正道。"万章说:"实行正道,怎么还抢夺猎物呢?"孟子说:"孔子先用文书规定了祭祀时使用的器具,不使用各地献来的食物充当法定的祭品。"万章说:"孔子为什么不辞职离去呢?"孟子说:"孔子总是先作些尝试性的事情,这些事情可以实行却不被采纳,孔子这才离去,所以他没有在一个朝廷一直停留三年的。孔子一生当过觉得自己的主张可以实行的官,当过被君主特别优待的官,当过被国君按惯例供养着的官。在季桓子时,孔子当的是觉得自己的主张可以实行的官。在卫灵公时,孔子当的是被特别优待的官。在卫孝公时,孔子当的是被他按惯例供养着的官。"

【讲解】

　　士人要做官,其服务对象是诸侯,要接受诸侯的赐予和俸禄。万章认为,诸侯的财物取之于百姓,其手段之卑劣,和强盗抢劫是一样的。从"不食污君之禄"的标准看,接受诸侯的赐予和俸禄就等于是共享贼赃,是不合道义的行为。

　　孟子认为,虽然诸侯的行为像强盗,但不可能一概诛杀,总还得实行先教后诛的政策。把获取不义之财的人称作强盗,只是就其极端情况而言,实际情况还有等差。君子生活在污浊的社会,对社会的污浊要有一定的适应和容忍。君子要利用一切可能的机会进行改造社会现实的努力,不能偏激,不能性急,要与黑暗势力进行周旋。君子当官会坚持自己的原则,一是不会与黑暗势力同流合污,二是如果最终不能实行自己的主张,就会主动离职而去。

　　10.5 孟子曰:"仕非为贫也[1],而有时乎为贫[2]。娶妻非为养也[3],而有时乎为养。为贫者,辞尊居卑[4],辞富居贫。辞尊居卑,辞富居贫,恶乎宜乎[5]?抱关击柝[6]。孔子尝为委吏矣[7],曰:'会计当而已矣[8]。'尝为乘田矣[9],曰:'牛羊茁壮长而已矣[10]。'位卑而言高,罪也。立乎人之本朝而道不行,耻也。"

【注释】

〔1〕仕:当官。

〔2〕乎:语气助词,有延缓表述节奏的作用。

〔3〕养:役使。

〔4〕辞:拒绝。尊:高的职位。居:担任。卑:低的职位。

〔5〕恶(wū):怎样。

〔6〕抱关:指守门的人。关:门闩,用来关门的横木。击柝(tuò):指巡夜的人。柝:巡夜时敲的梆子。

〔7〕委吏:主管仓库的小吏。

〔8〕会(kuài)计:指账目。当:平衡,没有差错。

〔9〕乘(shèng)田:主管牲畜放牧的小吏。

〔10〕苗壮:健壮。

【译文】

孟子说:"当官不是因为贫穷,但有时是因为贫穷。娶妻不是为了役使,但有时会役使。因为穷得为挣俸禄供养父母而当官的人,拒绝高官而当小官,拒绝肥缺而当穷官。拒绝高官而当小官,拒绝肥缺役使而当穷官,怎样做就合适呢?就是当看门的和巡夜的。孔子曾经当过委吏,他说:'账目平衡就行了。'曾经当过乘田,他说:'牛羊能健壮地生长就行了。'地位低而谈论的事情大,那是罪过。站在别人的朝廷上而自己的政治主张不能施行,那是耻辱。"

【讲解】

志士仁人,当官不是为了挣俸禄,而是为了推行自己的政治主张,如果不能按自己的主张行政,就宁可不当官。但有时因为太穷而使父母饥寒,就不得不违心地出来当官而挣点俸禄。娶妻为的是生子,不是为了奉养父母,看不上的就不娶。但如果父母年老而没人奉养,就不得不违心地娶个妻子来奉养他们。既然是违心地当官,能挣够父母的供养费用就行了,不当大官,也就对国家大政的错误不承担责任。

孔子说过"不在其位,不谋其政"(《论语·泰伯》),孟子认为,如果地位低的人谈论国家大政,不但于事无补,还会给自己带来灾祸,所以干好自己份内的事就行了。但如果当了大官却不能实行自己的政治主张,那就说明是无能,或者是因为怕得罪权贵而尸位素餐,所以是耻辱的。

10.6 万章曰[1]:"士之不托诸侯[2],何也?"孟子曰:"不敢也。诸侯失国而后托于诸侯,礼也[3]。士之托于诸侯,非礼也。"

万章曰:"君馈之粟[4],则受之乎?"曰:"受之。""受之何义也[5]?"曰:"君之于氓也[6],固周之[7]。"曰:"周之则受,赐之则不受,何也?"曰:"不敢也。"曰:"敢问其不敢何也?"曰:"抱关击柝者皆有常职以食于上[8],无常职而赐于上者,以为不恭也。"曰:"君馈之则受之,不识可常继乎[9]?"曰:"缪公之于子思也[10],亟问[11],亟馈鼎肉[12],子思不悦,于卒也[13],摽使者出诸大门之外[14],北面稽首再拜而不受[15],曰:'今而后知君之犬马畜伋[16]。'盖自是台无馈也[17]。悦贤不能举[18],又不能养也,可谓悦贤乎?"曰:"敢问国君欲养君子,如何斯可谓养矣[19]?"曰:"以君命将之[20],再拜稽首而受。其后廪人继粟[21],庖人继肉[22],不以君命将之。子思以为鼎肉使己仆仆尔亟拜也[23],非养君子之道也。尧之于舜也,使其子九男事之[24],二女女焉[25],百官牛羊仓廪备[26],以养舜于畎亩之中[27],

317

后举而加诸上位[28],故曰王公之尊贤者也[29]。"

【注释】
　　〔1〕万章:孟子的一个学生。
　　〔2〕士:指在朝廷担任了上士、中士、下士等官职的人。托:寄居而靠人供养。
　　〔3〕礼:礼法。
　　〔4〕馈:送给。
　　〔5〕义:道理。
　　〔6〕氓(méng):从别国投奔来的人。
　　〔7〕固:本来就应该。周:周济,救济。
　　〔8〕抱关:指守门的人。关:门闩,用来关门的横木。击柝(tuò):指巡夜的人。柝:巡夜时敲的梆子。常:恒常,固定。职:职务。食(sì):被养活。上:指政府。
　　〔9〕识:知道。继:接连不断。
　　〔10〕缪(mù)公:鲁穆公,名显,鲁国的一位国君。子思:名伋(jí),孔子的孙子。
　　〔11〕亟(qì):屡次,多次。问:问候,慰问。
　　〔12〕鼎肉:可以入鼎烹调的生肉。
　　〔13〕卒:最后。
　　〔14〕摽(biāo):挥手让人离开。诸:于。
　　〔15〕北面:脸朝北。稽(qǐ)首:先拜,然后双手合抱按地,头伏在手前边的地上并停留一会儿,整个动作较缓慢。再拜:拜两次。拜:跪地拱手,头俯到手上,与心平齐。
　　〔16〕犬马:像养狗和马一样。畜:畜养。伋:子思自称其名。
　　〔17〕盖:因此。台:始,才。
　　〔18〕举:提拔。
　　〔19〕斯:就。
　　〔20〕君命:国君的命令。将:送。

318

〔21〕廪人:管理粮仓的官吏。继:连续。

〔22〕庖(páo)人:掌管厨役的官吏。

〔23〕仆仆尔:烦琐,麻烦。

〔24〕子:儿女。事:侍奉。

〔25〕女(nù)焉:嫁给他。

〔26〕粮仓,指粮食。备:齐备。

〔27〕以:用来。畎(quǎn)亩:田野。畎:田间的水沟。

〔28〕诸:于。上位:指大臣的位子。

〔29〕王公:具有天子或诸侯地位的人。

【译文】

万章说:"上士、中士、下士等不寄居在外国国君手下靠人养活,为什么?"孟子说:"不敢那样做。诸侯失去了自己的国家,然后可以寄居在外国诸侯的手下生活,这是礼法的规定。上士、中士、下士等寄居在外国诸侯手下,不符合礼法。"

万章说:"国君送给粮食,就接受吗?"孟子说:"接受。"万章说:"接受送给的粮食,根据什么道理呢?"孟子说:"国君对于前来投奔的外国人,本来就应该接济。"万章说:"接济的东西就接受,赐予的东西就不接受,为什么?"孟子说:"不敢接受赐予。"万章说:"请问为什么不敢呢?"孟子说:"守门的和巡夜的这些最低等的人员都有固定的职务而从政府得到薪水,没有固定的职务而被国君赐予,被认为是不恭敬的。"万章说:"国君送给,就接受了,不知道这样的情况能不能一直延续。"孟子说:"鲁穆公对于子思,多次派人问候,多次送给杀好的肉,子思不高兴,到最后时,他挥手把使者撵出了大门外,朝北面跪拜再三而不接受送给的肉,他说:'从今以后我知道了国君是像养狗和马一样养我。'因此从那以后鲁穆公才不再送肉了。喜欢贤者却不能提拔,又不能供养,这能说是喜欢贤者吗?"万章说:"请问国君要供养君子,怎样做才能算合理地供养了呢?"孟子说:"使者以君主的名义将东西送给君子,君子跪拜而接受。此后管理仓库的官吏连续送粮,掌管厨役的官吏连续送肉,不再用君主的名义来送。子思觉得为了几块杀好的肉使自己麻烦地多次跪拜,这不是国君供养君子的合理做法。尧对于舜,让自己的九个儿子侍奉,把两个女儿嫁给他,朝廷的百官备好了牛羊、粮食等东西,到田野里侍奉舜,后来又把舜提拔为大臣,所以说这才是天子和诸侯尊崇贤者的做法。"

【讲解】

　　接受富贵者给予的东西,一定要有正当的理由,所谓无功不受禄,取之有道。同样是给东西,说成是赐予就不能要,说成是周济则可以接受。

　　贤者看重的并不是国君给予的优厚的物质待遇,而是获得真正的尊重,能够管理国政,实现其政治理想。国君尊崇贤者,应该是看重其才能,赋予治权,而不是仅仅给予优厚的待遇,给自己挣一个尊贤的名声。

　　10.7 万章曰[1]:"敢问不见诸侯[2],何义也[3]?"孟子曰:"在国曰市井之臣[4],在野曰草莽之臣[5],皆谓庶人[6]。庶人不传质为臣[7],不敢见于诸侯,礼也[8]。"

　　万章曰:"庶人,召之役则往役[9],君欲见之,召之则不往见之,何也?"曰:"往役,义也[10]。往见,不义也。且君之欲见之也[11],何为也哉[12]?"曰:"为其多闻也,为其贤也。"曰:"为其多闻也,则天子不召师,而况诸侯乎[13]?为其贤也,则吾未闻欲见贤而召之也。缪公亟见于子思[14],曰:'古千乘之国以友士[15],何如[16]?'子思不悦,曰:'古之人有言曰:事之云乎[17]。岂曰友之云乎?'子思之不悦也,岂不曰:'以位[18],则子君也[19],我臣也,何敢与君友也?以德,则子事我者也,奚可以与我友[20]?'千乘之君求与之友而不可得也,而况可召与?齐景公田[21],招虞人以旌[22],不至,将杀之。志士不忘在沟壑[23],勇士不忘丧其元[24]。孔子奚取焉[25]?取非其招不往也。"曰:"敢问招虞人何以?"曰:"以皮冠[26],庶人以旃[27],士以旂[28],大夫以旌[29]。以大夫之招招虞人,虞人死不敢往,以士之招招庶人,庶人岂敢往哉?况乎以不贤人之招招贤人乎[30]?欲见贤人而不以其道,犹欲其入而闭之门也[31]。夫义,路也;礼,门也;惟君子能由是路[32],出入是门也。《诗》云[33]:'周道如砥[34],其直如矢[35]。君子所履[36],小人所视[37]。'"

万章曰:"孔子,君命召,不俟驾而行[38],然则孔子非与?"曰:"孔子当仕[39],有官职,而以其官召之也。"

【注释】

〔1〕万章:孟子的一个学生。

〔2〕见:前往拜见。

〔3〕义:道理。

〔4〕国:国都。市井:街头,街市。臣:奴仆。

〔5〕野:田间。草莽:荒野。

〔6〕庶人:平民。

〔7〕传质:送礼。传:传递送入。质:见面时送的礼物。

〔8〕礼:礼法。

〔9〕役:服役。

〔10〕义:符合道义。

〔11〕且:况且。

〔12〕为:因为。

〔13〕而况:何况。

〔14〕缪(mù)公:鲁穆公,名显,鲁国的一位国君。亟(qì):屡次,多次。子思:名伋(jí),孔子的孙子。

〔15〕千乘(shèng)之国:拥有一千辆兵车的国家,是中等规模的诸侯国。友:和……交朋友。

〔16〕何如:怎样。

〔17〕事:侍奉。云乎:语气助词。

〔18〕以:依据。位:地位。

〔19〕子:您。

〔20〕奚:何,哪里。

〔21〕齐景公:春秋时齐国的一位国君,姓姜,名杵臼,死后谥为"景"。田:打猎。

〔22〕招:召唤。虞人:主管苑囿的官员。以:用。旌:一种旗帜。古代君主召唤臣属,使者要根据不同的对象而持有不同的信物,召唤大夫用旌,召唤士人用弓,召唤虞人应当用皮冠。

〔23〕志士:有大志的士人。

〔24〕勇士:勇敢的士人。丧:失去。元:头。

〔25〕取:认可。

〔26〕皮冠:一种帽子,用来遮蔽风尘。

〔27〕旃(zhān):一种曲柄的旗子。

〔28〕旂(qí):一种画有两龙并在竿头悬铃的旗子。

〔29〕旌:用牦牛尾或兼五彩羽毛饰竿头的旗子。

〔30〕况乎:何况于。

〔31〕闭:关上。之:其。

〔32〕由:行走。

〔33〕《诗》:《诗经》。下文引述的诗句见于《诗经·小雅·大东》。
〔34〕周道:大道。厎(dǐ):磨刀石。
〔35〕矢:箭。
〔36〕履:行走。
〔37〕视:效法。
〔38〕俟(sì):等待。
〔39〕当:正值。仕:当官。

【译文】

万章说:"请问不去拜见诸侯,是什么道理呢?"孟子说:"住在国都中的叫街市上的奴仆,住在田间的叫荒野中的奴仆,都说的是平民。平民不送礼给国君而成为他的臣,就不敢去见他,这是礼法的规定。"

万章说:"平民,叫他去服役,他就去服役,国君要见他,召唤他,他却不去拜见,为什么?"孟子说:"前去服役是合理的,前去拜见是不合理的。况且国君要见平民,是为什么呢?"万章说:"因为他知识多,因为他品行好。"孟子说:"如果是因为他知识多,那么天子都不能召唤老师,何况是诸侯呢?如果是因为他品行好,那么我没有听说过想见贤人而把他叫来的。鲁穆公多次去见子思,他说:'古代千乘之国的国君和士人交朋友,是怎样的呢?'子思不高兴,他说:'古人有句话说:对贤人要侍奉。哪里说过和贤人交朋友?'子思不高兴,岂不是等于说:'如果根据地位,你是君主,我是臣,我哪敢和君主成为朋友呢?如果根据品德,你就是该侍奉我的人,怎么可以和我成为朋友呢?'千乘之国的国君想和贤者成为朋友都不行,还能召唤他吗?齐景公外出打猎,派人拿着旌旗去召唤管理猎场的虞人,虞人不来,景公将要杀他。有大志的士人不忘敢于为保持节操而尸体被抛到沟中,勇敢的士人不忘敢于失去头颅。孔子认可这位虞人的什么表现呢?认可他见使者拿着的不是召唤他的皮冠而不肯前

323

来。"万章说:"请问用什么信物招唤虞人?"孟子说:"用皮冠。招平民用旃,招士人用旂,招大夫用旌。用招唤大夫的信物招唤虞人,虞人宁死也不敢前去。用招唤士人的信物招唤平民,平民哪敢去呢?何况是用招唤不贤的人的方式招唤贤人呢?要见贤人而不按照他的原则办事,就像是想让他进来却关上了他要进的门。道义是贤人所走的路,礼法是贤人所进的门,只有君子能走这样的路,出入这样的门。《诗经》上说:'大道像磨刀石一样平,它直得像箭。他是君子所走的路,是普通人所效法的榜样。'"

万章说:"孔子,国君派人来召唤,他不等车驾好就先步行出发了,如此看来,孔子做得不对吗?"孟子说:"孔子正当着官,有职务,所以国君依据他的职位而召唤他。"

【讲解】

贤者是知识渊博而品行高尚的人,而国君所有的仅仅是地位,所以贤者应该是国君的老师,国君应该对贤者以礼相待,不可以像使唤下人一样呼来喝去。

由于国君有权势,所以他往往自认为是"主",将贤者视为"宾",这种主从关系成为一种社会的共识。孟子总是在贤者和国君的关系上坚持"礼"和"义",他要将这种主从关系倒置过来,在礼仪上也要贤者居尊,国君居卑,实际上是在和国君争夺治国的主导权,使贤者能够充分发挥其领导作用。

10.8 孟子谓万章曰[1]:"一乡之善士斯友一乡之善士[2],一国之善士斯友一国之善士,天下之善士斯友天下之善士。以友天下之善士为未足,又尚论古之人[3]。颂其诗[4],读其书,不知其人可乎?是以论其世也[5]。是尚友也[6]。"

【注释】

〔1〕万章:孟子的一个学生。

〔2〕乡:地方区划单位,周代一万二千五百家为一个乡。斯:就。友:和……交友。

〔3〕尚:上,向上,向前追溯。论:品评,分析。

〔4〕颂:诵读。

〔5〕世:社会,时代。

〔6〕尚:崇尚,喜好。

【译文】

孟子对万章说:"在一个乡中表现优秀的士人便和在一个乡中表现优秀的士人交友,在一个国家表现优秀的士人便和在一个国家表现优秀的士人交友,在整个天下表现优秀的士人便和在整个天下表现的士人交友。觉得和在整个天下都表现优秀的士人交友还不够,又追溯而品评古代的人。念他们留下的诗,读他们写出的书,不知道他们的为人行吗?因此要分析他们所处的时代。这就是崇尚交友之道的人。"

【讲解】

交友的目的是互相切磋学问,砥砺品行,从而使自己进步。人以群分,物以类聚,自己的层级高了,才能交到高层级的朋友。光是和现实中的人交友还是不够的,还应该阅读古代文献,扩展传统文化知识,向古人学习,把古人也作为能够帮助自己的朋友。

10.9 齐宣王问卿[1],孟子曰:"王何卿之问也?"王曰:"卿不同乎?"曰:"不同。有贵戚之卿[2],有异姓之卿[3]。"王曰:"请问贵戚之卿。"曰:"君有大过则谏,反

325

覆之而不听则易位[4]。"王勃然变乎色[5]。曰:"王勿异也[6],王问臣,臣不敢不以正对[7]。"王色定[8],然后请问异姓之卿,曰:"君有过则谏,反覆之而不听则去[9]。"

【注释】

〔1〕齐宣王:齐国国君,姓田,名辟疆,死后谥为"宣"。卿:朝廷中级别很高的官员,分上、中、下三级。

〔2〕贵戚:与国君同宗而地位高贵的人。

〔3〕异姓:与国君不同姓的人。

〔4〕反覆:再三,多次。易位:改变君主的地位,指废掉旧君主而拥立新君主。

〔5〕勃然:突然生气的样子。乎:于。色:表情。

〔6〕异:奇怪。

〔7〕正:诚,诚实的态度。

〔8〕定:正常。

〔9〕去:离开。

【译文】

齐宣王问关于卿的问题,孟子说:"您问的是什么卿呢?"宣王说:"卿不一样吗?"孟子说:"不一样。有同宗的贵族担任的卿,有外姓人担任的卿。"宣王说:"请问同宗的贵族担任的卿。"孟子说:"君主有大过错就劝阻,再三劝阻而不听从,就废掉旧君主而拥立新君主。"宣王一下子变了脸色。孟子说:"您不要奇怪,您问我,我不敢不说实话。"宣王的表情缓和下来,然后又问外姓人担任的卿,孟子说:"君主有大过错就劝阻,再三劝阻而不听从,就辞职离开。"

【讲解】

世袭制的诸侯朝廷,重要的大臣大都由同宗的贵族担任,也有外姓担任的。国君的同宗贵族往往盘根错节，具有掌控朝廷局面的资源，所以有废立君主的能力，他们的这些举措也容易获得上下里外的认可，具有法理上的可行性。

外姓大臣在控制朝廷方面往往势单力薄，在与国君发生矛盾时，或者顾及禄位而委曲求全，或者坚持己见而弃官离开。孟子认为弃官而去的做法是可取的，一方面维护了自己的气节，一方面也不再对国君的错误分担责任，可以获得正人君子的清誉。

告 子 上

11.1 告子曰[1]:"性犹杞柳也[2],义犹杯棬也[3],以人性为仁义[4],犹以杞柳为杯棬。"孟子曰:"子能顺杞柳之性而以为杯棬乎[5]?将戕贼杞柳而后以为杯棬也[6]?如将戕贼杞柳而以为杯棬,则亦将戕贼人以为仁义与?率天下之人而祸仁义者[7],必子之言夫!"

【注释】

〔1〕告子:墨子的一个学生,比孟子年长。

〔2〕性:人的天性。杞柳:一种树。

〔3〕义:仁义。杯棬(quān):木制的餐饮器具。

〔4〕以:认为。

〔5〕子:您。顺:不改变,不破坏。性:天性,自然状态。以为:把……做成。

〔6〕戕(qiāng)贼:破坏。

〔7〕率:引导。祸:祸害。

【译文】

告子说:"人的天性像杞柳,道义像杯盘,认为人的天性是仁义的,就像把杞柳看成是杯盘。"孟子说:"你能不破坏杞柳的自然状态而把它做成杯盘吗?还是要毁伤杞柳才能把它做成杯盘呢?如果要毁伤杞柳而把它做成杯盘,就也要毁伤人而让他实行仁义吗?引导着天下的人们祸害仁义的,一定是你的这些话。"

【讲解】

孟子认为人的天性是仁义的,告子则认为人的天性像木材,仁义则像器具,木材要经过加工才能成为器具,所以人的仁义是社会加工矫正的产物,它不是人与生俱来的天性。孟子认为,将木材制作成器具时必然要对木材的原始形状进行破坏改变,但要求人做仁义的事情时却不会对人体有破坏,所以告子的看法是错误的,不利于仁义的推广。

孟子认为人的天性是善的,荀子认为人的天性是恶的,这些观点其实都有失偏颇。从实际情况来看,只能说人的天性有善的因素,也有恶的因素。每个人在其经历中表现出的善良或恶劣,则受其后天各种因素的影响。

孟子这里对告子的批驳,有其逻辑上的投机取巧之处。要求人做仁义的事情,往往带来其利益的牺牲,这就是对其天性的加工校正,和把木材加工成器具的道理相似。毁伤木材的自然状态,和毁伤人体的本来状态,在这里根本不能类比,其本质是对"毁伤"一词的借题发挥,所以孟子的批驳是似是而非的。他认为人的本性是善良的,只能视为出于善良的动机而采取的主张,并不符合事实。

11.2 告子曰[1]:"性犹湍水也[2],决诸东方则东流[3],决诸西方则西流。人性之无分于善不善也,犹水之无分于东西也。"孟子曰:"水信无分于东西[4],无分于上下乎?人性之善也,犹水之就下也[5]。人无有不善,水无有不下。今夫水[6],搏而跃之[7],可使过颡[8]。激而行之[9],可使在山。是岂水之性哉?其势则然也[10]。人之可使为不善,其性亦犹是也。"

【注释】

〔1〕告子:墨子的一个学生,比孟子年长。
〔2〕性:人的天性。湍(tuān)水:冲激旋转的水。
〔3〕决:挖开水口。
〔4〕信:确实。
〔5〕就:主动到……去。
〔6〕今:若,像。
〔7〕搏:用手拍击。跃:使……向上跃起。
〔8〕颡(sǎng):额头。
〔9〕激:拦堵。
〔10〕势:态势。然:这样。

【译文】

告子说:"人的天性就像潭中冲激旋转的水,从东边挖个口子就向东流,从西边挖个口子就向西流。人的天性不分善和不善,就像水流的方向不分东和西一样。"孟子说:"水流的方向确实不分东和西,难道不分高和低吗?人的天性是善良的,就像水总是朝低处流一样。人没有不善良的,水没有不朝低处流的。像那水,用手拍击而使它跃起来,可以让它飞过人的额头。拦截起来让它流动,能让它上到山上。这难道是水的本性吗?是人为造成的态势使它这样的。人,能让他做坏事,他的天性被扭曲,也是这样的。"

【讲解】

告子认为人的天性本来不分善恶,用水的流动作了个比喻。水可以向东流,也可以向西流,关键看往哪里引导,这个比喻可以成立。

孟子认为人的天性本来是善良的,也用水作比喻,水是向下流而不向上流,从而认为人的天性是善良的,作坏事是外界因素导致的结果。

孟子这里犯了一个错误:水的向下流的特性,不能与人的天性善良的判断画等号。水的属性是不是向下流的,其答案选项只有一个,而人的天性是不是善良的,其答案选项则是多个,别人同样可以用这个比喻说明人的天性是恶的,是由于外部因素的影响而做善事。

11.3 告子曰[1]:"生之谓性[2]。"孟子曰:"生之谓性也,犹白之谓白与[3]?"曰:"然[4]。""白羽之白也,犹白雪之白;白雪之白犹白玉之白与?"曰:"然。""然则犬之性犹牛之性,牛之性犹人之性与?"

【注释】

〔1〕告子:墨子的一个学生,比孟子年长。

〔2〕生:天生的,自然的。之谓:叫做。"生"和"性"在古代的读音相同,"性"是从"生"滋生出来的词。

〔3〕与(yú):吗。

〔4〕然:对,是的。

【译文】

告子说:"天生的东西叫做天性。"孟子说:"天生的叫做天性,就像白色叫做白吗?"告子说:"是的。"孟子说:"白色羽毛的白如同白雪的白;白雪的白如同白玉的白吗?"告子说:"是的。"孟子说:"这样的话,那么狗的本性如同牛的本性,牛的本性如同人的本性吗?"

【讲解】

"生"和"性"是一对同源词,"性"的"天性"义是从"生"的

"天生"义滋生出来的,告子说"天生的东西叫做天性",是在说明"生"与"性"的这种关系,他的见解是有道理的。

孟子显然不同意"天性"是人天生的属性,但他却没有说明为什么不是,这是他论证问题的一个漏洞。既然"性"不是与"生"俱来的东西,那它是怎么来的?这是孟子必须回答的问题。

孟子对于告子的批驳,在逻辑上有其牵强的地方。"生"与"性"的关系相当于母子,白羽之白、白雪之白、白玉之白的关系则相当于弟兄,二者不能类比,"谓之"连接的两项事物具有多种关系,不能一概评断为"等同"关系。白羽之白、白雪之白、白玉之白强调的是"白",而"犬之性、牛之性、人之性"强调的却不是"性",二者也不能类比。孟子这里是借用词语组织的相似性而混淆其语意指向的区别性,逻辑漏洞十分明显。

11.4 告子曰[1]:"食色[2],性也[3]。仁,内也[4],非外也。义,外也,非内也。"孟子曰:"何以谓仁内义外也?"曰:"彼长而我长之[5],非有长于我也。犹彼白而我白之[6],从其白于外也,故谓之外也。"曰:"异于白马之白也[7],无以异于白人之白也[8]。不识长马之长也[9],无以异于长人之长与[10]?且谓长者义乎[11]?长之者义乎?"曰:"吾弟则爱之,秦人之弟则不爱也,是以我为悦者也,故谓之内。长楚人之长,亦长吾之长,是以长为悦者也,故谓之外也。"曰:"耆秦人之炙[12],无以异于耆吾炙,夫物则亦有然者也[13],然则耆炙亦有外与?"

【注释】

〔1〕告子:墨子的一个学生,比孟子年长。

〔2〕食:食欲。色:性欲。

〔3〕性:天性。

〔4〕内:内在的。

〔5〕长之:尊敬他。

〔6〕白之:认为他白。

〔7〕异于白马之白也:疑当作"白马之白也",在抄写中误多出"异于"。

〔8〕无以:不能。异:不同,区别。

〔9〕识:知道。

〔10〕与(yú):吗。

〔11〕义:符合道义。

〔12〕耆(shì):嗜,喜欢吃。炙:烤肉。

〔13〕然:这样。

【译文】

告子说:"食欲和性欲,属于人的天性。仁爱是人身上内在的东西,不是外在的。道义是外在的,不是内在的。"孟子说:"为什么说仁是内在的、义是外在的?"告子说:"他年龄大而我尊敬他,他年龄大和我没有直接关系。就像他皮肤白而我夸他白,他的皮肤白和我也没有关系,所以说是外在的。"孟子说:"白马的白色和白人的白色没有区别,不知道爱惜老马和尊敬老人有没有区别。况且你认为是老者有美德呢,还是尊敬老者的人有美德呢?"告子说:"如果是我的弟弟,我就爱他;如果是秦国人的弟弟,我就不爱他;这是让我当喜欢的人,所以叫做内在的。尊敬楚国人的老者,也尊敬我身边的老者,这是让老者当喜欢的人,所以叫做外在的。"孟子说:"爱吃秦国人的烤肉,和爱自己的烤肉没有区别,其它东西也有这样的,这样的话,那么喜欢烤肉也是外在的吗?"

333

【讲解】

　　告子认为,仁爱之心出于自身,所以是内在的;道义的行为是让别人高兴,所以是外在的。他的观点会推导出这样的观念:既然施行道义的行为不是出于天性,也不是自身的需要,自然也就不必积极了。

　　孟子认为人的天性是善良的,所以施行道义的行为也是出于天性,也应当视为内在的东西。实际上,有的人施行道义的行为是出于自觉的心理需要,有的人则是受种种因素影响的被动的外在表现,不能一概而论。

　　逻辑是不为错误的观点服务的,由于孟子的观念不符合事实,所以他的辩驳就必然有漏洞。"尊敬老人不分内外"和"喜欢烤肉不分内外",其实是不能类比的。虽然在行为上都表现出"尊敬老人不分内外",但在其内心和性质上毕竟有主动和被动的区别。"喜欢烤肉不分内外"则完全是出于主动,所以是内在的。孟子无视这些差异,利用"耆秦人之炙,亦耆吾之炙"与"长楚人之长,亦长吾之长"在字面上的类同关系而强行将它们等同起来,所以是没有道理的。

　　11.5 孟季子问公都子曰[1]:"何以谓义内也[2]?"曰:"行吾敬,故谓之内也[3]。""乡人长于伯兄一岁[4],则谁敬?"曰:"敬兄。""酌则谁先[5]?"曰:"先酌乡人。""所敬在此,所长在彼[6],果在外[7],非由内也。"

　　公都子不能答,以告孟子[8],孟子曰:"敬叔父乎?敬弟乎?彼将曰敬叔父。曰弟为尸则谁敬[9]?彼将曰敬弟。子曰恶在其敬叔父也[10]?彼将曰在位故也[11]。子亦曰:在位故也,庸敬在兄[12],斯须之敬在乡人[13]。"

季子闻之,曰:"敬叔父则敬,敬弟则敬,果在外,非由内也。"公都子曰:"冬日则饮汤[14],夏日则饮水,然则饮食亦在外也?"

【注释】

〔1〕孟季子:其人情况不详。公都子:孟子的一名学生。
〔2〕义:道义,积极的行为。内:内在,发自内心。
〔3〕谓之:叫做,视为。
〔4〕乡人:同乡的人。伯兄:大哥。
〔5〕酌:斟酒,敬酒。
〔6〕长:对年长者礼待。
〔7〕果:确实。
〔8〕以:把。
〔9〕尸:祭祀时,扮演祭祀对象的人,叫作尸。
〔10〕恶(wū):哪,岂。
〔11〕位:指尸的位子。
〔12〕庸:平常的,恒常的。
〔13〕斯须:短暂的时间。
〔14〕汤:热水。

【译文】

孟季子问公都子说:"为什么说道义是内在的呢?"公都子说:"实行我内心所敬奉的事情,所以说是内在的。"孟季子说:"乡邻比大哥大一岁,那该最敬重谁?"公都子说:"最敬重哥哥。"孟季子说:"敬酒时先敬谁?"公都子说:"先敬乡邻。"孟季子说:"最敬重的是哥哥,礼待的却是乡邻,这就说明道义确实是外在的,不是发自内心的。"

公都子回答不了,把这件事告诉了孟子,孟子说:"是敬重叔父呢,还是敬重弟弟呢?他会说敬重叔父。然后说弟弟扮演着祭祀时的对象,那该敬重谁?他会说敬重弟弟。你就说那敬重叔父的主张体现在哪里?他会说因为弟弟在祖先的位子上。你就说:那乡邻也是因为在位子上的缘故,所以长期的敬重在哥哥,短暂的敬重在乡邻。"

孟季子听到了孟子的说法,说道:"敬重叔父是敬重,敬重弟弟也是敬重,这说明道义确实是外在的,不是发自内心的。"公都子说:"人在冬天喝热水,在夏天则喝凉水,这样的话,难道人的饮食欲望也是外在的吗?"

【讲解】

孟季子认为人的道义行为不是发自内心的,例如本心是敬重哥哥,但在外时却作出敬重本来内心不优先敬重的乡邻:因为这是在交际场合的特殊情况。

孟子的驳斥令人不可理解,因为他举的例子和孟季子的例子没有什么区别:本心是敬重叔父,但有时却敬重弟弟:因为这是在祭祀之时的特殊情况。

公都子所举的例子仍然不合逻辑,无论喝凉水和热水,都是人的饮食欲望,这是内在的要求,但敬重叔父是发自内心的举动,而敬重弟弟则是因为他在扮演着祖先,说到底人是在敬重祖先而不是在敬重弟弟。因此,"凉水、热水"和"叔父、弟弟"两个比喻是不能类比的。

从事实来看,人的道义行为有的是发自内心的,有的则不是发自内心的。敬重哥哥、叔父,这是发自内心的;有时更表现得敬重乡邻、弟弟,这并不是发自内心的。

11.6 公都子曰[1]:"告子曰[2]:'性无善无不善也[3]。'或曰[4]:'性可以为善,可以为不善,是故文[5]、武兴则民好善[6],幽[7]、厉兴则民好暴[8]。'或曰:'有性善,有性不善,是故以尧为君而有象[9],以瞽瞍为父而有舜[10],以纣为兄之子且以为君而有微子启[11]、王子比干[12]。'今曰性善,然则彼皆非与?"孟子曰:"乃若其情[13],则可以为善矣,乃所谓善也。若夫为不善,非才之罪也[14]。恻隐之心人皆有之[15],羞恶之心人皆有之[16],恭敬之心人皆有之,是非之心人皆有之。恻隐之心,仁也。羞恶之心,义也。恭敬之心,礼也。是非之心,智也。仁、义、礼、智非由外铄我也[17],我固有之也,弗思耳矣。故曰求则得之,舍则失之[18]。或相倍蓰而无算者[19],不能尽其才者也。《诗》曰[20]:'天生蒸民[21],有物有则[22]。民之秉夷[23],好是懿德[24]。'孔子曰:'为此诗者,其知道乎[25]!故有物必有则,民之秉夷也,故好是懿德。'"

【注释】

〔1〕公都子:孟子的一个学生。

〔2〕告子:墨子的一个学生。

〔3〕性:人的天性。

〔4〕或:有人。

〔5〕是故:因此。文:周文王,是古代贤明君主的典型。

〔6〕武:周武王,是英明君主的典型。兴:兴起。

〔7〕幽:周幽王,是昏庸君主的典型。

〔8〕厉:周厉王,是残暴君主的典型。

〔9〕象:舜的弟弟,是其后母所生,品行很恶劣。

〔10〕瞽瞍(sǒu):舜的父亲,因为喜欢后妻生的儿子,所以老想害死舜。

337

〔11〕纣:商代的最后一个君主,是坏君主的典型。微子启:名启,"微"是其封号,是纣的叔父,他见纣无道,多次劝谏而不听,就逃离了朝廷。

〔12〕王子比干(gàn):纣的叔父,他见纣无道,极力劝谏,被剖心而死。

〔13〕乃:如果。情:实际情况。

〔14〕才:材,本质。

〔15〕恻(cè)隐:同情怜悯。

〔16〕羞恶(wù):羞耻。

〔17〕铄(shuò):渗入。

〔18〕舍:放弃。

〔19〕倍:两倍。蓰(xǐ):五倍。无算:无数。

〔20〕《诗》:《诗经》。下文引述的诗句见于《诗经·大雅·烝民》。

〔21〕蒸民:民众。蒸:同"烝",众。

〔22〕物:事物。则:法则。

〔23〕秉:坚持。彝:恒常的规则。

〔24〕懿:美。

〔25〕道:道理。

【译文】

公都子说:"告子说:'人的天性中没有善的东西,也没有不善的东西。'有人说:'天性可以是善的,也可以是不善的。因此周文王和周武王执政,百姓就喜欢善良;周幽王和周厉王执政,百姓就喜欢残暴。'有人说:'有的人天性善良,有的人天性不善良。因此在把尧作为君主的社会却有象这样的坏百姓,在把瞽瞍作为父亲的家庭中却有舜这样的好儿子。在纣作为哥哥的儿子,并且是君主的情况下,却有微子启、王子比干这样的贤人。'现在说人性是善良的,这样的话,他们说的都不对吗?"孟子说:"如果像这样的情况,就可以成为善良的人了,这就是我所说的人性善良的道理。如果还做不善良的事,就不是天资的责任了。

338

同情怜悯之心人人都有，羞耻之心人人都有，恭敬之心人人都有，是非之心人人都有。有同情怜悯之心，说明本质仁爱。有羞耻之心，说明讲道义。有恭敬之心，说明懂礼。有是非之心，说明有智慧。有仁爱，讲道义，懂礼貌，多智慧，这不是从外部渗入进来的，是自己本来就具有的，不过人们不深思而已。所以说善良的天性在自己身上，探求就能发现，放弃就会失去。人与人之间的差距有两倍、五倍甚至无数倍，就是因为不能发挥尽自己的天资。《诗经》上说：'天降生了百姓，有万物有规则，百姓坚持常规，喜欢这些美德。'孔子说：'创作这首诗的人显然是懂得道理啊！有万物，自然有规则。百姓坚持常规，所以喜欢这些美德。'"

【讲解】

　　就人的天性而言，其实主要是指人原始的动物性，其中有善的因素，也有恶的因素。一个人的善或恶的表现，实际上是受其后天的各种外部因素的影响而决定的。

　　公都子列出了几种关于人的天性的看法，其实都不成立，他所用的论据都是在后天的外部因素影响下的人们的不同表现，不能用来证明人的天性问题。

　　孟子认为人的天性是善的，但他并没有对其他人的观点进行正面驳斥，而是说有人把善性丢失了，这一说法没有根据。除了他说的"恻隐之心"算天性外，其实"羞耻、恭敬、是非"之心都不能算天性，而是社会建立起来的思想体系，完全是外在的东西，不能说"我固有之"。

　　11.7 孟子曰："富岁子弟多赖[1]，凶岁子弟多暴[2]，非天之降才尔殊也[3]，其所以陷溺其心者然也[4]。今夫麰麦[5]，播种而耰之[6]，其地同，树之时又同[7]，浡然而生[8]，至于日至之时皆熟矣[9]。虽有不同，则地有肥硗[10]、雨露之养[11]、人事之不齐也[12]。故凡同类者举相似也[13]，何独至于人而疑之？圣人与我同类者。故龙子曰[14]：'不知足而为屦[15]，我知其不为蒉也[16]。'屦之相似，天下之足同也。口之于味有同耆也[17]，易牙先得我口之所耆者也[18]。如使口之于味也，其性与人殊[19]，若犬马之与我不同类也，则天下何耆皆从易牙之于味也[20]？至于味，天下期于易牙[21]，是天下之口相似也。惟耳亦然[22]，至于声，天下期于师旷[23]，是天下之耳相似也。惟目亦然，至于子都[24]，天下莫不知其姣也[25]。不知子都之姣者，无目者也。故曰口之于味也有同耆焉，耳之于声也有同听焉，目之于色也有同美焉，至于心，独无所同然乎[26]？心之所同然者何也？谓理也，义也。圣人先得我心之所同然耳。故理、义之悦我心[27]，犹刍豢之悦我口[28]。"

【注释】

〔1〕富岁：丰收年景。子弟：指年轻人。赖：懒，懒惰。

〔2〕凶岁：灾荒年景。

〔3〕才：材质，天性。尔：这样。

〔4〕陷溺：使……变坏。

〔5〕䵂(móu)麦：大麦。

〔6〕耰(yōu)：将地耪平。

〔7〕树：种植。

〔8〕浡(bó)然：一下子出现的样子。

〔9〕日至：指夏至。

〔10〕肥:肥沃。硗(qiāo):不肥沃,土地质量差。

〔11〕养:滋养。

〔12〕人事:指人对庄稼的管理。

〔13〕举:都。

〔14〕龙子:古代的一个贤者。

〔15〕足:脚。屦(jù):鞋。

〔16〕蒉(kuì):用草编的装粮食的器物。

〔17〕耆(shì):嗜,喜欢。

〔18〕易牙:春秋时齐桓公的一个宠臣,善于烹调菜肴。

〔19〕性:天性。

〔20〕从:跟随,和……一致。

〔21〕期:希望达到。

〔22〕惟:夫,发语词。然:这样。

〔23〕师旷:春秋时晋国的一位著名乐师。

〔24〕子都:古代的一个俊美的人。

〔25〕莫:没有人。姣:漂亮。

〔26〕独:岂,难道。然:认可。

〔27〕悦:使……高兴。

〔28〕刍豢:各种家畜的肉。用草喂养的叫刍,用粮食喂养的叫豢。

【译文】

孟子说:"丰收年景年轻人懒惰的多,灾荒年景年轻人凶暴的多。不是天生的资质这样不同,而是环境把人心变坏了。就像那大麦,播种后把地耪平,地是一样的,种植的时间也一样,一齐长出来,到夏至时就都成熟了。即使有长得不一样的,那是因为地的肥沃状况不同,雨水的滋养不均,投入的人工有差别。所以凡是同类的东西都相似,为什么对人就怀疑了呢?圣人和我是同类的人。所以龙子说:'不知道脚的大小而做鞋,我也知道他不会做成筐子那么大。'鞋是相似的,天下的脚是一样的。口对于味道来说有相同的嗜好,易牙是先懂得人们的嗜好的人。

如果口对于味道，人和人的自然感觉都不一样，像狗、马和人不同类一样，那为什么普天下的嗜好都跟着易牙对味道的把握走呢？在味道方面，天下人都希望达到易牙的水平，这说明天下人的口感是相似的。耳朵也是这样的，在声音方面，天下人都希望达到师旷的水平，这说明天下人的耳朵是相似的。眼睛也是这样，对于子都，普天下没有人不知道他俊美。不知道子都俊美，那是没有眼睛的人。所以说口对于味道有共同的嗜好，耳朵对于声音有相同的听觉，眼睛对于相貌有相同的审美标准。在思想方面，难道没有共同认可的东西吗？思想方面共同认可的东西是什么呢？就是道理，就是道义。圣人先知道了我们心里共同认可的东西，所以道理和道义使我们心中高兴，就像肉食使我们的味觉良好。"

【讲解】

孟子认为人和人在本质上没有差别，大家都是讲道理的，都是认可道义的，圣人不过是道理和道义的先知者，和普通人的距离并不远。

11.8 孟子曰："牛山之木尝美矣[1]，以其郊于大国也[2]，斧斤伐之[3]，可以为美乎？是其日夜之所息[4]，雨露之所润，非无萌蘖之生焉[5]，牛羊又从而牧之，是以若彼濯濯也[6]。人见其濯濯也，以为未尝有材焉，此岂山之性也哉[7]？虽存乎人者[8]，岂无仁义之心哉？其所以放其良心者[9]，亦犹斧斤之于木也，旦旦而伐之[10]，可以为美乎？其日夜之所息[11]，平旦之气[12]，其好恶与人相近也者几希[13]？则其旦昼之所为[14]，有梏亡之矣[15]。梏之反覆[16]，则其夜气不足以存[17]。夜气不足以存,则其违禽兽不远矣[18]。人见其禽兽也,而以为未尝有才焉者,是岂人之情也哉[19]?故苟得其养[20],无物不长。苟失其养,无物不消。孔子曰:'操则存[21],舍则亡[22]。出入无时[23],莫知其乡[24]。'惟心之谓与[25]?"

【注释】

〔1〕牛山:齐国都城临淄城外的一座山。木:树木。美:指长得茂盛。

〔2〕郊:在郊外。国:都城。

〔3〕斧斤:斧子。斤:斧。伐:砍伐。

〔4〕息:生长。

〔5〕萌蘖(niè):树木砍去后重生的芽和枝。

〔6〕濯濯:山光秃秃的样子。

〔7〕性:自然属性。

〔8〕虽:即使。存:在。乎:于。

〔9〕放:丧失。良心:美好的天性。

〔10〕旦旦:天天。

〔11〕其日夜之所息:据语境,疑当作"其夜之所息","日"是抄写中误多出来的字。

〔12〕平旦:早晨。气:指思想状态。

〔13〕恶(wù):不喜欢,反对。几(jī)希:极少。

〔14〕旦昼:白天。

〔15〕有(yòu):又。梏(gù)亡:受限制而消失。梏:限制。

〔16〕反覆:再三,多次。

〔17〕夜气:指夜晚形成的好的思想状态。足以:能够。

〔18〕违:离。

〔19〕情:真实的情况。

〔20〕苟:如果。养:滋养。
〔21〕操:持,把握着。
〔22〕舍:放弃。
〔23〕时:合理的时间。
〔24〕莫:没有人。乡(xiàng):向,朝向,走向。
〔25〕惟:只是。

【译文】

孟子说:"牛山上的树木曾经长得很好,因为它处在大都市的郊外,人们用斧头来砍伐,还能长得很好吗?这里砍伐留下的树根日夜在生长,雨露也在滋润着,并不是没有枝芽生出来,但牛羊又到那里放牧,因此山上像那样地光秃秃了。人们看到它光秃秃的样子,就认为那里没有长过树,这哪里是山的本来面貌呢?即使是在人的身上,难道能没有仁义的心肠吗?人们丢弃自己善良观念的情况,也像斧头对于树木,天天砍伐,树能长得好吗?这些人在夜里生出善念,到天亮时的想法,其取舍标准和别人相近的会很少吗?但是他白天的行为,又把这些善念丢失掉了。多次地丢失善念,他在夜里形成的好的思想状态就不能存在。夜里形成的好的思想状态不能存在,他离禽兽就不远了。人们看到他像禽兽,便认为他是未曾有过善良天性的人,这哪里是人的本来面貌呢?所以如果得到滋养,没有不生长的东西。如果失去了滋养,没有不消亡的东西。孔子说:'把握住它就能存在,放弃它就会失去,该出的时候不出,该入的时候不入,没有人知道他会到哪里去。'说的只是人的善心吧?"

【讲解】

孟子认为人的天性都是仁义的,只是有的人在后来的行为中将仁义之心丧失了,所以人们反而认为人没有善良的天性。

山上本来有树,被人砍伐,被牛羊吃掉,所以没有树了,这一事实并不能证明人人天生有仁义之心。没有仁义之心的,后来可以产生仁义之心;原来恶劣的人也可以变好,这些事实都可以被人用来证明"人性本无善恶"、"人性本恶"的观点,所以孟子的论证是乏力的,他所选取的喻体和他要证明的主张并不吻合。

11.9 孟子曰:"无或乎王之不智也[1]。虽有天下易生之物也,一日暴之[2],十日寒之[3],未有能生者也。吾见亦罕矣[4],吾退而寒之者至矣[5],吾如有萌焉何哉[6]?今夫弈之为数[7],小数也,不专心致志则不得也[8]。弈秋[9],通国之善弈者也[10]。使弈秋诲二人弈[11],其一人专心致志,惟弈秋之为听[12]。一人虽听之,一心以为有鸿鹄将至[13],思援弓缴而射之[14],虽与之俱学,弗若之矣。为是其智弗若与[15]?曰非然也[16]。"

【注释】

〔1〕无:勿,不要。或:惑,奇怪。王:指齐国国君。

〔2〕暴(pù):晒。

〔3〕寒:冻。

〔4〕见:见到齐王。罕:次数稀少。

〔5〕退:从尊者面前离开。寒之者:比喻和孟子政见不同的人。

〔6〕如……何:把……怎样。萌:萌芽。

〔7〕今夫:像那。弈:下棋。数:技术。

〔8〕致:至,精到。志:注意力。

〔9〕弈秋:名秋,因善于下棋而称为"弈秋"。

〔10〕通国:全国。

〔11〕诲:教。

〔12〕惟:只是。之为:结构助词,连接前置的宾语和动词。

〔13〕鸿鹄:天鹅。

〔14〕援:拿着。缴(zhuó):系在箭尾的丝线。

〔15〕其:之。

〔16〕然:这样。

【译文】

　　孟子说:"不必奇怪齐王糊涂。即使天下有容易生长的植物,晒它一天,冻它十天,没有能活的。我被接见得很少了,我一离开,说坏话的人就到了,齐王即使有施行善政的念头,我又能有什么办法呢?像那下棋,作为一种技术,是小技术,如果不专心致志,还是学不会的。弈秋是全国最好的棋手,让他教两个人下棋,其中一个人专心致志,只听老师的;另一个人虽然也在听,但他一心觉得有天鹅将要飞来,老想拿弓箭去射,虽然和那个人一起学习,却不如人家。是他的智力不如吗?不是这样的。"

【讲解】

　　孟子在齐国,总是劝齐王实行仁政,而齐王的兴趣则是用武力兼并其它国家,所以渐渐对孟子敬而远之。齐国的大臣们也都排斥孟子,离间他和齐王的关系,使孟子说服齐王的努力成为徒劳,所以孟子很无奈。

　　11.10 孟子曰:"鱼,我所欲也,熊掌亦我所欲也,二者不可得兼[1],舍鱼而取熊掌者也。生亦我所欲也[2],义亦我所欲也,二者不可得兼,舍生而取义者也。生亦我所欲,所欲有甚于生者,故不为苟得也[3]。死亦我所恶[4],所恶有甚于死者,故患有所不辟也[5]。如使人之所欲莫甚于生,则凡可以得生者何不用也?使人之所恶莫甚于死者,则凡可以辟患者何不为也?由是则生而有不用也,由是则可以辟患而有不为也,是故所欲有甚于生者,所恶有甚于死者,非独贤者有是心也,人皆有之,贤者能勿丧耳[6]。一箪食[7],一豆羹[8],得之则生,弗得则死,呼尔而与之[9],行道之人弗受。蹴尔而与之[10],乞人不屑也[11]。万钟则不辩礼义而受之[12]。万钟于我何加焉[13]?为宫室之美、妻妾之奉[14]、所识穷乏者得我与[15]?乡为身死而不受[16],今为宫室之美为之[17];乡为身死而不受,今为妻妾之奉为之;乡为身死而不受,今为所识穷乏者得我而为之;是亦不可以已乎[18]?此之谓失其本心[19]。"

【注释】

〔1〕兼:同时获得。

〔2〕生:活着。

〔3〕苟:不讲原则地。

〔4〕恶(wù):不愿意。

〔5〕患:祸患。辟(bì):避,躲避。

〔6〕丧:丧失。

〔7〕箪(dān):装饭的一种竹器。

〔8〕豆:一种装食物的高脚的盘子。羹:烹调出来的带汁的肉或菜。

〔9〕呼尔:呼叫着。与:给与。

〔10〕蹴(cù)尔:踩踏。

〔11〕乞人:乞丐。不屑:看不上,轻视。

〔12〕钟:度量单位,一钟为当时的六石四斗。辩:辨,分辨。

〔13〕加:增加好处。

〔14〕奉:奉养,养活。

〔15〕穷乏:贫困。得:感戴。

〔16〕乡(xiàng):向,过去。

〔17〕为之:取得它。

〔18〕已:止,指不接受。

〔19〕之谓:叫作。

【译文】

孟子说:"鱼是我想要的,熊掌也是我想要的,二者不能同时得到,我就放弃鱼而要熊掌。生命是我想要的,道义也是我想要的,二者不能同时具有,我就放弃生命而维护道义。生命是我想要的,想要的东西有比生命更重要的,所以不做放弃原则而获利的事。死亡是我不愿意的,不愿意的事情有比死亡更大的,所以对祸患有不躲避的时候。如果人的欲望没有比活命更大的,那么凡是可以活命的手段,有什么不用的呢?如果人不愿意的事情没有比死亡更大的,那么凡是可以避祸的手段,有什么不用的呢?这样做能活着却不再活着,这样做能避祸却不避祸,因为想要的东西有比生命更重要的,不愿意的事情有比死亡更大的。不仅贤者有这样的观念,每个人都有,只是贤者能不丧失它而已。一篮饭,一盘菜,得到了就能活命,得不到就会饿死,喝叫着送给人,路人不会接受。脚踩过后送给人,要饭的人也看不上。但是一万钟的俸禄摆在面前,不顾礼法和道义去接受。一万钟的俸禄对我有什么好处呢?为了住房漂亮、能养活妻妾、让穷朋友们感戴我吗?过去宁肯饿死也不接受,现在为了住房漂亮而领取;过去宁肯饿死也不接受,现在为了养活妻妾而领取;过去宁肯饿死也不接受,现在为了让穷朋友们感戴而领取;这样的事情不应该不做吗?这叫做丧失了本来的追求。"

【讲解】

孟子认为,对于正人君子而言,道义高于一切。为了维护道义,应该不避祸患,可以献出生命。在财利面前,人不可以不顾道义,也不能丧失尊严。

11.11 孟子曰:"仁,人心也[1]。义,人路也。舍其路而弗由[2],放其心而不知求[3],哀哉!人有鸡犬放,则知求之,有放心而不知求。学问之道无他[4],求其放心而已矣。"

【注释】
〔1〕心:指本性,天性。
〔2〕由:行走。
〔3〕放:失去。求:寻找。
〔4〕他:别的。

【译文】
孟子说:"仁是人的本性,道义是人走的正路。放弃正路而不走,丧失本性而不知道找回来,可悲啊!人们有鸡和狗丢了,就知道找回来,丧失了本性却不知道找回。学习的宗旨没有别的,就是找回失去的本性而已。"

【讲解】
孟子认为人有天生的仁义之心,只是这种仁义之心会因为后天的各种因素影响而有所丧失,所以要通过学习而予以恢复。如果仁义之心得到维护而不丧失,就成为正人君子了。

11.12 孟子曰:"今有无名之指屈而不信[1],非疾痛害事也[2],如有能信之者,则不远秦、楚之路[3],为指之不若人也。指不若人则知恶之[4],心不若人则不知恶,此之谓不知类也[5]。"

【注释】
〔1〕屈:弯曲。信(shēn):伸,伸展。

〔2〕疾痛:病痛。

〔3〕远:嫌遥远。秦:秦国,在西方,离中原地区遥远。楚:楚国,在南方,离中原地区遥远。

〔4〕恶(wù):不满意。

〔5〕之谓:叫作。类:事情轻重的差别。

【译文】

孟子说:"有人的无名指弯曲而不能伸直,不疼痛也不妨碍做事,如果有能把手指治直的,他就会不嫌秦国、楚国那样远的路而找去医治,为的是手指比不上别人的。手指比不上别人的就知道不满意,思想比不上别人的却不知道不满意,这叫做不懂得事情的轻重。"

【讲解】

思想素质的提升是最重要的事情,人应该追求心智的健全和完美。

11.13 孟子曰:"拱把之桐〔1〕、梓〔2〕,人苟欲生之〔3〕,皆知所以养之者〔4〕。至于身而不知所以养之者,岂爱身不若桐、梓哉?弗思甚也。"

【注释】

〔1〕拱:两手合围起来的直径。把:一只手围起来的直径。桐:树的一种。

〔2〕梓(zǐ):树的一种。

〔3〕苟:如果。生:使……生长。

〔4〕养:培植,养护。

【译文】

孟子说:"一把粗或碗口粗的桐树和梓树,人们如果要让它们生长,都知道养护的方法。至于自身,却不知道修养的方法,难道爱自己还不如爱桐树和梓树吗？太不思考这个问题了。"

【讲解】

主动修养身心是最重要的事情。

11.14 孟子曰："人之于身也兼所爱[1]，兼所爱则兼所养也[2]。无尺寸之肤不爱焉，则无尺寸之肤不养也。所以考其善不善者[3]，岂有他哉[4]？于己取之而已矣[5]。体有贵贱[6]，有小大。无以小害大，无以贱害贵。养其小者为小人[7]，养其大者为大人[8]。今有场师[9]，舍其梧[10]、槚[11]，养其樲[12]、棘[13]，则为贱场师焉。养其一指而失其肩背而不知也，则为狼疾人也[14]。饮食之人则人贱之矣[15]，为其养小以失大也。饮食之人无有失也，则口腹岂适为尺寸之肤哉[16]？"

【注释】

〔1〕兼：兼顾，全都顾及。

〔2〕养：养护，维护。

〔3〕考：考察。

〔4〕他：别的。

〔5〕取：获取。

〔6〕体：身体。贵：指重要的。贱：指不重要的。

〔7〕小人：层次低的人。

〔8〕大人：层次高的人。

〔9〕今：如果。场师：管理园林的人。

〔10〕舍：舍弃。梧：梧桐树，比较名贵。

〔11〕槚(jiǎ)：楸树，比较名贵。

〔12〕樲(èr)：酸枣树。

351

〔13〕棘:荆棘。

〔14〕狼疾:头脑糊涂。

〔15〕饮食之人:只爱吃喝的人。贱:鄙视。

〔16〕适:只是,仅仅。

【译文】

孟子说:"人对于身体的各部分,会全都珍爱。全都珍爱,就会全都养护。没有一小块皮肤不珍爱,就没有一小块皮肤不养护。考察一个人养护得好不好,哪有别的办法呢?从他身上看就行了。身体的各部分有重要的,有次要的,有大的,有小的。不能因为小的而伤害了大的,不能因为次要的而伤害了重要的。养护小的部分的是低层次的人,养护大的部分的是高层次的人。如果有个管理园林的人,舍弃他的梧桐树和楸树而养护他的酸枣树和荆棘,就是个不称职的园林管理者。为了养护一只手指而丧失了自己的肩膀和脊背,却还不知道错了,那就是个糊涂的人。活着只爱吃喝的人,人们就会鄙视他,因为他只顾小事而不顾大事。如果只爱吃喝的人没有过错,那么吃喝难道仅仅为了长好身体吗?"

【讲解】

吃饭是为了活着,但活着却不能仅仅是为了吃饭。人要满足物质生活的需求,更高层次的事情是满足精神生活的需求,要维护好自己的精神世界,使之健康,处于高的层次。如果只关注物质生活,不顾及精神生活,就是因小失大。

11.15 公都子问曰[1]:"钧是人也[2],或为大人[3],或为小人[4],何也?"孟子曰:"从其大体为大人[5],从其小体为小人。"曰:"钧是人也,或从其大体,或从其小体,何也?"曰:"耳目之官不思[6],而蔽于物[7],物交物[8],则引之而已矣[9]。心之官则思,思则得之,不思则不得也。此天之所与我者。先立乎其大者[10],则其小者不能夺也[11],此为大人而已矣。"

【注释】

〔1〕公都子:孟子的一个学生。

〔2〕钧:均,一样。

〔3〕或:有的。大人:高层次的人,君子。

〔4〕小人:低层次的人。

〔5〕从:追求。大体:指脑的思考功能。

〔6〕官:器官的功能。

〔7〕蔽:遮蔽。物:外物。

〔8〕交:接触。

〔9〕引:引导。

〔10〕立:树立,确立。

〔11〕夺:取代。

【译文】

公都子问道:"一样是人,有的是高层次的,有的是低层次的,为什么?"孟子说:"重视心的思考功能的是高层次的,重视耳目的直观感受的是低层次的。"公都子说:"一样是人,有的重视思考,有的重视直观感受,为什么?"孟子说:"耳朵和眼睛没有思考的功能,会被外物的表象遮蔽,只用耳目接触事物,就会把人的认识引向歧途。心的功能是思考,思考就能获得真知,不思考就不能获得。这是天赐给我们的。这一重要观念先确立了,就不会被其它次要的取代了,这就成为高层次的人了。"

【讲解】

　　勤于思考和善于思考,是人们迈向高层次的关键,懒于思考的人自然只能停留在低的层次上。人类思维能力的发达,是其自身进化的结果,孟子说是天赐给的,自然是不对的。

　　11.16 孟子曰:"有天爵者[1],有人爵者[2]。仁义忠信,乐善不倦[3],此天爵也。公卿大夫,此人爵也。古之人修其天爵而人爵从之[4]。今之人修其天爵以要人爵[5],即得人爵而弃其天爵,则惑之甚者也[6],终亦必亡而已矣[7]。"

【注释】

　　[1] 天爵:天依据品行对人的等级划分。
　　[2] 人爵:人的禄位的等级划分。
　　[3] 乐:喜欢,追求。倦:厌倦。
　　[4] 修:将……做好。从:随着到来。
　　[5] 要:追求,求得。
　　[6] 惑:迷惑,不聪明。
　　[7] 亡:失去。

【译文】

　　孟子说:"社会上有依据品行划分的天爵,有依据禄位划分的人爵。做人贤仁道义,忠贞诚实,喜欢上进而不停止,这是天爵。当上公卿大夫,这是人爵。古代人完善自己的品行因而被授予官职,现代的人做出优秀的行为是为了追求官职,在得到官职后就抛弃优秀的品行,这是很不聪明的做法,最终一定会失去职位的。"

【讲解】

　　优秀的品行是立身之本,也是保身之本。利禄之徒装出好的表现,在得到爵位后便露出其本来面目,往往没有好的下场,其实是不聪明的表现。

　　11.17 孟子曰:"欲贵者[1],人之同心也。人人有贵于己者,弗思耳矣。人之所贵者[2],非良贵也。赵孟之所贵[3],赵孟能贱之[4]。《诗》云[5]:'既醉以酒[6],既饱以德[7]。'言饱乎仁义也[8],所以不愿人之膏粱之味也[9]。令闻广誉施于身[10],所以不愿人之文绣也[11]。"

【注释】

　　[1]贵:地位尊贵,指当官。
　　[2]贵:认为尊贵。
　　[3]赵孟:春秋时晋国的一位执政大臣。贵:使……尊贵,提拔。
　　[4]贱:使……卑贱,撤职。
　　[5]《诗》:《诗经》。此下引用的诗句见于《诗经·大雅·既醉》。
　　[6]既:已经。
　　[7]饱:充满。
　　[8]乎:于。
　　[9]愿:羡慕。膏粱:精美的食物。膏:肥肉。粱:精细的米。
　　[10]令:美好。闻(wèn):声誉。施:施加。
　　[11]文绣:刺绣,指锦绣衣饰。

【译文】

　　孟子说:"希望尊贵,这是人们共同的想法。人人身上都有尊贵的东西,只是人们不细想而已。人们所认为的尊贵,并不是很尊贵的。赵孟所提拔的人,赵孟也能罢免他。《诗经》上说:'已经喝足了酒,已经学足了美德。'说的是人饱受仁义的熏陶,因此不羡慕别人吃肥肉精米。自身获得了美好而广大的声誉,所以不羡慕别人穿锦绣衣饰。"

【讲解】

　　精神的尊贵高于地位的尊贵,精神尊贵带来的满足感高于物质享受带来的满足感。

　　11.18 孟子曰:"仁之胜不仁也,犹水之胜火。今之为仁者,犹以一杯水救一车薪之火也[1],不熄,则谓之水不胜火[2],此又与于不仁之甚者也[3],亦终必亡而已矣[4]。"

【注释】

　　[1] 以:用。薪:柴。
　　[2] 谓之:认为。
　　[3] 与:助。
　　[4] 亡:消失。

【译文】

　　孟子说:"仁能胜过不仁,就像水能胜过火。现在做好事的人,就像用一杯水要救一车柴的火,火不灭,就认为水胜不过火,这就又给不仁的势力帮了很大的忙,自身本有的仁性也最终会失去。"

【讲解】

　　仁与不仁的斗争,就是真、善、美与假、丑、恶的斗争,是高端价值观与低端价值观的斗争。正义在不断战胜邪恶,社会在这样的斗争中不断前进。从宏观的角度看,这种斗争是永恒的,

"仁"的标准在不断地被提高而更新,引领着社会通过斗争而发展。在每一场具体的斗争中,正义力量往往有"杯水车薪"的感觉,也会因势单力薄而遭遇局部的失败,所以有了"君子永远斗不过小人"的愤激感慨。在这样的情况下,意志薄弱者往往会心灰意冷,放弃抗争,散布悲观论调,甚至与坏人同流合污,在客观上是对邪恶势力的助长。与"不仁"的斗争者是仁者,所以应该具有牺牲的精神,具有社会的责任心。推动社会进步,既得有精卫填海的见识,也得有愚公移山的打算。

11.19 孟子曰:"五谷者,种之美者也[1],苟为不熟[2],不如荑稗[3]。夫仁,亦在乎熟之而已矣。"

【注释】

〔1〕种:种植的作物。

〔2〕苟:如果。

〔3〕荑(tí):稊,一种草,其种子可以吃。稗(bài):一种草,其种子可以吃。

【译文】

孟子说:"五谷,是种植的作物中最好的东西,如果不能成熟,还不如荑和稗。培养仁者的素质,也必须追求成熟。"

【讲解】

五谷如果不能成熟,一年的辛苦就白费了。荑和稗是野草,无须种植,却能让人在救急时吃其种子。

要做正人君子,就要追求达到高的层次,才能担当大任,做出大的事业。如果半途而废,就很可惜。

不过,孟子这里用的比喻并不切合。五谷不成熟,等于是前功尽弃,所以不如荑和稗,但学做仁人而没有进入成熟的境界,还是比不学要强的。

11.20 孟子曰:"羿之教人射[1],必志于彀[2],学者亦必志于彀。大匠诲人[3],必以规矩[4],学者亦必以规矩。"

【注释】
〔1〕羿(yì):古代一位善于射箭的人。
〔2〕志:追求达到目标。彀(gòu):将弓弩拉开到最大程度。
〔3〕匠:木工。诲:教。
〔4〕规:圆规。矩:用来画直角的曲尺。

【译文】
孟子说:"羿教别人射箭,一定要求将弓拉圆,学习仁道的人也要'把弓拉圆'。高明的木匠教人,总是要用圆规和曲尺,学习仁道的人也一定要用'圆规和曲尺'。"

【讲解】
将弓拉圆了,箭才能射得远,才能有效地杀伤目标,这是射箭的要义之一,这就需要练出强大的力气。使用圆规和曲尺,才能制作出合格的产品,这是木工的要义之一,这就需要有循规蹈矩的严肃精神。

学习仁道是为了治国平天下,既要有高超的施政能力,也得有一丝不苟的办事精神,所以学习的过程必然是艰苦而认真的。

告 子 下

12.1 任人有问屋庐子曰[1]:"礼与食孰重[2]?"曰:"礼重。""色与礼孰重[3]?"曰:"礼重。"曰:"以礼食则饥而死[4],不以礼食则得食,必以礼乎?亲迎则不得妻[5],不亲迎则得妻,必亲迎乎?"屋庐子不能对[6]。

明日之邹[7],以告孟子[8]。孟子曰:"於[9]!答是也何有[10]?不揣其本而齐其末[11],方寸之木可使高于岑楼[12]。金重于羽者[13],岂谓一钩金与一舆羽之谓哉[14]?取食之重者与礼之轻者而比之,奚翅食重[15]?取色之重者与礼之轻者而比之,奚翅色重?往应之曰[16]:紾兄之臂而夺之食则得食[17],不紾则不得食,则将紾之乎?逾东家墙而搂其处子则得妻[18],不搂则不得妻,则将搂之乎?"

【注释】
〔1〕任:国名,在今山东济宁。屋庐子:姓屋庐,名连,孟子的学生。
〔2〕礼:礼法。孰:哪一个。重:重要。
〔3〕色:女色。
〔4〕以:依据。
〔5〕亲迎(yìng):夫婿亲自到女家迎娶新娘,是古代婚礼的一个

程序。

〔6〕对:回答。

〔7〕明日:第二天。之:到。邹:国名,在今山东省邹县东南。

〔8〕以:把。

〔9〕於(wū):感叹词。

〔10〕何有:有什么(困难)。

〔11〕揣(zhuǎn):通"刌",等,整齐一致。本:根部。末:末梢。

〔12〕岑楼:高山。楼:通"塿",指高大的土堆。

〔13〕金:金属。

〔14〕钩:衣带钩。舆:车。之:结构助词,连接前置的宾语和动词。谓:指。

〔15〕奚翅:岂只是。翅:啻。

〔16〕往:前去。应:应对。

〔17〕紾(zhěn):捩,强行扭住。夺之食:夺其食。

〔18〕逾:翻越。搂:拉过来聚合在一起。处子:未出嫁的女子。

【译文】

　　有个任国人问屋庐子说:"礼法和吃饭哪个重要?"屋庐子说:"礼法重要。"那个任国人说:"女色和礼法哪个重要?"屋庐子说:"礼法重要。"那个任国人说:"依据礼法而吃饭就会饿死,不依据礼法而吃饭就能吃到,一定要依据礼法吗?按照亲迎的礼法就得不到妻子,不按照亲迎的礼法就能得到妻子,一定要按照亲迎的礼法吗?"屋庐子回答不了。

　　第二天到邹去把这个情况告诉了孟子,孟子说:"唉!回答这个问题有什么难的?不管其根部齐不齐,却将末梢并列起来,一寸见方的木头能让它高过山去。说金属比羽毛重,难道说的是做一个带钩的金属和一车羽毛相比吗?拿上吃饭中的要命的情况和礼法中的小事相比,何止是吃饭重要?拿上女色中根本的情况和礼法中枝节的小事相比,何止是女色重要?你去回应他：扭住哥哥的胳膊抢夺他的饭，自己就能吃到饭，不抢就吃不到饭，就会去抢吗？翻越东边邻家的院墙而强行搂抱他家的姑娘，就能得到妻子，不搂抱就得不到妻子，就会去搂抱吗？"

【讲解】

不吃饭会饿死，不娶妻会绝后，所以"食"与"色"对人来说很重要。礼法是人际交往应该遵守的规则，并不妨碍人的"食"与"色"，在一般的情况下，当然是讲究礼法比"食"与"色"重要。由于礼法而会饿死人，由于不亲迎而娶不到妻子，这都是虚构出来的极端情况，在现实生活中一般不会遇到。这样的论辩就是"抬杠"，没有实际的意义。

12.2 曹交问曰[1]："人皆可以为尧、舜，有诸[2]？"孟子曰："然。""交闻文王十尺[3]，汤九尺[4]，今交九尺四寸，以长[5]，食粟而已，如何则可？"曰："奚有于是[6]？亦为之而已矣。有人于此，力不能胜一匹雏[7]，则为无力人矣。今曰举百钧[8]，则为有力人矣。然则举乌获之任[9]，是亦为乌获而已矣。夫人岂以不胜为患哉？弗为耳。徐行后长者谓之弟[10]，疾行先长者谓之不弟[11]。夫徐行者，岂人所不能哉？所不为也。尧、舜之道，孝弟而已矣。子服尧之服，诵尧之言，行尧之行，是尧而已矣。子服桀之服[12]，诵桀之言，行桀之行，是桀而已矣。"曰："交得见于邹君[13]，可以假馆[14]，愿留而受业于门[15]。"曰："夫道若大路然，岂难知哉？人病不求耳[16]。子归而求之，有余师。"

【注释】

〔1〕曹交:人名,事迹不详。

〔2〕诸:之。

〔3〕文王:周文王,是古代贤明君主的典型。

〔4〕汤:商代的开国君主,是著名的贤君。

〔5〕以:已,已经。

〔6〕奚:何,哪。

〔7〕匹:只。雏:小鸡。

〔8〕钧:三十斤为一钧。

〔9〕乌获:古代的一个大力士。任:能承担的重量。

〔10〕徐:慢。后:处在……后面。长者:年长的人。谓之:叫作。弟(tì):悌,对年长的人恭敬顺从。

〔11〕疾:快。

〔12〕桀:夏朝的最后一位君主,是古代暴君的典型。

〔13〕邹:国名,在今山东省邹城市东南。

〔14〕假:借。馆:寄居的住所。

〔15〕受业:接受学业,指当学生。

〔16〕病:缺点,失误。

【译文】

曹交问道:"人人都能成为尧、舜,有这说法吗?"孟子说:"是的。"曹交说:"我听说周文王身高十尺,汤身高九尺,现在我的身高是九尺四寸,已经很高了,每天不过是吃饭而已,怎么做才行呢?"孟子说:"哪有身高决定成就的说法?只是要实行而已。这里有个人,力气不能胜过一只小鸡,那就是个没有力气的人。如果说能举起三千斤重的东西,那就是有力气的人。这就说明能举起乌获所举的重量,就也是乌获了。人们哪会因为不能胜过尧、舜而担忧呢?只是不肯做尧、舜所做的事情而已。走慢点跟在年长者的身后叫做悌,快步走而抢在年长者的前面叫做不悌。慢步行走,难道是人们做不到的吗?是人们不肯而已。

尧、舜的宗旨就是孝悌,你穿尧的衣服,念诵尧的话,做尧做的事,这就是尧了。你穿桀的衣服,念诵桀的话,做桀做的事,这就是桀了。"曹交说:"我能见到邹国国君,可以向他借到住处,愿意留下来当您的学生。"孟子说:"尧、舜的主张像一条大路,难道不容易知道吗?人们的过错是不去寻求而已。你回去自己寻求它,自己给自己当老师都是行有余力的。"

【讲解】

孟子认为尧、舜之道的宗旨是孝悌,从孝悌出发,人就可以获得一切美德。人人都能当尧舜,关键在于实行,只要做了尧、舜所做的事,就是尧、舜了。人们往往看重的是尧、舜的地位,却不肯仿效他们的行为。

正确的道理无须老师教,自己就能很容易地得到。

12.3 公孙丑问曰[1]:"高子曰[2]:《小弁》[3],小人之诗也[4]。"孟子曰:"何以言之?"曰:"怨。"曰:"固哉[5],高叟之为《诗》也[6]!有人于此,越人关弓而射之[7],则己谈笑而道之,无他[8],疏之也[9]。其兄关弓而射之,则己垂涕泣而道之,无他,戚之也[10]。《小弁》之怨,亲亲也[11]。亲亲,仁也。固矣夫,高叟之为《诗》也!"曰:"《凯风》何以不怨[12]?"曰:"《凯风》,亲之过小者也[13]。《小弁》,亲之过大者也。亲之过大而不怨,是愈疏也[14]。亲之过小而怨,是不可矶也[15]。愈疏,不孝也。不可矶,亦不孝也。孔子曰:'舜其至孝矣[16],五十而慕[17]。'"

363

【注释】

〔1〕公孙丑:孟子的一个学生。

〔2〕高子:齐国的一个人。

〔3〕《小弁(pán)》:《诗经·小雅》中的一首诗。

〔4〕小人:层次不高的人。

〔5〕固:愚昧,不聪明。

〔6〕叟:对老年人的称呼。为:指讲解,理解。

〔7〕越:越国,在南方。关(wān):弯,拉开弓。

〔8〕他:别的。

〔9〕疏:关系疏远。

〔10〕戚:亲近。

〔11〕亲亲:爱父亲。

〔12〕《凯风》:《诗经·邶风》中的一首诗。

〔13〕亲:指母亲。过:过错。

〔14〕愈:更加。

〔15〕矶(jī):触碰。

〔16〕其:应该是。至:极,最。

〔17〕慕:爱慕,依恋。

【译文】

公孙丑问道:"高子说:《小弁》是层次不高的人写的诗。"孟子说:"为什么这样说?"公孙丑说:"诗中抒发怨愤。"孟子说:"愚昧啊,高先生这样理解《诗经》!这里有个人,越国人拉开弓射他,他会谈笑着向别人说这件事。这没有别的原因,因为他和那个越国人关系疏远。如果是他哥哥拉开弓射他,他就会流着泪向别人说了。这没有别的原因,因为他和哥哥关系亲近。《小弁》抒发的怨愤,是出于对父亲的亲爱。亲爱父亲,这是贤仁的体现。愚昧啊,高先生这样理解《诗经》!"公孙丑说:"《凯风》为什么不怨愤?"孟子说:"《凯风》中,母亲的过错是小的。《小弁》中,父亲的过错是大的。父亲的过错大而不埋怨,说明关系更加疏远了。母亲的过错小而埋怨,说明自己的利益丝毫都不能触犯了。与父母关系更加疏远是不孝,不让父母触犯自己的一点利益也是不孝。孔子说:'舜真是个最孝的人,五十岁了还依恋父母。'"

【讲解】

对父母的大的过错要表示不满,希望父母能知道而改正,这是对父母负责,也是爱父母的表现,所以是孝顺的行为。对父母的小的过错要包容,子女对父母要适当地忍辱负重,使父母心情愉快,这也是爱父母的表现,所以也是孝顺的行为。

12.4 宋牼将之楚[1],孟子遇于石丘[2],曰:"先生将何之[3]?"曰:"吾闻秦[4]、楚构兵[5],我将见楚王,说而罢之[6]。楚王不悦,我将见秦王,说而罢之。二王,我将有所遇焉[7]。"曰:"轲也请无问其详[8],愿闻其指[9],说之将何如?"曰:"我将言其不利也。"曰:"先生之志则大矣,先生之号则不可[10]。先生以利说秦、楚之王,秦、楚之王悦于利,以罢三军之师,是三军之士乐罢而悦于利也。为人臣者怀利以事其君[11],为人子者怀利以事其父,为人弟者怀利以事其兄,是君臣、父子、兄弟终去仁义[12],怀利以相接[13],然而不亡者,未之有也。先生以仁义说秦、楚之王,秦、楚之王悦于仁义而罢三军之师,是三军之士乐罢而悦于仁义也。为人臣者怀仁义以事其君,为人子者怀仁义以事其父,为人弟者怀仁义以事其兄,是君臣、父子、兄弟去利,怀仁义以相接也,然而不王者[14],未之有也。何必曰利?"

【注释】

〔1〕宋牼(kēng):宋国的一位学者。之:到,前往。楚:国名,在南方。

〔2〕石丘:地名,不知道在什么地方。

〔3〕先生:对年长者或德高望重者的礼貌称呼。

〔4〕秦:秦国,在西方。

〔5〕构(gòu)兵:交兵,打仗。

〔6〕说(shuì):游说,说服别人听从自己的建议。罢:取消,解除。

〔7〕遇:得到认可和重视。

〔8〕轲(kē):孟子自称其名。

〔9〕指:主旨。

〔10〕号:所打的旗号,指理由。

〔11〕怀:怀着,凭着。事:为……服务。

〔12〕去:摒弃。

〔13〕接:打交道。

〔14〕王(wàng):用仁政统一天下而当君主。

【译文】

宋牼将到楚国去,孟子在石丘遇到了他,问道:"先生将到哪里去?"宋牼说:"我听说秦国和楚国要打仗,我将去见楚王,劝说他罢兵。如果楚王不听,我将去见秦王,劝说他罢兵。这两个君主,我一定会得到其中一个的认可。"孟子说:"我不问您详细的说辞了,希望能听听您的意思。您将怎样劝说呢?"宋牼说:"我将说他们打仗是不能获利的。"孟子说:"先生的打算是远大的,但先生所持的理由却不行。您用利益劝说秦王和楚王,秦王和楚王为维护利益而撤回了三军的部队,这是全军的将士喜欢撤兵而求得利益。当臣的抱定利益而侍奉君主,当儿子的抱定利益而侍奉父亲,当弟弟的抱定利益而侍奉哥哥,这就是君臣、父子、兄弟之间最终摒弃了仁义,凭着利益打交道,这样而不灭亡的,是没有过的。先生用仁义劝说秦王和楚王,秦王和楚王因为喜欢仁义而撤回了三军的部队,这是全军的将士喜欢撤兵而求得仁义。当臣的抱定仁义而侍奉君主,当儿子的抱定仁义而侍奉父亲,当弟弟的抱定仁义而侍奉哥哥,这就是君臣、父子、兄弟之间摒弃了利益,凭着仁义打交道,这样而不能靠仁政统一天下而当君主的,是没有过的。为什么要说利益呢?"

【讲解】

下属要坚持仁义的原则,用仁义的思想影响上司,从而形成一个讲仁义的环境,将仁义作为一切事情的准绳,国家就能在良性的轨道上发展,走向昌盛。如果从上到下都盯着利益,将利益作为一切事情的准绳,国家就会步入恶性的轨道,最终走向衰亡。

12.5 孟子居邹[1],季任为任处守[2],以币交[3],受之而不报[4]。处于平陆[5],储子为相[6],以币交,受之而不报。

他日[7],由邹之任[8],见季子[9],由平陆之齐[10],不见储子。屋庐子喜曰[11]:"连得间矣[12]。"问曰:"夫子之任见季子[13],之齐不见储子,为其为相与[14]?"曰:"非也。《书》曰[15]:'享多仪[16],仪不及物曰不享[17],惟不役志于享[18]。'为其不成享也。"屋庐子悦。或问之[19],屋庐子曰:"季子不得之邹,储子得之平陆。"

【注释】

〔1〕邹:国名,在今山东省邹县东南。

〔2〕季任:本当作"任季",是任国国君最小的弟弟。任:任国,在今山东济宁。处守:留守,临时代理国君管理政务。

〔3〕以:用。币:礼物。交:结交。

〔4〕报:回报,报答。

〔5〕处:居住。平陆:齐国的一个邑,在今山东汶上县北。

〔6〕储子:齐国的一位相。

〔7〕他日:后来。

〔8〕之:到,前往。

〔9〕季子:上文提到的"任季"。

〔10〕齐:齐国。

〔11〕屋庐子:姓屋庐,名连,孟子的一个学生。

〔12〕连:屋庐子自称其名。间(jiàn):闲暇的时间。

〔13〕夫子:对老师的称呼。

〔14〕与(yú):语气助词。后来写作"欤"。

〔15〕《书》:《尚书》。下文引述的文句见于《尚书·洛诰》。

〔16〕享:献礼物。多:崇尚。仪:礼仪,礼节。

〔17〕及:比得上,相称。物:礼物。

〔18〕惟:为,因为。役志:用心,在意。

〔19〕或:有人。

【译文】

孟子住在邹,任季在任国临时代理国君管理政务,派人送礼物来和孟子结交,孟子收下礼物而没有答谢。储子在齐国当了相,派人送礼物来和孟子结交,孟子收下礼物而没有答谢。

后来,孟子从邹到任国去,会见了任季;他从平陆到齐国首都临淄,不去会见储子。屋庐子高兴地说:"我有向老师请教的机会了。"他问道:"老师到任国时会见了任季,到了齐国不见储子,是因为瞧不上他只是个相吗?"孟子说:"不是的。《尚书》上说:'献礼物时讲究礼仪,礼仪不到位而礼物丰多,相当于不送礼,因为他对送礼的事情并不在意。'因为储子没有把送礼的事情做到位。"屋庐子很高兴。有人问他,他说:"任季不能亲自到邹去,储子是能亲自到平陆去的。"

【讲解】

人际间交往,不只是要有礼物,还得有相应的礼节讲究,礼节能体现诚意,收到理想的交往效果。任季正代替国君管理政务,所以他不能亲自去给孟子送礼,情有可原,所以孟子要去当面谢他。储子是相,平时会巡视地方,他不亲自给孟子送礼是没有理由的,只能说明他对孟子敬重的诚意不够,所以孟子不去谢他。

12.6 淳于髡曰[1]:"先名实者[2],为人也。后名实者[3],自为也。夫子在三卿之中[4],名实未加于上下而去之[5],仁者固如此乎[6]?"孟子曰:"居下位,不以贤事不肖者[7],伯夷也[8]。五就汤[9]、五就桀者[10],伊尹也[11]。不恶汙君[12],不辞小官者[13],柳下惠也[14]。三子者不同道,其趋一也[15]。一者何也?曰:仁也。君子亦仁而已矣,何必同?"曰:"鲁缪公之时[16],公仪子为政[17],子柳[18]、子思为臣[19],鲁之削也滋甚[20]。若是乎,贤者之无益于国也?"曰:"虞不用百里奚而亡[21],秦缪公用之而霸[22]。不用贤则亡,削何可得与?"曰:"昔者王豹处于淇而河西善讴[23],绵驹处于高唐而齐右善歌[24],华周[25]、杞梁之妻善哭其夫而变国俗[26]。有诸内必形诸外[27],为其事而无其功者,髡未尝睹之也。是故无贤者也,有则髡必识之。"

369

曰:"孔子为鲁司寇[28],不用,从而祭,燔肉不至[29],不税冕而行[30]。不知者以为为肉也,其知者以为为无礼也。乃孔子则欲以微罪行[31],不欲为苟去[32]。君子之所为,众人固不识也[33]。"

【注释】
〔1〕淳于髡(kūn):齐国的一个人。
〔2〕先:将……放在重要位置。名:良好的声誉。实:治国的业绩。
〔3〕后:将……放在不重要的位置,轻视。
〔4〕夫子:对孟子的称呼。三卿:上卿、亚卿、下卿。
〔5〕上:指君主。下:指百姓。去:辞职离开。
〔6〕固:岂,难道。
〔7〕以:凭着。事:侍奉。不肖:不贤。
〔8〕伯夷:商朝末年孤竹国国君的儿子,被誉为正人君子的典型。
〔9〕就:主动到……去。汤:商代的开国君主,是著名的贤君。
〔10〕桀:夏朝的最后一位君主,是著名的暴虐君主。
〔11〕伊尹:汤的相,是著名的贤臣。据说汤将他推荐给桀,桀不任用,又将他退还给汤,汤再推荐,如此反复了五次。
〔12〕恶(wù):嫌弃,厌恶。汙(wū)君:污君,坏君主。
〔13〕辞:拒绝。
〔14〕柳下惠:鲁国的一个大夫,姓姬,名获,字禽,又字季,氏为展,死后谥为"惠"。"柳下"可能是他的封地名。
〔15〕趋:趋向,行为。
〔16〕鲁缪(mù)公:即鲁穆公,名显,鲁国的一位国君。
〔17〕公仪子:姓公仪,名休,担任鲁穆公的相。为政:执政。
〔18〕子柳:姓泄,字子柳,鲁穆公的臣。
〔19〕子思:名伋(jí),孔子的孙子。
〔20〕削:领土被邻国侵削。滋:更加。

〔21〕虞：虞国，在今山西平陆县东北。百里奚：春秋时虞国的一个大夫，后来到了秦国，成为秦穆公的相。

〔22〕秦缪(mù)公：即秦穆公，名任好，秦国的一位国君。霸：成为诸侯的霸主。

〔23〕王豹：卫国的一个人，善于唱歌。淇：河流名，在卫国。河西：古代黄河西面的地区。讴：许多人齐声唱歌。

〔24〕绵驹：齐国的一个人，善于唱歌。高唐：地名，在今山东禹城市西南。齐右：齐国的西部。歌：这里指随着音乐歌唱。

〔25〕华周：即《左传·襄公二十三年》中的"华还"，齐国的大夫，在与莒国打仗时战死。

〔26〕杞梁：即《左传·襄公二十三年》中的"杞殖"，齐国的大夫，在与莒国打仗时战死。俗：风俗。据说华周、杞梁死后，他们的妻子痛哭，城墙都崩塌了。

〔27〕诸：于。

〔28〕鲁：鲁国。司寇：官名，主管刑事狱讼和纠察等。

〔29〕膰(fán)肉：祭祀用的烤肉。祭祀完毕，会将祭肉分赐给大夫。

〔30〕税(tuō)：脱。冕：礼帽。

〔31〕乃：至于。以：在……的情况下。

〔32〕苟：不讲原则。去：离开。

〔33〕固：当然。识：了解，理解。

【译文】

淳于髡说："看重名誉和业绩，这是为社会着想。轻视名誉和业绩，这是为自己着想。先生是齐国三卿之一，国君没有因为您的辅佐而获得名誉，百姓也没有因为您的政绩而获得实惠，在这时离职而去，贤仁的人难道是这样的吗？"孟子说："处在低下的职位上，不凭着自己的贤能而侍奉不贤的人，这是伯夷的处世态度。五次去给汤当臣，五次去给桀当臣，这是伊尹的处世态度。不嫌弃坏的君主，不拒绝小的官职，这是柳下惠的处世态度。他们三位的原则不同，但行为的性质是一样的。一样在什么地方呢？都是维护仁的宗旨。君子也就是维护仁而已，为什么一定要遵守一个模式？"淳于髡说："鲁穆公在位时，公仪子执政，子柳和子思当臣，鲁国的领土被侵削得更加厉害，贤者对国家没有益处，能到这个地步吗？"孟子说："虞国因为不重用百里奚而灭亡了，秦穆公重用百里奚而成为了诸侯的霸主。不重用贤人就会灭亡，想只是领土被侵削都是奢望，哪能做到呢？"淳于髡说："过去王豹住在淇水边，河西一带的人就都擅长齐声唱歌。绵驹住在高唐，齐国西部的人就都擅长随着音乐唱歌。华周和杞梁的妻子会哭自己的丈夫，因而改变了齐国的风俗。自身有本事就能表现在外面，做着事情却不见成绩，我没有见过这样的情况。因此只能说社会上没有贤者，如果有的话，我一定能识别出来。"孟子说："孔子担任鲁国的司寇，不被重用，他跟着国君祭祀，国君却不把应该赐给的祭肉送来，孔子连礼帽都不脱就离开鲁国了。不知道底细的人认为他是嫌没有给他赐肉，知道的人认为是国君待他太失礼。至于孔子，他是故意要带着点罪名离开，不愿意不讲规矩地走掉。君子的行为，一般人当然是不理解的。"

【讲解】

孟子在齐国多年，由于齐王并不重用他，他最终决定离开。淳于髡认为他在齐国没有建立功业，这样离开是不对的；甚至认为他只是徒有贤者之名，其实并没有实际的理政才干。孟子认为，没有能建立功业的原因在于齐王不肯重用自己，不是自己无能。

按照古人的观念，贤者不受重用，自己的主张不能实行，就应该自动离职而去。贤者受了委屈而离职，不向别人解释自己离职的原委，不表白自己的正确，要将君臣失和的责任揽在自己身上,以维护君主的声誉,这样才是君子的风度。

孔子受到冷落和排挤,对鲁国君臣的荒唐表现极为愤慨,感觉到鲁国已经没有了希望,因而要离开,但他故意选在祭肉没有赐给的时机动身,这就故意给人们留下了一个错觉:孔子是因为没有得到祭肉而气走的,显得心胸很狭窄。这样一来,他就把离开鲁国的责任全揽到自己身上了,保护了国君和执政大臣的体面。

孟子离开齐国,没有向人解释真正的原因,给淳于髡留下了两个错觉:一是可能想洁身自好而鄙视建功立业的世俗观念,一是本来就不能胜任齐国卿的职务。孟子则认为自己离去的原因和孔子一样,采取的方式也和孔子相同:遵守君子办事的规则。这样的行事理念,当然不是一般人能理解的。

12.7 孟子曰:"五霸者[1],三王之罪人也[2]。今之诸侯,五霸之罪人也。今之大夫,今之诸侯之罪人也。天子适诸侯曰巡狩[3],诸侯朝于天子曰述职[4]。春省耕而补不足[5],秋省敛而助不给[6]。入其疆[7],土地辟[8],田野治,养老尊贤,俊杰在位,则有庆[9],庆以地。入其疆,土地荒芜,遗老失贤[10],掊克在位[11],则有让[12]。一不朝则贬其爵[13],再不朝则削其地[14],三不朝则六师移之[15]。是故天子讨而不伐[16],诸侯伐而不讨。五霸者,搂诸侯以伐诸侯者也[17],故曰五霸者,三王之罪人也。五霸,桓公为盛[18],葵丘之会诸侯[19],束牲载书而不歃血[20]。初命曰[21]:'诛不孝[22],无易树子[23],无以妾为妻。'再命曰:'尊贤育才,以彰有德[24]。'三命曰:'敬老慈幼[25],无忘宾

373

旅[26]。'四命曰:'士无世官[27],官事无摄[28],取士必得[29],无专杀大夫[30]。'五命曰:'无曲防[31],无遏籴[32],无有封而不告[33]。'曰:'凡我同盟之人[34],既盟之后,言归于好[35]。'今之诸侯皆犯此五禁,故曰今之诸侯,五霸之罪人也。长君之恶其罪小[36],逢君之恶其罪大[37]。今之大夫皆逢君之恶,故曰今之大夫,今之诸侯之罪人也。"

【注释】

〔1〕五霸:指春秋时期先后成为诸侯盟主的五个诸侯国君:齐桓公、晋文公、秦穆公、宋襄公、楚庄王。

〔2〕三王:指夏、商、周三代的英明君主:夏禹、商汤、周文王、周武王。

〔3〕适:到……去。巡狩(shòu):巡视诸侯管理的地方。

〔4〕朝:朝见,拜见。述职:陈述履行职务的情况。

〔5〕省(xǐng):考察。

〔6〕敛:收获粮食。给(jǐ):充裕。

〔7〕疆:边境。

〔8〕辟(pì):开垦。

〔9〕庆:赏赐。

〔10〕遗:遗弃。失:遗弃,不任用。

〔11〕掊(póu)克:搜刮民财的人。

〔12〕让:谴责,责备。

〔13〕贬:降低。爵:爵位。

〔14〕再:第二次。削:减少。

〔15〕六师:天子建有六支军队,称为六师。移:移动,指开向要征伐的地方。

〔16〕讨:谴责。伐:攻打。

〔17〕搂:胁迫。

〔18〕桓公:齐桓公,春秋时齐国国君,姓姜,名小白,死后谥为"桓"。他是第一个诸侯的霸主。盛:实力强盛。

〔19〕葵丘:地名,当时宋国的领土,在今河南考城县东。会:盟会。

〔20〕束牲:举行盟的仪式时,有时杀牲,有时不杀。将牛束缚起来而不杀,叫做"束牲"。载书:盟约。歃(shà)血:宣读盟约后,参与者将牲血涂在口上,以示不失信。

〔21〕命:盟约上的条款。

〔22〕诛:谴责。

〔23〕易:替换,改变。树子:立起来的太子。

〔24〕彰:彰显。

〔25〕慈:慈爱。

〔26〕宾旅:宾客。

〔27〕士:士人。世官:官职世袭。

〔28〕官事:公家的事务。摄:兼理。

〔29〕取:选用。得:合理。

〔30〕专:独断。

〔31〕曲防:到处筑堤坝,独占水利。

〔32〕遏:阻止。籴(dí):购买粮食。

〔33〕封:赐给大夫领地。告:报告盟主。

〔34〕同盟之人:参加盟会的所有的人。

〔35〕言:而。好:友好。

〔36〕长:张,执行。恶:坏行为。

〔37〕逢:逢迎,迎合。

【译文】

　　孟子说:"春秋时期的五位诸侯霸主是夏、商、周三代英明君主的罪人,现在的诸侯是那五位霸主的罪人,现在的大夫是现在的诸侯的罪人。天子到诸侯的领地去是巡视诸侯的管理情况,诸侯朝见天子是向天子陈述履行职务的情况。春天考察耕作情况而救济粮食不足的百姓,秋天考察收获情况而补助歉收的百姓。进入诸侯的边境,看到土地开垦了,农田种得好,奉养老者,尊崇贤者,出色的人才当着官,就有赏赐,赏给土地。进入诸侯的边境,看到土地荒芜,遗弃老者,不任用贤者,爱搜刮民财的人当着官,就要谴责。诸侯一次不朝见天子就降低他的爵位,两次不朝见就削减他的领地,三次不朝见就出动王朝的军队前去。因此天子对诸侯大都是谴责而无须攻打,诸侯往往出兵攻打而没有资格谴责。春秋时期的五位诸侯霸主,都是胁迫诸侯而攻打诸侯的人,所以说那五位霸主是夏、商、周三代英明君主的罪人。那五位霸主中,齐桓公的势力最强盛。诸侯在葵丘盟会时,只是将牛绑起来,拟好了盟约,并不在口上涂牲血。开始的条款说:'谴责不孝的人,不替换立好的太子,不把妾立为正妻。'第二条说:'尊崇贤者,培育人才,彰显有德的人。'第三条说:'敬奉老年人,慈爱幼年人,不要忽略对来宾和旅客的接待。'第四条说'士人不能世袭当官,公家的事务不能兼理,选用士人必须合理,诛杀大夫时不能独断。'第五条说:'不得到处建坝垄断水利,不得阻止外人来购买粮食,封赏给大夫领地时不得不向盟主报告。'盟约上说:'凡是参加这次盟会的人,在盟誓之后要恢复友好的关系。'现在的诸侯都违反这五条禁令,所以说现在的诸侯是春秋时五位霸主的罪人。执行君主的坏命令,罪过算小的,迎合君主的坏行为,罪过更大。现在的大夫们都迎合君主的坏行为,所以说现在的大夫是现在的诸侯的罪人。"

【讲解】

夏、商、周三代的开国君主都很英明,为国家制定了周密而合理的治理纲领。周王朝后期的统治越来越恶化,社会的秩序崩溃,天子管不了诸侯,诸侯管不了大夫,大夫管不了自己的家臣,各自唯利是图,一派无序竞争的乱象。进入战国以后,人们更是崇尚武力而蔑视道德，互相兼并侵夺，社会状况极为恶劣，所以孟子认为五霸不如三王，战国时期的诸侯不如春秋时期的五霸，社会变得越来越烂。

葵丘盟会时，参与者不往口上涂血，所以也就没有杀牛。不涂血的原因是大家还都能守信，所以无须涂血。

太子是国君法定的继承人，国君改立太子，其理由往往不正当，嫡庶之争容易引发各种政治力量的角斗，给国家带来灾难。将妾立为正妻，其理由也往往不正当，同样会容易引发各种政治力量的角斗，给国家带来灾难。

士人不世袭当官，才能保证社会的直接管理权掌握在贤才手中，保证基层官员能正常地新陈代谢。公家的事务不兼理，能够保证管理者精力集中，不出现政务荒废的现象。

在自己国内建坝拦水，往往会侵害下游国家的用水利益。阻止粮食外卖，往往是为了自己国家的粮食安全而无视其他国家的救灾需要。

12.8 鲁欲使慎子为将军[1]，孟子曰："不教民而用之，谓之殃民[2]，殃民者不容于尧、舜之世。一战胜齐[3]，遂有南阳[4]，然且不可[5]。"慎子勃然不悦[6]，曰："此则滑釐所不识也[7]。"曰："吾明告子：天子之地方千里[8]，不千里不足以待诸侯[9]。诸侯之地方百里，不百里不足以守宗庙之典籍[10]。周公之封于鲁为方百里也[11]，地非不足，而俭于百里[12]。太公之封于齐也[13]，亦为方百里也，地非不足也，而俭于百里。今鲁方百里者五，子以为有王者作[14]，则鲁在所损乎[15]，在所益乎[16]？徒取诸彼以与此[17]，然且仁者

377

不为,况于杀人以求之乎[18]?君子之事君也[19],务引其君以当道[20],志于仁而已[21]。"

【注释】

〔1〕鲁:鲁国。慎子:姓慎,名滑(gǔ)釐(xī)。

〔2〕谓之:叫做。殃:祸害。

〔3〕齐:齐国。

〔4〕有:取得。南阳:即汶阳,在泰山西南。

〔5〕然且:尚且,都。

〔6〕勃然:突然生气的样子。

〔7〕滑釐:慎子自称其名。不识:不知道。把"不同意"说成"不知道",是表示礼貌时的委婉说法。

〔8〕方:方圆。

〔9〕待:接待,指接待诸侯朝见。

〔10〕守:保持,继承。典籍:关于制度方面的重要文献。

〔11〕周公:周武王的弟弟,周朝的开国功臣,被封到鲁国。

〔12〕俭:限制于。

〔13〕太公:姓姜名尚,辅佐周武王伐纣,立有大功,被封到齐国。

〔14〕王者:靠推行仁政而统一天下的人。作:兴起,出现。

〔15〕损:指减少国土。

〔16〕益:增加。

〔17〕徒:只是。诸:于。与:给与。

〔18〕况:何况。

〔19〕事:侍奉。

〔20〕务:努力。引:引导。当(dàng):符合,顺应。

〔21〕志:追求,致力。

【译文】

鲁国要让慎滑釐担任将军,孟子说:"不培训百姓,便用他们打仗,这叫做残害百姓。残害百姓的人,在尧、舜的社会里是不被接受的。就算一仗打败齐国,而夺回了南阳,也还是不行的。"慎滑釐一下子沉下脸来,说道:"这不是我所知道的事情。"孟子说:"我明确地告诉你:天子的领地方圆一千里,不够一千里就不能接待诸侯。诸侯的领地方圆一百里,不够一百里就不能守住宗庙的典籍。周公封到了鲁国,领地应该是方圆一百里的,土地并不是不充足,却仅限于一百里。姜太公封到了齐国,领地也应该是方圆一百里的,土地并不是不充足,却仅限于一百里。现在鲁国方圆一百里的土地有五块,你认为如果有靠仁政统一天下而当了天子的人出现,那么鲁国的领地会被减少呢,还是会被增加呢?只是从那里拿来给到这里,仁者都不做,何况是要杀人来夺取呢?君子侍奉君主,要努力引导他符合正义,让他致力于仁政就行了。"

【讲解】

战国时期,诸侯都不顾百姓的生计和生命,将他们仅仅视为生产财富和打仗的工具,希望靠武力掠夺兼并别国,军事人才很吃香。孟子坚决反对这种无道的做法,他主张像夏、商、周三代的英明君主那样靠推行仁政来征服人心,从而壮大自己,以至统一天下,成为理想的圣明君主。

12.9 孟子曰:"今之事君者皆曰[1]:'我能为君辟土地[2],充府库[3]。'今之所谓良臣,古之所谓民贼也[4]。君不乡道[5],不志于仁[6],而求富之[7],是富桀也[8]。'我能为君约与国[9],战必克[10]。'今之所谓良臣,古之所谓民贼也。君不乡道,不志于仁,而求为之强战[11],是辅桀也。由今之道[12],无变今之俗[13],虽与之天下[14],不能一朝居也[15]。"

【注释】

〔1〕事:侍奉。

〔2〕辟(pì):开垦。

〔3〕充:充实。府库:国库。

〔4〕贼:祸害。

〔5〕乡(xiàng):向,趋向,喜欢。道:正义。

〔6〕志:追求,致力。

〔7〕富:使……财富多起来。

〔8〕桀:夏朝的最后一位君主,是古代暴君的典型。

〔9〕约:联络,结盟。与国:友好国家,盟国。

〔10〕克:胜利,打败敌人。

〔11〕强(qiǎng):努力。

〔12〕由:实行。道:做法。

〔13〕俗:社会风尚。

〔14〕虽:即使。与:给。

〔15〕一朝:一天。居:享有。

【译文】

孟子说:"现在的侍奉君主的人都说:'我能为国君开垦土地,充实国库。'现在所说的好大臣,都是古代所说的百姓的祸害。国君不喜欢正义,不致力于仁政,而大臣要让他富起来,这是在让桀这样的暴君富起来。他们又说:'我能替国君联络盟国,打仗一定能胜利。'现在所说的好大臣,都是古代所说的百姓的祸害。国君不喜欢正义,不致力于仁政,而大臣要为他努力作战,这是在辅佐桀这样的暴君。实行现在的做法,不改变现在的社会风尚,即使把天下给了他们,也不能享有一天。"

【讲解】

君主贪婪无道,不顾正义,不行仁政,当臣的投其所好,千方百计地奴役百姓开垦土地而生产财富,并且大力攻战而兼并掠夺,这样的君主和大臣都是百姓的祸害。

　　孟子认为无道的人不得民心,即使把天下白给他,他也不能保有,会像桀、纣那样最终灭亡。

　　12.10 白圭曰[1]:"吾欲二十而取一[2],何如[3]?"孟子曰:"子之道[4],貉道也[5]。万室之国[6],一人陶[7],则可乎?"曰:"不可,器不足用也[8]。"曰:"夫貉,五谷不生,惟黍生之[9]。无城郭[10]、宫室[11]、宗庙[12]、祭祀之礼[13],无诸侯币帛[14]、饔飧[15],无百官有司[16],故二十取一而足也。今居中国[17],去人伦[18],无君子[19],如之何其可也[20]?陶以寡[21],且不可以为国[22],况无君子乎[23]?欲轻之于尧[24]、舜之道者,大貉小貉也。欲重之于尧、舜之道者,大桀[25]、小桀也。"

【注释】

〔1〕白圭:名丹,字圭,魏国人。

〔2〕二十而取一:抽取百姓收获的二十分之一作为税收。

〔3〕何如:怎么样。

〔4〕道:做法。

〔5〕貉(mò):北方的一个少数民族国家。

〔6〕室:一家人家叫做一室。

〔7〕陶:制作陶器。

〔8〕器:器具。

〔9〕黍:黄米,粘性。这里指一种不粘的黍。

〔10〕城郭:城市。

〔11〕宫室:指君主生活和办公的豪华住所。

〔12〕宗庙:祭祀祖先的庙宇。
〔13〕礼:礼制。
〔14〕币帛:指各国交往时作为礼品的财物。
〔15〕饔(yōng)飧(sūn):指招待宾客的筵席和赠送客人的食品。
〔16〕有司:指负责各部门政务的官员。
〔17〕中国:指少数民族国家以外的华夏地区。
〔18〕去:取消。人伦:人际之间的等级规则。
〔19〕君子:指各级官员。
〔20〕如之何:怎么。其:会,能。
〔21〕陶:做陶器的工匠。以:太。
〔22〕且:尚且。为:治理。
〔23〕况:何况。
〔24〕轻:减轻。
〔25〕桀:夏朝的最后一位君主,是古代暴君的典型。

【译文】

　　白圭说:"我想抽取百姓收获的二十分之一作为赋税,怎么样?"孟子说:"你的做法是貉国的做法。有一万家人的国家,让一个人制作陶器,可以吗?"白圭说:"不行,器具会不够用。"孟子说:"貉国那样的地方,五谷不能生长,只有黍能生长。他们没有城市、朝廷、祖庙和祭祀鬼神的礼制,没有诸侯间来往送礼和筵席招待,没有政府机关和官员,所以实行二十分之一的税率就够了。如果在华夏地区,取消人际之间的等级区分,没有了各级官员,怎么能可以呢?做陶器的人太少,尚且不能管理好国家,何况是没有官员呢?想在收税方面比尧、舜少的,那是大的貉国和小的貉国,想在收税方面比尧、舜重的,那是大的桀和小的桀。"

【讲解】

　　貉国的社会处于相对原始的状态,各方面都比较落后,管理成本也不高,所以赋税不重。孟子所处的社会比貉国要发达得多,管理成本很高,所以赋税也得加重。孟子认为尧、舜以来的英明君主都实行的是十分之一的税率,这一税率是适中的,既能维持国家运转的费用,也不会伤害百姓的利益。轻于十分之一的税率,适用于落后的国家。重于十分之一的税率,则是压榨民众,属于暴政。其实在当时,各国的税率已经普遍在十分之二以上了。

白圭在当时的情况下要实行二十分之一的税率,显然严重地不合乎事理,他可能是出于收买民心的目的。

12.11 白圭曰〔1〕:"丹之治水也愈于禹〔2〕。"孟子曰:"子过矣〔3〕。禹之治水,水之道也〔4〕,是故禹以四海为壑〔5〕,今吾子以邻国为壑〔6〕。水逆行谓之洚水〔7〕,洚水者,洪水也,仁人之所恶也〔8〕。吾子过矣。"

【注释】

〔1〕白圭:名丹,字圭,魏国人。
〔2〕丹:白圭自称其名。愈:胜过。
〔3〕过:错。
〔4〕道:自然属性。
〔5〕以:把。四海:海洋。壑:可以容纳水的地方。
〔6〕吾子:对人的亲切的称呼。
〔7〕谓之:叫做。洚(jiàng)水:洪水。
〔8〕恶(wù):反对,不愿意看到。

【译文】

白圭说:"我治水比禹强。"孟子说:"你错了。禹治水,遵循的是水往低处流的自然属性,因此禹让水流向了海洋,现在你是

383

让水流向了邻国。水不顺水道而流叫做洚水,洚水就是洪水。你的做法是仁者所反对的,你错了。"

【讲解】

禹治水的方法重在疏导,将水导向海洋,使所有的人受惠。白圭治水靠筑堤,将流向自己国家的水拦住,使它流向邻国。他认为自己比禹花得成本低,见效快。为了己方的利益而害别人,违反仁道,所以受到孟子的批驳。

12.12 孟子曰:"君子不亮[1],恶乎执[2]。"

【注释】

〔1〕亮:谅,固执而不知变通的诚实。
〔2〕恶(wù):嫌。执:固执,偏执。

【译文】

孟子说:"君子不认可不知变通的诚实,是嫌这种做法往往会偏执。"

【讲解】

孔子说:"君子贞而不谅。"意思是说:君子追求本质良好,不拘泥于固执的诚实。孟子这里的看法和孔子相同。

诚实是重要的美德,但它毕竟是仁的下位概念,是维护和推行仁的一种手段,并不是人生的终极目的。君子的终极目标是仁,这个根必须扎正。其他下位的品质是从属于仁这个核心的,依据这些品质而针对具体的事情时,必须懂得权衡轻重,不能拘泥固执,而要灵活变通。尾生和一个女子约定在一座桥下相会,女子没有来,河水涨起来了,他为了守约,抱着桥柱不肯离去,最后被淹死了。尾生的这种表现就是"谅",他固执于诺言不能违背的信条而舍弃了生命,不肯变通,因小失大,当然是不值得认可的做法。对昏庸的君主绝对服从叫愚忠,而尾生的这种做法则可以称为"愚信",不但不能算美德,反而是愚蠢的表现。

为了终极目标的实现,为了大局的需要,为了追求更大的功利价值,在不动摇仁的原则的前提下,孔、孟认为在必要时是可以"不谅"的。"善意的谎言"可以被认可,违背价值不大的诺言的行为也可以被认可,否则就显得偏执了。

12.13 鲁欲使乐正子为政[1],孟子曰:"吾闻之,喜而不寐[2]。"公孙丑曰[3]:"乐正子强乎[4]?"曰:"否。""有知虑乎[5]?"曰:"否。""多闻识乎[6]?"曰:"否。""然则奚为喜而不寐[7]?"曰:"其为人也好善[8]。""好善足乎?"曰:"好善优于天下[9],而况鲁国乎[10]?夫苟好善[11],则四海之内皆将轻千里而来告之以善[12]。夫苟不好善,则人将曰[13]:'訑訑[14],予既已知之矣[15]。''訑訑'之声音颜色距人于千里之外[16],士止于千里之外,则谗谄面谀之人至矣[17]。与谗谄面谀之人居[18],国欲治,可得乎?"

【注释】

〔1〕鲁:鲁国。乐正子:姓乐正,名克,鲁国人,是孟子的学生。为政:执政。

〔2〕寐:睡着。

〔3〕公孙丑:孟子的一个学生。

〔4〕强:刚强。

〔5〕知(zhì)虑:智慧和谋略。

〔6〕闻识:知识,学问。

〔7〕奚:何,为什么。

385

〔8〕为人:做人。

〔9〕优:充裕。

〔10〕而况:何况。

〔11〕夫苟:如果。

〔12〕轻:不在乎。

〔13〕则人将曰:疑本当作"则其人将曰",抄写中脱漏了"其"字。其人:指不好善者。

〔14〕訑(yí)訑:感叹词,表示对人轻蔑的神态。

〔15〕既已:已经。

〔16〕颜色:表情。距:排斥。

〔17〕谗:说别人的坏话。谄:谄媚,逢迎讨好。面谀:当面奉承讨好。

〔18〕居:在一起。

【译文】

鲁国要让乐正克执政,孟子说:"我听到这个消息,高兴得睡不着。"公孙丑说:"乐正克刚强吗?"孟子说:"不。"公孙丑说:"他有智慧和谋略吗?"孟子说:"没有。"公孙丑说:"他知识多吗?"孟子说:"不多。"公孙丑说:"这样的话,为什么高兴得睡不着呢?"孟子说:"他做人很喜欢正确的意见。"公孙丑说:"喜欢正确的意见就够了吗?"孟子说:"喜欢正确的意见,治理天下都绰绰有余,何况是治理鲁国呢? 如果喜欢正确的意见,普天下的人都会不在乎奔波一千里的路而来把正确的意见告诉他。如果不喜欢正确的意见,他就会说:'哼哼! 人们要说的东西我早就知道了。'一个'哼哼'的声音和表情就可以把人挡在千里之外,士人被挡在千里之外,那些挑拨离间的人、逢迎拍马的人、当面讨好的人就都来了。和这些人在一起,要治好国家,能行吗?"

【讲解】

孟子认为,执政者个人的能力是有限的,不一定要什么都比别人强,但却必须虚怀若谷,礼贤下士,广开言路,善于集思广益,群策群力地管理政事。

12.14 陈子曰[1]:"古之君子何如则仕[2]?"孟子曰:"所就三[3],所去三[4]。迎之致敬以有礼[5],言,将行其言也[6],则就之。礼貌未衰[7],言弗行也,则去之。其次,虽未行其言也,迎之致敬以有礼,则就之。礼貌衰,则去之。其下,朝不食[8],夕不食,饥饿不能出门户,君闻之,曰:'吾大者不能行其道,又不能从其言也,使饥饿于我土地,吾耻之[9]。'周之[10]。

【注释】
〔1〕陈子:名臻,孟子的一个学生。
〔2〕何如:怎么样。仕:出任官职。
〔3〕就:接受任命。
〔4〕去:离职。
〔5〕致敬:表达恭敬。礼:礼数。
〔6〕行:实行。
〔7〕貌:和气的容貌。衰:降低。
〔8〕朝(zhāo):早晨。
〔9〕耻:觉得……羞耻。
〔10〕周:周济,救济。

【译文】
陈臻说:"古代的君子在什么情况下会出来当官?"孟子说:"接受官职的情况有三种,离职而去的情况也有三种。君主迎接时恭敬而讲礼数,提出建议,就会实行其主张,就接受任用。礼数不降低,和气的容貌不改变,但提出的建议不被实行,就辞职离去。其次,虽然提出的建议还没有被实行,

387

迎接时恭敬而有礼数,就接受任用。礼数降低了,容貌也显得不很和气了,就辞职离去。再下一等,早晨没有饭吃,晚上也没有饭吃,饿得不能出门,国君听到这个情况后说:'我从大处说不能实行他的完整的政治蓝图,又不能听从他的一些具体建议,让他在我的国家挨饿,我觉得很羞耻。'于是给予救济,也可以接受,图个不饿死而已。"

【讲解】

孟子认为,士人出来做官是要辅佐君主成为尧、舜一样的圣明之君,能救百姓于水火之中,所以有资格强调自己的尊严,要求君主必须礼待,并且能实行自己的主张,否则就辞职离去,表明自己当官不是为了俸禄,自身尊严的规格不打折扣。但如果生存出现危机,君主又能以周济的理由给予帮助,也可以接受,图个活命。

12.15 孟子曰:"舜发于畎亩之中[1],傅说举于版筑之间[2],胶鬲举于鱼盐之中[3],管夷吾举于士[4],孙叔敖举于海[5],百里奚举于市[6]。故天将降大任于是人也,必先苦其心志[7],劳其筋骨[8],饿其体肤[9],空乏其身行[10],拂乱其所为[11],所以动心忍性[12],曾益其所不能[13]。人恒过[14],然后能改。困于心[15],衡于虑[16],而后作[17]。征于色[18],发于声,而后喻[19]。入则无法家拂士[20],出则无敌国外患者[21],国恒亡。然后知生于忧患而死于安乐也。"

【注释】

〔1〕发:发迹,指被尧起用。畎(quǎn)亩:指农田。畎:田间的水沟。亩:田垄。据记载,舜耕于历山,三十岁才被尧提拔重用。

〔2〕傅说(yuè):商代君主武丁的相。举:提拔。版:筑土墙的夹板。筑:捣土用的杵。筑墙时先把土装入版中,再用筑捣结实。据说傅说在傅岩(地名)为人筑墙,后来武丁让他以傅为氏。

〔3〕胶鬲(gé):商代的贤臣。据说他最初贩卖鱼盐为生,被周文王推荐给纣,成为朝臣。

〔4〕管夷吾:管仲,名夷吾。士:这里指狱官。管仲最初是齐桓公的政敌公子纠的下属,被桓公拘押,由于鲍叔牙的推荐,被齐桓公释放而任用为相。举于士:指从狱官手里释放而任用。

〔5〕孙叔敖:春秋时楚国人,隐居在海边,被楚庄王任用为相。

〔6〕百里奚:春秋时虞国人,虞国灭亡后逃到楚国,秦穆公把他买到秦国,任用为大臣。

〔7〕苦:使……受苦。心志:思想。

〔8〕劳:使……劳累。筋骨:指身体。

〔9〕体肤:指身体。

〔10〕空乏其身行:指自身既无钱财,办事又不能如愿。空乏:使……一无所有。身行:行为。

〔11〕拂乱:破坏阻挠。拂:违背,梗阻。乱:扰乱。

〔12〕动心:使心惊动,常怀警惕戒惧。忍性:使其性格坚强。忍:坚韧。

〔13〕曾(zēng)益:增益,增加。曾:增。

〔14〕恒:常,总是。过:犯错误。

〔15〕困:困顿,指苦苦思索。

〔16〕衡:横,梗塞。虑:思虑。

〔17〕作:有所作为。

〔18〕征:表现。色:表情。

〔19〕喻:被了解。

〔20〕入:指内部。法家:掌控法度的世袭大夫。家:指世袭的大夫。拂(bì):弼,辅佐。

〔21〕出:指外部。敌国:与己方抗衡的邻国。外患:指被侵略兼并的危险。

【译文】

孟子说:"舜出身于农民,傅说提拔于筑墙的苦役,胶鬲提拔于卖鱼盐的小贩,管仲提拔于狱中,孙叔敖提拔于海边,百里奚提拔于被出售的奴隶。所以天将要给某个人降下重担,总是先使他的思想受苦,使他的筋骨劳累,使他挨饿,让他身无分文,什么事也办不成,扰乱他的行为,用这样的方式使他心怀谨慎,性格坚韧,增加他自身欠缺的才干。人经常有过错,然后才能改正。思想老面对困惑,对问题老费心琢磨,然后才能有所作为。成熟的素质表现在面容上,从谈吐中显露出来,然后才能被人了解。朝廷中没有掌控法度的世袭大夫和辅佐的人才,外部没有与己方抗衡的邻国和被侵略兼并的危险,这样的国家总是会灭亡。这就可以知道有危险和祸患反而可以使人生存,安稳享乐的生活反而会害死人。"

【讲解】

历史上许多出身于下层社会的政治人才,其经历都比较坎坷,艰苦挫折的经历使他们增长了见识和才干,锻炼了性格,从而成为能够担当重任的政治家。这类人才之所以出色,是由于其独特的经历造就的,孟子将其原因视为天的安排,这当然不对。

在过错中接受教训,不断修正自己,思想的机器永不停转,使自己的见识连续升华,才能成长为优秀人才。

国家的安全和发展,有赖于世袭重臣的掌控和优秀人才的管理,也得力于外部危险的警醒,醉生梦死的享乐者在激烈竞争的社会环境下是不能生存的。

12.16 孟子曰:"教亦多术矣[1],予不屑之教诲也者[2],是亦教诲之而已矣。"

【注释】

〔1〕教:教导。术:方法。

〔2〕不屑:瞧不上,不愿意。

【译文】

孟子说:"教导别人有多种方法,我拒绝教诲他,这也是一种教诲。"

【讲解】

长者拒绝教诲自己,说明自己的品行太糟糕了,已经到了不可救药的地步,应该彻底警醒,翻然悔悟。从这个角度看,长者的不教诲,正好起了教诲的作用。

尽 心 上

13.1 孟子曰:"尽其心者[1],知其性也[2],知其性则知天矣。存其心,养其性[3],所以事天也[4]。夭寿不贰[5],修身以俟之[6],所以立命也[7]。"

【注释】

〔1〕心:思虑。

〔2〕性:天性。

〔3〕养:培养。

〔4〕事:侍奉,为……努力。

〔5〕夭(yǎo):寿命短。寿:寿命长。贰:改变。

〔6〕俟:等待。

〔7〕立命:树立属于自己的天命。

【译文】

孟子说:"竭尽心力而不停地思考,是为了懂得自己的天性,懂得自己的天性就知道天意了。保持自己思考的努力,培养自己的天性,就是敬奉天的做法。不论寿命长短都不改变,修养身心而等着天的安排,这就是在树立属于自己的天命。"

【讲解】

孟子认为,心的功能是思考,思考就能获得真知,不思考就不能获得,这是天赐给人类的本性。天道是向善的,人的本性也是善的,一定要充分发挥思考的功能,防止自己的善性被外界污染,就能和天意一致起来,最终才能够承担天赋予的重大使命。

13.2 孟子曰:"莫非命也[1],顺受其正[2],是故知命者不立乎岩墙之下[3]。尽其道而死者[4],正命也,桎梏死者非正命也[5]。"

【注释】
〔1〕莫:没有什么。命:天命,天对人的一切的安排。
〔2〕受:接受。正:本来的,真正的。
〔3〕乎:于。岩墙:危墙。
〔4〕道:善道,正义合理的行为。
〔5〕桎(zhì)梏(gù):控制犯人的刑具,用在脚上的叫桎,用在手上的叫梏。

【译文】
孟子说:"天对所有的人都是有安排的,应该顺着天意而接受天对自己的安排,所以懂得天命的人不站在危墙下边。尽心竭力实行善道而死去的,那属于天的安排,犯罪被杀的不属于天的安排。"

【讲解】
天是善良的,对所有的人都做了好的安排,所以人们要珍惜生命,避开危险而防止意外,不辜负天赐予的良好前程。那些犯罪被杀的人,是他们自己作孽,并不是天将他们安排成那样的。

13.3 孟子曰:"求则得之[1],舍则失之[2],是求有益于得也,求在我者也。求之有道[3],得之有命[4],是求无益于得也,求在外者也。"

【注释】

〔1〕求:追求。

〔2〕舍:放弃,舍弃。

〔3〕有:由,在于。道:正确的原则。

〔4〕命:天命。

【译文】

孟子说:"追求它就能获得,放弃它就会失去,这样的追求有助于获得,因为追求的是自己身上的东西。追求它要有正确的原则,能否得到它有天命决定着,这样的追求不能决定能否获得,因为追求的是别人手里的东西。"

【讲解】

贤仁、道义、忠贞、诚实这些优秀品质,孟子称为"天爵",由于孟子认为人的天性是善的,所以这些优秀品质是自身就有的东西,只要追求就能得到,追求可以决定能否获得,如果不用心发现和维护就会失去。

公卿、大夫这些官爵,孟子称为"人爵",可以用正确的原则去追求,但能否得到却由天命决定。

13.4 孟子曰:"万物皆备于我矣〔1〕,反身而诚〔2〕,乐莫大焉〔3〕。强恕而行〔4〕,求仁莫近焉。"

【注释】

〔1〕备:具备,全部具有。

〔2〕反身:检点自身。

〔3〕莫:没有什么。大:比……更大。

〔4〕强(qiǎng):努力。恕:度,用自己的心思忖度别人,即"己所不欲,勿施于人"。

【译文】

　　孟子说:"世间的万事万物我都知道了,检点自身是诚实的,没有比这更令人快乐了。努力地用自己的心思忖度别人而做事,追求达到仁的境界,没有比这样更快捷了。"

【讲解】

　　君子必须多才多艺,所以要尽量多地懂得万事万物的知识。知识广博而为人诚实,这就具备了成为优秀人才的良好基础。孔子说过:"己所不欲,勿施于人。"(《论语·颜渊》)意思是:"自己所不愿意的事情,不要施加到别人身上。"又说:"己欲立而立人,己欲达而达人,能近取譬,可谓仁之方也已。"(《论语·雍也》)意思是:"自己想在社会上树立起名誉来,同时也让别人树立起名誉来。自己想仕途顺利,也让别人仕途顺利。能从自己的角度出发而将心比心,这就可以算是实践仁的途径了。"这些论述表达的都是"恕"的理念。建立起这样的理念,就步入仁的境界了。

13.5　孟子曰:"行之而不著焉[1],习矣而不察焉[2],终身由之而不知其道者[3],众也。"

【注释】

　　[1]行:实行。著:使……彰显。
　　[2]习:习惯。察:明确理解。
　　[3]由:实行。道:正道,仁道。

【译文】

　　孟子说:"自己实行,却不能使它彰显于社会。自己已经成为习惯了,却不能明确理解它的意义。终身都在实行它,却不明白它就是仁道。这样的人就是普通民众。"

395

【讲解】

　　仁的精神是"爱人",就是爱护他人。普通民众都是有仁爱之心的,但往往只能用在和自己关系亲近的人身上,例如他们孝顺父母,爱护妻子儿女等,已经成为终身的行为习惯。君子则能使这种精神在社会上彰显出来,明确认识到它的重要意义,推而广之,也用到他人身上。不只是爱和自己亲近的人,而是会爱一切人。

　　13.6 孟子曰:"人不可以无耻[1],无耻之耻,无耻矣[2]。"

【注释】

　　[1] 无耻:没有耻辱之心,不知羞耻。
　　[2] 无耻矣:疑当作"耻矣",抄写时多出了"无"字。

【译文】

　　孟子说:"人不可以不知羞耻,不知羞耻的那种羞耻,是真正的羞耻。"

【讲解】

　　人有坚决不做羞耻的事情的,有做了羞耻的事情而觉得不光彩的,也有做了羞耻的事情而不觉得不光彩的,这样的人就很可悲了。

　　13.7 孟子曰:"耻之于人大矣[1],为机变之巧者[2],无所用耻焉。不耻不若人[3],何若人有[4]?"

【注释】

　　[1] 耻:羞耻之心,对……觉得羞耻。

〔2〕机变:机谋,诡诈。巧:欺骗,迷惑。

〔3〕若:比得上。

〔4〕何若人有:疑当作"何若人之有",抄写中漏掉了"之"字。

【译文】

孟子说:"羞耻之心对于人很重要,玩诡诈的骗术的人是谈不到羞耻之心的。不以不如别人为羞耻,哪还能比得上别人呢?"

【讲解】

人有羞耻之心,就说明还认可是非标准,即使做了不光彩的事情,也是迫于各种具体的情况,并不情愿。喜欢玩弄诡计骗人的人,就已经丧失了羞耻之心,十分恶劣。

13.8 孟子曰:"古之贤王好善而忘势[1],古之贤士何独不然[2]?乐其道而忘人之势,故王公不致敬尽礼[3],则不得亟见之[4]。见且由不得亟[5],而况得而臣之乎[6]?"

【注释】

〔1〕势:地位。

〔2〕何独:岂,怎么。然:这样。

〔3〕致敬:表示恭敬。礼:礼数。

〔4〕亟(qì):屡次,多次。

〔5〕且由:尚且,都。

〔6〕而况:何况。臣:使……当臣。

【译文】

孟子说:"古代贤明的帝王喜欢善道而不在乎自己的地位,古代贤良的士人难道不是这样吗?他们喜欢自己的思想而不在乎别人的地位,所以诸侯不表示恭敬和礼数,就不能多次见到,

397

想多次见到都不行,更何况是让他作臣呢?"

【讲解】

孟子认为,君主和贤士之间不能是君臣关系,而应该是师生关系,君主的"势"要向贤士的"道"低头,君主不应当仗势,贤士也不会附势。

13.9 孟子谓宋勾践曰[1]:"子好游乎[2]?吾语子游[3]:人知之亦嚣嚣[4],人不知亦嚣嚣。"曰:"何如斯可以嚣嚣矣[5]?"曰:"尊德乐义则可以嚣嚣矣[6]。故士穷不失义[7],达不离道[8]。穷不失义,故士得己焉[9]。达不离道,故民不失望焉[10]。古之人得志泽加于民[11],不得志,修身见于世[12]。穷则独善其身[13],达则兼善天下[14]。"

【注释】

〔1〕宋勾践:其人事迹没有流传。

〔2〕游:游说诸侯。

〔3〕语(yù):告诉。

〔4〕嚣嚣:从容达观的样子。

〔5〕斯:就。

〔6〕尊:尊崇。乐:喜欢。义:正义,道义。

〔7〕穷:困顿,仕途不通。

〔8〕达:仕途通达。

〔9〕得己:保持住自己的本色。

〔10〕望:榜样。

〔11〕得志:实现了志向。泽:恩惠。

〔12〕见(xiàn):现,表现,显现。世:社会。

〔13〕独：只。善：使……变好。

〔14〕兼：全部。

【译文】

　　孟子对宋勾践说："你喜欢游说诸侯吗？我告诉你游说时的态度：别人了解你时要从容达观。别人不了解你时也要从容达观。"宋勾践说："怎样就可以从容达观了呢？"孟子说："尊崇仁德，喜欢道义，就可以从容达观了。所以士人在困顿时不放弃正义，发达时不背离正道。困顿时不放弃正义，所以士人能保持住自己的本色。发达时不背离正道，所以百姓不会失去希望。古人得志时能将恩惠施加到百姓身上，不得志时就完善自己而给社会树立榜样。困顿时只使自身的行为完善，通达时要使整个天下变好。"

【讲解】

　　士人以仁德和道义作为准则，无论穷达都不放弃，得志时担起治国的重任，不得志时也要用自己的表现为社会作出表率。

13.10 孟子曰："待文王而后兴者[1]，凡民也。若夫豪杰之士[2]，虽无文王犹兴[3]。"

【注释】

〔1〕文王：周文王，是古代贤明君主的典型。兴：积极上进。

〔2〕若夫：至于。

〔3〕虽：即使。犹：仍然。

【译文】

　　孟子说："要等周文王那样的贤明君主出现才肯积极上进的人，是普通的百姓。至于出色的士人，即使没有周文王那样的贤明君主也会积极上进。"

399

【讲解】

　　社会状况恶劣,许多人会随波逐流,不再用高的行为标准要求自己,做一些不光彩的事情,并以社会状况恶劣为托辞,或者认为大厦将倾,一木难支;或者认为大家都污浊,自己清白会吃亏受害等等,要等社会变好了,自己才上进。志士仁人则永远都是积极上进的,正因为社会状况恶劣,才更能负起责任,坚持抗争,致力于拨乱反正。

　　13.11 孟子曰:"附之以韩[1]、魏之家[2],如其自视欿然[3],则过人远矣[4]。"

【注释】

　　[1] 附:增加。以:用。韩:指春秋时晋国世袭的著名大夫韩氏。
　　[2] 魏:指春秋时晋国世袭的著名大夫魏氏。家:大夫的领地及家业。
　　[3] 欿(kǎn)然:欠缺的样子。
　　[4] 过:超过,胜过。

【译文】

　　孟子说:"把春秋时晋国大夫韩氏和魏氏的家业增加给他,如果他能觉得自己缺陷很多,就远远超出一般人了。"

【讲解】

　　春秋时晋国的韩氏和魏氏,是世袭的权臣,领地广大,家业丰厚,到战国时成为韩国和魏国。在孟子当时,如果有人除了自己原有的家业,再增加"韩、魏之家",那就是富甲天下、权倾天下了。富贵者往往骄横自满,目中无人。如果大富大贵者还能冷静看待自己,认识到自身各方面的不足,那么他在品行和见识方面就确实超过常人了。

13.12 孟子曰:"以佚道使民[1],虽劳不怨。以生道杀民[2],虽死不怨杀者。"

【注释】
　　[1] 以:用。佚(yì)道:能使百姓安乐的做法。佚:安逸。
　　[2] 生道:保护百姓生命的做法。杀民:使百姓付出生命。

【译文】
　　孟子说:"用能使百姓过上好日子的做法役使他们,他们虽然劳累却不埋怨。为了保护百姓的生命而使一些人作战牺牲,他们虽然要牺牲,也不埋怨让他们献出生命的人。"

【讲解】
　　统治者让百姓服劳役,如果是做民生工程,百姓自然高兴。《论语·尧曰》:"因民之所利而利之,斯不亦惠而不费乎?择可劳而劳之,又谁怨?"意思是说:"顺应百姓想要得到的利益而给他们利益,这不就是施与他们财物,自己却不破费吗?选择应该劳累的事情而让他们劳累,他们又有谁会埋怨?"孔孟都主张为百姓的利益而役使百姓。

　　为了保障民众的生命安全,不得不让百姓服兵役。打仗就会有牺牲,但战死者知道这种牺牲不能避免,所以他们并不埋怨指挥他们打仗的上司。

13.13 孟子曰:"霸者之民驩虞如也[1],王者之民皞皞如也[2],杀之而不怨,利之而不庸[3],民日迁善而不知为之者[4]。夫君子所过者化[5],所存者神[6],上下与天地同流[7],岂曰小补之哉[8]?"

【注释】

〔1〕霸者:指春秋时作为诸侯盟主的齐桓公、晋文公等人。驩(huān)虞:欢娱,欢乐。驩:欢。如:……的样子。

〔2〕王者:指禹、汤、周文王、周武王等实行仁政的英明帝王。皞(hào)皞:形容气度宽广。

〔3〕利:给予恩惠。庸:感戴,报答。

〔4〕日:每天。迁善:向善良进步。

〔5〕过:经过。化:向好的方面转变。

〔6〕存:在,居留。神:进入高的精神境界。

〔7〕上:指地位高的人。下:指百姓。

〔8〕补:补益,助益。

【译文】

孟子说:"春秋时期诸侯盟主管理下的百姓过得很快乐;夏、商、周三代英明帝王管理下的百姓气度很宽广,在战场上付出生命而不埋怨,国家施与恩惠而百姓并不感戴,人们每天向善良转化而不知道是谁造成了这样良好的局面。君子所经过的地方,风气就好转。君子所居留的地方,人们能进入高的精神境界。地位高的人和地位低的人,行为都能合乎天地的向善宗旨,君子对社会的影响作用怎么能说补益不大呢?"

【讲解】

春秋时期,周王室对诸侯的控制已经失效,社会常处于战乱之中。齐桓公、晋文公等人利用自己大国的威势干预社会秩序,保持了社会暂时的稳定,使人们明显能看到实惠,所以其百姓感到快乐,对君主也很感戴。

夏、商、周三代的英明帝王实行仁政管理,从上到下的人们都能向善,百姓的素质都变得很高,这都是君子的榜样作用带动的结果。人们在良好的社会环境中生活和进步着,却觉得无须感谢谁。

五霸的政治像渴中送饮,三王的政治像甘霖普降,其层次差别不能同日而语。

13.14 孟子曰:"仁言不如仁声之入人深也[1],善政不如善教之得民也[2]。善政民畏之,善教民爱之。善政得民财,善教得民心。"

【注释】
〔1〕仁言:符合仁道的言语。仁声:由于仁德而获得的声誉。声:声誉。入:进入。
〔2〕善政:好的施政措施。善教:好的教化。得:获得……认可。

【译文】
孟子说:"说仁道的话不如获得仁人的称号更能征服人心,好的施政措施不如好的教化更能获得百姓拥护。好的施政措施百姓害怕,好的教化百姓喜欢。好的施政措施能得到百姓的财富,好的教化能获得民心。"

【讲解】
仁道的话固然合理,但如果自己没有做到,其说服力就会降低。获得了仁人的声誉,必然是自己的行为已经得到了舆论认可,所以能使人信服。孔子说"其身正,不令而行。其身不正,虽令不从",讲的就是这个道理。

即使是好的施政措施也要强制百姓执行,只能使百姓多生产财富。好的教化却能提高百姓的素质,百姓懂得了道理,可以自律自治,不用扬鞭自奋蹄,使社会步入良性发展的轨道。

13.15 孟子曰:"人之所不学而能者,其良能也。所不虑而知者[1],其良知也。孩提之童无不知爱其亲者[2]，及其长也，无不知敬其兄也。亲亲[3]，仁也。敬长，义也。无他[4]，达之天下也[5]。"

【注释】

〔1〕虑:思考。

〔2〕孩提:幼小。亲:父母。

〔3〕亲亲:亲爱父母。

〔4〕他:别的。

〔5〕达:通达,推广。

【译文】

孟子说:"人不需要学习就会做的,是最好的才能。人不需要思考就能懂的道理,是最好的道理。幼小的儿童没有不懂得爱父母的,到长大后,没有不懂得尊敬哥哥的。爱父母就是仁,尊敬兄长就是义。管理社会没有别的良方,把仁和义的美德从家庭中推广到整个天下就行了。"

【讲解】

仁义是人的根本品德,孟子认为仁义的善性是与生俱来的,但有两点要注意,一是要在后天的成长中不可失去,一是要将这种善性推广使用到别人身上。

13.16 孟子曰:"舜之居深山之中,与木、石居,与鹿、豕游[1],其所以异于深山之野人者几希[2],及其闻一善言,见一善行,若决江[3]、河[4],沛然莫之能御也[5]。"

【注释】

〔1〕豕(shǐ):猪。游:交往。

〔2〕异:区别。几(jī)希:极少。

〔3〕决:堤岸决口。江:长江。

〔4〕河:黄河。

〔5〕沛然:水大的样子。莫:没有什么。御:阻挡。

【译文】

孟子说:"舜住在深山里,和树木、石头在一起,和鹿、猪来往,他身上不同于深山中百姓的东西极少,当他听到一句好的话,看到一个好的行为,自己的善性就被启发出来而像长江、黄河决口一样,广泛的影响没有人能阻挡。"

【讲解】

孟子认为每个人都有善良的天性,只是这种天性需要努力维护,也需要向他人传导。舜的善性被他人的良好表现诱发出来,又转而大面积地影响了别人,因而成就了一个圣人,创造了舜地尧天的美好政治局面。

13.17 孟子曰:"无为其所不为,无欲其所不欲〔1〕,如此而已矣。"

【注释】

〔1〕欲:希望得到。

【译文】

孟子说:"不做自己不想做的事,不要自己不想要的东西,像这样做人就行了。"

【讲解】

在利益的驱使下,人们往往去做一些自己本来不愿意做的事情,去追逐一些本来不该要的东西,在名枷利锁下争斗。在孟子眼里,所谓"不想做的事"应当指不义之事,所谓"不想要的东西"应当指不义之财。

13.18 孟子曰:"人之有德、慧[1]、术[2]、知者[3],恒存乎疢疾[4]。独孤臣孽子[5],其操心也危,其虑患也深[6],故达[7]。"

【注释】

〔1〕慧:智慧。

〔2〕术:谋略。

〔3〕知:知识。

〔4〕恒:总是。存:在。乎:于。疢(chèn)疾:疾病,喻指忧患。

〔5〕独:只有。孤臣:没有靠山的臣。孽子:不是正妻生的儿子,比嫡子地位低。

〔6〕虑:谋虑。患:灾祸。

〔7〕达:显达,有成就。

【译文】

孟子说:"人有品德、智慧、谋略、知识,总是因为他有忧患。只有那些没有靠山的臣和妾生的儿子,他们心里想的是可能出现的危险,对灾祸考虑得很深远,所以人生的道路能够通畅。"

【讲解】

逆境会逼得人勤奋上进,多才多艺,使人的性格坚韧,素质提高,所以往往更能趋利避害,取得成功。孔子说:"吾少也贱,故多能鄙事。"意思是:"我小的时候地位卑贱,所以学了许多贵族所瞧不起的技艺。"孟子在上文说:"……然后知生于忧患而死于安乐也。"(12.15)讲的都是逆境造就人才的道理。

13.19 孟子曰:"有事君人者[1],事是君则为容悦者也^[2]。有安社稷臣者^[3]，以安社稷为悦者也。有天民者^[4]，达可行于天下而后行之者也^[5]。有大人者^[6]，正己而物正者也^[7]。"

【注释】

〔1〕事：侍奉。君人：君主。疑这里的"君人"原作"人君"。《后汉书·陈蕃传》："臣闻有事社稷者，社稷是为。有事人君者，容悦是为。"

〔2〕容悦：高兴。

〔3〕安：使……安定。社稷：国家。

〔4〕天民：顺应天意的人。

〔5〕达：仕途通达，掌握了治国的权柄。行：推行正确的政治主张。

〔6〕大人：素质层次最高的人。

〔7〕正：端正，使……正确规范。物：指他人。

【译文】

孟子说："有侍奉君主的人，侍奉某个君主就为了让他高兴。有能使国家安定的臣，他们把安定国家作为高兴的事。有顺应天意的人，他们在执掌大权后能够在普天下推行正确的政策时就开始推行。有层次最高的人，他们端正自己的行为，影响得别人也端正了。"

【讲解】

孟子这里列出了四种人，都是涉足政治而能对社会有所影响的人，其层次是从低到高地排列的。第一种人只为利禄而当官，所以一切以讨好君主为宗旨，这种人在官吏中占大多数。第二种人是有治国之才的能臣，以建功立业为人生目标。这种人的数量已经很少，像春秋时期的管仲、子产等便当之无愧。不过他们的目标往往限定在自己所服务的国家，范围不大。第三种人能顺应天意，以治好天下为己任，在获得权柄后就展开自己的抱负,在普天下推行仁政。可能像禹、汤、周文王、周武王,就是孟子心目中的这种"天民"。第四种人的表现最为理想,就是始终一贯地修身进取,不论穷、达,都能以自己的榜样作用带动着社会进步。舜的表现就符合这样的标准,他从平民而成为天子,一直走着"正己而物正"的路子。

13.20 孟子曰:"君子有三乐[1],而王天下不与存焉[2]。父母俱存,兄弟无故[3],一乐也。仰不愧于天[4],俯不怍于人[5],二乐也。得天下英才而教育之,三乐也。君子有三乐,而王天下不与存焉。"

【注释】

[1] 乐:高兴的事。

[2] 王(wàng):当天下的君主。与存:在……之中。

[3] 故:灾病等。

[4] 仰:对上。愧:惭愧。

[5] 俯:对下。怍(zuò):愧疚。

【译文】

孟子说:"君子有三件能使自己快乐的事,当天下的帝王不在其中。父母都健在,兄弟无灾无病,这是第一件乐事。向上不愧对天,向下不愧对别人,这是第二件乐事。得到天下的优秀人才而培养他们,这是第三件乐事。君子有三件能使自己快乐的事,当天下的帝王不在其中。"

【讲解】

孟子讲的"三乐",代表了一种最高层次的人生价值观,即使是"帝王"这样的大名大利都不能取代。

父母、兄弟是天伦至亲,其健康顺遂最能安慰人心。天固然是虚的,但儒家认为天意源于民意,是正义和公理的化身,所以对的起人也就是对得起天了。不愧对他人就是不愧对社会,这是很难做到的,必须能够承担起修身齐家治国平天下的重任。教育天下英才,使自己的社会责任后继有人,变单兵作战为集团作战,推动社会的进步,意义也十分重大。

13.21 孟子曰:"广土众民[1],君子欲之,所乐不存焉[2]。中天下而立[3],定四海之民[4],君子乐之,所性不存焉[5]。君子所性,虽大行不加焉[6],虽穷居不损焉[7],分定故也[8]。君子所性,仁、义、礼、智根于心[9],其生色也睟然[10],见于面[11],盎于背[12],施于四体[13],四体不言而喻[14]。"

【注释】

〔1〕广土:领地广大。众民:管辖的百姓众多。

〔2〕乐:喜欢的。存,存在。

〔3〕中:在……正中间。

〔4〕定:使……安定。

〔5〕性:保有的本性。

〔6〕虽:即使。大行:对整个天下进行管理。加:增加。

〔7〕穷居:困顿,仕途不通而居家。损:减少。

〔8〕分(fēn):依道理应该占据的地位。

〔9〕根:扎根。

〔10〕色:表情。睟(suì)然:温和慈祥的样子。

〔11〕见(xiàn):现,表现。

〔12〕盎(àng):洋溢。

〔13〕施:流布。四体:四肢。

〔14〕喻:明白,理解。

【译文】

孟子说:"广大的领地和众多的百姓,君子希望得到,但所喜欢的东西不在其中。站在天下的中央,能安定天下的百姓,君子也喜欢这样,但所保有的本性不在其中。君子所保有的本性,即使是实现了管理天下的目标也不增加,即使是仕途不通而待在家中也不减少,这是因为它该占的地位已经确定了。君子所保有的本性,仁、义、礼、智在心中扎了根,产生的表情很温和慈祥,表现在脸上,洋溢在背上,流布到四肢,四肢不会说话但会行动,所以能被人们理解。"

【讲解】

君子希望能管理诸侯大国,更希望能管理好天下,但这些都不是君子的最乐,也不是君子所保有的本性。令君子骄傲的是用仁、义、礼、智铸就的高素质,对人们具有影响带动作用,这种素质和地位的高低没有关系。

13.22 孟子曰:"伯夷辟纣〔1〕,居北海之滨〔2〕,闻文王作兴〔3〕,曰:'盍归乎来〔4〕?吾闻西伯善养老者〔5〕。'太公辟纣〔6〕,居东海之滨,闻文王作兴,曰:'盍归乎来?吾闻西伯善养老者。'天下有善养老,则仁人以为己归矣〔7〕。五亩之宅,树墙下以桑〔8〕,匹妇蚕之〔9〕,则老者足以衣帛矣〔10〕。五母鸡,二母彘〔11〕,无失其时〔12〕,老者足以无失肉矣〔13〕。百亩之田,匹夫耕之〔14〕,八口之家足以无饥矣。所谓西伯善养老者,制其田里〔15〕,教之树畜〔16〕,导其妻子〔17〕,使养其老。五十非帛不暖,七十非肉不饱。不暖不饱,谓之冻馁[18]。文王之民无冻馁之老者,此之谓也。"

【注释】

〔1〕伯夷:商朝末年孤竹国国君的儿子,父亲死后,他和弟弟叔齐互相推让,谁也不肯继承君位,先后逃了出去。辟:避。纣:商朝的最后一个君主,以荒淫残暴著称。

〔2〕北海:指渤海。滨:水边。

〔3〕文王:周文王,姓姬名昌,当时是商朝的诸侯。作兴:发展壮大起来。

〔4〕盍(hé):何不。归:投奔。乎来:语气助词,表示反问语气。

〔5〕西伯:指周文王,他当时是商朝西部诸侯的统领。伯:君长。养:奉养。

〔6〕太公:姓姜名尚,商朝的一位士人,后来投奔周文王,辅佐周武王伐纣,立有大功,被封为齐侯。

〔7〕以为:把……作为。归:归宿。

〔8〕树:栽种。桑:桑树。

〔9〕匹妇:平民妇女。蚕之:用它养蚕。

〔10〕衣(yì):穿。帛:丝织物。

〔11〕彘(zhì):猪。

〔12〕失其时:错过其繁殖的时节。

〔13〕失:缺少。

〔14〕匹夫:平民男子。

〔15〕制:规定。赐给不同等级的人们的土地和封邑。

〔16〕畜:养殖。

〔17〕导:教导。妻子:妻子和儿女。

〔18〕谓之:叫作。馁(něi):饿。

【译文】

孟子说:"伯夷躲避纣的暴政,住在北海边,听说周文王发展壮大起来了,就说道:'何不去投奔呢?我听说西伯喜欢奉养

411

老年人。'姜太公躲避纣的暴政,住在东海边,听说周文王发展壮大起来了,就说道:'何不去投奔呢?我听说西伯喜欢奉养老年人。'天下有人将老年人奉养得好,贤仁的人们就把他作为自己的归宿了。分给每户人家五亩地作住宅,在墙边种上桑树,让妇女们用桑叶养蚕,老年人就能穿上丝绸衣服了。每家养五只母鸡,两头母猪,不要错过它们繁殖的时节,老年人就不缺肉吃了。每户人家分给一百亩土地,让男子耕种,八口人的家庭就能不挨饿了。所谓周文王将老年人奉养得好,就是要规定人们应该拥有的土地和封邑,督促百姓种地养殖,教导他们的妻子儿女,让他们养活好自己的老人。五十岁的人不穿丝绸衣服就不暖和,七十岁的人不吃肉就肚子不饱。身上不暖,肚子不饱,叫做挨冻受饿。周文王的百姓没有挨冻受饿的老年人,说的就是这种情况。"

【讲解】

周文王原本是商朝的诸侯,他推行仁政,获得民心,终于壮大起来,为推翻商朝奠定了基础。所谓仁政,核心的问题是搞好民生,至少要让百姓不挨饿受冻。要搞好民生必须有相应的措施,孟子在这里提出了分给百姓土地、督促百姓养殖和种植、孝养老人等。

孟子认为搞好政治的最便捷的办法是提倡孝道,供养好老年人。让老年人过得好,他们就会拥护。老年人拥护,就能带动其家族也拥护,以致于整个天下的人都拥护。

13.23 孟子曰:"易其田畴[1],薄其税敛[2],民可使富也。食之以时[3],用之以礼[4],财不可胜用也[5]。民非水火不生活[6],昏暮叩人之门户求水火[7],无弗与者,至足矣[8]。圣人治天下,使有菽粟如水火[9]。

菽粟如水火,而民焉有不仁者乎?"

【注释】

〔1〕易:种好。田畴:农田。
〔2〕薄:减轻。税敛:赋税。
〔3〕食:征收赋税。以:按照。时:规定的时节。
〔4〕用:使用财物。礼:礼法。
〔5〕胜(shēng):尽。
〔6〕生活:活命,生存。
〔7〕昏暮:晚上。叩:敲。
〔8〕至:极,非常。足:充足。
〔9〕菽粟:粮食。

【译文】

孟子说:"让百姓种好田地,减轻他们的赋税,就能让他们富起来。向百姓征收赋税要按照规定的时节,使用财物要遵守礼法的规定,国家的钱财就使用不完。百姓没有水和火就不能活命,晚上去敲别人家的门而讨水和火,没有不给的,因为这最充足了。圣人治理天下,要让粮食像水和火一样充足。粮食像水和火一样充足了,百姓哪还有不仁义的呢?"

【讲解】

在财政方面要开源节流,就是发展生产,节约用度。要实行富民政策,减轻他们的赋税负担,让他们衣食无忧,在此基础上,百姓的素质才能提高,风气才能好转,从而建设理想的社会。

13.24 孟子曰:"孔子登东山而小鲁[1],登泰山而小天下,故观于海者难为水[2],游于圣人之门者难为言[3]。观水有术[4],必观其澜[5]。日月有明,容光必照焉[6]。流水之为物也,不盈科不行[7]。君子之志于道也[8],不成章不达[9]。"

【注释】

〔1〕东山:指蒙山,在今山东蒙阴县南。小:觉得……小。
〔2〕为:算作。
〔3〕游:游学,外出求学。
〔4〕术:方法,讲究。
〔5〕澜:大浪。
〔6〕容光:能够进入光线的空间。
〔7〕盈:满。科:坑。
〔8〕志:追求。道:治国的学问。
〔9〕成章:达到相当的境界。达:指出仕。

【译文】

　孟子说:"孔子登上东山,就觉得鲁国很小,他登上了泰山,就觉得天下也很小。所以看过海的人,江河湖泊就难算是水,在圣人的门下学习过的人,其他人的主张就难算是理论。看水有其讲究,就是要看它的大浪。太阳和月亮有光辉,凡是能进入光线的空间一定能照到。流水这种东西,不灌满坑不能往前流。君子决心在天下推行仁政,不学到成熟的境界不出来当官。"

【讲解】

　求学上进,要给自己提出最高的标准,一定要掌握广博而扎实的知识,无所遗漏,为担当重任做好一切准备。

　13.25 孟子曰:"鸡鸣而起,孳孳为善者[1],舜之徒也[2]。鸡鸣而起,孳孳为利者,蹠之徒也[3]。欲知舜与蹠之分,无他[4],利与善之间也[5]。"

【注释】

〔1〕孳孳:努力。

〔2〕徒:像……一类的人。

〔3〕蹠(zhí):是古代的一个著名的强盗,被称为"盗蹠"。

〔4〕他:别的。

〔5〕间(jiàn):差别。

【译文】

孟子说:"鸡一叫就起床,努力行善,这是舜一类的人。鸡一叫就起床,努力求利,这是蹠一类的人。要知道舜和蹠的区别,没有别的,就是利益和道义的差异。"

【讲解】

舜是圣人,做人的层次最高。蹠是大盗,做人的层次最低。他们分别走向了两个极端,是因为一个选择了道义,一个选择了财利。君子和小人的区别,就在于君子追求道义,小人追求财利。

13.26 孟子曰:"杨子取为我〔1〕,拔一毛而利天下不为也〔2〕。墨子兼爱〔3〕,摩顶放踵利天下为之〔4〕。子莫执中〔5〕,执中为近之〔6〕,执中无权〔7〕,犹执一也〔8〕。所恶执一者〔9〕,为其贼道也〔10〕,举一而废百也〔11〕。"

【注释】

〔1〕杨子:名朱,战国时的一位学者。取:主张。

〔2〕利:给……带来利益。

〔3〕墨子:名翟,战国时的一位学者。兼爱:普遍地爱一切人。

〔4〕摩:磨。顶:头上。放(fǎng):至。踵:脚跟。

〔5〕子莫:鲁国的一位贤者。执:坚持,主张。中:合理的规则。

〔6〕近:接近最终的标准。

〔7〕权:权变,根据利害的轻重而变通处理。
〔8〕一:片面的一方。
〔9〕恶(wù):反对。
〔10〕贼:破坏。道:指儒家系统的思想。
〔11〕举:实行。废:放弃。

【译文】

孟子说:"杨朱主张人人为自己,即使拔一根毛能给天下人带来利益,他也不肯。墨翟主张普遍地爱一切人,即使从头到脚都磨得没毛了却能够对天下人有利,他就愿意做。子莫坚持按合理的规则办事,这种态度接近最终的标准。如果硬要机械地按合理的规则办事而不肯变通,那就和固执片面的意见一样了。人们反对固执片面的意见,是因为那样会破坏正确的思想系统,认可一点而否定了其它合理的东西。"

【讲解】

杨朱主张人人利己而不肯利人,墨翟主张牺牲自己的利益而普爱世人,其观点都很极端,没有可行性。儒家主张按合理的规则办事,子莫所执的"中"就是"中庸之道"的"中"。在执行规则时,不能机械固执,要懂得权衡变通,趋利避害,实现功利目标的最大化。坚持原则是重要的,合理地运用原则也是重要的,比只知道机械地坚持原则更高一筹。

孔子说:"可与共学,未可与适道。可与适道,未可与立。可与立,未可与权。"(《论语·子罕》)这段话的意思是:"可以和他一起学习,却不能和他一起去实践真理。可以和他一起去实践真理,却不能和他一起进入高的境界。可以和他一起进入高的境界,却不能和他一起权衡应变。"孔、孟都把"权"看得非常重要,是人生素质的最高境界。

13.27 孟子曰:"饥者甘食[1],渴者甘饮,是未得饮食之正也[2],饥渴害之也[3]。岂惟口腹有饥渴之害?人心亦皆有害。人能无以饥渴之害为心害,则不及人不为忧矣。"

【注释】

〔1〕甘:觉得……甜美。

〔2〕正:原本的,正确的。

〔3〕害:干扰,影响。

【译文】

孟子说:"饥饿的人觉得能吃的东西都甜美,口渴的人觉得能喝的东西都甜美,这不是食品和饮品本来的价值评判,是饥饿和口渴干扰的。何止口腹会有饥饿和口渴的干扰,人的思想也都会被干扰。人如果能不使自己的思想受'饥饿和口渴'般的干扰,那么不比别人富贵的事情就不值得忧虑了。"

【讲解】

像饥饿和口渴能影响人们的饮食评价标准一样,贫穷和卑贱也能影响人们的人生价值标准。由于贫穷和卑贱而导致对富贵的渴望追逐,往往会忽略对更高的人生品味的追求。

13.28 孟子曰:"柳下惠不以三公易其介[1]。"

【注释】

〔1〕柳下惠:春秋时鲁国的一位大夫,姓姬,名获,字禽,又字季,氏为展,死后谥为"惠"。"柳下"可能是他的封地名。以:因为。三公:国家大臣中的三个最高的职位。易:改变。介:节操。

【译文】

孟子说:"柳下惠不因为三公的职位而改变自己的节操。"

【讲解】

柳下惠是个坚持正义而又很豁达的人,不肯为了获得高官厚禄而改变自己的节操。关于柳下惠的事迹,可参看上文3.9、10.1的内容。《论语·微子》:"柳下惠为士师,三黜。人曰:'子未可以去乎?'曰:'直道而事人,焉往而不三黜?'"意思是说:"柳下惠担任士师,多次被降职或罢免,有人说:'你不可以离开鲁国吗?'他回答说:'正直地给别人当下属,走到哪里不会多次被降职或罢免?'"由此看见他耿直的为人。

13.29 孟子曰:"有为者辟若掘井[1],掘井九轫而不及泉[2],犹为弃井也[3]。"

【注释】

〔1〕为:作为。辟(pì)若:譬若,像。

〔2〕轫(rèn):仞,长度单位,八尺为一仞。

〔3〕犹:仍然。弃:废弃。

【译文】

孟子说:"有作为的人就像是在挖井,挖井到九仞深还未见水,那仍然是口废井。"

【讲解】

做大事需要有毅力和恒心,有坚韧的性格,如果半途而废,往往前功尽弃,最终将一事无成。

13.30 孟子曰:"尧、舜,性之也[1];汤[2]、武[3],身之也[4];五霸[5],假之也[6]。久假而不归[7],恶知其非有也[8]?"

【注释】

〔1〕性:天性。之:仁义。

〔2〕汤:商代的开国君主,是著名的贤君。

〔3〕武:周武王,周朝的开国君主,是著名的贤君。

〔4〕身:身体力行。

〔5〕五霸:指春秋时期先后成为诸侯盟主的五个诸侯国君:齐桓公、晋文公、秦穆公、宋襄公、楚庄王。

〔6〕假:借,以……为托辞。

〔7〕归:归还。

〔8〕恶(wū):疑问代词,相当于"哪"。

【译文】

孟子说:"仁义对于尧、舜来说属于天性,商汤和周武王能够身体力行,春秋时期的五霸则是借它的旗号办事。如果久借不还,谁知道他们本来是不具有这样的美德的?"

【讲解】

实行仁义的人分三个层次:一种是属于天性的自然表现,一种是理性的积极努力,一种则是将它视为办事的工具。大部分人实行仁义,都属于后一种人。但如果老打着仁义的旗号做事,仁义也会感化人,时间久了,自己也就成为仁义之人了。因此,打着仁义的旗号做事的行为也是应该欢迎的。

13.31 公孙丑曰[1]:"伊尹曰[2]:'予不狎于不顺[3],放大甲于桐[4],民大悦。大甲贤,又反之[5],民大悦。'贤者之为人臣也[6],其君不贤,则固可放与[7]?"孟子曰:"有伊尹之志则可[8],无伊尹之志则

419

篡也[9]。"

【注释】

〔1〕公孙丑:孟子的一个学生。

〔2〕伊尹:商汤的相,商汤去世后又辅佐大甲,是著名的贤臣。

〔3〕狎:亲近。不顺:指不遵循道义,破坏法度。

〔4〕放:放逐。大(tài)甲:太甲,商汤的孙子,被伊尹立为天子,因破坏汤建立的法度,被伊尹放逐到桐。三年后,大甲悔过,成为了仁义的君子,又回到亳当了天子。桐:地名,不能确定在哪里。

〔5〕反:返。使……返回。

〔6〕人臣:臣。

〔7〕固:自然。

〔8〕志:思想。

〔9〕篡:篡夺。

【译文】

公孙丑说:"伊尹说:'我不能接受太甲破坏法度的行为,把他放逐到了桐,百姓十分高兴。太甲后来变好了,我又让他回来当了天子,百姓十分高兴。'贤者当君主的臣,他的君主不好,就可以放逐吗?"孟子说:"有伊尹的胸怀,就可以放逐,如果没有伊尹的胸怀,就会篡夺君位。"

【讲解】

儒家认为道义是评判是非的最高标准,人人都得服从道义,道义面前人人平等,所以伊尹放逐太甲是应该被肯定的。汉朝的霍光要废掉新立的皇帝,也援引了伊尹废太甲的史事。但政治问题是复杂的,大臣放逐君主毕竟是大事,如果大臣心怀叵测,则可能打着道义的旗号而行篡夺之实。

13.32 公孙丑曰[1]:"《诗》曰[2]:'不素餐兮[3]。'

君子之不耕而食,何也?"孟子曰:"君子居是国也,其君用之则安富尊荣,其子弟从之则孝悌忠信[4]。'不素餐兮',孰大于是[5]?"

【注释】

〔1〕公孙丑:孟子的一个学生。
〔2〕《诗》:《诗经》。下文引述的诗句见于《诗经·魏风·伐檀》。
〔3〕素餐:白吃饭,不劳而获。
〔4〕子弟:年轻人。从:听从。
〔5〕孰:谁。大:比……重大。

【译文】

公孙丑说:"《诗经》上说:'不白吃啊。'君子不种地却要吃饭,为什么?"孟子说:"君子在一个国家,国君任用了他,就会平安富足,尊贵荣耀;年轻人听从了他,就会孝顺父母,敬重兄长,忠贞诚实。说到不白吃饭,谁能比他做得更好?"

【讲解】

君子有治国的才干,能够使国家兴盛,君主荣耀。君子是道德的榜样,能够使人们的素质提高,风气转好。君子是劳心者,他们的劳动成果是管理绩效,如果让君子耕地而自食其力,就是牺牲了高端的绩效而从事低端的劳作。主张任何人都种粮而自食其力,是农家主张的绝对平均主义的狭隘观点,可参看上文5.4的内容。

13.33 王子垫问曰[1]:"士何事[2]?"孟子曰:"尚志[3]。"曰:"何谓尚志?"曰:"仁义而已矣。杀一无罪非仁也,非其有而取之非义也。居恶在[4]?仁是也。路恶在?义是也。居仁由义[5],大人之事备矣[6]。"

【注释】

〔1〕王子垫：名叫垫，是当时齐王的儿子，所以称为"王子垫"。

〔2〕事：动词，从事。

〔3〕尚：使……高尚。志：思想追求。

〔4〕居：立场。恶：(wū)哪里。

〔5〕由：实行。

〔6〕大人：总体层次最高的人。事：要素。备：齐备。

【译文】

王子垫问道："士人该做些什么事？"孟子说："要使自己的追求高尚。"王子垫说："怎样就叫做使追求高尚了？"孟子说："追求仁和义就行了。杀死一个没罪的人是不仁，不属自己的东西而取得是不义。立场应该站在哪里？就是仁。该走的路在哪里？就是义。站在仁的立场上沿着义的道路行走，成为完人的要素就齐备了。"

【讲解】

地位尊贵的人，最有可能跋扈而伤害无辜的人，最有条件获取本来不属于自己的东西而侵害别人的利益，如果他们能存仁心做义事，就最可能成为真正高层次的人。

13.34 孟子曰："仲子〔1〕，不义与之齐国而弗受，人皆信之，是舍箪食豆羹之义也〔2〕。人莫大焉亡亲戚君臣上下〔3〕，以其小者信其大者〔4〕，奚可哉〔5〕？"

【注释】

〔1〕仲子：陈仲子，齐国的一位隐士，他的哥哥陈戴是齐国地位很高的大臣。

〔2〕箪(dān)：装饭的一种竹器。豆：一种装食物的高脚的盘子。

羹:烹调出来的带汁的肉或菜。

〔3〕莫:没有什么。大:比……严重。焉:于。亡(wú):无,没有,无视。亲戚:指父母。上下:尊卑。

〔4〕以:根据。

〔5〕奚:岂,怎么。

【译文】

孟子说:"陈仲子,如果在不合道义的情况下把整个齐国都送给他,他也不会接受,人们都信任他,他的行为属于那种肯舍弃一篮饭一盘菜的小的道义。人最严重的问题是无视父母、君臣、尊卑的关系,根据他小的道义表现就相信他是个完人,怎么可以呢?"

【讲解】

陈仲子是隐士,他认为贵族的财富都是不义之财,所以拒绝沾边,哥哥是齐国的巨富,他却过着苦日子,因而受到人们的推崇信赖。孟子认为陈仲子当隐士而与社会隔绝,离开父母而隐居是不孝,拒绝当官是放弃自己应该承担的社会责任,不履行对尊者的敬奉是违背礼法,他的义是小义而不是大义,这是不值得认可的。

13.35 桃应问曰[1]:"舜为天子,皋陶为士[2],瞽瞍杀人则如之何[3]?"孟子曰:"执之而已矣[4]。""然则舜不禁与[5]?"曰:"夫舜恶得而禁之[6]?夫有所受之也[7]。""然则舜如之何?"曰:"舜视弃天下犹弃敝蹝也[8]。窃负而逃[9],遵海滨而处[10],终身䜣然[11],乐而忘天下。"

423

【注释】

〔1〕桃应:孟子的一个学生。

〔2〕皋陶(yáo):舜的法官。士:法官。

〔3〕瞽瞍(sǒu):舜的父亲,表现很恶劣。如之何:怎样。

〔4〕执:逮捕。

〔5〕禁:阻止。

〔6〕恶(wū):哪,岂。

〔7〕受:禀受,指皋陶从舜那里禀受了执法的权利和依据。

〔8〕弃:抛弃。敝:破败的。蹝(xǐ):草鞋。

〔9〕窃:私下,偷偷。负:背着。

〔10〕遵:沿着。滨:水边。处:居住。

〔11〕䜣(yín):恭谨,礼敬。

【译文】

桃应问道:"舜当着天子,皋陶担任法官,如果瞽瞍杀了人,该怎么办?"孟子说:"只能是逮捕而已。"桃应说:"这样的话,舜不阻止吗?"孟子说:"舜哪会阻止呢?皋陶执法的权利和依据是舜授予的。"桃应说:"这样的话,舜该怎么办?"孟子说:"舜把抛弃天子的地位看得就像是抛弃一只破草鞋。他会偷偷背上瞽瞍而逃走,沿着海边住下来,终身都会对父亲恭谨地奉养,高高兴兴地忘掉自己当天子的荣耀。"

【讲解】

即使是天子的父亲犯了罪,法官也必须依法惩治,在法律面前是人人平等的,概莫能外。但瞽瞍杀了人,依法该被处死,儿子舜当着天子,有能力枉法救他而不救,舜就必然成了间接地"弑父"。孟子认为"孝"是一种单向的无条件品行,儿子在任何情况下都不能不孝顺,更不可以"弑",所以他认为在这种情况下舜应该带着瞽瞍逃亡,当一个孝子最快乐,孝子的荣耀最崇高,即使是天子的地位也不能相比。

父母犯了罪,子女该怎么对待,这种发生在直系亲属间的"情"与"法"的冲突是一个十分尖锐的矛盾。主张无条件地大义灭亲,其实失于简单,古代曾经有过在一定条件下不追究直系亲属间的包庇罪的法律,就是照顾到人的自然的情感因素。这个问题很复杂,人们的观点会见仁见智,一时恐怕不能统一。

13.36 孟子自范之齐[1],望见齐王之子,喟然叹曰[2]:"居移气[3],养移体[4],大哉居乎[5]!夫非尽人之子与[6]?"

孟子曰:"王子宫室、车马、衣服多与人同,而王子若彼者[7],其居使之然也,况居天下之广居者乎[8]?鲁君之宋[9],呼于垤泽之门[10],守者曰:'此非吾君也,何其声之似我君也?'此无他[11],居相似也。"

【注释】

〔1〕范:地名,在今山东范县东南,是齐宣王的一个儿子的封邑。齐:指当时齐国的都城临淄。

〔2〕喟(kuì):象声词,表示感叹时发出的声音。

〔3〕居:住所,引申指地位。移:改变。气:气度。

〔4〕养:供养条件。体:身体。

〔5〕大:重要。

〔6〕尽:全是。

〔7〕彼:那样。

〔8〕况:何况。广居:大的住所。

〔9〕鲁:鲁国。宋:宋国。

〔10〕垤(dié)泽之门:宋国都城东面城墙靠南的一个城门。

〔11〕他:别的。

【译文】

孟子从范邑到临淄去,看到了齐王的儿子,他"唉"地长叹一声而说道:"地位能改变人的气度,饮食能改变人的身体,地位是很重要的啊!这不都是人生下的儿子吗?"

孟子说:"齐王的儿子的住所、车马、服饰大都和别人一样,可是他的气度却像那样,这是他的地位使他那样的,更何况那种把整个天下作为自己居所的人(指天子)呢?鲁国国君到宋国去,在东南门外叫喊开门,守门的人说:'这个人不是我国的君主,为什么他叫门的气势很像我国的君主呢?'这没有别的原因,是他们的地位一样的缘故。"

【讲解】

尊贵的地位和生活环境往往能改变人的气度,周围的人们阿谀奉承,容易导致他们对人颐指气使,飞扬跋扈,目中无人,很难平等待人,更难礼贤下士。尊贵者应该认识到这一点,因而时时注意低下自己高仰的头,提高素养。

13.37 孟子曰:"食而弗爱[1],豕交之也[2]。爱而不敬,兽畜之也[3]。恭敬者,币之未将者也[4]。恭敬而无实[5],君子不可虚拘[6]。"

【注释】

〔1〕食(sì):供养,给俸禄。

〔2〕豕(shǐ):像对待猪一样。豕:猪。交:交往。

〔3〕兽:像对待野兽一样。畜:饲养。

〔4〕币:礼物。将:奉送。

〔5〕实:真实的表现。

〔6〕虚拘:受假象限制。

【译文】

孟子说:"只给俸禄而不喜欢,那是像养猪一样和士人交往。只喜欢而不恭敬,那是像对待观赏野兽一样饲养着。恭敬的体现,在礼物还没有送之前。徒有恭敬的仪式而没有诚心,君子不能被这种假象迷住。"

【讲解】

孟子认为君子出仕的目的是治国平天下,其地位是君主的老师,所以只给俸禄不行,喜欢而不恭敬也不行,送给丰厚的礼物并不等于诚心恭敬。君主对士人不恭敬,士人就不可能主导国家的政治,其出仕就失去了意义。

13.38 孟子曰:"形[1]、色[2],天性也[3],惟圣人然后可以践形[4]。"

【注释】

〔1〕形:指男子美好的长相。

〔2〕色:指女子美好的长相。

〔3〕天性:天赋人的东西。

〔4〕践:善,使……良好。

【译文】

孟子说:"美好的长相是天赋予的自然状态,只有圣人才能保持其形象的良好。"

【讲解】

美好的长相是天生的,但并不能保证得到人们的喜欢,只有品行优秀,才能无愧于好的长相。如果长相好而品行低劣,人们仍然会鄙视,其长相就被糟蹋了。

13.39 齐宣王欲短丧[1]，公孙丑曰[2]："为期之丧[3]，犹愈于已乎[4]？"孟子曰："是犹或紾其兄之臂[5]，子谓之姑徐徐云尔[6]，亦教之孝悌而已矣[7]。"

王子有其母死者[8]，其傅为之请数月之丧[9]，公孙丑曰："若此者何如也[10]？"曰："是欲终之而不可得也[11]，虽加一日愈于已[12]。谓夫莫之禁而弗为者也[13]。"

【注释】

〔1〕齐宣王：齐国国君，姓田，名辟疆，死后谥为"宣"。丧(sāng)：守孝的期限。

〔2〕公孙丑：孟子的一个学生。

〔3〕期(jī)：一整年。

〔4〕犹：仍然。愈：胜过。已：取消，不实行。

〔5〕或：有人。紾(zhěn)：捩，强行扭住。

〔6〕谓：告诉。姑：姑且。徐徐：舒缓。云尔：而已。

〔7〕亦：唯，只是。悌(tì)：顺从年长者。

〔8〕王子：齐王的儿子。

〔9〕傅：老师。请：向齐王请求。

〔10〕何如：怎么样。

〔11〕终：指按期限守孝到终了。

〔12〕虽：即使。

〔13〕谓：指。夫：那些。莫：没有人。

【译文】

齐宣王想实行较短的守孝期限的礼制，公孙丑说："齐王实行一年的守孝期，还是比不守孝强吧？"孟子说："这就像是有人扭住了他哥哥的胳膊,你告诉他说用力要轻点而已,只要教导他应该孝悌就行了。"

齐王有个儿子的母亲死了,他的老师给他向齐王请求几个月的守孝期,公孙丑说:"像这种情况怎么样?"孟子说:"这是想守孝到三年而做不到,即使是多守孝一天也比不守孝强。我批评的是那些并没有人禁止他,却不肯守孝的人。"

【讲解】

古代为父母守孝的期限是三年,人们难以遵守,战国时期已经有人干脆不守孝了。齐宣王想将守孝期限规定为一年,公孙丑认为这已经不错了,孟子则认为守孝一年和不守孝相当于五十步笑百步,还应该恢复守孝三年的礼制。

按照礼制,国君儿子的母亲死了,可以不守孝,所以想守孝几个月还得请示。孟子认为这种精神是应该肯定的,他是想守孝而礼制不容许,应该责备的是那些礼制并没有禁止却不肯守孝的人。

孔子和孟子都认为守孝是对父母孝顺的体现,所以都反对缩短守孝的期限。其实孝顺不孝顺不在于形式上的守孝,要求为父母守孝三年,实际上是使人们三年的时光无所作为,守孝时节食的讲究也损害健康,已经是一种陋俗,要求缩短期限或干脆革除的要求是有其道理的。

13.40 孟子曰:"君子之所以教者五[1]:有如时雨化之者[2],有成德者[3],有达财者[4],有答问者,有私淑艾者[5]。此五者,君子之所以教也。"

【注释】

〔1〕教:教化,给人以教益。

429

〔2〕时雨:按时令到来的雨水。化:化育,滋养。

〔3〕成:使……成就。

〔4〕达:使……通达。财:才,见识。

〔5〕私:自行。淑艾:选取,学习。

【译文】

孟子说:"君子给人教益的方式有五种:有像适时的雨水普遍地滋养植物那样教化社会的,有成就别人的美德的,有使别人的才干增长的,有解答疑问的,有作为榜样而被人主动学习的。这五点就是君子给人教益的方式。"

【讲解】

君子是完美人格的化身,是社会的榜样,可以用多种方式给社会带来积极的影响,即使是去世了,也能被人敬仰而学习。

13.41 公孙丑曰[1]:"道则高矣美矣[2],宜若登天然[3],似不可及也。何不使彼为可几及而日孳孳也[4]?"孟子曰:"大匠不为拙工改废绳墨[5],羿不为拙射变其彀率[6]。君子引而不发[7],跃如也[8]。中道而立[9],能者从之[10]。"

【注释】

〔1〕公孙丑:孟子的一个学生。

〔2〕道:指儒家的主张。

〔3〕宜若:似乎,好像。

〔4〕彼:它。为:成为。几(jī):差不多,接近。日:每天。孳孳:努力。

〔5〕大匠:高等木匠。为:因为。拙工:笨拙的木工。废:放弃。绳墨:木工用来取直的墨绳。

〔6〕羿(yì):古代一位善于射箭的人。拙射:笨拙的射箭者。

彀(gòu):将弓弩拉开到最大程度。率(lǜ):中靶程度的标志。

〔7〕引:拉开弓。发:射出箭去。

〔8〕跃如:心里希望射中的样子。

〔9〕中道:半路上。

〔10〕从:跟随。

【译文】

公孙丑说:"您的主张目标很高,内容也很好,但好像登天,似乎达不到。为什么不让它成为可以差不多能达到的,让人们每天努力呢?"孟子说:"高级的木匠不会因为有笨拙的木工而改变或放弃直线的标准,羿不会因为有笨拙的射箭者而变更拉开弓和射中靶的标准。君子拉开弓而不轻易将箭射出去,心里在希望着射中;他站在半路上,等待能走得动的人跟上来。"

【讲解】

儒家在政治上追求实行仁政而统一天下,在做人上要求当品行完善的君子,其目标确实很高远,内容也很美好,但确实无法达到。公孙丑主张降低标准,给人们以实现的希望。孟子认为是非的标准不能改变,追求的终极目标也是不能改变的。君子应该给人们作出示范,带领人们奔向目标,能走多远算多远,总比不走强。

13.42 孟子曰:"天下有道〔1〕,以道殉身〔2〕。天下无道〔3〕,以身殉道。未闻以道殉乎人者也〔4〕。"

【注释】

〔1〕有道:指政治状况合理。

〔2〕以:用。道:正确的原则。殉:从,服务。身:自身。

〔3〕无道:指社会状况黑暗。

〔4〕人:别人。

【译文】

孟子说:"社会状况良好时,能让正确的原则为自己服务。社会黑暗时,自己要保卫正确的原则。没有听说过让正确的原则迁就别人的。"

【讲解】

君子是能够有所作为的人,在社会状况良好时,可以利用"道"大显身手,"道"是工具,可以帮君子出人头地。社会状况黑暗时,"道"会被扭曲践踏,君子就得挺身卫"道",为"道"作出牺牲。君子其实就是"道"的化身,他们有义务用"道"引导别人,却绝不能改变"道"的精神去迁就别人。

13.43 公都子曰[1]:"滕更之在门也[2],若在所礼而不答[3],何也?"孟子曰:"挟贵而问[4],挟贤而问,挟长而问[5],挟有勋劳而问[6],挟故而问[7],皆所不答也。滕更有二焉。"

【注释】

〔1〕公都子:孟子的一名学生。

〔2〕滕更:滕国国君的弟弟,来向孟子学习。

〔3〕礼:礼待。答:回答。

〔4〕挟:依仗着。贵:地位尊贵。

〔5〕长:年龄大。

〔6〕勋劳:功劳。

〔7〕故:老交情。

【译文】

公都子说:"滕更在您的门下,似乎也是您应该礼待的人,你却不回答他的问话,为什么?"孟子说:"问话时显出自己尊贵的地位,问话时显得自己很贤能,问话时显示自己年龄大,问话时显出自己有功劳,问话时显示自己是老交情,都是我不愿意回答的。滕更占了其中的两条。"

【讲解】

学生应该毕恭毕敬,诚心诚意地尊重老师。在过去,师生关系是单向而绝对的,如果因为各种原因而表现出自己的优越感,就是和老师分庭抗礼,甚至有压老师一头的味道,这就是对老师的不敬,老师就不回答他的问题,这是提醒他注意自己的毛病,学会怎样当学生。

13.44 孟子曰:"于不可已而已者[1],无所不已。于所厚者薄[2],无所不薄也。其进锐者其退速[3]。"

【注释】

〔1〕于:对。已:罢免。

〔2〕厚:优待。薄:待遇差。

〔3〕进:官职升迁。锐:快速,超常。退:被降职或罢免。

【译文】

孟子说:"把不应该罢免的人罢免了,那就没有不会被罢免的人了。对应该厚待的人轻慢,那就没有不被轻慢的人了。那些被超常提拔的人,被罢免得也快。"

【讲解】

国君对待朝臣应有识人之明,如果昏庸悖谬,是非颠倒,就会伤及君子,使人人自危。那些被超常提拔的往往是诌谀小人,得志后便胡作非为,给国家带来祸乱,所以不得不予以惩罚。

13.45 孟子曰:"君子之于物也[1],爱之而弗仁[2]。

于民也,仁之而弗亲[3]。亲亲而仁民[4],仁民而爱物。"

【注释】
〔1〕于:对于。物:指动物和植物等。
〔2〕仁:用仁义的心肠对待。
〔3〕亲:情感亲密。
〔4〕亲亲:亲密地对待亲属。

【译文】
孟子说:"君子对于动植物等,会爱惜它们,而不会用仁义的心肠对待它们。对于百姓,会用仁义的心肠对待他们,而不会和他们很亲密。君子由亲密地对待自己的亲属而延伸到用仁义的心肠对待百姓,由用仁义的心肠对待百姓而延伸到爱惜动植物等。"

【讲解】
对亲属的态度是亲密,对百姓的态度是仁义,对动植物的态度是爱惜,这是自然形成的情感差异,因而也有了相应的行为差异。对亲属亲密是自然的感情,从而想到百姓也是人,所以对百姓仁义。由于对百姓仁义,从而想到动植物等能养育百姓,所以对动植物等要爱惜。

自古以来,往往有人对宠物比对父母还亲,帝王养禽兽的开销巨大,对百姓却很刻薄,这就违反了道理。

13.46 孟子曰:"知者无不知也[1],当务之为急[2]。仁者无不爱也,急亲贤之为务[3]。尧、舜之知而不遍物[4],急先务也。尧、舜之仁不遍爱人,急亲贤也。不能三年之丧而缌[5]、小功之察[6],放饭流歠而问无齿决〔7〕,是之谓不知务〔8〕。"

【注释】

〔1〕知(zhì)者:聪明人。知:智。

〔2〕务:致力。之为:结构助词,连接提前的宾语和动词。急:优先,重视。

〔3〕亲:父母。贤:指出色的人才。

〔4〕遍:周遍,全部。物:事物。

〔5〕三年之丧(sāng):为父母守孝三年的期限。丧:守孝。缌(sī):缌麻,守孝三个月,是最短的守孝期限。

〔6〕小功:守孝五个月。察:知道得明确细致。

〔7〕放:放纵地。饭:吃饭。流:大口地喝。歠(chuò):喝。问:责问。齿决:用牙齿咬断肉食。古人吃饭时,习惯用牙齿咬湿的肉,用手掰断干的肉。

〔8〕之谓:叫作。

【译文】

孟子说:"智者没有不应该知道的事情,但要优先知道最应当致力的。仁义的人没有不应该爱护的人,但要致力于优先爱护父母和贤者。尧、舜有很高的智慧但不可能知道一切事物,他们总是重视先应该致力的。尧、舜仁义的层次最高但不可能施爱于所有的人,他们总是优先爱护父母和贤者。不肯为父母守孝三年,却对为其他亲属守孝三个月和五个月的制度知道得十分细致;在尊者面前狂吃猛喝,却责备晚辈不该用牙咬干肉,这叫做不懂得事情的轻重。"

【讲解】

事情都有轻重缓急,人的精力是有限的,应该优先办好重要的事情,不能盯着芝麻而忘了西瓜。就人伦关系而言,父母最重要,所以要先注意孝顺父母。就国家政治而言,任用贤者最重要,所以要先注意发现和爱护贤者。

  为父母要守孝三年,其他亲属则根据亲疏而递减其日期。父母的地位是至高无上的,所以应该先做好为父母守孝的事情。在尊者面前无拘无束地狂吃猛喝是不文明礼貌的行为,显得没有教养。在尊者面前用牙咬干肉也有失规矩,但失礼的程度较轻。

尽 心 下

14.1 孟子曰:"不仁哉梁惠王也[1]!仁者以其所爱及其所不爱[2],不仁者以其所不爱及其所爱[3]。"公孙丑问曰[4]:"何谓也?""梁惠王以土地之故糜烂其民而战之[5],大败,将复之[6],恐不能胜,故驱其所爱子弟以殉之[7],是之谓以其所不爱及其所爱也[8]。"

【注释】

〔1〕梁惠王:魏国国君,姓毕,名䓨(yīng),死后谥为"惠"。在位时并未称王,其子襄王即位后,追称他为王。公元前362年,魏将国都从安邑迁到大梁(今开封西北),故魏也被称为梁。

〔2〕以:连词,为了。及:惠及。

〔3〕及:连累到。

〔4〕公孙丑:孟子的一个学生。

〔5〕糜烂:毁伤。

〔6〕复:再作战。

〔7〕驱:逼着。殉:从,参加。

〔8〕之谓:叫作。

【译文】

孟子说:"梁惠王很不仁义啊!仁义的人为了他所爱的人惠及他所不爱的人,不仁义的人为了他所不爱的人连累到他所爱的人。"公孙丑说:"您指的是什么事呢?"孟子说:"梁惠王为了夺取土地的缘故,不惜伤亡他的百姓而去和齐国打仗,大败之后,要再打,担心不能取胜,便逼着他所亲近的大臣的子弟参战,这就叫做为了他所不爱的人而连累到他所爱的人。"

【讲解】

梁惠王为了掠夺土地、人口、财富,与周边邻国多次打仗,屡屡失败,连自己的儿子和大臣们的子弟也都送了命。可参看上文1.5的内容。邻国的民众本来是梁惠王不爱的人,自己的儿子、大臣的子弟、魏国的民众都不同程度地是梁惠王爱的人,但他却为了夺取自己不爱的人而葬送了自己所爱的人,不惜用人命换取土地、财富等,所以是不仁义的。

孟子认为,仁义的君主应该推行仁政,使自己所爱的人过上好日子,从而吸引其他国家的民众来投奔,这就是惠及所不爱的人了。

14.2 孟子曰:"春秋无义战[1],彼善于此则有之矣。征者[2],上伐下也,敌国不相征也[3]。"

【注释】

〔1〕春秋:孔子编写的《春秋》记载了东周时期二百四十二年的历史,这段历史时期称为春秋时期。义:正义的。

〔2〕征:出兵征讨。

〔3〕敌国:地位平等的国家。

【译文】

孟子说:"春秋时期没有正义的战争,那次战争比这次战争好一点的情况是有的。出兵征讨是地位高的攻打地位低的,地位相等的国家是不能互相征讨的。"

【讲解】

春秋时期,周王朝对诸侯的统驭能力丧失,诸侯之间互相攻战,大部分战争都以兼并掠夺为目的,社会秩序陷入了混乱之中。有的战争虽然也打着道义的旗号,但背后往往有相应的利益企图。

正常的情况下,只有天子才有征讨诸侯的权利。春秋时期诸侯之间互相攻打,所以是社会统治秩序崩溃的表现,也是其战争不具有合法性的理由。

孟子讲"春秋无义战",其实有点绝对,例如齐桓公曾经为救燕国而征讨山戎,这样的战争就不能说是不正义的。

14.3 孟子曰:"尽信《书》则不如无《书》[1],吾于《武成》[2],取二三策而已矣[3]。仁人无敌于天下,以至仁伐至不仁[4],而何其血之流杵也[5]?"

【注释】

〔1〕《书》:《尚书》。

〔2〕《武成》:《尚书》中的一篇,没有流传下来,内容可能是关于周武王伐纣的事情的。

〔3〕取:认可。策:竹简。当时的古书大都写在竹简上。

〔4〕以:凭着。至:极,最。

〔5〕其:会。流:漂着走。杵:舂米的棒槌。

【译文】

孟子说:"完全相信《尚书》的记载,还不如没有《尚书》,我对于《武成》,只相信它两三条竹简上的话。仁人在天下是无敌的,凭着周武王这样最贤仁的人去讨伐纣这样最不贤仁的人,怎么会血流得漂起杵来呢?"

439

【讲解】

　　孟子见到的《尚书·武成》上,可能说周武王伐纣时打得很激烈,血流成河,将杵都漂起来了。孟子认为仁者的军队是正义之师,是敌方民众的救星,所以不会受到激烈抵抗,自然也不可能死伤那么多人,因而认为《武成》的说法不符合事实。

　　说战场上血流成河,当然是一种夸张的手法,但孟子认为仁义之师不会受到激烈抵抗,这确实有点想当然。不过,读书时不能盲从,应该根据事理去判断真伪,这一主张还是十分可贵的。

　　14.4 孟子曰:"有人曰'我善为陈[1],我善为战',大罪也。国君好仁,天下无敌焉。南面而征北夷怨[2],东面而征西夷怨,曰:'奚为后我[3]?'武王之伐殷也[4],革车三百两[5],虎贲三千人[6],王曰:'无畏,宁尔也[7],非敌百姓也[8]。'若崩[9],厥角稽首[10]。征之为言正也[11],各欲正己也,焉用战?"

【注释】

〔1〕陈(zhèn):阵,作战时的阵势。
〔2〕南面:面向南。夷:此处泛指中原以外的部族。
〔3〕奚:何,为什么。后:把……事情放在后面做。
〔4〕武王:周武王,他打败纣而建立了周朝。殷:商朝。
〔5〕革车:兵车的一种。两(liàng):辆。
〔6〕虎贲(bēn):勇士的称号。
〔7〕宁:使……安宁。尔:你们。
〔8〕敌:把……作为敌人。
〔9〕崩:指百姓纷纷跪倒。
〔10〕厥角:磕头。厥,蹶,指跪地。角:额头。稽(qǐ)首:先拜,然后

双手合抱按地,头伏在手前边的地上并停留一会儿,整个动作较缓慢。

〔11〕之为言:说的是。

【译文】

　　孟子说:"有人说'我会布阵,我会打仗',这是大罪过。国君喜欢仁政,就天下无敌了。他到南方征讨,北方的国家就会埋怨;向东方征讨,西方的国家就会埋怨;人们会说:'为什么把我们放在后面?'周武王讨伐商朝时,只用了兵车三百辆,勇士三千人,武王对商朝的人们说:'不要怕,我是来使你们安定的,不把百姓当作敌人。'商朝的人们纷纷跪下,向他磕头参拜。'征'的意思就是'正',人们都希望仁者来使自己的国家变'正',哪还用打仗?"

【讲解】

　　孟子反对掠夺兼并的战争,他认为仁政能够征服人心,在暴政折磨下的民众会十分欢迎仁君来解救,无需血战,敌方的民众就会倒戈,变为支持自己的力量。

　　14.5　孟子曰:"梓匠轮舆能与人规矩〔1〕,不能使人巧〔2〕。"

【注释】

　　〔1〕梓(zǐ):制造器具的木工。匠:从事建筑的木工。轮:制造车轮的木工。舆:制造车箱的木工。与:给与。规:圆规。矩:用来画直角的曲尺。

　　〔2〕巧:技艺精良。

【译文】

　　孟子说:"木匠们能传授给人圆规和曲尺,但不能使人都技艺精良。"

441

【讲解】

　　仁者能教给人们好的政治理论,提出仁政的规划,也能给人们作出好的施政示范,却并不能使受教者都成为和自己一样的仁者。要当一个君子,不仅要学习,还得认真实践,才能达到老师的水平,甚至超过老师。

　　14.6 孟子曰:"舜之饭糗茹草也[1],若将终身焉[2],及其为天子也,被袗衣[3],鼓琴[4],二女果[5],若固有之[6]。"

【注释】

　　[1]饭:吃。糗(qiǔ):炒熟的米、麦等,指干粮。一说为冷粥。茹:吃。草:指野菜。
　　[2]终身:过完一辈子。
　　[3]被:穿着。袗(zhěn)衣:华美的衣服。
　　[4]鼓:弹奏。
　　[5]二女:指尧的两个女儿,是舜的妻子。果:侍奉。
　　[6]固:本来。

【译文】

　　孟子说:"舜在吃干粮、野菜的时候,好像将要这样活一辈子,在当了天子以后,穿着华美的衣服,弹着琴,尧的两个女儿侍奉着,好像一直就是过的这样的日子。"

【讲解】

　　舜最初是农民,在历山种地,所以过着苦日子。后来当了天子,过的就是好日子了。但他的心境并没有改变。早年没有因苦而痛苦,后来也没有因阔而得意。

　　舜是圣人,他的志趣是修身上进,实践仁义,生活的苦乐,地位的高低,对他来说是一样的,不会影响他崇高的精神境界。

14.7 孟子曰:"吾今而后知杀人亲之重也[1]:杀人之父,人亦杀其父。杀人之兄,人亦杀其兄。然则非自杀之也?一间耳[2]。"

【注释】

〔1〕亲:亲属。重:严重。

〔2〕一:疑本当作"一人"。间(jiàn):隔着。

【译文】

孟子说:"我今天才知道杀死别人的亲属是很严重的:杀了别人的父亲,别人也要杀你的父亲。杀了别人的哥哥,别人也要杀你的哥哥。这样的话,不就等于是亲自杀了父亲或哥哥吗?中间就隔着别人家的一个人而已。"

【讲解】

古人认为杀父之仇不共戴天,必须报复,往往导致恶性循环的严重后果。儒家仁义,一向反对轻易杀人,既然敬爱自己的家人,就应该推想到别人也敬爱自己的家人,杀害别人的家人,等于是给自己的家人带来了生命危险,和亲自杀死自己的家人一样了。

14.8 孟子曰:"古之为关也[1],将以御暴[2]。今之为关也,将以为暴。"

【注释】

〔1〕关:关卡。

〔2〕以:用来。御:防止。暴:残暴的行为。

【译文】

443

孟子说:"古代设立关卡是为了防止暴虐行为,现在设立关卡是为了施行暴虐行为。"

【讲解】

古代设立关卡是为了查禁坏人的出入,为社会安全提供保障,而后来的关卡则是为了征收过关赋税,守关者还会对过往的人们敲诈勒索,所以等于是对人施暴。儒家一直主张废除过关的税收。

14.9 孟子曰:"身不行道[1],不行于妻子[2]。使人不以道[3],不能行于妻子。"

【注释】

〔1〕道:道义。
〔2〕行:针对……实现行动目的。妻子:妻子和儿女。
〔3〕使:役使。以:按照。

【译文】

孟子说:"自身不做道义的事情,自己的主张就连妻子和儿女都不接受。不按照道义的标准使唤别人,自己的命令就连妻子儿女都不听。"

【讲解】

君子必须以道义的行为给世人做出榜样,指挥别人时也必须一切都符合道义的标准,自己的主张才能被人接受。如果自身不义,指挥别人时也违反道义,就连和自己最亲近的人都不会听从。孔子说:"其身正,不令而行。其身不正,虽令不从。"意思是说:"执政者如果自身端正,即使不用下命令,下属也会照他的意愿办事;如果自身不端正,即使下命令,下属也不会听从。"孟子这里讲的也是这个道理。

14.10 孟子曰:"周于利者凶年不能杀[1],周于德者邪世不能乱[2]。"

【注释】

〔1〕周:完备,充足。利:财利。凶年:灾荒年景。杀:指百姓被饿死。

〔2〕邪世:恶劣的时代。乱:作乱,做坏事。

【译文】

孟子说:"国家财利储备充足的,百姓不会在灾荒年景被饿死。君主品德完备的,百姓不会在时势恶劣时作乱。"

【讲解】

孟子认为,君主治国要尽心尽力,利用丰年的机会多储备粮食,灾荒年景要开仓救济,就不会发生大面积饿死人的惨剧了。君主品行尽善尽美,百姓感戴拥护,即使遭遇恶劣的时势,人们也会安分守己,不会乘机作乱。

14.11 孟子曰:"好名之人能让千乘之国[1],苟非其人[2],箪食豆羹见于色[3]。"

【注释】

〔1〕名:声誉。让:推让,不接受。千乘(shèng)之国:拥有一千辆兵车的国家,是中等的诸侯国。乘:车辆。

〔2〕苟:如果。其:那样的。

〔3〕箪(dān):装饭的竹器。豆:一种装食物的高脚的盘子。羹:烹调出来的带汁的肉或菜。见(xiàn):现,表现。色:表情。

【译文】

孟子说:"追求声誉的人会让出诸侯国君的地位,如果不是这样的人,即使是一点饭菜也会露出想争到的表情。"
【讲解】
　　君子追求有好的声誉,希望万代扬名,给后世树立光辉的榜样。为了一尘不染,倡导一种良好的道德规范,凡是不符合道义的利益都不接受,即使是诸侯国君这样顶级的大富大贵也在所不惜。许多人没有这样的胸怀,往往会为一些蝇头微利而争得不可开交。

　　14.12　孟子曰:"不信仁贤则国空虚[1],无礼义则上下乱[2],无政事则财用不足[3]。"

【注释】
　　〔1〕信:信任。空虚:指实力消亡。
　　〔2〕礼义:礼法和道义。乱:指互相侵害。
　　〔3〕政事:指国家的管理事务。财用:财富。
【译文】
　　孟子说:"不信任贤者,国家实力就会空虚。不讲礼制和道义,上下之间就会互相侵害。不注重国家的管理事务,财政用度就会不足。"
【讲解】
　　贤者是国家的脊梁,如果君主不能任用,他们会离去,因而会使国人失望而离去,这种效应会使国家实力变得空虚。礼制和道义是保障国家秩序正常的纲领,突破了礼制和道义的规制,上下之间就会为了私利而互相侵害。统治者不能精心管理国家,该办的事情被荒废或延误,生产会受到影响,百姓穷困,税收减少,财政用度就会不足。

14.13 孟子曰:"不仁而得国者有之矣[1],不仁而得天下者,未之有也。"

【注释】

〔1〕国:诸侯国。

【译文】

孟子说:"不仁道而获得一个诸侯国的事情是有的,不仁道而获得天下的事情从来没有过。"

【讲解】

有的人不仁道,但由于世袭等缘故而能当上诸侯国的国君。不仁道的人不被人拥护,所以不会夺得天下,即使有可能因为世袭的原因而成为天子,也会由于其不仁道而失去地位,夏朝的桀,商朝的纣,周朝的幽王、厉王等,都是由于不仁而不得善终的。孟子之后,秦始皇以武力兼并了天下,但不久秦王朝就被推翻了,同样证明不仁道的人不能拥有天下。

14.14 孟子曰:"民为贵[1],社稷次之[2],君为轻[3]。是故得乎丘民而为天子[4],得乎天子为诸侯,得乎诸侯为大夫。诸侯危社稷则变置[5]。牺牲既成[6],粢盛既絜[7],祭祀以时[8],然而旱干水溢[9],则变置社稷。"

【注释】

〔1〕贵:重要。

〔2〕社:土地神。稷:五谷神。土地和粮食关乎国家安危,所以对社和稷的祭祀受到重视。

〔3〕轻:不重要。

〔4〕得:获得……满意。乎:于。丘民:众民。

〔5〕危:危害。社稷:国家。变置:变更,改换。

〔6〕牺牲:供奉鬼神的牛、羊、猪等。既:已经。成:成熟,符合祭祀使用的标准。

〔7〕粢(zī)盛(chéng):盛在祭器内以供祭祀的谷物。粢:祭祀用的谷物。絜(jié):洁,洁净。

〔8〕以:按照。

〔9〕旱干:干旱。水溢:水灾。

【译文】

孟子说:"百姓的利益最重要,土地神和五谷神次一等,君主的利益不重要。因此获得民众满意的人可以当天子,获得天子满意的人可以当诸侯,获得诸侯满意的人可以当大夫。诸侯如果危害国家,就罢免他而改立别人。供奉用的牛、羊、猪等已经符合祭祀使用的标准,祭器中的谷物已经洁净,能按照规定的时节祭祀,但还是发生旱灾和水灾,就换掉土地神和五谷神的祭祀对象。"

【讲解】

百姓的利益是第一位的,君主自己的利益不当看重,诸侯危害国家就应该被罢免,只有获得民众满意才可以当天子,这都是孟子明确论述的可贵思想。

供奉土地神和五谷神,是为了让他们保佑国家,如果对他们的祭祀符合定制,却仍然发生水灾和旱灾,就是这些神失职,应该被撤换。土地神是古代共工氏的儿子句龙;五谷神曾经是烈山氏的儿子柱,商代时改为了周朝人的祖先弃。

14.15 孟子曰:"圣人,百世之师也〔1〕,伯夷〔2〕、柳下惠是也〔3〕。故闻伯夷之风者〔4〕,顽夫廉〔5〕,懦夫有立志[6]。闻柳下惠之风者,薄夫敦[7],鄙夫宽[8]。奋乎百世之上[9],百世之下闻者莫不兴起也[10],非圣人而能若是乎?而况于亲炙之者乎[11]?"

【注释】

〔1〕百世:一百代,永远。

〔2〕伯夷:商朝末年孤竹国国君的儿子,是古代公认的贤士典型。

〔3〕柳下惠:鲁国的一个大夫,姓姬,名获,字禽,又字季,氏为展,死后谥为"惠"。"柳下"可能是他的封地名。

〔4〕风:风范。

〔5〕顽夫:贪婪的人。顽:忨。廉:不贪婪。

〔6〕立:建树,挺立起来。

〔7〕薄夫:刻薄的人。敦:厚道。

〔8〕鄙夫:见识狭隘浅陋的人。宽:宽容。

〔9〕奋:奋发。

〔10〕莫:没有人。兴起:奋起。

〔11〕而况:何况。炙:熏陶,培养。

【译文】

孟子说:"圣人是人类永远的老师,伯夷、柳下惠就是这样的人。所以听到伯夷的风范的,贪婪的人会变得廉洁,懦弱的人会产生建功立业的志向。听到柳下惠的风范的,刻薄的人会变得厚道,心胸狭隘浅陋的人会变得宽容。圣人在百代之前奋发立身,百代之后听到他们事迹的人没有不奋起效仿的,不是圣人,能像这样对后世产生积极影响吗?何况是那些亲身接受过圣人熏陶的人呢?"

【讲解】

圣人是社会积极精神的代表,所以是社会的榜样,能够供后人学习效仿,规范社会的风气。

449

所谓"亲炙之者",孟子可能说的是他自己。孔子是圣人中的集大成者,孟子虽然没有亲聆过孔子的教导,但他距离孔子时代不远,而且自称对孔子"私淑诸人"(见上文8.22),可见他是自觉地以圣人为奋斗目标,希望自己也能成为百世之师。

14.16 孟子曰:"仁也者,人也。合而言之,道也[1]。"

【注释】

〔1〕道:正道,社会的正确规范。

【译文】

孟子说:"'仁'的意思就是'人',二者合起来说,就是'道'。"

【讲解】

"仁"和"人"读音相同,两个词之间有滋生关系。所谓"仁道"就是"人道",是做人应该遵循的正确规则。"人"而有"仁",便是"仁人",仁人是"道"的化身,也是"道"的执行者。

14.17 孟子曰:"孔子之去鲁[1],曰:'迟迟吾行也[2]。'去父母国之道也[3]。去齐[4],接淅而行[5]。去他国之道也[6]。"

【注释】

〔1〕去:离开。鲁:鲁国。孔子是鲁国人,鲁定公时担任司寇,因为对鲁国政治失望而离开,到其它诸侯国谋求任职。

〔2〕迟迟:慢慢。

〔3〕父母国:祖国。道:方式。

〔4〕齐:齐国。孔子曾经在齐国住过七年,因为怕受到齐国大臣的迫害而离开。

〔5〕接:将淘米的水滤干。淅(xī):淘着的米。孔子正在做饭,听到有人要来害他的消息,急忙将淘好而还没有下锅的米带着就跑了。

〔6〕他:其他,别的。

【译文】

孟子说:"孔子离开鲁国时说道:'我走得慢些吧。'这是离开祖国时的方式。他离开齐国的时候,把淘着的米滤干水就带着走了。这是离开其它国家时的态度。"

【讲解】

儿不嫌母丑,狗不嫌家贫,父母之邦纵然千不好万不好,但总是祖国,所以人们有隔不断的依恋之情。孔子愤然离开鲁国,他走得很慢,就是体现着他的依依不舍。齐国不是他的祖国,所以走得毫不犹豫。

14.18 孟子曰:"君子之厄于陈[1]、蔡之间[2],无上下之交也[3]。"

【注释】

〔1〕君子:指孔子。厄(è):受困。陈:陈国。

〔2〕蔡:蔡国。鲁哀公六年,孔子要到楚国去,陈、蔡两国的大夫怕孔子将来在楚国发达以后对自己不利,便派人将他和学生们围困在野外。

〔3〕上:指君主。下:指朝臣。交:交情。

【译文】

孟子说:"孔子被围困在陈国和蔡国之间,是因为他和这两个国家的君主和朝臣都没有交情。"

【讲解】

　　陈国和蔡国的君主和朝臣都很无道,孔子虽然在这些国家住过,但不跟他们深交,体现了孔子不和坏人合作的坚贞品格。被坏人围困,正好说明了孔子的正确。

　　14.19 貉稽曰[1]:"稽大不理于口[2]。"孟子曰:"无伤也[3],士憎兹多口[4]。《诗》云[5]:'忧心悄悄[6],愠于群小[7]。'孔子也。'肆不殄厥愠[8],亦不殒厥问[9]。'文王也。"

【注释】

　　〔1〕貉(mò)稽:姓貉,名稽,一个当官的人。
　　〔2〕稽:貉稽自称其名。大:特别。理:利。口:指议论。
　　〔3〕无伤:无碍,没关系。
　　〔4〕士:士人。憎:憎恶。兹:这些。
　　〔5〕《诗》:《诗经》。下文引述的两句诗见于《诗经·邶风·柏舟》。
　　〔6〕忧心:心情痛苦。悄悄:忧伤的样子。
　　〔7〕愠:埋怨,不满。群小:众小人。
　　〔8〕肆:故,所以。殄(tiǎn):消灭。厥:其,他们的。
　　〔9〕殒(yǔn):丧失。问:声誉。以上两句诗见于《诗经·大雅·绵》。

【译文】

　　貉稽说:"人们的议论对我很不利。"孟子说:"不碍事,士人憎恶这种说人很多坏话的人。《诗经》上说:'忧虑的心情很痛苦,被众多小人埋怨。'孔子是这样的人。《诗经》上又说:'所以不消灭他们的埋怨,也不丧失自己的声誉。'周文王是这样的人。"

452

【讲解】

　　君子坚持正义,必然会得罪小人,也会被一般人不理解,所以被议论指责都是难免的。即使是孔子、周文王这样的圣人,也都会遭遇怨声。君子不会因为别人有怨言就改变自己的立场去迎合大众,他最终会被理解,获得好的名声。

　　14.20 孟子曰:"贤者以其昭昭使人昭昭[1],今以其昏昏使人昭昭[2]。"

【注释】

　　[1] 以:凭,靠。昭昭:知道得很清楚。
　　[2] 昏昏:糊涂,不清楚。

【译文】

　　孟子说:"贤者在自己明白的情况下教别人明白。现在的人却在自己还糊涂的情况下要求别人明白。"

【讲解】

　　正常的情况是"先知觉后知",自己先懂了,才能把别人教明白,所以应该是聪明人教导不聪明的人。当时的国君自己很愚昧,却自以为聪明,好像地位高贵就见识也高明了,总是对谁都指手画脚,愚昧的人给别人当老师,怎么能把人教聪明呢?

　　14.21 孟子谓高子曰[1]:"山径之蹊间[2],介然用之而成路[3]。为间不用[4],则茅塞之矣[5]。今茅塞子之心矣。"

【注释】

　　[1] 高子:齐国人,孟子的一个学生。

〔2〕山径:山岭。蹊(xī)间:小路。

〔3〕介然:一直地。用:行走。

〔4〕为间:有间,隔一阵时间。

〔5〕茅:茅草。塞:阻塞。

【译文】

孟子对高子说:"山岭上的小路,一直走它就成了正式的路,隔一阵没人走,茅草就把它阻塞了。现在你的心也被茅草阻塞了。"

【讲解】

学习知识需要不断重复而加固记忆,才能从生疏到熟练,最终成为技能。如果浅尝辄止,已经学到的也会遗忘,就前功尽弃了。

14.22 高子曰〔1〕:"禹之声尚文王之声〔2〕。"孟子曰:"何以言之〔3〕?"曰:"以追蠡〔4〕。"曰:"是奚足哉〔5〕?城门之轨〔6〕,两马之力与?"

【注释】

〔1〕高子:齐国人,孟子的一个学生。

〔2〕声:演奏音乐。尚:上,超过。

〔3〕以:根据。

〔4〕追(duī):钟上的纽,用来挂钟。蠡(lǐ):快要被磨断的样子。

〔5〕奚:何,哪。

〔6〕轨:车辙。

【译文】

高子说:"禹演奏音乐的次数比周文王多。"孟子说:"这样说的根据是什么?"高子说:"根据禹用过的钟的钮都快要磨断了。"孟子说:"这哪能作为根据呢?城门处的车辙很深,那是两匹马拉车经过而碾压出来的吗?"

【讲解】

　　作为历史文物,当时能见到据说是禹用过的钟和周文王用过的钟。禹用过的钟上边的钮快要磨断了,说明这只钟被使用的次数很多,周文王的钟的钮相对完好,说明这只钟被使用的次数较少,高子认为这就说明禹比周文王爱演奏音乐。古代的政治讲究"礼乐之治",禹使用音乐的频率比文王高,便说明他在施政方面比文王做得好。

　　孟子认为高子的推理不成立,城门处的车辙最深,那是因为车过得多,禹的钟钮快要断了,那不是禹一个人使用的结果,而是后来的人们还在不断使用它。

　　在上一章中孟子批评高子的心被"茅塞"了,这里高子由钟钮而作出的判断也明显有漏洞,可见他学习态度不认真,心智也常有偏颇。

　　14.23 齐饥[1],陈臻曰[2]:"国人皆以夫子将复为发棠[3],殆不可复[4]。"孟子曰:"是为冯妇也[5]。晋人有冯妇者[6],善搏虎[7],卒为善[8],士则之[9]。野有众逐虎,虎负嵎[10],莫之敢撄[11]。望见冯妇,趋而迎之[12],冯妇攘臂下车[13],众皆悦之,其为士者笑之[14]。"

【注释】

　　〔1〕齐:齐国。饥:粮食歉收而发生饥荒。
　　〔2〕陈臻:孟子的一个学生。
　　〔3〕国人:国内的人。以:认为。夫子:对孟子的敬称。复:再。为:因为。发:开仓放粮而救灾。棠:齐国的一个邑,在今山东即墨县南,当时

有齐国的粮仓在那里。

〔4〕殆:一定。

〔5〕为:成为。冯妇:人名。

〔6〕晋:晋国。

〔7〕搏:搏击,搏斗。

〔8〕卒:最终。为善:指行为品味变得高起来。

〔9〕士:士人。则:学习,效法。

〔10〕负:凭借。嵎(yú):山的角落处。

〔11〕莫:没有人。撄(yīng):触犯。

〔12〕趋:快步行走。

〔13〕攘:伸出。

〔14〕为:被。笑:讥笑。

【译文】

齐国发生了饥荒,陈臻说:"国内的人都认为您将会再为救灾而建议齐王打开棠邑的仓库放粮,一定不能再提那样的建议了。"孟子说:"再提那样的建议就成了冯妇了。晋国人有个叫冯妇的,会搏击老虎,后来行为品味变得高起来,士人们都向他学习。野外有一群人在追老虎,老虎背靠着山的角落,没有人敢靠近它,人们看见冯妇经过,就跑去迎接他,冯妇捋起胳膊下了车,众人都很喜欢他,而他却被士人讥笑。"

【讲解】

以前发生饥荒时,孟子曾经劝齐王开仓救灾,现在又发生饥荒了,人们自然觉得孟子会再次建议齐王救济民众。但这时的孟子已经不被齐王信任,他即使提出建议,齐王也不采纳了,会碰一鼻子灰,甚至可能触怒齐王而遭致危险,倒显得自己很不识趣。冯妇再次打虎是冒着危险,而且被人讥笑,孟子如果再次提放粮的建议,也将可能有危险,而且会被人讥笑。

君子是智者,办事必须审时度势,量力而行。孔子说过:

"侍于君子有三愆,……未见颜色而言谓之瞽。"(《论语·季氏》),意思是说:"陪着国君或大夫时容易犯三种过错,……不看清人家的态度就对问题发表意见,叫做没眼色。"不但事情办不成,还触怒别人,使自己尴尬,当然是不可取的。

14.24 孟子曰:"口之于味也,目之于色也,耳之于声也,鼻之于臭也[1],四肢之于安佚也[2],性也[3]。有命焉[4],君子不谓性也。仁之于父子也,义之于君臣也,礼之于宾主也,知之于贤者也[5],圣人之于天道也[6],命也。有性焉,君子不谓命也。"

【注释】

〔1〕臭(xiù):指好的气味。

〔2〕安佚(yì):安逸,舒适。

〔3〕性:天性。

〔4〕命:天命,天对人的事情的安排。

〔5〕知(zhì):智,智慧。

〔6〕天道:天的意愿。

【译文】

孟子说:"口对于好味道,眼睛对于好色彩,耳朵对于好音乐,鼻子对于好气味,四肢对于舒适安逸,这些爱好都是天性。如果事情有天命的因素,君子就不将它看作天性。仁爱在父子之间,道义在君臣之间,礼敬在宾主之间,智慧对于贤者,圣人对于天的意愿,这些都是天命。如果事情有天性的因素,君子就不将它看作天命。"

【讲解】

天性是人与生俱来的本性,不能人为地改变,所以君子不去

457

做改变天性的努力。天命是天对人的事情的安排,是天的意愿,能否实现,实现的效果如何,需要具体的个人去努力配合,所以君子要特别在意,不能疏忽。仁、义、礼、智是天命的内容,不属于天性的范畴,所以不能将它们视为天性而放弃人为的努力。

14.25 浩生不害问曰[1]:"乐正子何人也[2]?"孟子曰:"善人也,信人也[3]。""何谓善?何谓信?"曰:"可欲之谓善[4],有诸己之谓信[5],充实之谓美,充实而有光辉之谓大,大而化之之谓圣[6],圣而不可知之之谓神。乐正子,二之中,四之下也。"

【注释】

〔1〕浩生不害:姓浩生,名不害,齐国的一个人。
〔2〕乐正子:姓乐正,名克,孟子的一个学生。
〔3〕信:诚实。
〔4〕欲:喜欢。之谓:叫作。
〔5〕诸:于。
〔6〕化:天下人被感化。

【译文】

浩生不害问道:"乐正子是什么样的人呢?"孟子说:"贤良的人,诚实的人。"浩生不害说:"怎样就叫做贤良?怎样就叫做诚实?"孟子说:"值得人们喜欢就叫做贤良,要求别人做到的自己已经做到了就叫做诚实,自身充满美德叫做美好,充满之后又能让美德放出光辉叫做伟大,伟大之后能感化天下叫做圣明,圣明到人们不能预测理解叫做神明。乐正子是贤良和诚实的,但达不到美好、伟大、圣明、神明。"

【讲解】

　　孟子这里谈了他对人的层级划分的观点,其序列应该是:恶人、常人、善信、美、大、圣、神。像乐正子这样的"善信"者较为容易做到,再往上的难度就逐级增加。孔子可谓"圣"的级别,但"神"这一级别的设立显得故弄玄虚,其实并不存在,也不可思议。

　　14.26 孟子曰:"逃墨必归于杨[1],逃杨必归于儒[2],归斯受之而已矣[3]。今之与杨、墨辩者,如追放豚[4],既入其苙[5],又从而招之[6]。"

【注释】

　　[1] 逃:放弃。墨:以墨翟为代表的学派,主张"兼爱"等学说,比较难于实践。归:投奔。杨:以杨朱为代表的学派,主张"为我"的学说。
　　[2] 儒:儒家学派,其学说为"先王之道"。
　　[3] 斯:就。受:接受。
　　[4] 放:走失,跑掉。豚:小猪。
　　[5] 既:已经。苙(lì):家畜的圈。
　　[6] 招:用绳索将脚捆绑起来。

【译文】

　　孟子说:"脱离了墨家学派的人一定会投向杨朱学派,脱离了杨朱学派的人一定会投向儒家,他们来投奔,接受就行了。现在儒家和杨朱、墨翟学派辩论的人,就像追赶走失的小猪,小猪已经跑到自己的圈里来了,还要用绳索将它的脚捆绑起来。"

【讲解】

　　墨家主张舍己利人,对所有的人不分亲疏地普遍施以爱护,这不符合社会和人性的实际,很难彻底实践。杨朱主张为己,显得过分自私,反对人们的利人行为,同样不符合人性的实际,会破坏自己的社会形象,不能被普遍接受。儒家提倡先王之道,主张公理正义,代表社会的主流价值观,所以能被大多数人接受。

当时百家思想互相竞争,党同伐异,论辩十分激烈。对于受到儒家争取而从墨、杨阵营中脱离并归向儒家的士人,原来儒家阵营的人们可能对他们要求比较苛刻,怕这些人立场不坚定而再度离开。孟子认为这是不对的,由于儒家思想正确,所以有竞争优势,是士人的必然归宿,君子应该有信心,有旷达宽容的胸怀,要以学说的正确吸引人,以学说的正确留住人,不可以用其它不好的手段禁锢人。

14.27 孟子曰:"有布缕之征[1]、粟米之征[2]、力役之征[3]。君子用其一,缓其二[4]。用其二而民有殍[5],用其三而父子离[6]。"

【注释】

〔1〕布缕:布和线。征:向百姓征收的军费用度。

〔2〕粟米:粮食。

〔3〕力役:人丁。

〔4〕缓:减轻或延后。

〔5〕殍(piǎo):饿死的人。

〔6〕离:离散,不再互相顾及。

【译文】

孟子说:"国家要打仗时,会对百姓征收布匹和线,征收粮食,征发人丁。君子实行其中的一种,暂不实行其它两种。如果实行其中的两种,百姓就会有饿死的,三种同时实行,就父母也顾不得子女、子女也顾不得父母了。"

【讲解】

　　当时天下战事频发,不是进攻就是防御,一切军事消耗都摊派给百姓负担,往往导致民不聊生,境况悲惨,致使父子至亲之间都不能相顾,社会状况极为恶劣。儒家主张仁政,就是要改善民生条件,反对横征暴敛。

　　14.28 孟子曰:"诸侯之宝三[1],土地、人民[2]、政事[3],宝珠玉者殃必及身[4]。"

【注释】

　　〔1〕宝:珍贵的东西。
　　〔2〕人民:民众,百姓。
　　〔3〕政事:社会的管理事务。
　　〔4〕宝:把……看作宝物。殃:灾祸。

【译文】

　　孟子说:"诸侯的宝物有三件,土地、百姓、国家的管理事务,把珠玉看作宝物的,灾祸一定会危及自身。"

【讲解】

　　理想的诸侯应该是追求成为出色的政治家,所以最为珍视的应该是土地、民众和管理事务。用仁政管理,就能获得百姓拥护而来投奔,国家领土才能安全而扩大,向统一天下的大业迈进。如果是喜爱珠玉等值钱的东西,那就成了贪财的商人了,在激烈的国与国的竞争中,一定会遭殃。

　　14.29 盆成括仕于齐[1],孟子曰:"死矣盆成括!"盆成括见杀[2],门人问曰[3]:"夫子何以知其将见杀[4]?"曰:"其为人也小有才[5],未闻君子之大道也,

461

则足以杀其躯而已矣[6]。"

【注释】

〔1〕盆成括:姓盆成,名括,据说曾经想向孟子学习。仕:当官。齐:齐国。

〔2〕见:被。

〔3〕门人:学生。

〔4〕夫子:对孟子的敬称。以:根据。

〔5〕为人:做人。才:知识才干。

〔6〕躯:身体。

【译文】

盆成括在齐国当了官,孟子说:"盆成括要死啦!"盆成括被杀了,学生们问道:"您根据什么知道盆成括将会被杀?"孟子说:"他这个人稍微有些才干,不懂得君子的各种大的讲究,所以只会使自己丢掉性命而已。"

【讲解】

盆成括被谁杀死的,为什么被杀的,都不得而知。生活在乱世,处事本来就艰难,官场上更是险象环生,残酷地考验着人们的综合素质,只凭小聪明、小才干是应付不了的。

所谓君子之大道,无非就是仁义立身,正派做人,懂得进退,相对而言能够保身。

14.30 孟子之滕[1],馆于上宫[2]。有业屦于牖上[3],馆人求之弗得[4],或问之曰[5]:"若是乎从者之廋也[6]?"曰:"子以是为窃屦来与[7]?"曰:"殆非也[8]。""夫予之设科也[9],往者不追[10],来者不拒。苟以是心至[11],斯受之而已矣[12]。"

【注释】

〔1〕之:到。滕:国名,在今山东滕县一带。

〔2〕馆:在客馆居住。上宫:上等的客馆。

〔3〕业屦(jù):还没有做完的鞋。牖(yǒu):窗户。

〔4〕馆人:客馆的主人。求:寻找。

〔5〕或:有人。

〔6〕从者:随从,指学生们。廋(sōu):藏匿。

〔7〕以:认为。

〔8〕殆:肯定,一定。

〔9〕设科:开设教授的科目。

〔10〕往:离去的。

〔11〕苟:如果。

〔12〕斯:就,便。受:接收。

【译文】

孟子到了滕国,住在上等的客馆里。有一双没有做完的鞋原来在窗户上放着,客馆的主人找不到了,有人问孟子说:"会像这样吗?你的学生把它藏起来了。"孟子说:"你认为他们是为了偷鞋而来的吗?"那人说:"肯定不是的。"孟子说:"我设立科目教学生,要走的不去追回,要来的也不拒绝。如果他们是怀着偷东西的邪念来的,我也会接受他们。"

【讲解】

老师教学生,一方面要有尊严,要走就走,不挽留,不追回;一方面要大度,来者不拒,不挑拣,不嫌弃。

孔子说过:"自行束脩以上,吾未尝无诲焉。"(《论语·述而》)意思是说:"自己拿着一束干肉以上的礼物来见我的,我没有不教导的。"孔子又说:"人洁己以进,与其洁也,不保其往也。"(《论语·述而》)意思是说:"别人改正了缺点而上进,我鼓励他上进,不管他以后的表现如何。"教师负有相应的社会义务,心胸不能狭窄,要包容品行有瑕疵的学生。

14.31 孟子曰:"人皆有所不忍[1],达之于其所忍[2],仁也。人皆有所不为,达之于其所为,义也。人能充无欲害人之心[3],而仁不可胜用也[4]。人能充无穿逾之心[5],而义不可胜用也。人能充无受尔汝之实[6],无所往而不为义也。士未可以言而言,是以言餂之也[7]。可以言而不言,是以不言餂之也。是皆穿逾之类也。"

【注释】
〔1〕忍:忍心。
〔2〕达:传达,推及。
〔3〕充:扩充,加大。
〔4〕胜(shēng):尽。
〔5〕穿逾:在墙上挖洞和翻越屋顶,指盗窃行为。
〔6〕受:接受。尔汝:你。古人平辈之间交谈,一般都用礼敬的称呼,如果用"尔汝"称呼对方,就表示鄙视。实:实际表现。
〔7〕以:用。餂(tiǎn):试探取利。

【译文】
孟子说:"人都有不忍心做的事,将这种心肠推及到自己忍心做的事上,这就是仁爱。人都有不肯做的事,将这种心肠推及到自己所做的事上,这就是道义。人如果能满怀不愿害人的心肠,他的仁爱就用不尽。人如果能满怀不挖洞上房偷东西的心肠,他的道义就用不尽。如果人总能不做受人鄙视的事情,那么他到了哪里也都会做符合道义的事情了。士人和不应该交谈的人说话,这是用话做由头来试探。应该和人交谈却不肯交谈,这是用不理人为由头来试探。这些表现都是挖洞上房偷东西一类的下作行为。"

【讲解】

孟子认为人的天性是善良的,都有拒绝不良行为的欲念,只要将其天性中的积极因素推而广之,应用到自己所有的行动中,就能成为一个有仁爱之心和道义之举的君子。巴结不该理的人,不理应该接触的人,都是出于私利的需要而不顾是非标准,所以都是不光彩的。

14.32 孟子曰:"言近而指远者〔1〕,善言也。守约而施博者〔2〕,善道也。君子之言也,不下带而道存焉〔3〕。君子之守,修其身而天下平〔4〕。人病舍其田而芸人之田〔5〕,所求于人者重〔6〕,而所以自任者轻〔7〕。"

【注释】

〔1〕近:贴近。指:宗旨,含意。远:高尚,伟大。
〔2〕守:操守,坚持。约:简约,简单。施:恩惠。博:广大。
〔3〕带:束在腰间的衣带,心在胸部,所以说"不下带"。存:存在。
〔4〕修:使……完善。平:治理好。
〔5〕病:错误,弊病。舍:放弃。芸(yún):除草。
〔6〕求:要求。
〔7〕自任:自己负担。

【译文】

孟子说:"话的内容和人很贴近,但宗旨却很伟大,这是有价值的话。做起来很简单,给人带来的恩惠却很广博,这是高层次的道理。君子说的话,总是发自内心而饱含着正确的道理。

君子的操守,总是完善自身而要把天下治理好。人的弊病是放着自己的田地不管而到别人的地里除草,要求别人做到的太多,留给自己做的太少。"

【讲解】

儒家认为修身是做人的根本,在此基础上才能依次实现齐家、治国、平天下的目标。君子要严于律己,宽以待人,为天下人做好榜样。

14.33 孟子曰:"尧、舜,性者也[1]。汤[2]、武[3],反之也[4]。动容周旋中礼者[5],盛德之至也[6]。哭死而哀[7],非为生者也。经德不回[8],非以干禄也[9]。言语必信[10],非以正行也[11]。君子行法以俟命而已矣[12]。"

【注释】

〔1〕性:出于天性。

〔2〕汤:商代的开国君主,是著名的贤君。

〔3〕武:周武王,是后代推崇的英明帝王。

〔4〕反:向内心检点自己。

〔5〕动容:动作。容:行动。周旋:行礼时的各种动作。中:符合。礼:礼法。

〔6〕盛德:高尚的品行。至:极点,最高的层次。

〔7〕死:死者。

〔8〕经:实行。回:邪恶。

〔9〕以:用来。干:求。

〔10〕信:诚实。

〔11〕正:表明……是端正的。

〔12〕法:正确。俟:等待。命:天命,天的安排。

【译文】

孟子说:"尧、舜的优良表现是出于天性,汤、武的优良表现是从内心检点自己的结果。人的一切举动都符合礼法,这是最为高尚的品行。哭泣死者很悲哀,不是为讨好他的家人。做善事而不邪恶,不是为了谋求官职。说话一定诚实,不是用来表明自己的行为端正。君子使自己的行为正确,等待天的安排就行了。"

【讲解】

尧、舜天性仁义,汤、武检点内心而发现和表现了天性,因而也是仁义的。君子的理想是顺应天意而造福于天下所有的人,所以他们的一切优良表现都是发自内心的天性体现,不是为了名声和利禄。有的人平时也会做出一些和君子一样的行为,但他们的目的却和君子不同。

14.34 孟子曰:"说大人则藐之[1],勿视其巍巍然[2]。堂高数仞[3],榱题数尺[4],我得志弗为也[5]。食前方丈[6],侍妾数百人[7],我得志弗为也。般乐饮酒[8],驱骋田猎[9],后车千乘[10],我得志弗为也。在彼者皆我所不为也,在我者皆古之制也,吾何畏彼哉?"

【注释】

〔1〕说(shuì):游说,说服别人听从自己的建议。大人:地位尊贵的人,指诸侯。藐:远,保持距离,不逢迎讨好。

〔2〕巍巍:巍巍,地位尊贵的样子。

〔3〕堂:屋基。数:几。仞:长度单位,八尺为一仞。

〔4〕榱(cuī)题:屋檐。

〔5〕得志:指获得尊贵地位。
〔6〕方丈:一丈见方。
〔7〕侍妾:侍奉的女子。
〔8〕般(pán)乐:享乐。般:享乐。
〔9〕驱骋:赶着马车奔跑。田猎:打猎。
〔10〕后:在后面跟随着。

【译文】

孟子说:"游说诸侯时,不要逢迎讨好他们,别在乎他们威风的样子。宫殿的台基高几仞,屋檐伸出来好几尺,我要是他们就不那样。饭食摆满了面前一丈见方的几案,侍奉的女子有几百人,我要是他们就不那样。饮酒享乐,赶着马车奔跑打猎,后面追随着上千辆车,我要是他们就不那样。他们所喜欢的事情都是我不做的,我所做的事情都符合古代圣明帝王的制度,我怎么会怕他们呢?"

【讲解】

士人游说诸侯,往往被其尊贵的气势所震慑,显得卑躬屈膝,逢迎讨好。孟子认为当时的诸侯只喜欢享乐,志趣庸俗,格调卑下,不值得尊敬,不值得惧怕。士人在诸侯面前要有底气,有尊严,以老师自居,求得居高临下的优势地位,才能保证自己的主张被采纳和推行。

14.35 孟子曰:"养心莫善于寡欲[1]。其为人也寡欲[2],虽有不存焉者[3],寡矣。其为人也多欲,虽有存焉者,寡矣。"

【注释】

〔1〕养心:修养心性。莫:没有什么。善:比……更好。寡:减少。

欲:贪欲。

〔2〕其:如果。为人:做人。寡:少。

〔3〕存:生存。

【译文】

孟子说:"修养心性没有比减少贪婪欲望更好的做法。如果做人能少有贪婪的欲望,虽然有不能生存的,但很少。如果做人有很多贪婪的欲望,虽然有能生存的,也很少。"

【讲解】

人的层级划分,可以用一个"利"字作尺度。损人利己的是小人,利己时不损人的是常人,舍己利人的便是君子。太贪婪的人往往损人利己,因而会陷入低端的利益纷争中,给自己带来危险。不贪婪的人是最安全的,虽然也可能遭遇意外的横祸,但频率会很低。君子寡欲,不谋私利,其心性就进入了高的层级。

14.36 曾晳嗜羊枣〔1〕,而曾子不忍食羊枣〔2〕,公孙丑问曰〔3〕:"脍炙与羊枣孰美〔4〕?"孟子曰:"脍炙哉!"公孙丑曰:"然则曾子何为食脍炙而不食羊枣?"曰:"脍炙所同也,羊枣所独也。讳名不讳姓〔5〕,姓所同也,名所独也。"

【注释】

〔1〕曾晳(xī):孔子的一个学生,是曾参的父亲。嗜:喜欢吃。羊枣:一种果实,味道像柿子,形状像羊的屎,今晋中一带称为"黑枣儿"。

〔2〕曾子:孔子的学生曾参,以孝顺著称。忍:忍心。

〔3〕公孙丑:孟子的一名学生。

〔4〕脍炙:细切的烤肉。孰:哪一种。美:味道好。

〔5〕讳:避讳,为了对地位高的人表示尊重,不说出或写出他们

的"名"。

【译文】

曾皙喜欢吃黑枣儿,所以曾参不忍心再吃黑枣儿,公孙丑问道:"细切的烤肉和黑枣儿,哪一种好吃?"孟子说:"细切的烤肉啊!"公孙丑说:"这样的话,那么曾子为什么吃细切的烤肉而不吃黑枣儿?"孟子说:"细切的烤肉是人们都爱吃的,黑枣儿是曾皙偏爱的。人们避讳说尊者的名而不避讳说他们的姓,因为姓是大家都用的,而名却是某个人单独用的。"

【讲解】

曾皙喜欢吃黑枣儿,他去世后,儿子曾参就不忍心再吃黑枣儿了,可能是一吃就会想起父亲而悲伤不止。这件事体现的是曾参对父亲的感情很深。公孙丑的疑问是:细切的烤肉比黑枣儿好吃,那么曾皙生前一定更爱吃细切的烤肉。曾参怕吃黑枣儿而引发悲伤,他就不怕吃细切的烤肉而引发悲伤吗?孟子用避讳的事情作例子而讲明了其中的道理:细切的烤肉人们都爱吃,不代表曾皙的特点,吃它时自然不会联想到曾皙。黑枣儿是曾皙的偏爱,所以能引发曾参的思念。

14.37 万章问曰[1]:"孔子在陈曰[2]:'盍归乎来[3]?吾党之士狂简[4],进取[5],不忘其初。'孔子在陈,何思鲁之狂士[6]?"孟子曰:"孔子[7]:'不得中道而与之[8],必也狂[9]、獧乎[10]!'狂者进取,獧者有所不为也。孔子岂不欲中道哉?不可必得,故思其次也。""敢问何如斯可谓狂矣[11]?"曰:"如琴张[12]、曾皙[13]、牧皮者[14],孔子之所谓狂矣。""何以谓之狂也?"曰:"其志嘐嘐然[15],曰:'古之人,古之人。'夷考其行而不掩焉者也[16]。狂者又不可得,欲得不屑不絜之士而与之[17],是獧也,是又其次也。孔子曰:'过我门而不入我室,我不憾焉者[18],其惟乡原乎[19]？乡原,德之贼也[20]。'"曰:"何如斯可谓之乡原矣？""曰:'何以是嘐嘐也？言不顾行[21],行不顾言,则曰古之人[22],古之人行何为踽踽凉凉[23]？生斯世也[24],为斯世也[25],善斯可矣。'阉然媚于世也者[26],是乡原也。"

万子曰[27]:"一乡皆称原人焉,无所往而不为原人,孔子以为德之贼,何哉？"曰:"非之无举也[28],刺之无刺也[29],同乎流俗[30],合乎污世[31],居之似忠信[32],行之似廉洁,众皆悦之,自以为是,而不可与入尧、舜之道,故曰德之贼也。孔子曰:'恶似而非者[33]:恶莠[34],恐其乱苗也[35]。恶佞[36],恐其乱义也。恶利口[37],恐其乱信也[38]。恶郑声[39],恐其乱乐也[40]。恶紫,恐其乱朱也[41]。恶乡原,恐其乱德也。'君子反经而已矣[42],经正则庶民兴[43],庶民兴,斯无邪慝矣[44]。"

【注释】

〔1〕万章:孟子的一个学生。

〔2〕陈:陈国。

〔3〕盍:何不。乎来:语气助词,表示反问语气。

〔4〕党:家乡。狂简:奋进而不扎实。

〔5〕进取:按照文意,这两个字不应该有,疑是抄写中误增出来的。

〔6〕狂:积极进取。

〔7〕孔子:当作"孔子曰",抄写中脱漏了"曰"字。

〔8〕中道:指符合正道要求的人。与:和……在一起,交往。

〔9〕必:一定。也:助词,起舒缓语势节奏的作用。

〔10〕獧(juàn):洁身自好而拒绝污浊行为的人。

〔11〕斯:就,便。

〔12〕琴张:人名。赵岐认为是孔子的学生子张,善于弹琴,所以称为"琴张"。

〔13〕曾皙(xī):孔子的一个学生,是曾参的父亲。

〔14〕牧皮:人名。事迹不详。

〔15〕志:志向。嘐(xiāo)嘐:志向高远而言语豪迈的样子。

〔16〕夷考:考察。掩:覆盖,指相符。

〔17〕不屑:鄙视。絜(jié):洁,干净。

〔18〕憾:遗憾,不满。

〔19〕其:应当,宜。乡原(yuàn):乡里中貌似正派而圆滑世故的伪善者。原:愿,谨慎厚道。

〔20〕贼:祸害,敌人。

〔21〕顾:顾及。

〔22〕则:却。

〔23〕踽(jǔ)踽:我行我素的样子。凉凉:寂寞冷落的样子。

〔24〕斯:这。

〔25〕为:做事。

〔26〕阉(yān)然:普遍地。媚:被喜欢。

〔27〕万子:指万章。

〔28〕非:反对,批评。举:检举,举发。

〔29〕刺:责备。

〔30〕乎:于。

〔31〕合:迎合。污:污浊。

〔32〕居:立场。忠信:忠贞诚实。

〔33〕恶(wù):反感,反对。

〔34〕莠(yǒu):狗尾草,长得像谷子。

〔35〕乱:混淆。

〔36〕佞(nìng):口才好。

〔37〕利口:能言善辩。《论语·阳货》:"恶紫之夺朱也,恶郑声之乱雅乐也,恶利口之覆邦家者。"

〔38〕信:诚实的美德。

〔39〕郑声:郑国的音乐,据说很低俗。

〔40〕乐(yuè):音乐。

〔41〕朱:指朱红色的服饰。古人将颜色分为正色和间(jiàn)色两种,正色为青、赤、黄、白、黑五种,间色为杂色,紫色属于间色。正色寓有正规而庄重的意思,间色则意味着不正规。

〔42〕反:回归,返回。经:常规,永恒的根本。

〔43〕庶民:民众。兴:积极上进。

〔44〕邪慝(tè):邪恶。

【译文】

　　万章问道:"孔子在陈国的时候说:'为什么不回鲁国去呢?我家乡的士人们积极上进而不扎实,我不能忘记他们也曾经是我的学生。'孔子在陈国,为什么想着鲁国积极进取的士人们?"孟子说:"孔子说过:'不能和完全符合正道要求的人共事,就得和积极者、自律者共事吧!'积极者会努力进取,自律者不做坏事。孔子难道不想和完全符合正道要求的人在一起吗?不能得到,所以就是退而求其次。"万章说:"请问怎样做就可以算是积极者呢?"孟子说:"像琴张、曾晳、牧皮这样的人,就是孔子所说的积极者。"万章说:"为什么把他们叫做积极者呢?"孟子说:"他们的志向很高远,话也说得很豪迈,遇事总是说'古代的贤人如何,古代的贤人如何',考察他们的行为,却和他们的言语有差距。积极者找不出来,就想找鄙视污浊行为的士人共事,这就是自律者,是比积极者又低一层级的人。孔子说:'经过我门口而不肯进我家,我并不遗憾的,应该只有乡愿吧?乡愿是道德的祸害。'"万章说:"什么样的人就可以叫做乡愿了呢?"孟子说:"他们评价积极者说:'为什么要这样志向高远而言语豪迈呢?说话不管能不能做到,做事不管是否符合自己的言论,还说什么古代的贤人如何,古代的贤人做事怎么会这样我行我素而没有多少人捧场呢?活在这个世界上,在这个世界上做事,让别人喜欢就行了。'他们会普遍地被世人喜欢,这样的人就是乡愿。"

万章说:"整个乡的人都说他们是谨慎厚道的人,到哪里也都被认为是谨慎厚道的人,孔子却认为他们是道德的祸害,为什么呢?"孟子说:"要否定他却没有可举的事实,要责备他却没有可责备的情节,他和流俗保持一致,迎合污浊的社会,立场好像忠诚,行为好像廉洁,众人都喜欢他,他也认为自己做得对,却不可以跟他们一起实行尧、舜之道,所以说他是道德的祸害。孔子说:'反对表面相似而实质相反的东西。反感狗尾草,怕它混淆谷苗。反感伶牙俐齿,怕它混淆道义。反感花言巧语,怕它冒充诚实的美德。反对郑国的音乐,怕它干扰高雅的音乐。反感紫色服饰,怕它干扰正规庄重的朱红色服饰。反对乡愿,怕他损害道德规范。'君子办事要归到永恒的根本上来,根本端正了,民众就能积极上进。民众积极上进,社会就没有邪恶了。"

【讲解】

社会上不可能有完全符合正道要求的人,所以君子退而求其次,寻求与积极者和自律者合作。积极者有高远的目标,懂正确的道理,但自己的行为往往有一定差距,这是他们的缺陷,要做到处处言行一致也不可能。自律者能保证自己的正确廉洁,但往往有道德洁癖,不肯和行为有瑕疵的人合作,这就决定了他们很难担当起改革社会的重任。

孔子和孟子都坚决反对乡愿。乡愿的本质是自私,他们的表现就是迎合世俗,不和污浊的社会发生激烈抵触,八面玲珑,希望获得大多数人的认可,从而保障自己的安全,获得利禄。这种人有两个特点,一是为人处事没有是非原则,只站在私利的立场上。一是有高超的处世艺术,面孔伪善,巧言善辩,能为自己的不良行为找到让舆论认可的理由。

"乡愿"二字的含意就是"全乡人公认的谨慎厚道的人",如果选举,他一定能当上乡长,这种人是人精,是高明的伪君子,但他们只顾自己的利益,不为公理,不为社会的进步,与尧、舜的宗旨是矛盾的。

14.38 孟子曰:"由尧、舜至于汤五百有余岁[1],若禹、皋陶则见而知之[2],若汤则闻而知之。由汤至于文王五百有余岁[3],若伊尹[4]、莱朱则见而知之[5],若文王则闻而知之。由文王至于孔子五百有余岁,若太公望[6]、散宜生则见而知之[7],若孔子则闻而知之。由孔子而来至于今百有余岁,去圣人之世若此其未远也[8],近圣人之居若此其甚也,然而无有乎尔,则亦无有乎尔?"

【注释】

〔1〕汤:商代的开国君主,是著名的贤君。有(yòu):助词,用在整数和零数之间。

〔2〕皋陶(yáo):舜的法官。

〔3〕文王:周文王,是古代贤明君主的典型。

〔4〕伊尹:汤的相,是著名的贤臣。

〔5〕莱朱:汤的大臣。

〔6〕太公望:周文王的大臣,辅佐周武王推翻商纣,被封为齐侯。姓

姜,因为是齐国的第一代君主,被齐国称为太公。

〔7〕散宜生:姓散宜,名生,是周文王的臣。

〔8〕去:距离。其:地。

【译文】

孟子说:"从尧、舜到汤五百多年,像禹和皋陶等人是亲眼见到过尧、舜而知道他们的作为的,像汤就是听说过尧、舜而知道他们的作为的。从汤到周文王五百多年,像伊尹、莱朱等人是亲眼见到过汤并知道他的作为的,像周文王就是听说过汤并知道他的作为的。从周文王到孔子五百多年,像太公望、散宜生等人是亲眼见到过周文王并知道他的作为的,像孔子就是听说过周文王而知道他的作为的。从孔子到今天一百多年,距离圣人的时代像这样地不远,我距离圣人的家乡像这样地接近,却没有圣人出现,是没有圣人出现吗?"

【讲解】

孟子说过:"五百年必有王者兴,其间必有名世者。由周而来七百有余岁矣,以其数则过矣,以其时考之则可矣。夫天未欲平治天下也,如欲平治天下,当今之世舍我其谁也?"见上文4.13的内容。很显然,孟子认为自己就是继孔子之后的又一位圣人。